知识产权文集

商标和反不正当竞争卷

黄 晖 编

知识产权出版社

全国百佳图书出版单位

图书在版编目（CIP）数据

郑成思知识产权文集. 商标和反不正当竞争卷 / 黄晖编. —北京：知识产权出版社，2017.1

ISBN 978-7-5130-4582-7

Ⅰ.①郑… Ⅱ.①黄… Ⅲ.①知识产权法—中国—文集②商标法—中国—文集③反不正当竞争—经济法—中国—文集 Ⅳ.① D923.404-53 ② D923.434-53 ③ D922.294.4-53

中国版本图书馆 CIP 数据核字 (2016) 第 273317 号

内容提要

本卷涵盖郑成思教授在商标和反不正当竞争领域的主要著作和文章，尤其是在商标权的法律地位、商标权与在先权利的冲突、制止反向假冒、加大驰名商标保护力度以及与知识产权有关的反不正当竞争等问题内容上具有独到的见解和卓越的贡献。

责任编辑：龙　文　龚　卫　　　**责任校对**：董志英
装帧设计：品　序　　　　　　　**责任出版**：刘译文

郑成思知识产权文集

《郑成思知识产权文集》编委会

商标和反不正当竞争卷

Shangbiao he Fanbuzhengdangjingzheng Juan

黄晖　编

出版发行：**知识产权出版社**有限责任公司	网　　址：http://www.ipph.cn
社　　址：北京市海淀区西外太平庄 55 号	邮　　编：100081
责编电话：010-82000860 转 8123/8120	责编邮箱：longwen@cnipr.com
发行电话：010-82000860 转 8101/8102	发行传真：010-82000893/82005070/82000270
印　　刷：三河市国英印务有限公司	经　　销：各大网上书店、新华书店及相关专业书店
开　　本：880mm×1230mm　1/32	印　　张：16.75
版　　次：2017 年 1 月第 1 版	印　　次：2017 年 1 月第 1 次印刷
字　　数：500 千字	定　　价：140.00 元

ISBN 978-7-5130-4582-7

《郑成思知识产权文集》编委会

（以姓氏拼音为序）

编辑体例

《郑成思知识产权文集》共分《基本理论卷》（一册）、《版权及邻接权卷》（两册）、《专利和技术转让卷》（一册）、《商标和反不正当竞争卷》（一册）、《国际公约与外国法卷》（两册）以及《治学卷》（一册），总计六卷八册，基本涵盖郑成思教授各个时期的全部重要著作和文章。

为了便于读者阅读，《郑成思知识产权文集》每卷都是在照顾学科划分的基础上，将之前的各部专著和论文适当集中、重新编排而成；除对个别文字错误有校改以及由编者对因时代发展带来的变化加注外，文集全部保持作品原貌（包括原作注释），按照先著作、后论文的顺序并按发表时间排列。

《郑成思知识产权文集》各卷之间除个别文章具有多元性而有同时收录的情况外，尽量避免内容重复；一卷之中，为了体现郑成思教授学术思想的演进，个别内容会有适当重叠；每一部分著作和论文均由编者注明出处。

为方便读者阅读，《郑成思知识产权文集》每卷均由执行编委撰写本卷导读，介绍汇编的思路，并较为详细地梳理郑成思教授在该领域的学术脉络、特点和贡献。

为便于检索，各卷附有各个主题的关键词索引，可以快速查阅郑成思教授的相关论述。

序

郑成思教授逝世于 2006 年 9 月 10 日。那天是中国的教师节。在纪念他逝世一周年的时候，中国社会科学院知识产权中心委托周林教授汇编出版《不偷懒　不灰心——郑成思纪念文集》，该书收录了诸多友人和学生纪念他的文章。在纪念他逝世三周年的时候，中国社会科学院知识产权中心组织召开学术会议，出版了郑成思教授逝世三周年的纪念文集《〈商标法〉修订中的若干问题》，收录论文25 篇。在纪念他逝世五周年的时候，中国社会科学院知识产权中心再次组织召开学术会议，出版郑成思教授逝世五周年的纪念文集《实施国家知识产权战略若干问题研究》，收录论文 30 篇。

当郑成思教授逝世 10 周年的纪念日来临的时候，他的家人与几位学生商定，汇编出版《郑成思知识产权文集》，以志纪念。顾名思义，称"知识产权"者，应当是只收录知识产权方面的文字，而不收录其他方面的文字。至于称"文集"而非"全集"者，则是因为很难将先生所有的有关知识产权的文字收集齐全。经过几位汇编者的辛勤劳动，终于有了这部六卷八册的《郑成思知识产权文集》。其中《基本理论卷》一册，《版权及邻接权卷》两册，《专利和技术转让卷》一册，《商标和反不正当竞争卷》一册，《国际公约与外国法卷》两册，《治学卷》一册，约 500 万字。再次翻阅那些熟悉的文字，与浮现在字里行间的逝者对话，令人感慨良多。

郑成思教授的文字，反映了他广阔的国际视野。他早年酷爱英文，曾经为相关单位翻译了大量的外文资料，包括有关知识产权的资料。正是在翻译、学习和领悟这些资料的过程中，他逐渐走上了知识产权法学的研究之路。知识产权法学是一门国际性的学问。由于从外文资料入手，他一进入知识产权法学的研究领域，就站在了国际化的制高点上。1982 年，他前往英伦三岛，在伦敦经济学院师从著名知识产权法学家柯尼什教授，系统研习了英美和欧洲大陆的知识产权法学。在随后的学术生涯中，他不仅着力向中国的学术界介绍了一系列知识产权保护的国际条约，而且始终站在国际条约和欧美知识产权法学的高度，积极推进中国知识产权制度的建设。

从某种意义上说，中国的知识产权学术界是幸运的。自 1979 年开始，郑成思教授发表和出版了一系列有关《巴黎公约》《伯尔尼公约》及 TRIPS 协议等国际公约的论著以及有关欧美各国知识产权法律的论著。正是这一系列论著，不仅使得与他同时代的一些学人，而且也使得在他之后的几代学人，很快就站在了全球知识产权法学的高度上，从而免去了许多探索和弯路，有幸不会成为只见树木不见森林的"井底之蛙"。从某种意义上说，中国的知识产权制度建设也是幸运的。当中国的《商标法》《专利法》《著作权法》和《反不正当竞争法》制定之时，包括这些法律修订之时，以郑成思教授为代表的一批学人，参考国际公约和欧美各国的法律制度，为中国相关法律的制定和修改提出了一系列具有建设性的建议。这样，中国的知识产权立法，从一开始就站在了国际化的高度上，并且在短短三十多年的时间里，完成了与国际知识产权制度的接轨。

　　郑成思教授的文字，体现了他深深的民族情怀。与中国历代的优秀知识产权分子一样，他始终胸怀天下，以自己的学术研究服务于国家和民族的利益。自 1979 年以来，他在着力研究和介绍国外知识产权法学的同时，积极参与了我国《商标法》《专利法》《著作权法》《反不正当竞争法》的制定和修订，参与了上述法律的实施条例和单行条例的制定和修订。在从事学术研究的同时，他还依据国际知识产权制度的最新动向，依据科学技术的最新发展和商业模式的变迁，向国家决策高层提出了一系列调整政策和法律的建议。例如，适时保护植物新品种，积极发展电子商务，重视互联网络安全，编纂中国的知识产权法典，等等。随着研究视角的深入，他并不满足于跟随国外的知识产权法学，而是结合中国和广大发展中国家的需要，积极推动民间文艺、传统知识和遗传资源的保护。他甚至以"源和流"来比喻民间文艺、传统知识和遗传资源与专利、版权的关系，认为在保护"流"的同时，更要注重对于"源"的保护。

　　或许，最能体现他深深的民族情怀的事情，是他在生命的最后时期，满腔热情地参与了国家知识产权战略的制定。一方面，他是国家知识产权战略制定领导小组的学术顾问，参与了总体方案的设计和每一个重要阶段的工作。另一方面，他又参与了中国社会科学院承担的"改善国家知识产权执法体制"的研究工作，为课题组提出了一系列重要的建议。2006 年 8 月底，在国家知识产权战略制定领导小组向国务院汇报的前夕，他还拖着沉重的病体，逐字审阅了中国社会科学院的汇报提纲。这个提纲所提出的一系列建议，例如知识产权的民事、行政和刑事案件的三审合一，专利复审委员会和商标评审委员会转变为准司法机构，设立知识产权上诉法院等等，最终纳入了 2008 年国务院发布的《国家知识产权战略纲要》之中。仍然是在生命的最后时期，他在 2006 年 5 月 26 日为中共中央政治局的集体学习讲授"国际知识产权保护",针对国际知识产权保护和科学技术发展的新动向,提出了我国制定知识产权战略应当注意的一系列问题。党的十七大提出的建设创新型国家的战略,党的十八大提出的创新驱动发展战略,都显示了他所提出的建议的印迹。

郑成思教授的学术研究成果,属于中华民族伟大复兴的时代。中国自 1978 年推行改革开放的国策,开启了新的历史进程。其中的对外开放,一个很重要的内容就是与国际规则(包括知识产权规则)接轨,对于当时的中国而言,知识产权法学是一个全然陌生的领域。然而,就是在这样一个蛮荒的领域中,郑成思教授辛勤耕耘,一方面将国际上最新的知识产权理论、学说和制度引进中国,另一方面又结合中国知识产权立法、司法的现实需要,撰写了一篇又一篇、一部又一部的学术论著。这些论著的发表和出版,不仅推动了中国知识产权法律制度的建立及其与国际规则的接轨,而且推动了中国知识产权学术研究与国外知识产权学术研究的对话和接轨。特别值得一提的是,郑成思教授不仅将国际上的知识产权理论、学说和制度引入中国,而且还在中国现实需要的沃土之上,创造性地提出了一系列新的理论和学说,例如工业版权和信息产权,反过来贡献给了国际知识产权学术界。

中国的经济社会正处在由传统向现代的转型过程中。随着产业升级和发展模式的转变,"知识产权"四个字已经深入人心,走进了社会的各个层面。人们不再质疑,人的智力活动成果对于社会经济发展发挥着巨大的作用。当我们谈论知识经济的时候,当我们谈论创新型国家建设的时候,当我们谈论创新驱动发展的时候,我们不得不庆幸的是,在以郑成思教授为代表的专家学者的努力之下,我们已经对"知识产权"的许多方面进行了深入而细致的研究,我们已经在 2001 年加入世界贸易组织之前，建立了符合国际规则的现代知识产权制度。加入世界贸易组织之后，面对一系列我国知识产权保护水平过高、保护知识产权就是保护外国人利益的喧嚣，郑成思教授明确指出，在当今的时代，知识产权保护的水平不是一个孤立的问题，而是与国际贸易密切结合的。如果降低知识产权保护的水平，就意味着中国应当退出世界贸易体系，就意味着中国在国际竞争中的自我淘汰。郑成思教授还特别指出，一个高水平的知识产权保护体系，在短期之内可能对我们有所不利，但是从长远来看，一定会有利于我们自身的发展。这真的是具有穿透时空力量的论断。

郑成思教授的文字，充满了智慧和情感。初读他的文字，深为其中的渊博学识所折服。对于那些深奥的理论和抽象的原则，他总是以形象的案例、事例或者比喻加以阐发，不仅深入浅出，而且令人难以忘怀。阅读他的文字，那充满了智慧的珍珠洒落在字里行间，我们不仅可以随时拾取，而且忘却了什么是空洞的说教和枯燥的理论。初读他的文字，也为那处处流淌的真情实感所吸引。在为国家和民族建言的时候，他大声疾呼，充满了赤子之情。在批评那些似是而非的论调时，他疾言厉色，直指要害并阐明正确的观点。在提携同事和后进的时候，他总是鼓励有加，充满了殷切的期望。毫无疑问，那位中气十足的学者，不仅在演讲时让人感受到人格的魅力和学识的冲击力，而且已经将他的人格魅力和学术生命力倾注在了我们眼前的文字之中。阅读他的文字，我们是在与他进行智慧和情感的对话。

郑成思教授离开我们已经 10 年了。遥想当年，那位身形瘦弱的青年伏案疾书，将一份份有关知识产权的外文资料翻译成中文，并最终走上了知识产权法学的研究之路。遥想当年，那位即将走进中年的"老学生"，专心致志地坐在伦敦经济学院的课堂上，汲取国际知识产权学术的丰富营养，以备将来报效祖国之用。遥想当年，那位意气风发的中年学者，出入我国知识产权立法、行政和司法部门，以自己扎实的学术研究成果推动了中国知识产权制度的建设和发展。遥想当年，那位刚刚步入花甲之年的学术泰斗，拖着久病的躯体，参与国家知识产权战略的制定，为中共中央政治局的集体学习讲授知识产权的国际保护，并为此而付出了最后的体力。遥想当年，遥想当年，有太多、太多值得我们回顾的场景。

秋日的夜晚，仰望那浩瀚的星空，我们应当以怎样的情怀，来纪念这位平凡而伟大的学者？

李明德

2016 年 8 月

导 读
——用志不分 乃凝于神

黄　晖*

今年 9 月 10 日，郑成思教授离开我们 10 周年。作为我国知识产权研究的先行者，郑成思教授为我们留下了宝贵的精神财富，其中包括在商标和反不正当竞争领域的研究成果。

一、商标领域的研究成果

郑成思教授最早可以说是通过商标和知识产权结缘的，他在学术小传《我是怎样研究起知识产权来了》一文中详细介绍了当时他翻译世界知识产权组织编写的近百万字的《有关国家商标法概要》的生动情形。后来他作为我国改革开放后第一个公派去英国学习法律的留学生，在伦敦经济学院研究生院师从柯尼什教授学习知识产权，从此便开始了知识产权的研究历程。

* 法学博士，1997 年师从郑成思教授，中国社会科学院知识产权中心兼职研究员，北京万慧达知识产权代理有限公司高级合伙人，北京君策知识产权发展中心副理事长。

有意思的是，柯尼什教授的经典著作《专利、商标、版权和有关权》中的一段话，即"商标不多不少是市场竞争的绝大部分的基础"，后来又被欧盟法院雅各布总法务官（Jacob A.G.）在欧盟法院为商标正名的第二个黑格案（Hag II）中引用。雅各布进而阐述道："真实的情况是，至少从经济学的角度，或者也从'人的角度'来看，商标与其他知识产权的形式相比，既不逊色，应该得到的保护也不能更少。"也许正是因为商标的这种重要性，郑成思教授在柯尼什教授的直接指导下撰写了《商标在中国：知识产权领域第一个特别法》（为保持原貌，本卷作为唯一的英文论文收录），发表在《欧洲知识产权评论》（EIPR）上，甚至造成该期杂志畅销乃至脱销。

应该说，正是早期郑成思教授对外国商标法的娴熟掌握，使他一上来就站在巨人的肩膀上宏观地把握商标立法的历史演进和发展趋势。例如，在 1980 年《关于商标立法的几个问题》一文中，郑成思教授便已敏锐地指出：商标一般不能完全反映出商品的质量，有时则完全不反映商品的质量，尽管商标法应当有利于产品的质量管理。

对于商标注册制度的价值和意义，同样写于 1980 年的另一篇《关于〈出口贸易〉中"商标"一节的几个问题》中，郑成思教授先是总体介绍了四种商标保护制度的优劣利弊，他认为相比英美的商标制度，"真正先进的，应算是法国的现行商标制度"。他在后来的《知识产权法通论》以及《知识产权法》书中也反复强调，"没有必要去论证只有'使用'才产生商标权，'注册'仅仅是对已通过使用而产生的商标权的行政确认"。同样在这篇文章中，他就已经注意到欧洲共同市场国的统一商标法正在拟议中，后来出台的共同体商标条例也印证了商标权利依注册产生的原则，欧共体商标到今年已经成功运转了 20 周年，且在去年大修中更名为欧盟商标，并特意明确商标注册赋予其专有权。

后来，郑成思教授还特别考证出，"中国的香港地区，作为英国的殖民地，许多法律均来源于英国。但商标法却例外，它早于英国两年（1873 年）直接从欧陆国家引进了注册商标制度。这也许与香港的国际贸易中心的特殊地位是分不开的"。因此，在某种意义上讲，真正赋予注册的法律效力的立法恰恰是在奉行使用至上的英国为解决远东贸易提出的挑战过程中应运而生的。

在我国 1982 年制定新中国的第一部《商标法》之后，郑成思教授便持续关注商标法的发展和完善，在一系列专著和论文中，尤其在 1993 年第一次和 2001 年第二次修改《商标法》前后都有集中的评注和贡献。这些贡献主要集中在以下 6 个方面。

（一）在先权利保护

保护在先权利是所有知识产权保护的基石。但我国 1982 年《商标法》中除了禁止商标申请与在先商标发生冲突外，并未提到与其他在先权利冲突，更未规定与在先权利发生冲突后的解决渠道，直到 1993 年《商标法》第一次修改后，实施细则才通过对欺骗和其他不正当手段取得注册进行解释的方式，间接地解决了与在先权利冲突的问题。在这之后，围绕注册商标是否可以被在先著作权起诉的问题，郑成思教授专门撰写了《"武松打虎"图法院判决及行政裁决引发的思考》，特别分析了著作权"权利穷竭"与未经许可使用作者的著作权作品（哪怕该作品已经作者许可另外的他人）全无关系，避免了理论上的混淆。

当然，这个问题在 2001 年《商标法》修订后基本已不再成其为一个问题。郑成思教授指出："2001 年商标法第九条突出对'在先权'的保护，却没有任何条项强调对侵权活动产生的'在后权'也应精心呵护，为今后民事立法确立了一个方向。"2008 年最高人民法院关于权利冲突和驰名商标的两个司法解释实际也进一步印证了他的预言。当然,还有一些问题有待进一步厘清:比如,对于宣告恶意注册商标无效的,不仅驰名商标所有人,其他在先权利的所有人也都不应受到五年时间的限制,否则会很不公平;又如,在普通的在先注册商标是否可以直接起诉在后注册商标的问题上,还存在一些模糊认识,尽管欧盟法院已经明确表态在后注册并不是在先注册维权的障碍。

(二)侵权责任问题

我国《民法通则》乃至后来的《侵权责任法》都将"过错责任"作为包括知识产权侵权责任的承担前提,在这方面,郑成思教授一直在做正本清源的工作。事实上,一般民法中的侵权是指 tort,该词汇本身即有过错之意,而知识产权的侵权则是 infringement,fringe 是篱笆的意思,凡是未经许可进到 fringe 内的行为,不问过错均应负停止侵害的基本责任,甚至有侵害之虞的也应负停止即发侵权的责任,至于赔偿,则需要视其主观恶意的程度来定。

郑成思教授认为,2001 年《商标法》根据 TRIPS 协定的要求进行的第二次修订,"更改了民法学界多年来有关认定侵权须有'四要件'的通说,亦即否定了'无过错不负侵权责任''对权利人造成实际损害方能认定侵权'等,这种修改对民事侵权法将有重大影响,当然也可以说'代表了方向'"。事实上,2013 年《商标法》第三次修改,规定对恶意侵犯商标专用权,情节严重的,可以在原告损失、被告获利以及许可费倍数方法确定数额的一倍以上三倍以下确定赔偿数额,应该说进一步肯定了主观故意只是与赔偿有关的问题。此外,2004 年的欧盟知识产权执法指令也有类似规定。

（三）驰名商标保护

2001 年之前的商标法缺乏驰名商标保护条项，与《巴黎公约》的明确要求相比，的确有一定差距。郑成思教授指出："在商标纠纷中去认定驰名，从而一方面从横向将与驰名商标'近似'的标识范围扩大，从纵向将驰名商标所标示的商品或服务类别扩大，达到给其以特殊保护的目的，才符合商标保护的基本原理，也才是国际条约的初衷。""我国 2001 年的《商标法》修正时，正是参考了国际条约与国外成功的经验，首次在国家一级的立法中，增加了保护驰名商标的有关规定"。基于这种发展，郑成思教授也认为引入"防御商标"和"联合商标"的必要性并不太大了。同时，他也认为对于驰名商标的反淡化保护问题应当认真研究。

此外，驰名商标的按需认定原则也是郑成思教授一开始就倡导的，他甚至以"博士生导师"这一头衔为例深刻地分析了评比认定驰名商标的危害，2013 年修改的《商标法》对此明确规定并禁止宣传，终于使驰名商标保护回到正轨上来。

（四）反向假冒

围绕西裤上的"枫叶"商标被人替换的正当性，产生了广泛的探讨：把他人已经使用的注册商标去除，换上自己的商标出售，表面上并没有使用他人的商标，或者应该是恰恰没有使用他人的商标，似乎与商标侵权绝不相干，但郑成思教授在《商标中的"创造性"与反向假冒》以及《从"灯塔"牌油漆说起》一文中指出，发达国家很早已经在立法及执法中实行的制止反向假冒，在中国则尚未得到足够重视，反向假冒若得不到应有的惩罚、得不到制止，就将成为中国企业创名牌的一大障碍，像"灯塔"油漆那样被人掉包的故事就不会被制止。

好在 2001 年修改的《商标法》终于接受了郑成思教授的这一

主张，明文禁止反向假冒，确保了商标所有人的完整权利。或者说，商标恰如市场经济的"灯塔"，正应该从维护商标"人—物—志"三要素统一的角度看待商标注册人的禁用权和使用权：禁用权意味着"排他"的消极方面，而使用权则意味着自己专用、禁止他人撤换的积极方面。

（五）品牌创新

事实上，禁止反向假冒，主要是对商标所具有的识别功能，尤其之外的广告、宣传和投资等其他功能的保护，这是因为离开商标，这些功能也失去了附丽，商业信誉无法累积，品牌架构也无从搭建。郑成思教授生前抱病集中撰写的《知名品牌终于有了中国制造》《创自己的牌子 做市场的主人》《创新者成大业》和《"似我者死"：反思傍名牌》等文章，旗帜鲜明地反对傍名牌的山寨现象，殷切地希望我国企业要走自主创新的路，尤其是要注重产品质量的管控以及品牌的运用，否则就会出现他所例举的"玉山自倒非人推"的"荣华鸡"现象。

在目前国家实行"创新驱动发展"战略以及"大众创业、万众创新"的背景下，重温郑成思教授所引用的齐白石的名言"学我者生，似我者死，创新者成大业"尤其具有现实意义。

（六）电子商务中商标保护

电子商务的发展突飞猛进，与此相关的商标保护问题也愈加突出，这不仅表现在互联网刚刚兴起时的域名问题、网络链接问题，也表现在后来出现的关键词检索、网络销售平台等问题，郑成思教授曾在《采取有效措施解决"域名抢注"问题：在互联网络环境下保护我国企业的知识产权》的专文中以他独特的敏锐力一直推动相关领域的立法和理论研究，后来虽然在域名抢注、电商平台乃至侵权责任法方面有了一定的发展，但现实提出的问题也要求我们进一步跳出解决思路的窠臼，在更大的层面上思考问题的出路，正所谓"家住钱塘东复东"。

当然，我国的商标立法尚未"臻于郅治"，郑成思教授认为相关的研究也还在完善的路上：例如，"商标专用权"最好修改为"商标权"以涵盖作为对世权的更为完整的财产权；地理标志目前政出多门，亟须建立统一的管理体制；与商标有关的继承、质押乃至评估的立法和研究亟待深入；商标评审委员会作为居中裁定的机构，不应在行政诉讼程序中作为被告出庭等。

二、反不正当竞争领域的研究成果

与商业标识有关的反不正当竞争法，也是郑成思教授长期关注和研究的领域，他的贡献突出体现在以下四个方面。

（一）反不正当竞争法与商标法关系

郑成思教授在 1995 年撰写的《反不正当竞争：国际法与国内法》一文中开宗明义地指出："'反不正当竞争'的概念，起源于 19 世纪 50 年代的法国。它的立法来源是《法兰西民法典》第 1382 条。而这一条又同时是法国商标法（亦即现代注册商标制度）的来源。当然，这一条也是大陆法系'侵权法'的来源。所以，从来源上，我们至少可以看到：反不正当竞争与商标的保护，是'同源'的。"而且，《巴黎公约》第 10 条之 2 也是围绕违反诚实信用的工商业惯例来切入不正当竞争的定义的。

他因此特别强调，反不正当竞争法的立法重点应该是保护知识产权，尽管保护消费者、反倾销、反垄断乃至打击串通投标、反回扣等也可以纳入其中。事实上，世界知识产权组织编撰的《反不正当竞争示范规定》紧扣知识产权的补充保护，具有简明扼要、重点突出的优点。目前,《反不正当竞争法》正在修改之中,如何加强与知识产权有关的不正当竞争行为的规制,无疑是一个十分重要的问题。

(二)企业名称保护

企业名称与商标是既有区别又有联系的重要的商业标识,在处理两者的纠纷和冲突上可以说走过一段时间的弯路。本来,《巴黎公约》第 10 条之 2 囊括了任何人利用任何手段所制造的关于商业机构、商业活动和商品的任何混淆,并未特别限制商业混淆的类型,完全有足够的弹性处理商标与企业名称的冲突,但我国一度囿于在企业名称经过主管机关登记即为合法以及在域外登记合法即可在内地使用的观念,除非突出使用,每每难以处理。

郑成思教授并未受此观念限制,而是直接剖析这种傍名牌行为的实质,这集中体现在他 2002 年撰写的《关于“报喜鸟集团有限公司”的驰名注册商标及企业名称、商品化权等遭受侵害问题的法律意见书》中。对于对报喜鸟的不正当竞争行为,他建议多管齐下,全面维权。2013 年《商标法》正是沿着这个方向明确规定,将他人注册商标、未注册的驰名商标作为企业名称中的字号使用,误导公众,构成不正当竞争行为的,依照《中华人民共和国反不正当竞争法》处理。2015 年大修的《欧盟商标条例》则直接将使用在商品上的企业名称纳入商标侵权的范畴。当然,《反不正当竞争法》正在修订中,如何在抽象的一般原则之下细化处理的规范和程序还有比较长的路要走。

(三)商品化权

虽说当今的商品化现象已是无所不在,然而二十年前商品化权还仅仅是在个别案例中出现,但郑成思教授已经敏锐地意识到这个

领域的发展值得早作筹划,他在 1996 年的《商品化权刍议》中把
这一领域的权利归纳为"形象权"。他说:"所谓'形象',包括真人
的形象(例如,在世人的肖像)、虚构人的形象、创作出的人及动物
形象、人体形象等。这些形象被付诸商业性使用的权利,我把它统
称'形象权'。"他因此特别呼吁加强商业形象权的研究。

但在如何保护这些形象的问题上,单纯诉诸民法、版权法、商
标法都会显得很滞后或者力不从心,只有加强从反不正当竞争路径
的研究和立法才是根本出路。目前正在进行的法律修改也到了必须
面对的时候了。

(四)商业秘密

在商业秘密方面,郑成思教授的研究也是开拓性的,特别是早
期研究中,从 Know-How 的翻译开始,涉案商业秘密的性质、商
业秘密与专利的差异、与传统财产权的差异、秘密相对性、专门立
法及评估,等。这些研究成果散见于《知识产权的若干问题》《信息、
新型技术与知识产权》《知识产权与国际贸易》等中。

郑成思教授在商标和反不正当竞争方面的研究和论述具有非常
强的现实性和理论性,至今也具有很强的指导意义。正如他经常引
用《庄子·达生》中的"用志不分,乃凝于神"可信,只有持续地
关注研究世界各国的最新立法、司法和理论动态,才可能真正解决
现实中我们所面临的困难,找到理想的路径,从而推动经济社会的
发展。

目录

著作

知识产权法通论

知识产权法　（1988年版）

知识产权论

知识产权法　（2003年版）

《知识产权法通论》之商标法 *

第一节　历史与现状；基本概念

一、商标法的产生

商标的作用，在于区别不同生产者或销售者生产或经销的同类商品。所以，商标是随着商品经济的产生与发展而出现的。关于最早的商标，至少已有人追溯到八百多年前的我国宋代。[①] 但是，以法律形式把商标作为一种财产权加以保护，尤其是作为一种专有的财产权加以保护，则比商标本身的出现要迟得多。

在英国早期的资本主义自由竞争中，已经出现了商标所有人在法院控告他人冒用其商标的诉讼案。但这时英国的普通法还从未涉及保护商标的问题，所以原告只能诉诸当时的衡平法院，要求对冒用行为下禁令。这便是出现在 17 世纪的最早的保护商标权的判

---

　　* 　编者注：此部分内容最初发表在郑成思著：《知识产权法通论》，法律出版社 1986 年版，第二章第 67~96 页。本书去掉了章次，保留了节次。

　　① 　见《人民日报》1982 年 7 月 13 日第 8 版文章《我国目前发现的最早的商标》。

例。①1804 年法国颁布的《拿破仑法典》(《法国民法典》),第一次
肯定了商标权将与其他财产权同样地受到保护。②在此前后的 1803
年与 1809 年,法国还先后颁布了两个《备案商标保护法令》,后一
个法令也是把商标权与其他有形产权同等看待的,这是最早的商标
保护的单行成文法规。1857 年,法国又颁布了一部更系统的《商
标法》,首次确立了商标注册制度。随后,英国于 1862 年、美国于
1870 年、德国于 1874 年,都纷纷制定了成文商标法。到 20 世纪初,
商标权作为一种专有产权,在大多数国家的法律里都得到了确认。

二、四种不同的商标保护制度

专利发明的利用人与版权的利用人,无疑都享有一定程度的专
用权(即使他们并不是权利的所有人)。但商标的使用人则未必如此。
按照有些国家的法律,占有某个商标而未注册的人可以使用这个商
标,但不享有任何意义上的专用权;如果其他人以同样的商标完成
注册,原使用人就只能在原先的有限范围内继续使用了。但在有些
国家,仅仅使用商标而未注册的人却可以享有专有权。还有一些国
家,如果商标未注册,就根本不允许使用。现在,世界上不同国家
以不同的商标法保护和约束着在本国贸易活动中使用的商标。大致
讲,存在着 4 种商标保护制度。

1. 靠使用获得商标专有权的制度

这是最原始的商标保护制度。在 19 世纪之前,商标的使用人
在经营中就某一种或几种商品建立起了自己的信誉,消费者一见其
商标,就会凭经验识别出他的商品;其他人若使用相同商标,就必

---

① 见英国《波法姆判例集》1618 年版,第 144 页,苏森诉豪案(Southern V.How)。

② 编者注:该法典第 1382 条关于一般民事行为的责任规定构成法国反不正当竞争的基本
规定并沿用至今。

然在消费者中引起混淆，也因此被禁止。这样，商标通过使用自然地产生了"专有"性质，本来是不必再履行什么手续来确认这种专有性了。但是，商品生产的日益发展、市场的扩大，使商品经营者越来越多，而真正能够建立起信誉的又并不很多；同时，信誉本身也是个伸缩性较大的概念。这样，大多数希望在市场上长期从事贸易活动的商品经营者，就会感到单靠使用而自然建立起的专有权并不可靠，希望能通过一定法律手续确立自己的专有权。于是产生了商标注册制度。在今天，国际贸易活动中仅靠使用即可获得专有权的制度已失去了实际意义。从一国内部的贸易活动来讲，按照世界知识产权组织的统计，到 1977 年为止，世界上只剩下菲律宾和美国两个国家继续实行这种制度。③ 即使在这两个国家，商标所有人在通过使用获得专有权之后，仍旧可以在一定的管理机关注册。但这种注册仅起一个对现存权利的"承认"作用，它起不到"产生"该权利的作用。

2. 不注册使用与注册使用并行，两种途径均可以获得专有权的制度

这种制度可以说是从前面那种制度中发展起来的，而又未完全摆脱其痕迹。它以英国《商标法》为代表而包括许多英联邦国家④。也许有人问：美国不也是靠使用取得商标专有权以及商标注册同时并存的吗？它与英国的商标制度有什么区别呢？区别在这里：在英国，已经使用着的商标可以注册；尚未使用、但将要使用的商标也可以注册；使用与注册都可以产生专有权。在美国，只有已经使用着的商标才可以注册，未曾使用过（即使将要使用）的商标则不可

① 见世界知识产权组织《一些国家商标立法的要点》1977 年版，第 166 页与第 227 页。据世界知识产权组织 1982 年宣布，美、菲两国未改变原有制度。

② 英国 1938 年《商标法》第 2 条。

以注册；注册只是一种手续，并非它使专有权产生。

按照上述两种制度，就可能产生两个以上的、在不同地区持有相同商标的所有人。而获得了注册的人，一般也无权排斥原使用（而现在仍未注册）的人在原贸易活动范围内继续使用其商标。但原使用人无权再扩大其使用范围。在第二种制度中，原使用人无权单独转让商标权。原使用人确立的专有权，不能行使于全国，只能行使于某一地（如英国的一郡或美国的一州）。在这种情况下，商标权的地域性特点只能体现在一个地区了。实行这两种制度的共同缺点在于：国家的商标管理机关不可能对全国现存的、有效的商标进行全面的统计，因此不可能向新的商标使用人或注册申请人提供可靠的意见，以便在选择文字、图案时避免与他人相冲突。

实行第 2 种制度的国家，除英联邦的大多数国家外，还有个别大陆法系的国家（如联邦德国）。

3. 不注册使用与注册使用并行，仅注册方能获得专有权的制度

这种制度既摆脱了原始商标保护制的不可靠的一面，又保留了其方便的一面。它为那些不打算长期经销某种商品的人或不打算在较广的地域中从事贸易的人，留下了不注册而使用的余地，这样对管理机关及商标使用人都是方便的。同时，按照这种制度，又只有注过册的人享有专有权，注过册才有权排斥别人使用相同或相似的商标，注过册也才有权对侵权行为起诉。法国现行《商标法》是这种制度的典型。在世界上实行这种制度的国家占多数。我国 1982 年公布的《中华人民共和国商标法》，也实行这种制度。

4. 注册后方允许使用的制度

这种制度也称"全面注册制"或"强制注册制"。实行它的目的是便于国家对全部商标统一管理，以便全面贯彻计划经济的方针。它以现行的苏联《商标条例》为代表（详见第六章第七节），此外还

有一些东欧国家和蒙古人民共和国实行这种制度。我国 1963 年颁布的《商标管理条例》中所作的规定，也是实际上的强制注册制度。

当然，商标制度的分类还可以从许多其他角度来考虑。例如，从注册程序上来讲，可以分为实质审查制与形式审查制；从专有权取得的步骤上，可以分为靠注册获专有权及靠注册后一定时期内无异议而确立专有权；或将二者相结合的制度。不过这些分类法，仅仅对商标管理部门及研究部门有参考价值，而上面讲的四种类型则是从实体法与程序法的结合上划分的，它们对司法工作者、律师、从事进出口贸易的工作人员，都是十分重要的。

三、商标的构成

商标既然是为使买主能识别商品而使用，所以法律对商标没有"新颖性""先进性"之类特殊要求，一般只要求具备"识别性"就行了。各国法律对于什么可以用来组成商标，规定不尽相同。但一般来说，对这个问题所作的正面回答都很简单，如"文字、图形、或文字与图形的组合"。而对于什么不可以用来组成商标，则多数国家都规定得比较详细，各种规定的差异也比较大。例如，有的国家规定"单纯的颜色"不可以作为商标使用；有的国家则规定可以。有的国家规定地名不可以作为商标使用，有的国家则可以；还有的国家规定某些地名（如江、河、山岭名称）可以用，有些地名（如大都市名称）则不可以。再如，有些国家规定数字不可以作为商标使用，有些国家规定音响不能作为商标使用，有些国家规定商品本身的包装、商品的外形，均不能作为商标使用；但在另一些国家，又都允许以这些内容作商标。这些差异，确实是经营出口商品的部门或企业打算在国外获得商标保护之前，不能不了解的。

不过，毕竟有一些内容是大多数国家都不允许作为商标使用的。

在《巴黎公约》中，规定了下述内容在未经有关当局同意的情况下，都不可以当作商标取得注册：与主权国家的名称、国旗、国徽、军旗相同或相似的文字、图案；与政府间的国际组织的名称、旗帜或其他标记相同或相似的文字、图案。另外，作为一般国家所遵循的惯例，下列内容通常不允许作为商标使用：被标示的商品本身的通用名称或图案（例如以"饼干"二字作为饼干的商标）；直接表示商品质量、数量、原料、功能、用途及其他主要特点的文字或图案（例如以"优质白酒"作为酒的商标）；带有欺骗性的文字或图案，等等。各国商标管理部门按照本国的传统及参照国际惯例，对这些内容都有明确的解释。例如，"带有欺骗性"，一般并不仅仅指商标使用人有意进行欺骗，而且（主要）指商标在贸易活动中的客观效果。如果用一幅绵羊的图案来作为人造纤维料子的商标，就可以判定它"带有欺骗性"，因为消费者很可能根据商标而判断料子是纯羊毛的或起码是含有羊毛的。

在商标注册中如果发现了属于禁止使用的那种文字或图案，有关部门就会拒绝给予注册。如果一个商标中仅有一部分文字或图案属于禁用的，则在要求注册申请人改动或取消该部分之后，仍有可能给予注册。

四、商标的种类

1. 一般商标

一般商标中包括可凭视觉分辨的文字、图形商标及不可凭视觉分辨的音响或气味商标。前者是传统的商标，后者是近年才出现的，它以发出某种特殊声音或放出某种特异香味来标示某种商品。不过，不能凭视觉辨认的商标，也就不能通过注册的程序得到保护，只能靠法院在司法实践中对它的专用权给以保护。

在视觉可辨认的商标中，又包括平面商标与立体商标。前者即一般的文字、图形，后者往往以商品外形、商品包装（如瓶、盒之类）的特有形状来表示。前面讲过，后者在一些国家中也是禁止作为商标使用或不给予注册的。

从商标所包含的内容多寡来看，商标又包括单一商标与组合商标。单一商标指那些仅由一个词或词组甚至一个字、一个字母，或一幅图形构成的商标。组合商标则由一些能各自独立表示某种意义的文字或图形结合在一起构成；它们如果不结合在一起，就不能满足商标必须具备"识别性"这一要求。英文中常见到的 Composite Marks 或 Combined Marks，就指这种商标。

2. 联合商标（Associated Marks）

为了便利商标权的转让及商标许可证贸易的开展，防止造成混淆，有些国家在法律中把商标分为一般商标与联合商标两种。[①] 一般商标即指本身可以独立存在、独立使用和单独转让的商标。联合商标则指某一个商标所有人拥有的几个互相近似的商标；它们都是用来标示该所有人经营的几种类似商品的；它们可以分别获得注册，也可以在原所有人那儿分别使用，但如果将它们分别转让给不同的人或许可给不同的人使用，就会在公众里引起混淆，因此它们只能一道转让或许可。那些要求商标必须在贸易活动中使用之后方能注册的国家，或要求商标在注册后必须不间断使用方能维持注册有效的国家，一般都规定：只要使用了联合商标中的某一个商标，就可以看作是整个联合商标都符合"使用"或"不间断使用"的要求。

---

① 参见印度 1958 年《商标法》第 54 条第（1）项，新西兰 1972 年《商标法》第 39 条第（1）项，巴基斯坦 1940 年《商标法》第 12 条、第 34 条、第 38 条。

3. 集体商标（Collective Mark）

由几个不同的所有人共同占有的某一个商标，叫作集体商标。在有些国家，也可能由一些企业的联合会作为代表，占有某个集体商标。集体商标有时由各所有人的代表去注册，有时由领导这些企业的政府机关代行注册。①集体商标的作用，是向用户表明使用该商标的企业所生产的商品具有共同特点。一个使用着集体商标的企业，有权同时使用由自己独占的其他商标。集体商标一般不许可转让。美国、多数大陆法系的西方国家、一些东欧国家和一些发展中国家的商标法中，都有给予集体商标以注册保护的规定。

近年我国的一些翻译作品或翻译资料中，有时把集体商标（Collective Mark）与前面讲的 Combined Marks 及 Associated Marks 译混了，造成了一些误解，所以在这里作一些说明。

4. 防护商标

在有些国家，某个商标如果已经十分出名，它的所有人就会担心其他人以相同的商标在其他商品上使用并获得注册（注意：已注册商标的所有人享有的专有权，仅能够排斥别人在相同商品上使用相同商标，却不能排斥别人在不同商品上使用相同商标），于是就把这个商标在所有商品（包括他并不经营的那些商品）上都申请注册。这样注册的商标，就叫作防护商标。例如美国的"可口可乐"，就属于在一切商品上都注了册的防护商标。一般地讲，只有驰名商标有权作为防护商标取得注册。并不是一切国家的商标法都对防护商标给予法律保护。但由于《巴黎公约》第 6 条之二中作出了保护驰名商标的特殊规定，所以凡参加了该公约的国家，即使其国内法并不特别地保护防护商标，也必须给其他成员国的驰名商标以适当保护。

---

① 参见罗马尼亚 1967 年《商标、服务商标法》第 3 条，波兰 1963 年《商标法》第 35 条。

当然，这种保护的可靠程度，就远远不及注册成为防护商标所受到的那种保护了。[①]

五、与商标邻接的受保护标记

除了直接用于区别一企业与他企业产品的标记之外，在贸易活动中还存在一些其他标记，它们与商品经济有联系，但又不同于使用在商品上的标记；或虽然使用在商品上，但主要不用于区别不同企业的产品。许多国家的商标法及一些国际公约，都把它们列为保护对象。所以，在这里我把它们作为邻接标记讲述一下。

1. 服务商标

在经济活动中，有些企业的"产品"不是作为有形的商品提供给买主，而是作为某种商业性质的服务项目提供给顾客。例如，商品修理的服务、旅游服务、保险公司的服务、一些收费的娱乐场所提供的服务、航空公司或其他交通业的公司提供的服务，等等。不同企业提供的这类不同"产品"，也需要有不同标记把它们区分开。例如，中国民航、英国的"英航"、联邦德国的"汉莎"航空公司等，都提供同一种服务，就都各自有不同的服务标记。这种标记即叫作服务商标，也有称为"劳务商标"的。并不是一切国家都给这种商标以注册保护，例如在英国、我国以及其他一些国家的商标法中，都找不到有关服务商标的规定。但英国的判例法（普通法）确实为服务商标提供保护。[②]1946 年，美国第一个在它的成文商标法（《兰哈姆法》——*Lanham Act*）中把服务商标的保护放到了与商品商标等同的地位。后来不少国家在修订商标法时，作出了与美国相似的规定，如 1979 年修订的联邦德国《商标法》，就是一例。《巴黎公约》

---

① 关于防护商标的注册规定，可参见英国 1938 年《商标法》第 27 条。

② 参见《全英判例集》1945 年版，第 68 页，阿里斯托克诉里斯特案（Aristoc V.Rysta）。

中写进了保护服务商标的内容，却又没有把它放到与商品商标同等的位置，未要求必须给服务商标以注册保护，所以，成员国国内法在对待服务商标上是有自由酌定保护方式的余地的。

2. 证明商标

附在商品上证明生产某产品的厂商的身份、商品的原料、商品的功能或商品的质量的标记，叫作证明商标。证明商标的内容恰恰是一般商标所不允许包含的内容。商品与服务项目都可以使用证明商标。证明商标的所有人，与它所证明的商品或服务项目的产销人或经营人不能是同一个人。就是说，不能自己证明自己的商品或服务项目的质量与功能之类。证明商标在许多国家都可以注册，不过，未经过有关部门的特别批准，不可转让。大多数英美法系国家以及伊朗、土耳其等国，均承认和保护证明商标。[①]

3. 产地标记

商品上的产地标记不能被某一个特定的厂商专有。因销售带有虚假的产地标记而被侵害的厂商一般也不是一家两家，而可能涉及面很广。所以在那些法律只允许受侵害人起诉的国家，有权对使用虚假产地标记起诉的人往往就不止一个。《巴黎公约》与《商标注册马德里协定》中，都规定了公约或协定的成员国有义务禁止一切带有虚假产地标记的商品进口，也规定了对使用这种标记者应实行法律制裁。《巴黎公约》中所规定的因受侵害而有权起诉者，涉及很宽的范围，即"在虚假产地标记所标示的国家或地区内、以及该标记所使用的国家与地区内"的任何生产、制作或经销同一种有关商品的自然人或法人。[②] 所以说，产地标记虽然在不少国家中属于商

---

① 参见巴基斯坦 1945 年《商标法》第 2 条第（b）项，土耳其 1965 年《商标法》第 2 条第（c）项，特利尼达和多巴哥 1955 年《商标法》第 50 条第 1 项，印度 1958 年《商标法》第 2 条。

② 见《巴黎公约》斯德哥尔摩修订本第 10 条第 2 项。

标法保护的内容，它本身与商标的性质却完全不同，它不是某个企业或个人所专有的。商标只能由它的所有人、转让中的受让人及许可证交易中的被许可人使用；产地标记则能由该产地的一切人使用。此外，产地标记不能由个人注册，也无法转让。

4. 商号

商号经常也被叫作"厂商名称"，人们熟悉的"王麻子""盛锡福""同仁堂"等企业的名称即是。商号在有的情况下可以是商标的一个组成部分，但有时又并不是。不论怎样讲，商号与商标毕竟是不同的。商号并不一定与一种特定商品相联系而存在，但必定与制造某种或某些商品的厂商相联系而存在；商标则必须与它所标示的特定商品相联系而存在。虽然如此，一种或一些商品在市场上的信誉，却往往与商号密切相关。例如在许多西方国家的市场上，多数消费者只知道"松下"（National）电器公司的家用电器质高价廉，靠得住，而对该公司所经营的具体商品的商标反倒不去注意了。还有一些情况下，商标与商号可能是同一个内容，如制造"可口可乐"饮料的企业本身即叫作"可口可乐公司"。

使用商号的权利，与使用商标一样，是一种专有权。它同样也可以转让。侵犯商号专用权受到的制裁与侵犯商标也相似。在大多数国家里，有权起诉的一般也只是商号权所有人或受让人。按照《巴黎公约》第8条以及多数国家商标法的规定，商号不必经过注册即可以受到保护。即使在要求商号必须注册的国家里，这种注册与商标注册也是性质完全不同的两回事，它是指建立起该公司或企业的法人，在该法人所在国的主管部门按公司法（而不是商标法）或企业登记条例进行登记。而带有某公司的商号标记的商品销售到另一国时，销售人有必要就其商标在另一国注册，却完全没必要就其商号再注册了。只有当该公司在另一国设立子公司自产商品时，才有必要按该国公司法再进行一次登记。

5. 其他标记

由于各国在贸易活动中有不同的传统、习惯或其他政治、经济上的原因，不少国家还存在一些自己特有的、使用于商品或服务的标记，这是很难一一列举的，这里只能举几个例子。近年来，一些国家开始使用一种"质量标记"来表示某种商品达到了一定的质量要求。这是因为在国际市场上，商标越来越不能起到"商品质量标志"的作用，从而专门使用一种质量标志就显得重要了。像"International Woolmark"（国际羊毛制品标记），就是目前国际市场上较有名的质量商标之一。我国在全国每几年、地方每年评商品"质量奖"的活动中，准许获金质、银质奖的企业在有关商品上标示出"获某年国家（或地方）质量奖"，实际也是一种"质量标记"。从世界范围看，使用这种标记的国家还不多。另外，在大多数英联邦国家的企业所经销的纺织品上，往往有一种"料头标记"（Line—Heading，不懂这个英文词组的人，往往在翻译中把意思弄错）。它的内容很复杂，有时标着产品成分（例如，是纯毛的，是人造的，还是混纺的，等），有时标着产地，有时兼而有之。它的作用类似产地标记，也不是专有的。如果在料头上作虚假标示，受害者只能是买主，所以对它也无法规定谁是有权起诉人，但这些英联邦国家的商标法明确规定使用了虚假的料头标记要受法律制裁，同时又规定了它不能代替商标，也不能当作商标来使用。[①]1983 年 11 月，挪威也开始实行对银、金、铂工艺制品的印记注册的制度。这种注册的手续虽然也在挪威的专利商标局办理，但注册印记不能当作商标使用，也不能印在不以银、

---

① 参见印度 1958 年《商标法》第 72 条第 1 项。

金、铂为原料的工艺品上。①

六、注册程序、续展程序；权利的灭失

商标权与专利权及版权都不同，它的保护期可能是无限的。就是说，按照靠使用获商标专有权的制度，它可以是自然的无限长；按照靠注册获商标专有权的制度，只要权利人按法定期限（各国规定从 10 年到 30 年不等，只有墨西哥为 5 年）到主管部门办理续展手续，他的专有权就也可能无限延长下去。

商标注册的申请程序一般都比较简单。申请人应按规定的商品分类表（多数国家目前使用《尼斯协定》中规定的国际分类表）填报商标所标示的商品类别及商品的具体名称；附上商标文字或图形；写明申请人的名字及通信地址；缴纳申请费。

在"形式审查制度"下，批准申请的程序也很简单：首先看是否符合上述对申请所要求的手续。如果符合，那么在两个以上的人就同一种商品申请相同或相似商标注册的情况下，先申请者获准；如系同时申请，则先使用者获准。在"实质审查制度"下，审查完形式方面的内容后，首先要看商标是否与已有的注册商标或未注册的驰名商标有冲突，然后要看商标本身是否具备"识别性"，是否与"公共秩序"相冲突，等等。参加了《巴黎公约》或其他包含保护商标内容的国际公约的国家，还要看该商标是否与其他人已经保留了"国际公约优先权"的商标相冲突。未参加这些公约的国家，也要看它是否与同本国订有商标保护双边协定的国家的有关驰名商标相冲突。在有些国家，商标所使用的文字或图形虽未被别人首先用作商标，但属于别人的享有版权的艺术品，或属于别人的外观设计专有

---

① 参见英国国际法学会出版物《法律动态会报》1984 年第 7 期，第 72 页。

权的保护品，也不能获得注册。不过，只有英、美等几个为数不多的国家的商标注册机关，才主动对这种涉及了其他知识产权领域的原有权利的情况进行审查，大多数国家则仅仅是在申请基本被接受后，刊登在公告上，在一定时期内看公众中有没有人提出异议（这个"一定时间"，依各国法律不同而从三个月到一年不等），有人提出异议，方才审查；无人提出异议，一般就颁发商标注册证，宣告商标权成立了。

许多国家的商标法还规定：即使颁发了注册证之后，对商标权有争议的，仍可以向管理部门或司法部门请求裁定。有的国家规定：在一定年限内（如在英国为 7 年，在美国为 5 年）没有争议或争议不能成立，已经注册的商标就成为"无争议商标"，此后即使再有权利冲突的争议，有关部门也不再受理。

商标续展程序就更简单了，只要在一次有效期满之前一定时间内向有关部门提出续展申请并缴纳续展费即可。如果续展时对原商标毫无改动，就连形式审查也不需要了。多数国家规定：即使在一次有效期过后半年内，在追缴更多的续展费的前提下，仍可办理续展。多数国家的第一次保护期与续展期同样长，但在英国和某些英联邦国家，则是第一次保护期为 7 年，以后的每次展期为 14 年。

从前面的叙述里我们不难看到：靠注册取得的商标权虽然可能有无限长的保护期，但不是必然有，因为存在着许多可能导致商标权中途丧失的因素。

对于除"无争议商标"外的注册商标，第三者的争议的成立，将导致其"自始无效"。

对于包括"无争议商标"在内的一切注册商标，下列任何一个因素都可以导致其注销或失效：（1）一次有效期之后未办理续展；（2）商标在贸易活动中变成了它所标示的商品的通用名称，不

宜继续为原所有人所专有;(3)商标权所有人自动放弃了所有权;
(4)注册商标连续几年未在贸易活动中使用(有些国家适用此条);
(5)擅自改变商标的文字、图形(有些国家适用此条);(6)未经
批准而转让商标权(有些国家适用);(7)商标所标示的商品质量
下降(有些国家适用);(8)拥有商标的企业停业或倒闭,拥有集
体商标的企业结合体不复存在,等等。前面讲到的商标权所有人
自动弃权的最常见的情况是:某人与其他人在贸易活动中发生商
标的权利冲突时,通过协商,在取得一定补偿或没有补偿的情况下,
由一方放弃权利,使冲突得到解决。但如果商标权所有人已发放
过该商标的使用许可证,那么在被许可人表示同意之前,该所有
人一般不能擅自声明放弃权利。

在靠使用或靠使用及注册都能获得商标权的英美法系国家,在
有些情况下(如未办理续展、争议成立),商标的注册被撤销后,原
所有人靠普通法所建立的权利仍旧有效,就是说,他的商标权并未
完全丧失。而在其他国家,商标注册的撤销就意味着商标权的完全
丧失,该商标自此进入"公有领域",不再会发生对它的侵权问题了。

七、商标的作用

商标的最基本的和第一位的作用,是将一个企业的产品或服务
与其他企业的产品或服务区别开。在市场上销售着成千上万的企业
的产品的现代社会里,没有商标,买主就无所适从了。在理解商标
的这一作用时,要特别注意它是区别不同企业的相同产品的。至于
不同产品,无须靠商标去区分,它们本身的外形、特点及功能就完
全可以起到区分作用了。

商标的第二个作用,是在市场上反映出提供一定产品的一定企
业。一般的消费者在市场上看到"飞鸽"牌自行车,不仅能把它与"永

久""燕牌"等自行车区别开，一般还都知道它是"天津自行车厂"的产品。

商标的第三个作用，是在一般情况下对产品的质量起到客观上的监督作用。一个企业的产品比其他企业的同类产品质量高，这是由消费者通过自己的经验来评价的。而在评价时人们所提出的都只能是具体的商标。由于各个企业的产品都要挂上自己的"牌子"（商标）上市，交由买主去评价，这在客观上就起到一种防止该企业随便降低质量的作用。但应当注意的是：这种客观上的监督作用，与保证作用不同。商标很难像有人所希望的那样，起到"保证产品质量"的作用。原因很简单，一个企业在某种商品上使用的商标一般在较长时间里是不变动的，而产品的质量则会因为管理的方法、采用的技术、使用的原料的来源等许多因素而不断地变化着，或有提高，或有降低。企业要保证自己产品的质量，只能通过改进管理，采用新技术等途径去实现，而不可能通过使用某个商标去实现。

由商标的上述几种作用所引申出来的，是它的促进产品的销售的作用。企业在为推销产品而做广告时，总要把商标放在最引人注目的位置。驰名商标所标示的产品，一般都不是滞销品。而且，商标采用得是否恰当，有时对销售产品能起到关键作用。前些年我国上海产的质量很高的"白象"牌电池在美国卖不出去，因为"白象"在那儿是"大而无用，虚有其表"的象征。近年来我国轻工进出口公司销往英国的以红白蓝三条色为商标的塑料提袋在英国一些地区销路不佳，原因是这三色是英国"皇家"的传统标记，苏格兰和北爱尔兰的广大居民见到这种颜色就十分反感，而如果改为红白绿或红白黄等其他色，都会将销路扩大到这部分居民中去。其他国家之对于中国传统习惯的不了解而使用商标，也会产生同样结果，例如在英国很普通的"乌龟"牌床单，在中国肯定是没有销路的。

第二节　侵权行为与法律制裁；权利的限制

一、商标专有权的权利范围

商标所有人经注册（或经使用）取得专有权后，有权在他取得注册的那种商品（或经使用而确立了信誉的那种商品）上，以及与经营那种商品有关的广告、商业信函、包装、发票、说明书等上面使用该商标；同时有权禁止其他人在相同或相似的商品上，以及与该商品的经营有关的广告等上面使用相同或相似的商标；有权禁止其他人擅自制造或者销售有关的商标标识。在通过注册获得商标权的情况下，这种专有权的有效地域一般是在其注册的那个国家的境内。而在靠使用也能获得专有权的情况下，有效地域往往仅限于一国之中的某一地区。在非计划经济国家，在商品首次投放市场（而不是后来的分销、转销）时，商标权所有人还有权决定带有该商标的商品可以或不可以在哪些地区销售。

二、侵权行为与法律制裁

侵权行为一般即指上文中所讲到的、商标权所有人有权禁止他人所为的那些行为。此外，多数国家的商标法还规定，即使未在贸易活动中直接对别人的商标权造成损害，但间接地帮助了侵权人，或擅自印制或销售（但自己并未使用）别人专有的商标，也将构成共同侵权或间接侵权。

未经许可而在相同的商品上使用与他人所专有的商标相同或相似的商标，这样的侵权行为分为有意的与无意的两种。无意侵犯商标权者，一般只负民事赔偿责任，亦即赔偿因侵权而造成的损失。有意侵权（例如假冒他人的商标，擅自印制和提供他人的商标），则往往除负民事责任外，还要受到行政罚项、通报，刑事罚金、拘役或监禁等制裁。假冒他人商号的行为与有意侵犯他人商标权性质相同，制裁也相同。假冒产地标记的，受侵害人往往不止一个，民事赔偿额就难以计算了，多数国家的法律规定由海关没收，海关未查出而进入市场或本地自产自销的假冒外国产地名称的商品，则由管理机关或司法机关没收。许多国家的商标法中又规定：无论对有意的还是无意的侵权，侵权人都必须自己出钱在政府的商标公报或其他公开刊物上刊登法院对该侵权行为作出的判决，以此作为民事赔偿的一项附加内容。

商标权所有人在发现侵权时，还可以请求法院下禁令，禁止正在进行的行为继续下去。但在多数西方国家，如果法院尚未判决某行为实属侵权时权利人请求下禁令，则须交付一笔担保金，以便在最终判决该行为不属侵权的情况下，赔偿对方因禁令而造成的损失。此外，在商标侵权的诉讼中，请求扣押一方的商品而法院又未最后判决该商品所带商标确属侵权标记时，也会要求权利人先交担保金。在最终判决下达前法院所下的禁令叫作暂时禁令；最终判决中所包括的禁令则叫作永久禁令。

前面讲过，某个商标所使用的文字一旦变成某种商品的通用名称，它的专有性就会消失。为了减少商标变为通用名称的机会，有的国家在法律中不仅把一切在商业活动中不经允许而使用他人商标的行为列为侵权，而且把在非商业活动中未经允许对商标专用文字的使用也列为侵权。例如，如果在字典上使用某个商标来解释它所标示的那种商品，则该字典广泛地被人们使用后，这个商标就可能成为该商品的通用的别名，从而失去了专有性。因此，商标权人有权禁止出版部门未经许可而在字典中这样使用它。

三、权利的限制

在通过使用和通过注册都可以获得商标权的国家里，靠注册取得了商标权的人，无权阻止在他之前已经靠使用取得了相同商标的商标权的人在自己原有的经营范围和地区内，继续使用。

在多数国家里，如果某人的姓名或商号本身与别人的注册商标中使用的文字相同或相似，则后者也不能阻止前者在商业活动中使用自己的姓名或商号（但前者无权把它们作为商标来使用）。同样，在允许以地名作为商标使用的国家，地名商标的权利所有人，也无权阻止该地名所示的地区内的一切企业在自己的与之相同的产品上使用同一个地名。例如，天津电视机厂的名牌电视机"北京牌"，是人们所熟悉的。这个厂就无权阻止北京电视机厂在其"昆仑牌"电视机上标出"北京制造"的字样。这里要附带说一句：正因为这种权利限制，许多国家从根本上就不允许以地名作商标，以免许多企业都有权利用它，从而造成混乱。

在绝大多数的国家中，如果某个商标所使用的文字已经变成了它所标示的商品的通用名称，该商标的所有人就不再对它享有专有权。例如，"赛珞粉"（Cellophane）在开始时不过是一种玻璃纸的商标，"阿司匹林"（Aspirin）在开始时也曾是药物的商标，但后来它们逐渐成为玻璃纸和这种消炎药的通用名称，它们作为商标的作用就随之消失，原商标所有人的专有权也就随之消失。

在非商标所有人使用某商标的行为中，如同非版权所有人使用版权作品一样，也存在法律所允许的"合理使用"。例如，把商标的设计图案作为艺术品（而不是作为商业广告）公开展出；商标设计人（他们一般并不同时是商标权所有人）在出版自己的美术作品集时，把商标图案收入其中；商品的分销人把大宗商品分装后，在新包装上附加原商标；商品的原包装因破损被修复后，修复者附上原商标，等等。这些都不必取得商标权所有人的同意，也不会构成侵权行为。此外，在个别国家（如美国）还有法律规定：竞争者在广告中把自己的商品与别人的商品作比较时，可以使用别人的有关商品的商标。[①] 因为如果他只说自己的商品优于"某"其他企业的"某"种牌子的相同商品，而不具体指出那个牌子，就无法说明问题。当然，如果他的商品在实际上劣于别人的商品，那么他在广告中所作的比较就属于欺骗行为了，在这种情况下他违反了"不公平竞争法"，却不一定会以侵犯商标权论处。

有一些国家，规定政府主管部门可以在管理工作需要时，在一定范围内，不经许可而使用别人的注册商标。

与专利权及版权"穷竭"的原则相似，根据一些国家的法律，商标权在一定情况下也会出现穷竭的问题，亦即商标权所有人不能继续行使它在某个或某些方面的专有权。例如，《英国商标法》第 4 条第（3）项甲项规定：只要商标所有人或该所有人发出的许可证的注册使用人曾经同意过在某种投放市场的商品上使用他的商标，那么，无论带有这种商标的商品怎样分销和转销，该商标所有人及许可证持有人都是无权控制的。英国的判例法还进一步规定：如果经商标所有人或许可证持有人的同意而将带有其商标的商品销售到国外，他就无权阻止他的国外子公司将同样的商品带着同样的商标再返销回英国。欧洲共同市场国家的"欧洲法院"也根据它的《罗马条约》判定：在共同市场的所有国家中，无论是商标所有人还是他的子公司所生产的商品，只要经他本人或他的被许可人同意而投入某个共同市场成员国，他就无权控制带有其商标的同样商品继续流

---

① 参见《美国判例集》1910 年版，第 216 页，塞克斯里纳诉瓦格纳案（Saxlehner V. Wagner）。

向任何其他成员国（包括商标所有人所在国）。

商标权穷竭的原则，可以防止商标权人滥用自己的权利。例如，可以防止他始终控制商品的分销渠道，即防止他通过商标的专有而把一切带有该商标的商品的零售权统统控制在自己手里。用西方经济法的语言讲，这种控制必然妨碍商品的"自由流通"，因此属于"不公平竞争"手段。当然，如果某个零售商改变了商品的原有性质或形态之后，仍旧不经许可而使用原商标，那商标权所有人就有权干涉了。因为在这种情况下会造成欺骗性后果，故权利"穷竭"的原则就不再适用。

第三节　商标权的利用

发明人在取得专利权之后，对专利权的主要利用方式是出售专利许可证，而自己去实施自己的发明的情况则并不多。作者取得版权之后，对版权的主要利用方式也是转让给他人或许可他人利用，自己收取版税。作者本人兼出版商或作者本人兼电影制片厂主的情况虽然有，但毕竟比较少。而商标权的利用却与这两者有所不同。通过注册或通过使用而建立起的商标权，一般都是自己在贸易活动中更可靠、更合法地使用有关商标，而转让商标权与许可他人使用的情况，除随同技术转让（如专利、技术秘密的转让）而进行之外，一般是比较少的。所以，这里应首先考察商标权人自己行使权利的问题。

一、商标权的行使

前面讲过，商标权的专有是伴随着资本主义自由竞争而产生的。商标在使用中反映出的作用至今仍旧与市场上的竞争联系着。人们通常所说的"打开销路""闯出牌子",无非是指在消费者中建立了信誉的商标能够促进商品的销售。商标权的行使表现在肯定与否定两个方面。从肯定意义上的行使,不仅表现为在特定商品上使用特定商标,而且表现为在广告、说明书等宣传商品的媒介物上使用它。从否定意义上的行使,则表现为制止他人未经许可而进行上述行为。在商标闯出牌子之前,商标权主要是从肯定意义上去行使的;而在闯出牌子之后,经营同类商品的竞争者中就可能出现"冒牌"的问题,所以这时商标所有人就主要要关心从否定意义上行使其权利了。从1964年《法国商标法》开始,比较明确地规定出:靠注册能获得肯定意义与否定意义两方面的权利(专有权),而靠使用只能获得肯定意义的权利(合法使用权)。这种制度被越来越多的国家所接受。

此外,商标还有一种特殊作用:它可以弥补专利权或技术秘密权,能够在贸易活动中延长这些权利的实际保护期(而不是法定保护期)。例如,已取得专利的产品,专利保护期最长也不过20年左右。保护期满后,有关的生产工艺或产品品种就进入公有领域了。如果专利的所有人,在专利有效期内就其专利产品的特有商标获得了注册,既获得了商标权,又在专利有效期靠专利使该产品成为名牌货,那么在专利过期之后,商标仍可以通过不断续展而保持有效,别人在此情况下虽有权利用已进入公有领域的原专利技术去制造同样的产品,却无权使用同样的商标去销售这种产品。这样一来,原专利权人实际上在市场上仍旧独占着这种产品的销售权,从而在实际上延长了对原专利的独占。

二、商标权的转让与继承

商标权的转让与继承是商标专有权转移的两种形式。

由于商标是与经营一定商品的企业相联系而存在的,所以商标一般必须连同企业的信誉一起转让。有些国家还规定商标只能同企业本身一道转让，而不能单独转让。但在一些英联邦的国家里，法律规定：靠使用获得了专有权的商标，转让时必须连同企业信誉一道；靠注册获得或确认了专有权的商标，则不一定连同企业信誉一道转让，在不连同企业信誉转让的情况下，受让人只得到商标专有权，而原所有人则保留着经营信誉。这种看来很不合情理的现象，却在一些国家存在。近来，就连一些大陆法系国家，也开始允许商标不连同企业信誉一道转让。例如不久前修订的《奥地利商标法》，就增加了允许商标独立地自由转让的内容。不过，无论哪个法系的国家，转让商标专有权时都有个起码的前提，就是转让行为不得造成欺骗性后果或造成公众对不同来源的商品的混淆。例如《英国商标法》第 22 条第（4）项就明确指出：如果某个商标的权利转让将在（或可能在）市场上引起混淆，则专利商标局不批准其转让。最后要作一点说明：商标权与企业一道转让和商标权与企业信誉一道转让，从使用商标的角度来看实质是一样的。就是说，受让人都既有权使用转让人的商标，也有权使用他的商号、商品说明书、商品式样等。所不同的是：从有形财产转移的角度看，连同企业一道的转让，意味着转让人企业中的动产、不动产也一齐转交给了受让人；而仅仅连同企业信誉一道的转让，则意味着仅仅转移了无形财产权（包括说明书、商号等的利用权），而转让人的有形财产，无论是动产还是不动产，依旧保留在自己手中。

商标权转让活动中的受让人所获得的权利，未必与原所有人（转让人）所享有的全部权利完全相同。这与专利权转让后的情况不同，因为商标权是可以"部分转让"的。[①] 如果某个商标原先曾就三种商品注过册，转让时受让人可能获得在三种商品上使用该商标专有权，也可能只获得在其中的一种商品上使用该商标的专有权，而转让人则可能自己保留了在另两种商品上的商标专有权，也可能把这种权利分别转让给了其他人。但受让人无论全部还是部分得到原有权利，他都有权像转让人一样，自行对侵犯了自己享有的那部分商标权的行为提起诉讼。

对于商标转让合同，多数国家起码有以下几点要求：（1）要采取书面形式；（2）要在政府的管理部门登记并得到批准（少数国家只要求在合同成立后交管理部门备案）；（3）注册商标转让后的使用范围不得超过商标注册时所限定的商品种类；（4）转让活动必须在官方公报中公布于众。有些国家的法律还要求受让一方必须保证有关商品的质量不低于转让人使用该商标时的水平。

集体商标、证明商标都是不可转让的。

商标权还可以通过遗嘱继承、法定继承等途径进行转移。这种转移的程序与其他财产权的继承基本相同。[②] 通过继承而产生的商标权转移也必须在政府的管理部门登记并通过官方公报公布。一般来说，未履行登记手续的商标权继承，都被视为无效。

三、商标许可证与商标权的特许

上面讲的是商标专有权的转移。至于商标使用权的转移，有另

---

① 商标权可以部分转让，是就多数国家的情况而言的。例如芬兰 1964 年《商标法》第 32 条规定：商标可以就其注册的一种或全部商品，转让他人使用。但希腊 1939 年《商标法》第 20 条则规定：即使商标权所有人只就该商标在一种商品上使用的权利转让了他人，该所有人自己也无权继续在其他商品上使用该商标。这等于暗示：商标权不得部分转让，部分保留。

② 参见 1942 年意大利《商标法》第 21 条。

外两种形式：许可（Licensing）与特许（Franchising）。这两种方式
有很大差异，而过去许多译文中却未分清这两个英文字，有时都译
成"许可"，有时又都译成"特许"，所以这里有必要多讲几句。

商标许可证也分为独占的和非独占的等几种形式。许可证合同
一般也要求采取书面形式。多数国家的法律都要求被许可人的商品
质量不应低于许可人的相同商品质量，以防止因发放许可证而产生
欺骗性后果。

在多数国家里，许可人与被许可人签订合同后再去商标管理部
门备案就行了。但按照英联邦国家的传统法律，商标许可证的双方
必须先到管理部门登记（注册）并得到批准，从而被许可人获得"注
册使用人"的身份，然后许可证才能生效。这种传统法律制度，是
1982 年 5 月世界知识产权组织来华举办商标训练班的专家们所一再
强调的。因为现有的 46 个英联邦国家，大多数都同我国有贸易关系，
所以了解这一点也确实很重要。不过人们往往忘记指出另一点，即
英国本国的现行《商标法》是 1938 年颁布的，在那之后的一些判
例已经在一定程度上改变了英国的传统法律，同时影响到其他英联
邦国家对商标许可证的管理。

商标许可证在许多情况下并不是单独发放的，而是与技术转让
合同、成套设备进出口合同、交钥匙合同等一类综合性的、含有知
识产权其他方面内容的合同合并在一起的。一般国家都要求这些综
合性合同必须在政府有关部门（一般并不是商标管理部门）登记，
或只有在经政府批准后才能生效，而不要求其中的商标许可证单独
登记。那么，英联邦国家是否要求其单独登记呢？如果不单独登记，
在技术或设备进口时整个合同登记后，进口一方是否取得了商标的
"注册使用人"身份呢？ 1963 年英国高等法院在有名的"BOSTICH"
商标诉讼案的判决中作了回答。该法院判决一项技术秘密与工业品

外观设计的美国一方许可人，有权许可英国一方被许可人使用他的美国商标，而无须在英国专利商标局登记。理由是：通过 Know-How 与外观设计的许可证，原商标所有人已经可以对被许可人的商品质量实行足够有效的控制了，不会因缺少单独的商标许可的再登记而在市场上产生欺骗性后果或引起混淆的后果，所以原来的传统法律要求商标许可证必须单独进行登记的主要依据，在这里已经不存在了。不仅如此，在 1970 年的 "GE" 商标诉讼案中，英国高等法院又判决：向任何合资经营的子公司发放商标许可证时，也无须登记，原因也是许可人可以对被许可人的商品质量进行有效控制。这两个判例不仅已经对法院判同类案件起到判例法的作用，而且也被英国的 "商标法修改委员会" 所接受。

在多数国家里，商标专用权的被许可人无权直接对他所发现的侵权行为起诉，而必须有许可人授权，或在请求许可人起诉后一定时间内，许可人未起诉时，才有权自行起诉。在有些社会主义国家里，商标被许可人在任何情况下都无权对侵犯商标权本身的行为起诉；但对侵犯了许可证授予他的权利的行为，则有权起诉。①

如果商标所有人发出许可证之后，由于他自己未履行续展手续，或因在冲突诉讼中败诉，或因其他原因，他的商标变成了无效商标，那么被许可人是否仍旧有权继续使用呢？许多国家的法律对此的回答是：在不妨碍第三方利益的前提下，他仍可以继续使用。但是，为了防止将来与第三方发生纠纷时给自己带来不必要的损失，被许可人最好能坚持在商标许可证中订立关于 "许可人保证履行一切保持商标权有效的必要手续" 的条项，以便一旦商标在许可人那儿无效而使被许可人卷入与第三方的纠纷时，能够按原合同的规定向原

---

① 参见《波兰商标法》第 32 条及波兰《民法典》第 415 条。

许可人索取经济赔偿。

证明商标、集体商标均不能许可给别人使用。

由于商标的原始使用权是与一定企业的经营活动相联系的，所以在有些国家，商标使用权的转移中有一种特殊方式——特许。[①]获得商标特许证的人除了使用商标所有人的商标之外，还包括使用该所有人的商号，甚至包括使用该所有人的某些有版权的文件。商标特许合同包含四项主要内容：（1）授权被特许人在商业活动中使用特许人的商标、商号及有关版权；（2）规定被特许人的经营活动在一定程度上要受特许人的控制；（3）规定被特许人的经营活动要受到特许人的协助；（4）规定被特许人向特许人交付使用费的金额或金额的计算方法。

由此可知，商标特许与商标的一般许可的主要不同点在于一方的营业活动要受到另一方的控制与协助。取得商标特许的好处是可以充分利用特许人原先建立起来的营业信誉。这方面很像连同企业信誉一道转让时的商标受让人得到的好处（但被特许人的权利显然又不如受让人）。从一定意义上讲，被特许人的企业会与特许人所开设的子公司很相似。与子公司不同的是：在商标特许的情况下，营业资金基本上由被特许人自筹，营业风险完全由被特许人自己承担。

四、在国外的商标代理

商标专有权在多数国家都要靠注册取得，即使在靠使用获专有权的国家，外国商标所有人也只有通过注册的途径才能取得有效的

---

① 把商标特许作为一种贸易活动，在英美法系国家或大陆法系国家都很普遍。关于一些主要国家每年特许证的发放情况，可参见联邦德国"马克斯·普朗克学会"的刊物《国际工业产权与版权》1983年第5期，美国律师威廉姆斯（L. Williams）的文章《美国与联邦德国的商标特许活动对比》。

保护。所以，各国的企业在出口商品、技术或服务项目之前，一般都在有关国家先办理商标注册手续。即使不向外国出口商品、技术或服务项目，而仅仅向在外国的企业发放商标许可证或转让商标权，也必须先就有关商标在该国注册，许可和转让才能有效。由商标权的地域性所决定的，在一定国家内履行注册手续之前，商标所有人是无法在该国有效地保证自己的合法利益的。商标权的地域性还决定了：要在几个外国取得商标专有权，必须分别依照那些国家的法律办理几次注册手续。在 100 年前生效的《商标国际注册马德里协定》，以及在近年签订并已生效的《商标注册条约》，可以简化注册手续，有可能办一次注册手续而在几个或十几个国家的商标管理部门被受理（但未必被批准）。不过，参加这两个条约的国家毕竟是少数，而要求商品或服务的经营人对每个国家的商标法都熟悉，是不可能的。所以，有必要寻找恰当的外国组织或个人承担在该国办理商标注册的代理工作。

许多国家都有一定的民间组织，承担为本国商标所有人在外国注册或选择外国代理人的任务。所以，外国代理人一般不必由商标所有人自己去寻找。这样，商标所有人在向外国申请注册的书面文件中，除开在国内注册必备的文件及其译文外，还要附一份"权利转移证书"（Power of Attorney），即授权有关的外国代理人代自己履行注册手续和其他手续。除开注册费之外，也就要增付代理费。

我国 1980 年由进出口委、国家经委等部门发出的通知中规定：在国外申请商标注册，可以（不是必须）委托中国国际贸易促进委员会代理，在港澳及东南亚地区注册，可以委托我驻港澳外贸机构代理。而对于处理国外侵犯我商标权及其他商标纠纷的事宜，则由出口单位自行对外办理，贸促会商标处酌情协助。

第四节 我国的商标制度

我国历史上的第一部商标法，是 1904 年清末的《商标注册试办章程》。

中华人民共和国成立后，政务院在 1950 年 8 月公布了《商标注册暂行条例》，随后又公布了它的实施细则。在知识产权领域的三个主要方面，我国对商标权的保护是实行最早的。20 世纪 50 年代初的条例是适应当时五种经济制度并存的状况而制定的。在所有制的社会主义改造基本完成后，要求有新的商标条例来调节社会主义国营企业与集体企业的商标专用权，于是国务院在 1963 年 4 月公布了《商标管理条例》及其施行细则，同时废止了上述 1950 年的两个文件。

从理论上讲，1963 年的条例直到 1983 年 3 月，是基本有效的（因为中间作过一些小修改）。这个条例的核心可归纳为三点：（1）规定一切企业所使用的商标都必须先注册、后使用（《商标管理条例》第 2 条）；（2）规定对申请注册的商标实行实质审查，看其是否便于识别，是否与已注册商标相同或相似，是否属于不许可使用的文字或图形（《商标管理条例》第 4 条、第 5 条、第 6 条）；（3）认为商标是代表产品的一定质量的标志（《商标管理条例》第 3 条）。

除上述条例外，政务院财政经济委员会在 1954 年发布过一个《未注册商标暂行管理办法》，承认未注册商标的合法性，但又要求它们也要在中央工商行政管理局登记（但不审查，也不需要通过注册商标应通过的其他程序）。还规定了未注册商标不得转让，以及一旦发现它与某个注册商标相混同，就要由当地税务机关令其停止使用。1957 年，国务院转发过中央工商行政管理局《关于实行商标全面注册的意见》。这是 1963 年的条例中第 2 条的原则在实际中实施的开始，亦即强制注册制度的开始。为了使我国的出口商品适应国际市场的需要，以及加强对出口商品所用商标的管理，国务院分别在 1959 年 3 月、4 月和 1963 年 3 月发出了三个关于出口商品使用商标的通知，要求一切出口商品的商标，都必须经过外贸部审查批准后才能使用；而审查中必须确认商标"在政治上和国际法律上"均无问题，才能批准。

以往的这些条例及其他文件，都有一个共同的不足之处，就是：它们只规定了商标所有人必须履行的义务，而从未涉及商标所有人的具体权利，当然，也就没有涉及如何保护这种权利，而且也没有涉及除使用商标之外的其他商标权利用方式。一句话，只规定了商标权的取得和维持，却未规定商标权的内容和行使。

上述条例和文件，实际上在 1966 年开始的"十年浩劫"中，部分或全部停止了实施，全国商标失去了统一的管理，造成了商标使用的混乱。

党的十一届三中全会后，许多新情况在经济领域出现了。农村的社队企业发展很快，中外合资企业乃至外资企业开始在我国设立，个体户的生产及销售活动也活跃起来。同时，我国与外国的商品贸易交往也越来越频繁。在 1966 年前，中央工商管理局平均每年只收到 2000~3000 件商标注册申请案，其中绝大部分是我国企业使用的商标。而在 1981 年一年中，就有 10 000 多个商标在我国申请注册。到 1982 年上半年为止，在我国注册的商标已达 7.3 万余个，其中 9900 余个的注册所有者是外国企业。到 1981 年年底，我国已经同 30 多个国家签订了商标注册的双边协定。在 1981 年，我国的出口商品，也已经有 26 种在数量上占国际市场的首位。

这些新情况要求改变过去的商标制度，增加一些过去所缺少的内容。1979 年的《中华人民共和国刑法》第 127 条中，首次以刑事惩罚形式保护商标所有人的专有权，并且从该年开始了新商标法规的起草工作。1982 年 8 月，人大常委会通过了《中华人民共和国商标法》，这部法律从 1983 年 3 月 1 日起生效，同年 3 月 10 日，国务院又颁发了它的实施细则。《商标法》生效后，过去的条例及其他文件中凡与之冲突的规定，同时失效。

我国《商标法》的主要作用是保护生产者和消费者的利益，促使生产者保证商品质量，促进社会主义商品经济的发展，这些反映在《商标法》第 1 条、第 6 条、第 8 条第（8）项、第 25 条、第 31 条、第 34 条第（1）项和第（3）项、第 38 条第（1）项和第（2）项以及第 40 条。

与过去的《商标管理条例》相比，《商标法》增加了五方面的内容：（1）规定了注册商标所赋有的权利范围；（2）规定了怎样行使这些权利；（3）规定了怎样保护这些权利；（4）规定了商标专有权的权利冲突及商标侵权的诉讼程序；（5）规定了商标转让与许可的程序。同时，《商标法》还取消了原有的全面注册制度。

我国现在的商标制度可以归纳为如下几点：

（1）注册商标的所有者享有专用权，受法律保护。但不注册的商标也能够合法使用。是否需要注册，由企、事业单位或集体经营者与个体经营者自己选择。但国家规定必须使用注册商标的商品(卷烟、药品)，必须先取得注册，方能销售（见《商标法》第 3 条、第 4 条、第 5 条）。同时，我国长期以来一直实行关于出口商品的商标必须注册的规定，仍将继续实行。

（2）主管部门。由国务院工商行政管理局中的商标局主管全国商标注册；各级工商行政管理部门，要通过商标管理，监督产品的质量，行使某些行政处罚权；外国人或外国企业申请商标注册及申请办理其他商标事宜，均应委托中国国际贸易促进会代理（《商标法》

第 2 条、第 10 条,《商标法实施细则》第 2 条、第 19 条、第 29 条)。

（3）无论注册商标还是未注册商标,某些文字、图形均不得使用(《商标法》第 8 条)。

（4）实行"先申请者获注册优先权"的制度,不以是否使用在先判定相同商标的不同注册申请案接受与驳回(《商标法》第 17 条、第 18 条)。

（5）实行公告与征求异议的审查制度(《商标法》第 19 条)。

（6）商标专用权可以转让,也可以发放使用许可证。转让须经批准方有效,许可证合同签订后应在工商行政管理局备案(《商标法》第 25 条、第 26 条)。

（7）注册商标的有效期为 10 年,可以重复续展,每次展期也是 10 年(《商标法》第 23 条、第 24 条)。

（8）对违反商标管理制度者给予某些行政处分,直至撤销商标的注册(《商标法》第六章)。

（9）对侵犯商标权者采取行政、民事及刑事处理(《商标法》第七章,《商标法实施细则》第 24 条)。

我国《商标法》的第一个显著特点,是把制止欺骗消费者的行为作为商标管理工作的一项重要任务。我国《商标法》还有另一个特点,即它并没有象许多国家的商标法那样,规定只有商标权所有人或他的独占被许可人才是"利害关系人",才有权对侵权行为起诉。按照国务院工商管理总局的解释,只要消费者因商标侵权而受到欺骗或受到损失,他也可以对侵权人起诉。对于严重的侵权行为,还可以由国家的检察机关提起公诉。这是以社会主义方式保护社会主义的商标专用权,所以这与资本主义国家仅仅从个人产权的角度出发保护商标专有权,具有本质的区别。

此外,按照我国《商标法》的规定,一切有关注册商标权的争议,无论是注册申请人不服商标局的驳回决定，还是第三方对已取得注册的商标权有争议，都要由工商行政管理总局的"商标评审委员会"作裁定，而司法机关则对此不加过问。对于商标侵权，一般受侵害人或第三者也可以向侵权人所在地的县级以上工商行政管理部门请求处理。只有在下面四种情况下，由司法机关受理有关侵权的诉讼案：（1）如果当事人对于工商行政管理部门就侵权问题所作的处理不服，可以在收到处理通知后的 15 日内，向人民法院起诉；（2）如果当事人对该管理部门的处理决定在 15 日内既不起诉，又不履行，则由该管理部门申请人民法院强制执行；（3）被侵权人如果不向工商管理部门提出请求，也可以直接向人民法院起诉；（4）对假冒他人商标的直接责任人员，由司法机关依法追究刑事责任。综上所述，我们也可以说：主要由工商行政管理部门而不是主要由司法机关来处理有关商标权冲突的事宜，是我国商标制度的又一个特点。

我国在商标注册上长期使用着自己的商标分类法，而过去尚未实行开放政策时，并未感到在国际交往中有太大的不便。现在，商标管理部门已开始考虑逐步改用国际统一的商标分类法。此外，为了与《巴黎公约》的最低要求相一致，我国已考虑在修订现行商标法时增加对服务商标的保护以及对驰名商标的特别保护。

《知识产权法》之商标法 *

第一节　我国商标保护的历史

一、我国古代的商标保护

我国商标保护的历史，比专利保护要早一些。早在战国时期，我国已经出现了多地区的商品交换。一部分手工业者开始在自己的产品上铭刻自己的姓名、简单的符号或文字。从战国墓中出土的楚国铜器看，铭文中出现了"工""冶师"等不同身份生产者的名称。有的陶器底部刻有不同符号或花纹。这些标记的作用，即是区别不同生产者生产的同类产品，与今天商标的主要作用基本是一致的。不过，它们还只能被视为商标的前身。

我国现存最早的商标，是北宋时代山东济南一家专造功夫针的"刘家针铺"所用的"白兔"商标。商标有图、有文字。中间的图形是一只捣药的白兔，两侧的文字是："认门前白兔儿为记"。这也是世界上迄今发现的最早的商标。不过，无论是成文法律还是地方政府或中央政府对商标专用权的保护，在这段历史中尚无发现。

---

　　* 编者注：此部分内容摘自郑成思著：《知识产权法》，法律出版社 1988 年版，第三章第 90~148 页。本书去掉了章次，保留了节次。

到了清代，我国出现了以判例法保护商标专用权的实例。长洲县志记载了乾隆元年（1736年）布商黄友龙冒牌一案，并把判决刻在石头上，以警后人（勒石永禁）。

清代道光年间，上海绮藻堂布业总公所订立过"牌谱"，其中规定："名牌第一第二字，或第二第三字，不准有接连两字相同，并不准接连两字内有音同字异及音形相同之弊，如天泰、天秦，或大成、大盛等字样"。这种管理，目的也在于保护行会商人的权益，防止商标被冒用。这里的"牌"，也就是商标了。因为，当时每家布商都有两个以上的"牌"。如果指的是商号，则一般每个店铺只有一个。

我国以成文法律保护商标专用权，发生在晚清。

二、1949 年前的商标法

鸦片战争之后，中国进入半殖民地社会。商标的注册保护，是首先从保护外国商标开始的。1902年，在《中英续订商约》中，清政府同意"由南北洋大臣在其各管辖境内，建立牌号注册局所，派归海关管理及呈明注册"。 1903年的《中美商约》中也规定："美国人民之商标，在中国所设立之注册局所，由中国官员检察后，缴纳公道规费，并遵守所定公平章程，中国政府允示禁冒用。"同年订立的《中日商约》中规定："中国允设立注册局所，凡外国商牌请由中国保护者，须遵照将来中国所定之保护商牌各章程，在该局所注册。"

1904年，清政府颁布了我国第一部商标法——《商标注册试办章程》及其细则。这个法规是由总税务司英国人赫德起草的。章程共28条，细则23条。其中规定：津、沪两关作为商标注册分局，以便就近申请注册；申请注册的人可直接向总局呈递申请案，也可以由分局转交。但当时的德、奥、意、比等国认为该章程过多照顾了英国利益，要求修改，该章程实际上未能实行。这部章程反映了典型的半殖民地性质。它在第 20 条中,规定了帝国主义列强享有"领事裁判权"。

1923 年,民国政府颁布《商标法》第 44 条及细则第 37 条,并在农商部下面设立了商标局(地点在北京)。这是真正付诸实施的我国第一部商标法。1927 年,国民政府将商标局迁到南京,颁布了《全国注册局注册条例》第 13 条,但商标法仍使用 1923 年颁布的法律。1930 年,国民政府另行颁布了《新商标法》第 40 条。这部法律在 1949 年前又经过许多次修订。由于国民党统治期间整个中国实际上的不统一以及日本帝国主义的侵略,我国一直未存在过全国统一的商标保护。当时申请商标注册的,半数以上是外国商人。

三、1949~1982 年的商标保护

我国现行商标法颁布前的商标保护,可分为三个阶段:新中国成立初期、1963~1978 年、1979~1982 年。其中具有代表性的法规主要包括下面几个:

1.《商标注册暂行条例》及其施行细则

1950 年 7 月,当时的政务院批准颁布了《商标注册暂行条例》,随后又由政务院的财政经济委员会颁布了条例的施行细则。

这个条例强调了"保障一般工商业专用商标的专用权",但不实行"全面注册"。它规定:一般公私厂、商、合作社对自己生产、制造、加工或拣选的商品,需专用商标时,应依条例申请注册;已与中华人民共和国建立外交关系、订立商约的国家的商民,如果需要专用商标,则在订立的条约规定的范围内,依条例申请注册。这就是说,不申请注册的商标,也可以合法使用,只是不享有专用权而已。

取得注册的商标,专用权期限定为 20 年,期满可申请续展。如

果企业在专用期内歇业或转业，商标的专用权随之消灭。条例还规定，对于伪造、仿造已注册商标的，未经注册而冒称已注册的，用欺骗方法取得商标注册的，均将依法惩。在同一时期，政务院财经委员会还颁布了《前国民党反动派政府商标局注册商标处理办法》。其中规定：凡经解放前商标局发给注册的商标，原商标使用人应呈缴旧证，重新申请注册。重新注册的商标，从核准之日起，也享有20 年保护期。凡未与中华人民共和国建立外交关系的国家，其国民持有前商标局注册证而申请重新注册的，不予受理。

1953 年，我国又颁布了关于未注册商标中应予取缔的范围：（1）凡宣传崇美、崇帝及殖民地思想的（如"花旗""白宫""爵士"等商标）;（2）凡无原则搬用外国人名、地名及其他名词的（如"夜都会""好莱坞"等）;（3）凡带有反动事物的（如"童子军""新生活"等）;（4）凡宣传封建、迷信思想的（如"二十四孝""招财进宝"等）。这些办法和规定，对清除建国初期商标使用的混乱现象，起到了积极作用。

2.《未注册商标暂行管理办法》

这是由当时的中央工商行政管理局于 1954 年 3 月颁布的。它要求凡未注册的商标，都应在当地登记备案，但核准登记备案后，又并不享有专用权。这实际上是分级注册的一种形式，也是向"全面注册制"的过渡。

这个管理办法规定：未注册商标登记后，不得转证。如果愿意取得专用权，还可以向中央工商行政管理局申请注册。它规定了商标所用的文字、图形有下列内容之一的，不能登记：（1）与中华人民共和国国旗、国徽、军旗等及外国国旗、军旗或红十字章相同、近似的;（2）使用五角星、红旗不够严肃的;（3）表现封建、迷信及政治上有不良影响的;（4）使用外国文字或外文译音的;（5）袭用外国商标的;(6)与一般公用标章(如合作社、铁路、电信标志等)相同的;(7)使用他人姓名肖像而未经他人承认的;(8)与他人已登记使用于同一种商品的商标相同或近似的。

上面最后一项,实际与商标申请注册时的要求基本相同。同时,中央工商行政管理局在对这一暂行办法的条文进行说明时,特别指出两点:第一,未注册商标申请登记时,须附送商标图样五张,一张作为证件上用,一张按商品种类装订成册,作为审查商标是否相同或近似之用,其余备存。第二,凡予撤销登记的商标,可根据商标、发明公报公告办理。这也是与处理注册商标相同的。正是根据这些,可看出暂行规定建立起了分级注册制。

3.《商标管理条例》及其细则

1957 年,国务院转发了中央工商行政管理局"关于实行商标全面注册的意见"。到 1958 年,全国即已有 20 个省、直辖市实现了商标全面注册。1963 年,经全国人大常委会批准,国务院颁布了《商标管理条例》,中央工商行政管理局同时公布了该条例的细则和沿用至今的"商品分类法"。

1963 年的条例可归纳为三项主要内容:(1)一切企业所使用的商标都必须先注册,才能合法使用("全面注册"或"强制注册"制度);(2)对申请注册的商标进行实质审查,以确认是否便于识别、是否与已注册商标相同或近似,是否属于不可注册的文字、图形;(3)认为商标是代表商品一定质量的标志。

在对注册申请的审查中,取消了原有的"异议程序";但"人民群众或者机关、团体、企业提出意见要求撤销"已批准注册的商标,中央工商行政管理局经审查认为应当撤销的,将公告撤销。此外,使用注册商标而粗制滥造、降低产品质量的,自行变更商标名称、图形的,或商标停止使用已满一年未经核准保留的,都将被撤销。

外国企业如果申请商标注册，必须同时具备两个条件：（1）申请人所在国与我国已签订商标注册互惠协议；（2）申请注册的商标已经用申请人的名义在其本国注册。

1963 年的条例规定：各省、自治区、直辖市人民委员会可以根据该条例及施行细则，制定管理商标的具体办法。企业申请商标注册、变更注册事项、移转注册、撤销注册和补发注册证，都应当报所在市、县工商行政机关核转中央工商行政管理局。这些规定说明当时的条例所实行的，是"统一注册、分级管理"制度。此外，企业提交注册申请之前，应当先经企业主管部门审查同意；企业申请注册使用在药品上的商标，应当附送省、直辖市、自治区卫生厅、局的制药批准证明；企业申请使用在出口商品上的商标，应当附送外贸部门的证明。

1963 年条例的一个主要缺点，是仅仅规定了使用商标的企业负有注册义务、不使产品质量下降义务、不得中止使用义务，等，没有规定注册使用人可享有任何权利。甚至（除了外国企业在我国申请注册的商标外）连注册有效期、续展期等均未作任何规定。这样的商标管理，很难说是完善的、有效的。当然，即使这种管理，也仅仅实行了 3 年。在 1966 年开始的"十年动乱"中，该条例基本上停止了实施，全国商标失去了统一管理。

4. 1979 年《中华人民共和国刑法》第 127 条及其他有关规定

党的十一届三中全会后，许多新情况在经济领域出现了。农村的社队企业发展很快，中外合资企业、外资企业开始在我国设立，个体户的生产及经销活动也活跃起来。同时，我国与外国的商品贸易交往也越来越频繁。在 1966 年之前，中央工商行政管理局每年平均只收到两三千件商标注册申请，其中绝大部分是我国企业使用的商标。而在 1980 年仅仅一年里，就有 1.6 万多件商标被核准注册。

1979 年 1 月，工商行政管理总局提交了一份"关于纺织品恢复使用商标问题的报告"，建议在国内销售的商品上，恢复使用商标，并依法注册。同年，我国的社会主义法制建设的步伐也加快了。在《刑法》第 127 条中规定："违反商标管理法规，工商企业假冒其他企业已经注册的商标的，对直接责任人员，处三年以下有期徒刑、拘役或者罚金。"这是 1963 年以来涉及商标管理的法规中，第一次对维护注册商标所有人的利益作出的规定。按照这个规定，商标所有人至少已享有某种依刑法而产生的权利。1963 年的《商标管理条例》中不包含注册人权益的状况，已经显得不能再适应新的形势。

1979 年 9 月，全国商标工作会议在杭州召开，会议讨论了如何完善我国的商标保护制度，使之适应改革、开放的新形势，为后来起草我国新的商标法创造了条件。

第二节　1982 年商标法及其实施细则

一、世界上的四种商标制度与我国商标法

商标专用权，[①] 在历史上是由于人们在贸易活动中使用商标而产生的；注册商标制度只是一百多年前才出现。目前，靠使用与靠注册获得专用权这两种途径同时存在着，并依此而产生了不同的商标保护制度。大致讲，世界上目前存在四种商标制度。

---

① 商标权与专利权及版权的无形财产性质是一样的，确切地讲，应当讲商标的"专有权"，而不仅仅是"专用权"。很明显，商标权所有人除了禁止别人使用其商标外，还有权禁止别人印制及销售其商标标识。这后一方面的"禁"权，已超出"专用"的范围。但为与我国现行《商标法》中的用法一致，本书许多地方使用了"商标专用权"的表达法。

1. 靠使用获得商标专用权的制度

这是比较原始的商标保护制度。在 19 世纪之前（具体地讲，即 1857 年法国颁布第一部注册商标法之前），商标的使用人在贸易活动中就一种或多种商品建立起了自己的信誉，用户一见到有关商标，就会凭经验识别出自己所满意的商品；如果其他经销人在相同或相似的商品上使用同样的商标，则必然在市场上引起混淆，因此被禁止随便使用它。这样，商标通过使用，自然地产生了专有性质。那时并不需要履行什么手续，不需要通过一定管理机关审查、批准这种专有权。但是，随着商品生产的发展，市场的扩大，商品经营者越来越多，而真正能在贸易活动中建立起信誉的并不是全部，甚至不占多数。况且，建立信誉还需要一定时间。此外，"信誉"之是否建立，也很难有个固定的标准。这样，大多数希望在市场上长期从事某种或某些商品的经营活动的人，就会感到单靠使用而自然建立起专有权和专用权，并不可靠，希望能通过固定的法律手续确立这种商标专用权。因此才产生了商标注册制度。

不过，注册制度产生后，靠使用产生专用权的传统制度并没有完全消失；在个别国家中，它甚至仍是基本的商标保护制度。这种国家的典型就是美国。在美国，商标专用权仅仅是靠使用建立的；联邦与各州管理机关实行的两级商标注册制，不过是对已经存在的商标专用权起"承认"作用，而并不起"产生"这种权利的作用。在美国获得商标注册的前提是：该商标已经在贸易活动中使用了。那么，外国商人（例如中国的厂商）要以自己的商标在美国注册，怎样证明是否"使用"了？美国商标法规定：外国商标所有人的商标只要已在其本国被批准注册，就是"使用"的证据。从这一点可以看到，首先在本国获得注册，对于出口商品的商标来说，有时是很重要的。

2. 不注册使用与注册并行，两条途径都可以获得专用权的制度

这种制度是从原始商标保护制中发展起来的，又多少留有前者的痕迹，它以英国为典型。这种制度与美国式的保护有什么区别呢？主要区别是：在英国，已经付诸使用的商标可以注册；尚未使用，但"意图使用"的商标，也可以注册，使用与注册都可产生专用权。在美国，只有已付诸使用的商标才可以注册，只有使用才产生专用权，注册只起到对已有专用权认可的作用。

按照上述两种制度，就可能产生两个以上的、在不同地区持有相同商标的人。获得注册的人，一般无权排斥原使用而未注册的人在原贸易活动范围内继续使用其商标。这两种类型商标保护的共同缺点是：国家的商标管理机关不可能对全国现存的、有效的商标进行全面统计，因此不可能向新的商标使用人或注册申请人提供可靠的意见，以便在选择文字、图案时避免与其他人相冲突。在这两种制度下，很大一部分商标的"专用"权实际并不专。

实行第二种制度的国家，除英联邦的大多数国家外，还有个别大陆法系国家。

3. 先注册、后使用的制度

这种制度也称"全面注册制"或"强制注册制"。实行它的主要目的是便于在全国范围内统一管理。这是典型计划经济的反映。它以苏联《商标条例》为代表。我国 1963 年的商标条例也属于这一类。这种制度的优点是国家商标管理机关便于全面管理；缺点是管得太死。

4. 不注册使用与注册使用并行，仅仅通过注册才能产生专用权的制度

这种制度既摆脱了原始商标保护制度不可靠、使专用权不专的缺点，又保留了其方便某些厂商的优点。它为那些不打算长期经销

某种商品的厂商，或不打算在很广的地域内从事贸易活动的厂商，留下了不注册而使用商标的余地。这样也免除了管理机关无休止地受理和撤销某些短期使用的商标的麻烦。同时，按照这种制度，只有获得了注册的商标使用人才享有专用权，才有权排斥其他人在同类商品上使用相同或相似的商标，也才有权对侵权活动起诉。法国现行商标法是这一类制度的典型。

我国 1982 年颁布的《商标法》，实行的是上述第四种保护制度。这种制度既保证了多数企业的商标专用权，又不妨碍中、小企业，尤其是村镇企业短时使用某些商标，有利于搞活经济，有利于贯彻"计划经济为主、市场调节为辅"的方针，做到管而不死、活而不乱。

现在，我国从事工商业活动的企业或者个体工商业者，一般均可以根据自己经营商品的范围、经营时间的长短等，决定所使用的商标是否需要取得专用权；如果认为需要，可以向商标局申请注册。但对此有两个例外。

第一，国家规定必须使用注册商标的某些商品，就必须先注册，才能在商品上使用。目前我国仅仅规定药品和卷烟（包括雪茄烟）两类商品使用的商标必须先注册。申请药品使用的商标的注册，还必须附送有关省、自治区或直辖市卫生局批准生产有关药品的证明文件。这可以看作是在极其有限的范围内保留的"强制注册制"。这种有限的保留，不会妨碍搞活经济，又有利于工商管理机关和消费者监督利润很高的卷烟生产厂家和直接关系人民生命与健康的药品生产厂家。

第二，为了维护我国商品出口厂家及国家的利益，我国长期以来一直实行着出口商品所用的商标必须注册的规定，这项规定在1982 年的《商标法》实施后继续有效。出口商品的商标在国内先注册，有助于出口商品厂家在其他巴黎公约成员国享有注册优先权。

此外，在有些要求商标先在贸易活动中使用，而后才能给予注册的国家，均把商标在本国已经注册视为"已在贸易活动中使用"的证据。

二、我国商标法的主要内容及特点

我国现行商标法是 1982 年颁布的《中华人民共和国商标法》及 1983 年颁布的该法的实施细则。同前面讲过的专利法一样，我国商标法也有一些自己的特点，这将在下面介绍商标法的主要内容时，逐一提到。

1. 我国商标法把保障消费者的利益作为立法目的之一

大多数国家的商标法，只是用来制止以商标从事明显的不公平竞争活动的，这种单行法只调整工商业者之间的关系。冒牌者要受到制裁，那主要是因为他侵犯了另一个厂家的商标专用权，而未必因为他侵害了消费者的利益。至于起到保护消费者利益的作用，则另有其他法律。我国《商标法》在第 1 条就明确宣布：为了保障消费者的利益，促进社会主义商品经济的发展，特制定本法。这是我国商标法的一个特点和优点。当然，在商标法颁布后一段较长时间里，侵害消费者利益、尤其是以冒牌货侵害消费者利益的事，在我国市场上时有发生。这并不说明商标法规定得不恰当，而是说明有的管理部门执法不严，也有的消费者不清楚应当怎样维护自己的利益，结果是应当受到法律制裁的没能都依法受到制裁。为此，在我国已经建立起"中国消费者协会"，帮助工商行政管理部门监督商标的使用，制止和制裁欺骗消费者的行为。1986 年年初，曾在北京发生的数千台"东珠"牌电冰箱冒日本名牌"东芝"出售，严重侵害消费者利益的事件，就是在中国消费者协会的督促下，才很快得到处理的。除此之外，我国也正在考虑制定保护消费者利益的专门条例，以使商标法中的有关规定能够真正实施。

2. 非强制注册制

这在上面已作了大致介绍。非强制注册制主要体现在我国《商标法》第 4 条中，这一条规定：企业、事业单位和个体工商业者，对其生产、制造、加工、拣选或者经销的商品，需要取得商标专用权的，应当向商标局申请注册。这就暗示：不需要取得专用权的，则不必申请注册。但商标使用人应当知道：我国商标法只对注册商标提供保护；不注册的商标，不发生侵权问题，它的使用人无权对他人提出侵权诉讼。

在大多数参加了《巴黎公约》的国家，商标法对于未注册的"驰名商标"，提供特殊的保护。例如，即使这样的商标尚未注册、也未准备申请注册，其他厂商如果以与之相同或近似的商标申请注册，也会被商标局驳回。但我国的商标法及其实施细则中并没有这种规定。

3. 对服务商标未规定注册

服务商标，也称"劳务商标"或"服务标记"，在英文中即 Service Mark。这是在服务业发展起来之后产生的一种商业标记。目前世界上大多数航空公司、旅店、旅行社、汽车公司、洗染店、饭店等，都有自己的服务商标，以便进行广告宣传，扩大营业范围，保护服务者的权益。较发达的国家，如美国，早在 1946 年就在商标法中规定了服务商标的注册。《巴黎公约》也把保护服务商标列为对成员国国内法的一项最低要求（但没有要求必须提供注册保护，即允许以其他方式保护）。在商标国际分类中，也把可使用服务商标的服务项目分为 8 类：广告与营业（Business）服务、保险与金融服务；建筑与维修服务、通信服务、贮运服务、材料处理服务、教育与娱乐服务、其他服务。但我国在颁布商标法时，还没有把对服务商标的注册保护考虑进去；也没有另立其他法律来保护服务商标。

但在实践中，服务商标可以间接受到一定程度保护（这在本章第四节还要详谈）。

4. 商标的分级管理制

我国商标法规定：国务院国家工商行政管理局下的商标局主管全国的商标注册；各级工商行政管理部门通过商标管理，监督产品质量，并行使某些行政处罚权。

我国在县以上（包括大城市的区以上）都设有工商行政管理部门，但只有设在北京的国家工商行政管理局中的商标局，才有权批准商标的注册申请。我国目前实行的是统一的商标注册，不像其他某些幅员较广的国家，实行联邦级与州级两级商标注册。不过我国的商标专用权的保护则是分级进行的。这主要表现在两个方面：第一，地方工商行政管理部门有权对违反商标法的行为进行处罚，包括对违反商标使用规定的注册商标所有人予以通报或处以罚项；但如果要处以撤销其注册商标这类的制裁，必须通过国家工商行政管理局的商标局。第二，我国各级工商行政管理部门无权批准商标的注册。但并不等于说任何企业或个人在任何地方，如果打算申请注册，都必须向设在北京的商标局提交申请文件。我们国家这么大，从事商业活动的单位这样多，如果都直接把申请提交商标局，它是无法应付的。因此，我国商标法的实施细则规定：凡是国内使用商标的企、事业单位要办理商标注册申请，均应先在该单位所在地的市、县级工商行政管理部门提出，再由这些地方管理部门转交国家工商行政管理总局。除了申请注册之外，转让注册商标、续展注册、变更注册人名义、地址，补发注册证等事宜，也都要由地方管理部门核转。即使设在北京的、中央直属企业申请商标注册及办理其他商标事宜，也要向北京的区、县工商行政管理部门提出，不能直接向国家工商行政管理局提出。

5. 审查程序中的"全面审查"制及"注册在先"原则

从我国《商标法》第 16 条、第 19 条可以看出，我国对商标的注册申请并不进行实质审查。这里讲不实行实质审查，主要指不像英国、联邦德国等国那样，对于商标是否具有识别性及识别性的程度等方面进行过细的审查；但对于申请注册的商标是否与已经注册的商标相同或近似，还是要审查的，而且允许第三方提出异议。从这个角度看，我国实行的仍旧是一种"全面审查"制。这种审查，使一个商标从申请到批准注册，一般需要一年，比起英国、联邦德国实质审查制的二三年审查时间要短，但比起另一些国家只需三至六个月即能批准注册，又显得时间长了一些。

对于两个以上申请人以相同或近似的商标、申请在同一种商品上注册，则依照商标法接受先申请者的申请案。这就是"注册在先"原则。其他有的国家在这种情况下则接受先在贸易活动中使用了该商标的申请人的申请（"使用在先"原则）。不过，如果在我国两个以上的人就同样商标提出注册申请是在同一天，那就要考虑是谁"使用在先"了。

6. 禁止作为商标使用的文字与图形

我国商标法规定，无论注册商标还是不注册的商标，都不得使用下列文字、图形：（1）同我国的国家名称、国旗、国徽、军旗、勋章相同或者近似的文字、图形；（2）同外国的国家名称、国旗、国徽、军旗相同或者近似的文字、图形；（3）同政府间国际组织（不包括民间国际组织）的旗帜、徽记、名称相同或近似的文字、图形；④同"红十字""红新月"标志或这类名称相同或近似的文字、图形。

这里需要解释的是：怎样才能看做"近似的"？举例来讲，奥林匹克会徽是由蓝、黄、黑、绿、红五种颜色的彩环分两层从左到右交叉排成的。完全按照这个图案的色彩及形状设计的图案，自然是与它"相同"了；如果五个环都只用黑色（或其他单一颜色），而排列形式却仍旧与它一样，这种图案就是"近似的"。

除上述四种文字、图形外，带有民族歧视性的文字、图形，也不能作为商标使用；夸大宣传并带有欺骗性的文字、图形，直接表示商品质量、主要原料、功能、用途、数量及其他特点的文字、图形，有关商品的通用名称或图形，一切有害于社会主义道德风尚或有其他不良影响的文字、图形，也都不能作为商标使用。

7. **注册商标的转让与使用许可**

我国 1982 年之前的商标管理法规，均不涉及注册商标的转让与使用许可问题，实质上并没有把注册商标权作为一种无形财产权对待。1982 年的《商标法》中对此则作了明确规定，即对于转让注册商标的，转让人和受让人应当共同向商标局提出申请，受让人还必须保证使用该商标的商品质量不会降低（不低于转让人的商品）；转让申请经商标局核准并公告之后，方才有效。对于使用许可，条件比转让要宽一些。商标法规定：注册人可以通过签订商标使用许可合同，许可他人使用其注册商标。许可人有义务监督被许可人使用其商标的商品质量，被许可人有义务保证其商品质量；商标使用许可合同应当报商标局备案。在无论转让还是许可的规定中，都特别强调了保证质量问题，是从保障消费者利益出发的。如果不同厂家使用同一个商标，产品质量的差距却很大，那么消费者在认明同一个"牌子"的情况下，可能购买到优、劣程度不同的商品，那么注册商标的转让或许可会导致欺骗消费者的后果了。因此，在有些国家，对签订商标使用许可合同的要求与转让注册商标基本相同，即必须先申报商标局，待商标局审查认为这种使用许可不会造成欺骗性后果，因而予以批准后，合同才能生效。

另外有一点应该注意的是：我国 1985 年的《继承法》第 3 条中，

只提到版权与专利权的经济权利部分，可以作为遗产转让，却没有提及商标权。我国 1980 年的《个人所得税法实施细则》第 4 条也只提到了版权与专利权转让后，个人所得的税收问题，没有提到商标权。这一点有待于补充。

8. 对注册商标使用的规定

商标法要求使用注册商标时，必须符合下列规定：（1）不得自行改变注册商标的文字、图形，不得擅自改变注册人名义、地址或其他注册事项。例如在自行车这种商品上使用的注册商标，不能擅自转用到缝纫机上。如果违反这项规定，地方工商行政管理部门有权责令有关企业限期改正；如果不改，地方管理部门可报请国家工商行政管理局撤销其注册商标。（2）不能未经批准自行转让注册商标。（3）商标在获得注册后，必须在贸易活动中使用；如果连续三年没有使用，商标局可以撤销其注册。这里讲的"使用"，也包括在广告宣传或商品展览会上使用。（4）如果使用注册商标的商品粗制滥造，以次充好，欺骗消费者，地方工商行政管理部门可以分别不同情况，责令限期改正，或予以通报、处以罚项，或者由商标局撤销其注册。

9. 对未注册商标使用的规定

商标法对于未注册商标的使用，也提出了四项要求：（1）不得冒充"已注册"商标。（2）不得使用商标法中规定不准当作商标的文字、图形。（3）不得欺骗消费者。（4）在使用未注册商标时，必须注明生产厂家及地址，以便追查产品责任。这最后一项，在 1982 年《商标法》的本文中还没有明文规定，它反映在国家工商行政管理局于 1985 年 7 月 15 日发出的一项专门通知中。对于不按照上述规定使用未注册商标，经指出又不改正的，地方工商行政管理机关有权通报、罚项、没收非法所得，直至吊销商标使用人的营业执照。

10. 对注册商标专用权的保护

被《商标法》列为侵犯注册商标权的行为有：（1）没有经过注册商标所有人的许可，在同一种商品或类似的商品上使用与该商标相同或近似的商标。（2）擅自制造或销售他人的注册商标标识。（3）给他人的注册商标专用权造成其他损害。例如，一个酒厂想借北京葡萄酒厂的牌子销售自己的劣质酒，它可能直接冒用"中国红葡萄酒"上使用的"夜光杯"商标。这就属于上述第（1）种侵权行为。它也可以不冒用这个商标，但却使用与北京酒厂的"中国红葡萄酒"完全一样的装潢，使消费者容易误认为它的酒与夜光杯牌酒出自一个厂家。这就属于给夜光杯商标的专用人造成了"其他损害"。

只要上述行为中的任何一种发生，被侵权人都可以向侵权人所在地的县级以上工商行政管理部门要求处理。有关部们如果确认被告的行为已经构成侵权，就应当责令其停止侵权行为，封存或收缴商标标识，消除现存侵权商品或包装上的商标，并可以根据情节予以通报，责令其赔偿被侵权人并同时处以罚项。此外，被侵权人也可以不向工商行政管理机关要求处理，直接向有管辖权的人民法院起诉。根据我国《民事诉讼法（试行）》第 22 条的规定，因侵权行为而引起的诉讼，一般由侵权行为地人民法院管辖；但有时为了有利判决的执行，也可以向被告所在地人民法院起诉。

对于假冒他人注册商标（包括擅自制造或销售他人的注册商标标识），情节严重的，就不仅违反了商标法，而且触犯了我国《刑法》第 127 条，构成了犯罪。被侵权人或者任何其他个人、单位，都可以直接向人民检察院控告和检举，也可以向地方工商行政管理机关控告和检举，再由该机关移送人民检察院处理。按照刑法，犯有假冒注册商标罪行的，对直接责任人员可处以 3 年以下有期徒刑，拘役或罚金。

第三节　其他有关法规

一、优质产品奖励条例

在 1982 年开始起草商标法时，我国就把产品的全面质量管理与商标的使用联系起来。1979 年，国务院颁发了《中华人民共和国优质产品奖励条例》。在我国商标法颁布后，这个条例则起到辅助商标法、监督产品质量的作用。

这个条例规定：在每年的"质量月"期间，由国家经委对优质产品颁发"国家优质奖"。该奖分为金质奖章与银质奖章两种。参加评选的优质产品，先由企业提出申请，省、直辖市与自治区研究上报，国务院主管部门在全国范围内评选鉴定，然后由国家标准局、国家工商行政管理局核报国家质量奖审定委员会审批。

荣获国家质量奖的优质产品，必须具备下列各项条件：（1）适用可靠、用户满意、畅销国内外市场，享有好的声誉；（2）各项质量指标高于现行各级技术标准的规定，达到或接近国际同类产品的先进水平，或具有独特风格、优美的传统特色；（3）在国内同类产品质量竞赛评比中，取得最佳成绩；（4）已经定型批量生产，质量持续稳定上升。

荣获国家质量奖的产品，企业可以在该产品、产品说明书上一道将商标及优质产品和奖章的荣誉标记标明。已获得国家质量奖的产品，如果质量下降，企业应立即停止使用国家质量奖标记；经采取措施达到原有质量水平后，可以向有关部门提出申请恢复。在 1987 年国家工商行政管理局对 13 个名酒厂家的产品装潢给予特别保护时，专门强调了将装潢上与商标同时使用的优质标记排除在外。

二、我国的"商号法"

1985 年 6 月，经国务院批准，国家工商行政管理局公布了《工商企业名称登记管理暂行规定》，这实质上是一部为商业名称提供注册保护的"商号法"。虽然目前世界上已有许多国家为商号、商誉提供保护，并把它们也视为知识产权的一部分，但真正为商号提供注册保护的国家并不多。与我国尚未保护服务商标的状况相比，在这方面我国已经不算很落后了。

这项规定在第 2 条指出：企业名称申请登记，由有关工商行政管理机关核定；准予登记后，在规定的范围内享有专用权，受国家法律保护。个体工商业户如果有名称，需要登记，也参照这项规定执行。

企业名称的登记与商标注册不同，不由国家工商行政管理局统一审批，而实行三级管理：（1）凡冠以市名或县名的企业，由其所在地的市、县工商行政管理局核准登记；在同一市、县范围内，同行业企业不得重名。（2）凡冠以省、自治区名而不冠市、县名的企业，由其所在地的市、县工商行政管理局报该省、自治区工商行政管理局核准登记；在同一省、自治区范围内，同行企业也不得重名。（3）凡使用"中国""中华"等字样为企业名称的，由国家工商行政管理局核准登记，在全国范围内，同行企业不得重名（除全国性公司外，一般企业不得使用"中国""中华"等字样的名称）；外国（地区）企业在中国申请名称登记时，均须由国家工商行政管理局核准。

登记的企业名称可以作为财产权转让。转让时应当由转让方与受让方签订书面合同，并按照工商企业申请登记的程序报请批准。企业名称相同，发生争议时，按照申请登记的先后顺序处理。

一切企业如使用自己的名称，都必须登记。这是在暂行规定的第 10 条中指出的。如果企业使用了未经核准登记的名称，或者擅自变更已经核准登记的名称，有关工商行政管理机关将给予制裁。

三、国家工商行政管理局的有关通知

在商标管理过程中，国家工商行政管理总局经常以"通知"形式，向各级工商行政管理部门发布文件。这些文件是对商标法实施细则的进一步解释，带有法规性质。其中较重要的，有下列几个。

1.《商标注册申请注意事项》及《商标核转工作若干规定》

1985 年 12 月，国家工商行政管理总局商标局，发出"关于印发《商标注册申请注意事项》的通知"；同月，国家工商行政管理总局发出"关于颁发《商标核转工作若干规定》的通知"，重申了商标法中的某些规定，并对一些过去不明确的问题作了明确回答。

《商标注册申请注意事项》明确指出，企、事业单位与个体工商业者，都可以申请商标注册。我国 1982 年《商标法》中虽然有与此完全相同的规定，但在 1983 年颁布的实施细则中却没有再提到个体工商业者。在这次印发的"注意事项"中讲明：只要是依照《国务院关于城镇非农业个体经济若干政策性规定》核准登记的个体工商业者，即可以申请商标注册。在实施中，北京有名的个体摩托驾驶员头盔生产者刘翔，就其产品使用"飞翔"商标已取得了注册；南方有名的"傻子瓜子"生产个体户，也取得了商标注册。

"注意事项"重申办理商标注册或其他事宜，申请文件及其他文件均须用汉字书写清楚；在一份申请书中不得填写两个以上商标；填写的商标名称与附送的商标图样必须一致；在一份申请书中不得填写两类或两类以上的商品，对难以确定类别的商品，应当附加说明；填写"商品名称"栏目时，必须填商品的通用名称，对一个商

品有两个或两个以上通用名称的，应当附加说明；填写"技术标准"栏目时，必须填实际执行的标准，对于无技术标准的商品，应当附加说明；所填写的"申请人"，必须与营业执照核定的名称一致；申请注册药品商标，应当附送省级卫生厅（局）发给的《药品生产企业许可证》和《药品经营企业许可证》；申请注册卷烟及雪茄烟的商标，应当送交国家主管部门批准生产卷烟及雪茄烟的证明文件。

《商标核转工作若干规定》中指出：我国实行"二级核转制度"，即申请人所在地的县级工商行政管理局将申请文件向省级管理局报送；由省级向国家工商行政管理总局商标局核转。经省级管理局同意，计划单列市（如重庆、武汉、广州等市）和省辖市工商行政管理局也可以接受县级管理局报送的申请文件，向商标局核转。

"若干规定"要求省、县级工商行政管理局对申请文件中有下列任何一种情况的，都不予受理：（1）申请文件和填写项目不齐备，或字迹不清晰，文字不规范；（2）申请注册的商标文字不准确；（3）商标图样不符合规格或不符合数量规定（按照规定，商标图样的长与宽应不大于10厘米，不小于3厘米，每份图样应交送10张）；（4）在一份申请中填写了两个以上商标；（5）在一份申请中交送两种或两种以上商标图样；（6）申请书中商标图样的色彩不合规定；（7）填报的商品名称不准确；（8）在一份申请书中填报两类或两类以上商品；（9）应附加说明而未附加；（10）申请人名义与营业执照上的名称不统一；（11）填报的营业执照号码与实际的执照不相符；（12）申请人地址或企业经营性质填报得不清楚；（13）申请变更注册人名义、地址或申请转让、注销、续展时，没有缴回《商标注册证》；（14）使用注有商标局"驳回"字样的原有申请文件；（15）申请变更注册人名义却未附有必要的证明；（16）申请补发注册证或其他证件却没有注明原因；（17）申请药品商标注册而无省级卫生厅（局）证明；

（18）申请卷烟商标注册而无国家烟草专卖局证明；（19）申请注册的商标明显违反《商标法》第 8 条中第（1）～（4）项的规定（是否违背第 8 条（5）～（9）项，一般应由商标局确定）；（20）未缴纳规定的费用。

省级工商管理局应负责对申请注册的商标在本省范围内进行检索，看其是否与本省已知的同类商品上的注册商标相同或近似；如有相同或近似情况，则不应再向商标局核转。

2.《关于修改商标注册申请等书式的通知》

1983 年的商标法实施细则中，对商标注册申请等书式作了统一规定。根据实际情况的变化，国家工商行政管理总局将不断以通知形式增减及修改其中的一些表格。从 1986 年 7 月起，注册申请等将按照第一次修改后的新的书式填写。

在这次修改中，《商标注册申请书》表格下方，专门留下了县级与省级两级工商行政管理局的"核转意见"栏（原表格下只有一个"地方管理局意见"栏）。此外，因为我国在 1985 年参加了《巴黎公约》，在商标申请中开始考虑申请人按首次申请日应享有 6 个月优先权的问题。修改后的书式中增加了《提供申请日期证明申请书》的表格。首次在我国商标局对某个商标申请了注册的人，如果在 6 个月之内希望在其他《巴黎公约》成员国申请，可按这个表格请求国家工商行政管理总局商标局出具证明。另外，新书式中还增加了《注册商标变更其他注册事项申请书》。

3.《关于在酒类商标标识上使用产地名称问题的通知》及《名酒瓶贴作为商标注册的通告》

酒类商品是一种利润很高的产品。近些年，我国有些企业在酒类商品的商标标识上，以产地作为商品名称，或者用不适当的方法渲染产地名称，侵犯了他人的注册商标专用权，欺骗了消费者，为了制止上述活动，国家工商行政管理局在 1986 年 4 月向各级工商行政管理局发出了《关于在酒类商标标识上使用产地名称问题的通知》。其中规定，凡需要在酒类商品商标标识上使用产地名称的，应做到：（1）所使用的产地名标，必须是已经由政府公布的行政区划名称。（2）使用产地名称的企业，必须是设立在该地范围内的企业。（3）使用产地名称时，必须标明有关行政区划的级别，不能只注名称本身（如须标明"泸州市""洋河镇"等，不得只写"泸州""洋河"）。

1986 年 6 月，国家工商行政理管局又就同一个问题，会同其他主管部，发出通知，宣布茅台酒、五粮液酒、西凤酒等 13 家名优白酒厂的瓶贴和装潢，作为商标给予注册；厂家对此同样享有专用权。这主要是因为，对于一些名酒，仅仅提供商标专用保护及对使用产地名称进行限制，仍不足以制止欺骗消费者的行为。类似前面讲过的仿用"中国红葡萄酒"装潢在市场上鱼目混珠的情况屡有发生。例如，有些试图冒充茅台酒的生产者，既未冒用茅台酒的"飞天"商标或"金轮"商标，也未滥注"贵州茅台县"这个产地名称，但使用与茅台酒一样形状的容器，以黄底红字像茅台酒的装潢一样地倾斜标出"茅山酒""茅芦酒"之类，如果买主不认真分别，同样容易将其误认为茅台酒。河南生产的"小茅酒"，瓶贴几乎完全与茅台酒一样，已经产生了以假乱真的后果。

1987 年 4 月，国家工商行政管理局进一步以通告形式，在《人民日报》等报刊上登出这 13 家酒厂作为商标注册的 24 种瓶贴。取得注册的瓶贴包括：贵州茅台酒厂"贵州茅台"酒的两种瓶贴，山西杏花村汾酒厂"汾酒"的 3 种瓶贴，四川省宜宾五粮液酒厂"五粮液"酒的 2 种瓶贴，江苏省洋河酒厂"洋河"大曲酒的一种瓶贴，四川省绵竹剑南春酒厂"剑南春"酒的 2 种瓶贴，安徽省亳州古井

酒厂"古井贡"酒的一种瓶贴，四川泸州酒厂"泸州"老窖特曲酒
的 4 种瓶贴，贵州遵义董酒厂"董酒"的 1 种瓶贴，陕西省西凤酒
厂"西凤"酒的 2 种瓶贴，四川省成都酒厂"全兴"大曲酒的 2 种
瓶贴，江苏省双沟酒厂"双沟"大曲酒的一种瓶贴，武汉市武汉酒
厂"黄鹤楼"酒的一种瓶贴，四川省古蔺县郎酒厂"郎酒"的 1 种
瓶贴。上述瓶贴中包含的"国家优质奖"字样及标记不在专用范围内；
"特产老窖""特曲""大曲"等字样也不在专用之列。

4.《商标印制管理暂行办法》

在 1982 年颁布的《商标法》生效时，国家工商行政管理局曾
公布过一项《商标印制管理规定》。经过几年的商标管理实践，管理
局对这项规定作了较大的修改补充，于 1985 年 12 月向各级工商行
政管理部门发出了"关于公布《商标印制管理暂行办法》的通知"，
以这个"暂行办法"代替了原有的"规定"。

"暂行办法"规定：任何企业、事业单位或个体工商业者需要印
制其注册商标标识，均应凭《商标注册证》到所在地县级工商行政管
理局开具《注册商标印制证明》，凭证明委托印制单位印制（需要印
制未注册商标标识的，则应凭营业执照到县级管理部门开具有关证
明）。承揽商标印刷、制版等业务的企业，必须持有工商行政管理机
关核发的商标印制营业执照。如有下列情况之一，商标印制单位应拒
绝印制：(1)印制商标不交送管理部门开具的印制证明；(2)私自涂
改印制证明，或该证明超过了有效期；(3)印制未注册商标却在图案
上注有"注册商标"或⑪、®等表示已注册的标记，需要标明"优质""名
牌"字样而不交验有关证明，不标明企业名称及地址，或名称、地址
与证明不符。

"暂行办法"严格禁止买卖商标标识。

"暂行办法"还规定，外国企业或个人，中国台湾地区、香港地区、

澳门地区的企业或个人委托印制商标标识的，应在我国印制单位所在地的省级工商行政管理局开具有关的印制证明。

四、其他有关法规

1. 国务院关于广告管理的有关规定

1982 年，国务院颁布了《广告管理暂行条例》，其中与商标的使用有关的内容主要有：（1）使用商标的商品广告，必须有注册商标的证明；（2）标明获奖的商品广告，必须有颁奖部门的证明；（3）标明质量合格的商品广告，必须有质量监督检验机构的鉴定证明；（4）禁止利用广告进行垄断或不正当竞争活动。

1985 年 11 月，国务院办公厅又发出了《关于加强广告宣传的通知》，其中对商标在广告中的使用作了进一步规定。通知指出：凡弄虚作假，包括盗用名牌产品的商标刊登广告、欺骗消费者的，都要追究责任，给予惩处；一切经营广告的单位，均须在当地工商行政管理部门登记。

此外，从保护人民身体健康考虑，国家工商行政管理总局在 1984 年曾发出通知：禁止在街道上或通过报刊、电视、广播等为卷烟商品做广告，禁止为 40 度以上的白酒做广告。[①]

2. 贸促会关于外国商标注册代理的办法

根据 1982 年《商标法》，中国国际贸易促进委员会于 1983 年 9 月修订并重新发布了《外国人或外国企业申请商标注册代理办法》。对代理外国个人或企业处理商标事务（包括委托注册申请、委托办理有关侵犯注册商标专用权以及转让、续展、变更名义，商标许可

---

① 国家工商行政管理总局的这一规定，对于名牌酒也有例外。为了防止假冒，宣传和保护名牌酒，《人民日报》等报刊曾于 1987 年 6 月、7 月连续为"国家金奖酒"作"有限广告"。见《人民日报》1987 年 6 月 16 日、18 日第 7 版，1987 年 7 月 7 日、14 日第 7 版等。

合同的备案等），作出了一些规定。

3. 最高法院对有关商标判决的批复

我国的法院在处理一些案件时，对法律有"司法解释"的权力，尤其是最高人民法院对某些问题的解释，不仅可以供地方法院在处理同类案件时运用，而且可以供工商行政管理部门运用。国家工商行政管理局曾作为文件，转发过一些最高法院关于商标案件的批复。

例如 1986 年第 3 期《工商行政管理》杂志刊载了《中华人民共和国最高人民法院公报》关于商标侵权如何计算损失赔偿和侵权期间问题和最高人民法院对江西省高级人民法院的一项批复，要求各级工商行政管理部门参照执行。

这项批复指出：在商标侵权案件中，被侵权人可以按其所受的实际损失额请求赔偿，也可以请求将侵权人在侵权期间因侵权所获的利润（指除成本外的所有利润）作为赔偿额。究竟采取哪种计算方法，被侵权人有选择权。至于请求损失赔偿的时间的计算，如果侵权行为发生在现行商标法实施前并延续到其实施后，那么侵权期间从商标法实施之日（1983 年 3 月 1 日）起计算；如果侵权行为发生在现行商标法实施之后，则从侵权之日起计算。

4. 与新闻出版署共同作出的有关规定

1979 年后，我国新出版的报纸、杂志的种类越来越多，许多出版单位（及一些读者）希望报纸、杂志名称也能像商标一样专用，以便读者加以识别，也有利于维护出版单位的权益。为此，国家工商行政管理总局与新闻出版署一起，在 1987 年 2 月作出了《关于报纸杂志名称作为商标注册的几项规定》。其主要内容是：经中共中央宣传部、国家科学技术委员会、中国人民解放军总政治部、新闻出版署以及中共各省、自治区、直辖市委宣传部正式批准创办的报纸、杂志的名称，如需要取得专用权，均可以向国家工商行政管理总局商标局申请注册（与一般商标申请注册程序一样，实行两级核转），但内部发行的报纸、杂志名称除外。

该规定还指出：如果出版单位使用特有标志作为商标，并需要取得专用权，也可以申请注册。

第四节　我国商标法领域的特殊问题

一、用于商标注册目的的商品分类

我国从 20 世纪 60 年代起，就在商标管理中使用了一套自己的商品分类法。目前虽然使用商品（及服务）国际分类法的国家越来越多，但我国一时还难以改变现状。所以，外国人前来申请商标注册时，我国代理机构（如贸促会商标处）一般均要求其写明该商标所标示的商品按中国商品分类法应属于哪一类。这对外国申请人来讲是不太便利的。为了使申请人所注明的商品类别比较准确，我国商标局在为外国申请人专门准备的书式中，有一项"按照国际分类法应属哪一类"的填写项目，以便参考。现在，我国商标局正采取措施，准备逐步过渡到采用商品的国际分类法。现在世界上还有日本、巴西、西班牙、墨西哥、保加利亚等国，也使用着自己的商品分类法。

我国现在尚无服务项目的分类，为商标注册而将商品分为 78 类（实际是 77 类，因为第 78 类是"不属于其他类别的商品"，即没有固定的范围），其中有些在目前看已失去了单独作为一类的意义；有一些在新技术发展中出现的重要新产品则难以包括进现有类别中去；有的类分地也不十分科学。

这 78 类的具体内容如下：

第 1 类　动力和电站设备

第 2 类　农业机械、农具和畜牧用机器、部零件

第 3 类　伐木、锯木、木材加工、火柴生产、造纸和印刷工业用机器、部零件

第 4 类　棉花加工、纺、织、印染和化学纤维用机器、部零件

第 5 类　食品工业用机器、部零件

第 6 类　皮革、缝纫、制鞋和不属别类的轻工业用机器、部零件

第 7 类　制药、橡胶、玻璃、塑料和其他化学工业用机器、部零件

第 8 类　地质勘探、采矿、冶炼、石油和不属别类的重工业用机器、部零件

第 9 类　通用机器和不属别类的机器、部零件

第 10 类　工作机械及其附件、零件

第 11 类　焊接设备、器械、工具和器材

第 12 类　研磨工具和器材

第 13 类　刃具、度量衡器和工业用手工具

第 14 类　有、无线电设备、收音机、留声机、照相、电影、光学、热工、检验和测量用器械、仪器和材料

第 15 类　电器照明设备、电工器具和器材

第 16 类　计算、分析、办公用机械和其他计算用具

第 17 类　医疗器械和仪器

第 18 类　取暖、炊事、冷藏、干燥、通风给水和卫生设备

第 19 类　航空、船舶、车辆和其他运输工具

第 20 类　刀、剪、针、镊和不属别类的锋刃用品

第 21 类　金属和不属别类的金属制品

第 22 类　石、人造石、水泥、沥青、油毡、砖瓦、耐火制品和不属别类的建筑材料

第 23 类　玻璃、建筑用玻璃制品、石英制品和日用玻璃器皿

第 24 类　石油、石油产品和工业用油脂

第 25 类　不属别类的矿物

第 26 类　化学品

第 27 类　肥料

第 28 类　染料、油漆、颜料、涂料、油墨和釉料

第 29 类　橡胶、橡胶制品与石棉制品

第 30 类　树脂、合成树脂、塑料、增塑剂和不属别类的塑料制品

第 31 类　药品

第 32 类　医疗和卫生用品

第 33 类　肉、蛋、野味、海味及其制品

第 34 类　乳、乳制品及其代用品

第 35 类　罐头食品

第 36 类　酒

第 37 类　茶、咖啡、可可、汽水、果汁、冰制品和不属别类的饮料

第 38 类　糖、糖果、蜜和糕点

第 39 类　鲜果、干果、蜜饯、果酱和其他果制品

第 40 类　食用油、酱油、酱、醋、味精和其他调味品

第 41 类　酱菜、蔬菜制品

第 42 类　谷制品和不属别类的食品

第 43 类　烟草与烟草制品

第 44 类　蚕种和茧

第 45 类　丝、棉、麻、毛羽及其仿制品

第 46 类　纱、线

第 47 类　棉布

第 48 类　绸缎

第 49 类　呢绒

第 50 类　麻布

第 51 类　缆、绳、网、袋、帐篷、毡子、防水遮布、骡马用具和不属别类的不透水物品

第 52 类　皮、革、人造革和不属别类的革、人造革制品

第 53 类　衣服

第 54 类　帽、鞋

第 55 类　袜子、毛巾、围巾、手套、手帕、发网

第 56 类　纽扣、发夹和金银珠宝饰品

第 57 类　绣品、花边、绦绦带、帘、台布、寝具、地毯和不属于别类的室内用品

第 58 类　家具、童车和竹、木、藤、棕、草制品

第 59 类　纸和纸制品

第 60 类　笔、墨、墨水和绘画、广告、戏剧用油彩

第 61 类　誊写、油印用品

第 62 类　绘画仪器、用具和不属别类的文具

第 63 类　模型、标本、图画、照片、影片、书报杂志

第 64 类　文娱、体育用品和玩具

第 65 类　乐器及其附件

第 66 类　钟、表、计时器

第 67 类　日用搪瓷、日用铝制品和陶瓷器皿

第 68 类　牙膏、牙粉

第 69 类　化妆品

第 70 类　香皂、肥皂和去垢、擦亮用品

第 71 类　牙刷、刷子、梳、篦和其他清洁用具

第 72 类　火柴、打火机和烟具

第 73 类　伞、扇、手杖

第 74 类　漆器、景泰蓝和不属别类的工艺美术品

第 75 类　蜡烛、煤油灯和不属别类的照明用具

第 76 类　熏香、蚊香

第 77 类　焰火、爆竹

第 78 类　不属别类的商品

二、商标局在批准注册时对驰名商标的特殊照顾

我国商标法虽然没有规定对驰名商标给予保护，但工商行政管理总局商标局在受理和审批驰名商标的注册申请时，往往作为专门问题特殊对待。这主要指的是：1982 年《商标法》第 8 条中规定的某些不得作商标使用的文字、图形，对驰名商标可以例外。

例如，我国的四川宜宾五粮液酒厂生产的名酒五粮液，其注册的商标也正是"五粮液"三个字。这一点实际正违反了《商标法》第 8 条第（6）项（直接表示商品的主要原料的文字，不能当作商标使用）。而工商行政管理部门允许该厂把这三个字当作商标使用，商标局也承认了它的注册有效。因为，"五粮液"酒早在几十年前国际巴拿马酒类商品比赛会上，就已取得过金奖；"五粮液"这三个字在我国及国际上均已成为一种驰名商标。从商标的字面讲，这三个字已产生了"第二含义"。就是说，消费者见到这三个字组成的商标，大多数不会同该商品的用料相联系，而会同这种酒的产品（成品）本身相联系。

在注册中对驰名商标给予类似的特殊照顾的例子，在进口商品所用的商标上，也有许许多多。

例如，美国一家公司用于吉普车的 jeep（吉普）商标，虽然已

经成为有关商品的通用名称，但经该公司提供该商标已在几十个国家取得注册的证明，表明属于驰名商标，我国商标局仍旧批准了其注册申请。美国的"可口可乐"商标，中文意思中含有该商品的功能、用途的表示；其中英文 Cola 的原意即非洲的一种可乐树，正是制作可口可乐饮料的主要原料。从这两个方面看，这一商标本来不能获得注册。但考虑到它已是驰名商标，我国商标局也批准了它的注册申请。

再如，瑞典一家公司用于轻纺机械的商标 IRO，它本身很容易使人误解为"国际难民组织"（Internationa Refugee Organigation）的缩略语。但由于这个商标在国际轻纺工业中已相当驰名，如果不是单独拿出来，而是标在轻纺机械产品上，就不会使顾客把它与"国际难民组织"相联系。因此，我国商标局也批准了它的注册。

我国香港地区的香港豆品有限公司使用在豆奶（大豆制成的）商品上的"维他奶"商标，也有其商品通用名称的含义。其使用人首次向我国商标局提出注册申请，曾因此被驳回。后经中国专利代理（香港）有限公司提出：该商标已在该商品上使用 40 余年，并在 20 多个国家或地区均获得注册，属于具有识别性的驰名商标。该商标的注册申请最终被我国商标局批准了。

三、对服务商标的间接保护

我国商标法虽然还不为服务商标提供注册保护，但商标局已经结合商品商标的注册为服务商标提供一定程度的间接保护，以利于服务业的经营活动。有些只提供服务而并不销售的产品、用品上的标记，也已经被接受作为商品商标注册。

例如，某个航空公司在飞机上使用的服务标记，可以作为我国商品分类法中第 19 类的商标申请注册；飞机上使用的宣传品，则可以作为第 63 类商品的商标申请注册。这样，该航空公司提供的服务，也就间接受到了保护。此外，银行在各种账簿、文具等上面使用的服务标记，可以作为第 59 类、第 62 类等类商品的商标申请注册，饭店使用的床单、服务人员的制服等，均可作为第 57 类、第 53 类等类商品的商标，申请注册。

四、立体商标的注册问题

我国商标法不接受立体商标（如特殊形状的商品容器等）的注册。但由于我国商标法的正式英文译本中，均将"文字、图形"中的"图形'"译为"Design"，使得许多外国公司误认为我国接受立体商标的注册。在英文中，Design 并不仅仅表示平面的图形，而且（或主要）表示立体设计。在西班牙文中，有两个词的含义相加，等于英文的 Design，这就是 Dibuj 与 Modelo，前者是"平面图形"，后者是"立体设计"（或模型）。

我国商标局于 1985 年驳回美国可口可乐公司以其特殊的饮料容器作为商标注册的申请，理由即是我国不为立体商标提供注册。可口可乐公司的同一个注册申请在 1986 年也曾被英国上议院（相当于英国的最高法院）驳回，但其理由则与我国不完全相同。英国上议院的理由是：可口可乐容器本身应视为某种产品，而不是商标；如果批准了它的注册，那么商标保护就延及产品本身的直接保护；而对有特殊形状的产品的保护，应当是外观设计专利的事，不是商标的问题。值得注意的是：英文中的"外观设计"一词，倒的确是 Design。这可以作为我们更准确地把中文法条译为外文的参考。

五、不公平竞争法与商标法

从我国现行《商标法》第 38 条第（3）项中，虽可以作出反"不公平竞争"的解释，但仅此一项显然不足以构成我国的"不公平竞争法"。1985 年，湖北武汉市首先颁布了地方性反不公平竞争法规——《武汉市制止不正当竞争行为试行办法》。这在当地对于辅助《商标法》的实施和维护守法企业权益，维护社会主义经济秩序是有积极作用的。

在国际上，以"不公平竞争法"作为商标法的一种辅助法，甚至进而把反不公平竞争与维护商标专用权定在一部统一的单行法中，已被越来越多的国家所采用。

反"不公平竞争"活动，确实与保护商标专利权有着极密切的联系。特别为防止不法分子利用《商标法》，并利用合法企业对申请商标注册及合法使用商标方面的疏忽，打击合法企业，反不公平竞争法起着很重要的作用。在许多国家，都存在这样一部分特殊个人或"企业"，他（它）们并不从事真正的市场经营，而是专门了解哪些企业的已打开销路的产品所用的商标尚未注册，即抢先拿了去注册，反过来向有关企业索取高额"商标转让费"或"使用许可费"，否则即诉有关企业侵犯了自己的商标权。仅从商标法角度看，这类特殊个人或"企业"的活动是无懈可击的；但从竞争角度看，这些活动又实属不公平竞争行为。我们不能否认，在我国实行开放、搞活的同时，也会有这种特殊个人或"企业"出现。工商行政管理部门如果不综观市场效果，仅仅从已提交（及批准）的商标注册申请备案案卷中来衡量"侵权"与否，就可能被不公平竞争者钻了空子，可能在打击假冒活动中，打击了善意而合法经营又有利顾客的企业，保护了非法经营（但合法地取得商标注册）的人。为了尽量避免这种可能性变为现实，我国也似有必要与《商标法》相依地订立出"不公平竞争法"。

此外，各级工商行政管理部门在核转商标注册申请时以及商标局在批准一项商标申请时，均应考虑到商标领域中的"反向效应"。

例如，以"透瓶香"作为酒类商品的商标申请注册，是有可能依《商标法》第 8 条第（6）项或第（8）项被驳回（因为这种名称直接表示了酒的特点，或带有夸大因素）。但申请人如果以谐音字"头品湘"或"透瓶湘"申请注册，则可能被批准。而如果真的后一种名称的表示方式被批准，其他酒厂再称自己的酒"透瓶香"（这本来是"公有领域"的酒类形容词，至少在小说《水浒》中已使用过），就可能被商标专用人指责为"使用了与本厂商标近似的名称"或"给本厂商标造成了其他损害"，进而诉其他酒厂"侵权"。①

第五节　商标的国际保护

一、巴黎公约中的有关规定

《保护工业产权巴黎公约》中，除了对各国专利保护提出最低要求外，对商标保护也提出了最低要求，这主要包括下面五个方面。

1. 商标的独立性

商标的独立性原则与前面讲过的专利独立性原则相似，它反映在《巴黎公约》第 6 条中。这一条规定：如果一项商标没能够在本国获得注册，或它在本国的注册被撤销，不得影响它在其他成员国的注册申请被批准（对于已批准了的注册商标来讲，不能因此被撤销）。

2. 商标独立性原则的例外

商标独立性原则与专利独立性原则有一个不同之处，这就是：

---

① 编者注：2013 年修订的《商标法》允许其他人正当使用商标的通用名称、叙述性标志或地名，因此不会受到已注册谐音商标的妨碍。

商标所有人在本国的商标注册，对于他就同一商标在其他成员国的注册虽不能有否定性的影响，但却可以有肯定性的影响。《巴黎公约》第 6 条之 5 规定：如果一项商标在其本国已获得了合法注册，那么在一般情况下，它在其他巴黎公约成员国的申请就不应当被拒绝。

商标独立性原则的这种例外情况，是由商标不同于专利的性质决定的。商标的作用是标示商品，以便把来源于不同企业的同类产品区别开。以同样的商标标示来源相同的商品，既符合商标所有人的利益，也符合用户的利益。由于各国商标注册制度存在着差别，如果使商标在不同国家具有像专利那样的完全独立性，就可能使一些在本国获得了注册的商标，在外国却不能获得注册。如果真这样，就会导致在不同国家里，来源相同的商品不得不以不相同的商标去标示。巴黎公约关于商标独立性例外的规定，有助于减少这种后果的发生。

《巴黎公约》对商标独立性的例外还规定了一些附加条件。例如，如果某个商标的原注册国实行的是"形式审查制"，另一个《巴黎公约》成员国则实行"实质审查制"，那么该商标的所有人虽然在其本国获得了注册，也未必能在另一个成员国获得。再如，某个商标在其本国使用时，不会产生什么不良后果，但由于传统习惯、社会制度或其他原因，它在另一国使用就可能同该国"公共秩序"相冲突，或可能在该国产生欺骗性后果。那么，该商标即使已在本国获得注册，也不可能在另一国获得。

3. 不得因商品的性质而影响商标的注册

《巴黎公约》第 7 条规定：在任何情况下，都不允许成员国以商品的性质为理由，拒绝给有关商品所使用的商标以注册。这条规定的作用，在于避免因商品的销售活动而影响工业产权的获得。例如，在有的国家，食品卫生法规定了某种食品必须经检验合格后才可以销售。在检验未完成时，这种食品就处于"不能销售"的特殊状态。这种状态只是暂时的，它不应当影响该食品所用的商标获得注册。如果拒绝了这种商标的注册申请，就可能为第三者以相同商标取得注册创造条件，从而使原商标所有人在其食品通过检验之后，反倒失去了商标权，这显然不合理。

4. 对驰名商标的特别保护

《巴黎公约》第 6 条之 2 规定：各成员国的国内法，都必须禁止使用与成员国中的任何已经驰名的商标相同或近似的标记，并应拒绝这种标记的注册申请；如已批准其注册，则一旦发现其与已驰名商标相重复，应予撤销。应受到特别保护的驰名商标，不仅包括已注册的，也包括尚未注册的。就是说，按照"特别保护"的要求，未注册的驰名商标，可以阻止与其相同或近似的商标获得注册。至于撤销已注册的、与驰名商标相同或近似的商标的注册，则要依不同情况而定。如果这种注册不是以欺骗手段获得的，也不用于欺骗目的，那么只有当驰名商标所有人在 5 年之内提出争议，才予以撤销。如果该争议在 5 年之后才提出，就不能再撤销了。如果该商标属于"非善意注册"，即采取了欺骗手段，或使用于欺骗目的，那就不论驰名商标所有人何时提出争议，均将予似撤销。

在这个问题上要注意的是：只有当某个商标与驰名商标相同或近似，而且所标示的商品也相同或近似，各成员国才不予注册。如果申请注册的商标虽与驰名商标相同，但用于不同商品，该驰名商标又没有作为"防护商标"取得注册，那么该相同商标的注册申请就不应被拒绝。所谓"防护商标"，指的是在有些国家，驰名商标虽然只用在一种商品上，却可以在两种以上的商品类型中都取得注册，以制止他人在其他商品上使用这种商标。目前多数国家不为防护商标提供注册保护。

5. 禁止当做商标使用的标记

世界上各国商标法中所开列的、禁止作为商标使用的标记，是有所不同的。有的国家禁用带有民族或种族歧视性质的标记，有的国家禁用作为王权象征的标记，多数国家禁用带有欺骗性或可能在公众中引起混淆的标记，等等。《巴黎公约》第6条之2中，要求成员国都应禁用两种标记：一是外国（仅仅包括巴黎公约成员国）国家的国徽、国旗或其他象征国家的标记，二是政府间（仅仅包括成员国政府之间）国际组织的旗帜、徽记、名称及其缩略语。但这两条禁例要服从下面这些条件：

第一，如果某个成员国的法律允许将本国的国徽、国旗或其他类似图案当作商标使用，则上述禁例不再适用。

第二，"政府间国际组织"仅仅指国家一级政府间的组织。像加拿大的省、美国的州、苏联的加盟共和国一级政府间的国际组织，或一般国家省、市之间的组织所用的标志，也不适用上述禁例。

第三，已经受到某个现行国际协定保护的商标，也不适用上述禁例。

第四，某成员国在加入《巴黎公约》之前已在本国善意使用着的商标，即使与上述两种禁用的标记相同，也不在被禁之列。

第五，某些商标虽与上述禁例中的图案相似，但在贸易活动中使用时，不会使人误认为它们与有关国家或国际组织有什么联系，则不在被禁之列。

第六，由于禁止把其他国家的国旗作为商标使用的规定，是1925年生效的《巴黎公约》海牙文本中增加的禁例，故在这之前已经注册的商标不在被禁用之列。

第七，《巴黎公约》各成员国必须把本国不允许作为商标使用的象征性标记列出清单，交给巴黎联盟国际局（目前亦即世界知识产权组织国际局），以便转达给其他成员国。否则，其他成员国可以不禁用。但各国国旗是互相清楚的，所以不必列入上述清单，各成员国也应禁用。

二、《马德里协定》与商标注册条约

（一）《马德里协定》

为了简化同一个商标注册申请人在两个以上国家办理相同申请时的手续，巴黎公约成员国于 1891 年在马德里缔结了《国际商标注册协定》，一般简称为《马德里协定》。到 1987 年 1 月为止已有 28 个国家参加。这个协定的大概情况如下。

1. 按照协定进行国际注册的程序

《马德里协定》为商品商标与服务商标提供国际注册。按照协定的规定，使用法文向世界知识产权国际局递交一份"国际注册申请案"，交付一次申请费，就可能在 2~28 个国家取得注册。有资格提交国际注册申请案的人是《马德里协定》成员国国民和在成员国中有住所或实际营业所的非成员国国民。

向国际局提交的国际申请案要先经本国主管部门审查核实，确认申请案中的商标与申请人在国内已获注册的商标一致。国际局再度进行形式审查，如果通过，就视为已获得国际注册。不过，这时申请人尚没有得到任何实际上的专用权。因为，国际局还要把国际注册公布，并通知申请人所指定的国家；各指定国有权在一年期限内，根据本国法律向国际局声明拒绝保护该商标。只有当指定国在一年内未作出这种声明，国际注册才在该国转为国内注册，申请人也才在该国享有了专用权。一旦指定国承认了有关注册，它就必须提供 20 年保护期（不论该国的注册保护期的长短），可以不限次数办理续展。从这点看，按照《马德里协定》取得的国际注册，与按照（下面将讲到的）《比荷卢统一商标法》或《班吉协定》取得的国际注册，性质是完全不同的。前者的专用权要按照各指定国自己的法律去落实，后者则在国际注册被批准时，注册专用权已经落实。

2. 商标在国内注册中的状况对国际注册的影响

《马德里协定》的作用与《专利合作条约》相似，仅仅是一个专用权的申请公约，而不是最终批准公约。在某些方面，《马德里协定》还不及《专利合作协定》。这主要表现在马德里协定的适用，以取得本国注册为前提。此外，在商标的国际注册既已转为国内注册后，它们也不是完全独立的。《马德里协定》规定：从国际注册日确立之后 5 年内，如果商标在其本国的注册被撤销，则在其他指定国的注册也将随之撤销。成员国在 1 年内拒绝给予注册，只可以根据下列理由之一：（1）该商标将与本国已经确立的其他人的商标专用权相冲突；（2）该商标在本国市场上缺乏"识别性"；（3）该商标在本国可能产生欺骗性后果。

3. 对取得国际注册后的有关规定

任何依照《马德里协定》申请到国际注册的人，均可以在任何时间通过本国主管部门向国际局请求扩大指定国的数目。国际局把这种请求转达有关国家的商标主管部门。这些国家也有权在 1 年内表示接受有关注册或予以拒绝。1 年内若没有表示拒绝，则国际注册即扩大转为这些国家的国内注册。

取得国际注册的商标权所有人到期办理续展时，还须向国际局再次提出续展申请，并向国际局缴纳续展费。

已取得国际注册的商标，文字或图案均不得更改，也不得增加其所标示的商品种类；如果打算修改文字、图案或增加商品种类，均须另外申请新的国际注册。

4.《马德里协定》的主要缺点

《马德里协定》虽有办一次手续而在 2~20 个国家取得注册的优点，但也存在下列重大缺点：（1）协定使用的工作语言仅仅是法语一种，这就限制了许多不使用法语的国家的加入；（2）按协定而在各指定国取得的住册在 5 年之内受商标注册人本国注册的影响太大；（3）国际注册以首先取得本国注册为前提，这使一些靠使用取得专用权（或靠注册与使用两种途径取得专用权）的国家不愿加入。

5.《马德里协定》将修订的主要内容

目前，欧洲经济共同体打算把本地区的跨国商标条例同马德里协定相联系，但遇到了上述缺点的障碍。由于上述缺点，共同体内英国、希腊、爱尔兰及丹麦 4 国尚未加入《马德里协定》。因此，共同体与世界知识产权组织国际局（马德里协定的国际代管机构）在 1986 年开始协商修订《马德里协定》。将进行修改的重点是：（1）不再把国内注册作为取得国际注册的前提；（2）各成员国表示拒绝注册的时限从 12 个月延长为 18 个月；（3）按照各成员国的注册、续展收费标准，而不按协定统一的收费标准收费；（4）增加工作语言的语种。马德里协定可能在近一二年中有较重大的修订。[①]

（二）商标注册协定

早在 20 世纪 70 年代初，有些巴黎公约成员国就考虑为克服《马德里协定》的缺点而另外缔结一个国际性条约。提出这个设想的主要是英、美等国。1973 年，另一个条约——《商标注册条约》缔结了。到 1987 年 1 月为止，只有 5 个国家参加（原提议缔结该条约的国家均未参加）这个条约的主要内容是：

---

① 编者注：1989 年通过了《商标国际注册马德里协定有关议定书》，并于 1994 年生效，1996 年开始运转。

（1）为商品商标、服务商标、证明商标提供国际注册。证明商标指的是不能由商品经营者本人使用的、用以证明商品（或服务）的质量、性质或效能的商业性标记。

（2）允许条约的成员国国民在成员国有住所或实际营业所的人申请国际注册，也允许尚未参加但准备参加条约的发展中国家国民申请国际注册（后一种优惠条件只适用到 1995 年）。

（3）国际注册申请案可以不通过本国主管部门而直接向世界知识产权组织国际局提交，但必须在申请案中写明与国际局进行联系的代理人。

（4）工作语言为英文及法文；申请案用英、法任何一种文字书写均可。

（5）国际局对国际申请案进行形式审查。同意给予国际注册的将通知各指定国；各指定国有权在 15 个月内（对于证明商标是 18 个月内）拒绝给予注册。如果到时指定国未声明拒绝，则国际注册转为各指定国国内注册。

（6）取得国际注册后希望扩大指定国数目，可向国际局请求。既已取得国际注册的商标，不再受其本国国内注册的影响。

三、其他有关的世界性公约

与商标有关的世界性公约，还有下列几个。

1.《制裁商品来源的虚假或欺骗性标志协定》

这个协定于 1891 年缔结，到 1987 年 1 月为止已有 32 个国家加入。这个协定不要求成员国在程序或保护方式上与它保持某种一致，只要求成员国采取有效措施制止不公平竞争活动。所以，有些不愿参加国际性商标注册条约的国家却参加了这个协定。

按照这个规定，成员国负有下列义务：如果发现任何商品上标示着涉及某成员国或成员国内厂家，或成员国内地名的虚假或欺骗性标记，都必须禁示该商品进口，或在进口时予以扣押，或采取其他制裁措施；禁止在广告或广告性质的宣传品上使用欺骗性的有关商品来源的标记。

2. 《保护产地名称及其国际注册协定》

在商品装潢上经常可以看到产地名称，它有时是作为商标的一个组成部分出现的。产地标记不能作为一种独占的、专有的标记注册，因为在一定产地之内，从事某种产品生产的厂家往往不止一个。不能因为一家专有而剥夺了其他同一地方的厂家标明自己产品产地的权利。但是，在多数国家里，都会存在一些特别产品，它们的产地所具有的自然条件、人力条件或其他特有条件，与产品的特点及优点密切联系着。例如，我国山东青岛出产的啤酒、贵州茅台及郎县出产的白酒，都是如此。这一类产地名称如果被其他地方出产同类商品的厂家乱用，就会在市场上造成混淆，也会给生产与经销同该产地有特殊关系产品的厂家造成损失。因此，给这类产地名称必要的保护是合理的。

1958 年，一些《巴黎公约》成员国在里斯本缔结了《保护产地名称及其国际注册协定》。到 1987 年 1 月为止，已有 16 个国家参加。

该协定指出，它所保护的是"国家、地区或地点的地理名称，这种名称所标示的产品具有的特点，完全（或主要）由该地的地理环境（包括自然因素和人的因素）所决定"。需要受到国际保护的产地名称，由有关产地所在的成员国工业产权主管部门，向世界知识产权组织国际局申请国际注册。该国际局收到申请后，如果认为符合受保护条件，即向申请国主管部门颁发"国际注册证书"，同时把注册结果通知各成员国的主管部门。各成员国在收到通知后的一年之内，有权在提出合法理由的前提下，声明本国不保护该产地名称。

如果没有作出这类声明，则应在产地名称的本国保护该名称的整个期间同样保护该名称，保护方式是禁止在本国的任何产品上未经许可而使用该名称。

3.《为商标注册目的之商品与服务国际分类协定》

这个协定于 1957 年在法国尼斯缔结，故又简称为《尼斯协定》。到 1987 年 1 月为止已有 33 个国家参加。

按照《尼斯协定》建立起的国际分类法，把所有的商品分为 34 类，把所有的服务项目分为 8 类。该协定要求成员国的商标公报、官方商标注册簿、检索档案等都使用国际分类法。但协定又允许成员国同时使用自己的分类法（二者并用）。

4.《商标图形国际分类协定》

《尼斯协定》是关于商标注册时涉及的商品与服务项目的分类。在检索商标注册申请案时，除去查看同类商品（或服务）中有无相同商标已获注册 1 件，还须查看商标本身使用的图案是否与原有注册商标有相同之处。因此，把已注册商标按图形分类存档，有利于检索工作的开展。1973 年，一些《巴黎公约》成员国缔结了《商标图形国际分类协定》，目前已有 5 个国家参加。

按照这个协定建立的国际分类法把商标图形分为 29 类，类下设 300 个小类，小类下又设有 3000 个分类。协定要求成员国在商标管理的正式注册文件、商标公报等上面均使用国际分类。

5.《保护奥林匹克会徽条约》

这是世界性商标保护条约中唯一不受巴黎公约原则制约的条约。它于 1981 年缔结，到 1987 年 1 月为止，已有 32 个国家参加。

这个条约规定：成员国有义务拒绝为任何包含奥林匹克会徽图形（或与该图形相似）的商标提供注册，并有义务进一步禁止在任何商业活动中未经许可而使用该会徽。

四、跨国商标法

商标权的"地域性"特点是最早被突破的。早在 20 世纪 60 年代就产生出跨国商标法。目前世界上已存在 3 部这样的跨国法。

1.《比荷卢统一商标法》

早在 1958 年，比利时、荷兰、卢森堡三国建立了经济联盟。为了发挥联盟的作用，促进三国境内的贸易活动，三国又于 1962 年缔结了一项《商标公约》，并依照该公约于 1968 年制定了《比荷卢统一商标法》。在此前后，三国成立了统一的"比荷卢商标局"，负责批准统一的"比荷卢商标"的注册。三国法院虽然都有权受理比荷卢商标纠纷案，但如果案件涉及对统一商标法的解释，就必须提交到"比荷卢法院"。这个统一法院是 1965 年成立的，它除了处理商标纠纷外，还负责对一切有关三国统一法解释的案件的受理。

《比荷卢统一商标法》生效后，这三国自己不再有单独的商标法。统一商标法的保护对象仅仅是商品商标，不包括服务商标。商标的专用权只能通过注册获得；不注册的商标可以合法使用，但无专用权。申请"比荷卢商标"注册时，可以按统一商标法向比荷卢商标局申请，也可以按照马德里协定向世界知识产权组织国际局申请而把比荷卢三国作为一个"指定国"对待。

比荷卢商标局对商标注册申请案只进行形式审查。注册有效期为 10 年，可以不断续展，每次展期也是 10 年。如果商标从注册之日起连续 3 年没有使用，或在有效期内连续 5 年没有使用，都会导致注册被撤销。如果使用某个注册商标可能造成欺骗性后果，也会导致注册被撤销。但比荷卢商标局并不主动检查注册商标是否使用了，也不检查使用后果。只有当第三方起诉要求撤销某个商标的注册，才由法院去进行上述检查。如果法院判决某个商标的注册应予撤销，该判决将在三国都有效。

《比荷卢统一商标法》还规定：对于商标侵权人的民事责任，各国可适用本国的民法。目前，比荷卢三国在民法及民事诉讼法上也正趋向统一。例如，在 1980 年生效的一项协议中，三国同意在法院下达强制执行令的问题上，统一使用荷兰民法典中的有关规定。这样，统一商标法就更进一步地具有"跨国法"的特征了。

2. 法语非洲国家统一商标制度

前文中提到过的非洲知识产权组织的《班吉协定》中的附件 3 是一部具有跨国实体法性质的统一商标法；附件 5 是一部跨国不公平竞争法与商号法；附件 6 则是一部跨国产地名称保护法。其中的统一商标法与上面的《比荷卢统一商标法》内容相近，跨国产地名称保护法则与前面讲过的《保护产地名称及其国际注册》中的规定基本相同。这里主要讲附件 5 要求《班吉协定》的成员国必须把下列行为当作"不公平竞争"对待：（1）直接或间接使用虚假标志，以指示商标（或服务）的来源，指示其制作、加工者（或提供者）的身份。这里"来源"一词指的是制造厂商或服务公司。（2）旨在使自己的商号、商品种类或服务种类与竞争者的商号、商品种类或服务种类相混淆的一切行为。（3）在贸易活动中毁伤竞争者的企业或其商品与服务的声誉的行为。（4）在贸易活动欺骗公众使之对商品或服务的质量、性质或特点产生误解的行为。（5）一切其他与公平贸易行为相违背的行为。附件 5 规定：商号的专有权可以通过使用及注册两条途径获得。注册商号的专有权比起靠使用取得的专有权来，有两条优越性：（1）注册商号公开使用的 5 年内，如果没有第三方对其专有权提出争议（或争议不能成立），它就变成"不可争议商号"，即永远确立了专有权。（2）在商号专有权受到侵犯时，只有注册商号所有人有权向法院起诉。此外，附件 5 还规定了商号不能许可他人使用，如果转让，则必须连同使用商号的厂家或公司一道转让。

3. 欧洲经济共同体统一商标条例

这是一个具有跨国实体法性质的条例。它虽然于 1984 年 6 月被正式通过，但至今尚未生效。

共同体统一商标条例生效之后，并不取代共同体各成员国的原有商标法，而是二者并行：可以通过共同体统一商标局申请注册，取得在各成员国都有效的"共同体商标"；也可以通过各成员国商标局申请注册，取得一个在各国单独有效的专用商标。但"共同体商标"与"共同体专利"不同：

在申请时没有选择"指定国"的余地，只能申请在全部共同体国家都有效的注册。

在一般情况下，"共同体商标"在各成员国中的法律地位将优于其本国的非跨国商标。但如果发生了"共同体商标"与成员国本国注册商标相重复的情况，而成员国商标注册在先，那么"共同体商标"就应为成员国商标让路了。

《知识产权论》之商标法 *

第一节　商标权的起源

　　世界知识产权组织在其 1988 年编写、1997 年全面修订的教材中，突出了商标权在古代之作为特权与专利权作为特权的重大区别。

　　古代曾有把陶工的姓名标示在陶器上的强制性要求，这是作为一种义务而不是权利。这种标识，最早发现于出土的公元前 3500 年的埃及古墓。但这种标识很难说是商标。况且出土的有关陶器在当时也未必就是易货中的商品。①

　　中国西汉宣帝五凤年间留下的瓷器上，则有了以年号"五凤"作标示的例子。不过，这也很难与商标相提并论。② 倒是尚武的东周时期，兵器中被争相购置的"干将""莫邪"宝剑之类，已有了指示相同产品的不同来源及其稳定质量的功能，与后来的商标比较接

---

　　* 　编者注：此部分内容原发表在郑成思著：《知识产权论》，社会科学文献出版社 2007 年版，第 6~9 页，第 77~78 页，第 115~126 页，第 204~207 页，第 227~232 页，第 268~283 页，第 239~264 页，章节序号本书进行了重新编排。

　　①　参见国际商标协会执行干事 Robin Rolfe 的论文 "Trademarks：Yesterday，Today and Tomorrow"，1992 年 4 月 23 日，北京中国国家科委主办研究会会议文件。

　　②　除此之外，中国出土的更早的战国时期的楚国铜器上，也可见到"工""冶师"等不同制作者身份与名称。这与古埃及的"标示义务"相似。

近了。

而将一定标识用在商品包装上，有目的地使消费者认明商品来源，不仅有文字记载，而且有实物流传至今的，恐怕仍旧要推中国宋代山东刘家"功夫针"铺使用的"白兔"商标。

世界知识产权组织认为：专利在古代作为一种钦赐"特权"，足以对抗发明人在有关技术领域受其"行会"的传统控制。就是说，享有这种"特权"之人，在特权准许的范围内，不再受行会会规控制。而在商标领域，商标保护则恰恰起源于行会控制。而这种"行会控制"则又被君主或其代表作为一种"特权"加以确认。

应当指出，中国（及许多其他国家）在古代的商业活动中，重"招幌"、轻"商标"。其基本原因是因为当时还没有大规模的流动销售商品的商业活动。顾客多是从有关商品提供者所处的地点、门面等去识别不同商品的来源的。同样应指出的是：这种靠认供应地点与门面去认商品的情况，至今也并未完全消失（只是不起主要作用了）。也正因如此，有信誉的商品或服务提供者的惯常营业地点及（或）其门面，仍能够构成现代商誉的一部分。

"不知何处是他乡"作为酒店的"幌子"，是无法以之区分相同商品来源的，因此在任何时代均不可能被专用。而"杏花村""浔阳楼"作为酒店的招牌，则可能区分相同商品的不同来源。

尽管招牌（商号）有时可能与商标重合，我们从总体上仍旧有必要把它们区分开。更何况今天在所有国家里，这两者总是由不同法律去规范的。例如，在中国，现行的商标法与《企业名称登记条例》是不同的两个法律与法规。

宋代用于"功夫针"上的"白兔"标识，与提供商品的"刘家铺子"（商号）是分别存在的。故可以认为该"白兔"标识可称为实实在在的商标了。

但宋代的商标，与宋代的版权还不相同。在长久的中国封建时代，"商"总是被轻视的；它不像创作作品那样受到重视与鼓励。因此，宋代流传下来旨在保护作者、编者及出版者的作品，禁止抄袭、翻版的官方榜文，今天可以找到不少。但禁止使用他人已使用的商品标识，或"已申上司"（形同注册），不许他人再用的地方榜文或中央政府的敕令，则不仅宋代没有（更确切地讲，本书作者至今尚未见到），元、明也均没有。只是到清代，才有了这样的记载。

1736 年，苏州府长州县布商黄友龙，冒用他人布匹的"牌谱"，地方政府把禁止这种冒用行为的禁令刻在石头上，以昭示公众。这才相当于版权领域宋代已开始的对一定专有权的保护。这反映出地方政府对"行会"会规通过权力给予的支持。当然，这已经落后于西方国家许多年了。

在英国，面包房及银匠有义务在自己的制品上标出记号，作为一种强制性规定是出现在 13~14 世纪。那还称不上"商标"。

在德国，开始与商标沾边的，竟然是古登堡采用活字之后的印刷品——看来两种知识产权在西方的起源真有一定缘分。那是由于当时印刷出版者们竞相使用活字印刷术，而印出的同种书籍（如圣经）装帧、质量各异。为了在市场上把自己质高的印刷品与他人质低者分开，以在竞争中处于有利地位，部分印刷出版者开始把一定标识作为其制品书面装饰的一部分印刷出来。在这里，商标的功能已经显示出来了。1518 年，由 Aldus of Venice 出版的书上印的"海豚与铁锚"装饰被他人假冒，曾引起过早期西方的商标纠纷。

第一个经法院判决、保护商品提供者专用标识的案例，发生在1618 年的英国。[1] 非常之巧，这起纠纷，也是因为一个布商假冒另

---

① 参见 Ricketson，*The Law of Intellectual Proporty*，1984，第 532 页。

一布商的标识而引起的。经判例法对商标实施保护，最早出现在工业革命的起源地英国，也是不足为怪的。不过，英国停滞在依判例保护商标的时间比较长。法国作为后起之秀，则在为商标提供注册保护上，占了创始国的地位。

1804 年法国颁布的《拿破仑民法典》，第一次肯定了商标权应与其他财产权同样受到保护。在这前后的 1803 年与 1809 年，法国还先后颁布了两个《备案商标保护法令》①，后一个法令再次申明了商标权与其他有形财产权的相同地位。这是最早的保护商标权的成文法。

1857 年，法国又颁布了一部更系统的商标保护法《商标权法》②，首次确立了全面注册的商标保护制度。继法国之后，英国于 1862 年颁布了成文商标法（但仍不是注册商标法，英国的第一部注册商标法颁布于 1875 年），美国于 1870 年、德国于 1874 年先后颁布了注册商标法。

在这里有必要提一句的是：中国的香港地区，曾经作为英国的殖民地，许多法律均来源于英国。但商标法却例外，它早于英国两年（1873 年）直接从欧陆国家引进了注册商标制度。这也许与香港的国际贸易中心的特殊地位是分不开的。

在中国，前文所述 1736 年（清乾隆年间）布业开始专用商标的情况，在 19 世纪进一步得到发展。

道光年间，上海绮藻堂布业总公所订立过"牌谱"，其中规定："名牌第一第二字，或第二第三字，不准有接连两字相同，并不准接连

---

① "dépôt"（备案）这一法语名词，在知识产权领域与英文中的"register"（注册）是含义相同的。

② 该法（世界上第一部注册商标法）与世界上第一部专利法、第一部版权法，均收入了郑成思主编的《知识产权保护实务全书》（言实出版社 1995 年版），可供读者参考。

两字内有音同字异及音形相同之弊，如天泰、天秦，或大成、大盛等字样。"这种管理，目的也在于保护行会商人的权益，防止商标被冒用。这里的"牌"，也就是商标了。因为，当时每家布商都有两个以上的"牌"。如果是商号，则一般每个店铺只有一个。

中国以成文法律保护商标专用权，发生在晚清。只是到了这时，商标权作为行会特权才开始向民事权利转轨了。

而无论在中外，版权（著作权）之从特权的起源而演化为现代民事权利的过程，则在几种不同的知识产权中，特别具有典型性。此外，在中国，即使在古代，版权之作为特权出现后不久（大约一二百年）就一度被作为民事权利、作为创作者的特权（而不仅仅是出版者的特权）受到保护，也具有典型性，故下文有必要多费些笔墨。

第二节　商标权主体

商标权主体的情况比较简单。其中与专利权主体有许多相近的地方，这里不再重复。只是在商标权主体方面没有发明人那样的"人身权"存在。

《与贸易有关的知识产权协议》（TRIPS 协议）对于商标权主体有过一种特殊提法，在这里应当予以讨论。

在 TRIPS 协议实体条项中，凡提及专利、版权等权利人时，都使用"持有人"（Holder），至少是"持有人"与"所有人"（Owner）混用。偏偏在"商标"一节中，仅仅使用"所有人"，一直未出现过"持有人"。只是在有关商标执法的程序条项中，才出现过"持有人"。

笔者认为：这主要说明就有权申请与取得注册者而言，就必须是商标所有人。商标所有人即使在美国一类不以注册确立专有权的国家，也不会允许其被许可人以原所有人的名义去申请注册。他们只能要么自己申请注册，要么委托代理人去申请注册。

这个问题也曾在 1995 年 2 月的中美知识产权谈判中争论过。当时美方要求中国允许其商标所有人不委托在中国的代理机构来申请注册，而由其被许可人来申请注册。中方代表及法律顾问正是引用了 TRIPS 协议"商标"一节中采用"所有人"这一特别概念，首先说服了美方法律顾问沃尔什，继而使美方不再坚持自己的意见。

在不同国家，依照商标权获得的不同途径，商标权的主体可能是经使用而取得专有权的人，也可能是经注册取得专有权的人。

根据中国《商标法》的规定：经过商标注册申请而获批准后，商标权方才产生。所以，在中国可以成为商标权主体的，首先是有资格申请商标注册的人。

中国《商标法》第 4 条、第 9 条及其实施细则第 2 条规定，在中国，商标注册的申请人，必须是依法登记并能够独立承担民事责任的企业、个体工商户或具有法人资格的事业单位，以及作为《巴黎公约》成员国或与中国有商标保护双边协定的其他国家的外国人或外国企业。

此外，由于中国《商标法》允许商标专有权的转让，因此商标权的主体，除有权申请并获得商标注册的人，还可能是商标权转让活动中的受让人。而在那些不允许商标权转让的国家，商标权的主体就只能是商标注册人。世界贸易组织产生后，不允许转让商标权的国家会越来越少。

由于商标权可以合法转让，所以商标权的主体除注册商标的所有人（中国法律称"注册商标的专用权人"）之外，还有注册商标的转让中的受让人。与中国的《专利法》及《著作权法》不同，中国《商标法》并没有规定"非法人团体"可以成为商标权的主体。

第三节　商标权的客体

一、概述

　　商标既然是为使买主能识别商品而使用，所以法律对商标没有"新颖性""先进性"之类特殊要求，一般只要求具备"识别性"就行了。各国法律对于什么可以用来组成商标，规定不尽相同。但一般来说，对这个问题所作的正面回答都很简单，如"文字、图形、或文字与图形的组合"。而对于什么不可以用来组成商标，则多数国家都规定得比较详细，各国规定的差异也比较大。例如，有的国家规定"单纯的颜色"不可以作为商标使用；有的国家则规定可以。有的国家规定地名不可以作为商标使用，有的国家则可以；还有的国家规定某些地名（如江、河、山岭名称）可以用，有些地名（如大都市名称）则不可。再如，有些国家规定数字不可以作为商标使用，有些国家规定音响不能作为商标使用，有些国家规定商品本身的包装、商品的外形，均不能作为商标使用；但在另一些国家，又都允许以这些内容作商标。这些差异，确实是经营出口商品的部门或企业打算在国外获得商标保护之前，不能不了解到的。

　　不过，还是有一些内容是大多数国家都不允许作为商标使用的。在《巴黎公约》中，规定了下述内容在未经有关当局同意的情况下，都不可以当作商标取得注册：与主权国家的名称、国旗、国徽、军旗相同或近似的文字、图案；与政府间的国际组织的名称、旗帜或其他标记相同或近似的文字、图案。另外，作为一般国家所遵循的惯例，下列内容通常不允许作为商标使用：被标示的商品本身的通用名称或图案（如以"饼干"二字作为饼干的商标）；直接表示商品质量、数量、原料、功能、用途及其他主要特点的文字或图案（如以"优质白酒"作为酒的商标）；带有欺骗性的文字或图案，等等。各国商标管理部门按照本国的传统及参照国际惯例，对这些内容都有明确的解释。例如，"带有欺骗性"，一般并不仅仅指商标使用人有意进行欺骗，而且（主要）指商标在贸易活动中的客观效果。如果用一幅绵羊的图案来作为人造纤维料子的商标，就可以判定它"带有欺骗性"，因为消费者很可能根据商标而判断料子是纯羊毛的或起码是含有羊毛的。

在商标注册中如果发现了属于禁止使用的那种文字或图案，有关部门就会拒绝给予注册。如果一个商标中仅有一部分文字或图案属于禁用的，则在要求注册申请人改动或取消该部分之后，仍有可能给予注册。

二、商品商标

一般商标中包括可凭视觉分辨的文字、图形商标及不可凭视觉分辨的音响或气味商标。前者是传统的商标，后者是近年才出现的，它以发出某种特殊声音或放出某种特异香味来标示某种商品。不过，不能凭视觉辨认的商标，也就不能通过注册的程序得到保护，只能靠法院在司法实践中对它的专用权给以保护。

在视觉可辨认的商标中，又包括平面商标与立体商标。前者即一般的文字、图形，后者往往以商品外形、商品包装（如瓶、盒之类）的特有形状来表示。前面讲过，后者在一些国家中也是禁止作为商标使用或不给予注册的。

从商标所包含的内容多寡来看，商标又包括单一商标与组合商标。单一商标指那些仅由一个词或词组，甚至一个字或一个字母或一幅图形构成的商标。组合商标则由一些能各自独立表示某种意义的文字或图形结合在一起构成；它们如果不结合在一起，就不能满足商标必须具备"识别性"这一要求。英文中常见到的 Composite Marks 或 Combined Marks，就指这种商标。

三、服务商标

在经济活动中，有些企业的"产品"不是作为有形的商品提供给买主，而是作为某种商业性质的服务项目提供给顾客。例如，商品修理的服务，旅游服务，保险公司的服务，一些收费的娱乐场所提供的服务，航空公司或其他交通业的公司提供的服务，等等。不同企业提供的这类不同"产品"，也需要有不同标记把它们区分开。例如，中国民航，英国的英国航空公司，联邦德国的汉莎航空公司等，都提供同一种服务，就都各自有不同的服务标记。这种标记即叫作服务商标，也有称为"劳务商标"的。并不是一切国家都给这种商标以注册保护，20 世纪 80 年代之前，在英国、中国以及其他一些国家的商标法中，都找不到有关服务商标的规定。但英国当年的判例法（普通法）确实为服务商标提供保护。1946 年，美国第一个在它的成文商标法（《兰哈姆法》—— *Lanham Act*）中把服务商标的保护放到了与商品商标等同的地位。后来不少国家在修订商标法时，作出了与美国相似的规定，如 1979 年修订的联邦德国商标法就是一例。巴黎公约中写进了保护服务商标的内容，却又没有把它放到与商品商标同等的位置，未要求必须给服务商标以注册的保护，所以成员国国内法在对待服务商标上是有自由酌定保护方式的余地的。

但世界贸易组织中的《与贸易有关的知识产权协议》（TRIPS 协议）则把服务商标与商品商标同等看待。所以，1995 年世界贸易组织开始运转后，多数国家也把这两者放在完全等同的地位上。

四、联合商标

为了便利商标权的转让及商标许可证贸易的开展，防止造成混淆，有些国家在法律中把商标分为一般商标与联合商标（Associated Marks）两种，一般商标即指本身可以独立存在、独立使用和单独转让的商标。联合商标则指某一个商标所有人拥有的几个互相近似的商标；它们都是用来标示该所有人经营的几种类似商品的；它们可以分别获得注册，也可以在原所有人那儿分别使用，但如果将它们分别转让给不同的人或许可给不同的人使用，就会在公众里引起混淆，因此它们只能一道转让或许可。那些要求商标必须在贸易活动中使用之后方能注册的国家，或要求商标在注册后必须不间断使用方能维持注册有效的国家，一般都规定：只要使用了联合商标中的某一个商标，就可以看作整个联合商标都符合"使用"或"不间断使用"的要求。

自从 WTO 的 TRIPS 协议出台后，对驰名商标已有了法定的扩大保护，许多人认为保护"联合商标"及下文所述"防御商标"的必要性已经不大。

五、集体商标

由几个不同的所有人共同占有的某一个商标，叫作集体商标（Collective Mark）。在有些国家，也可能由一些企业的联合会作为代表，占有某个集体商标。集体商标有时由各所有人的代表去注册，有时由领导这些企业的政府机关代行注册。集体商标的作用，是向用户表明使用该商标的企业所生产的商品具有共同特点。一个使用着集体商标的企业，有权同时使用由自己独占的其他商标。集体商标一般不许可转让。中国、美国、多数大陆法系的西方国家、一些东欧国家和一些发展中国家的商标法中，都有给予集体商标以注册保护的规定。

近年中国的一些翻译作品或翻译资料中，有时把集体商标与前面讲的 Combined Marks 及 Associated Marks 译混了，造成了一些误解，所以在这里做一些说明。

六、防御商标

在有些国家，某个商标如果已经十分出名，它的所有人就会担心其他人以相同的商标在其他商品上使用并获得注册。因为已注册商标的所有人享有的专有权，能够排斥别人在相同商品上使用相同商标，却不能排斥别人在不同商品上使用相同商标。于是就把这个商标在所有商品（包括他并不经营的那些商品）上都申请注册。这样注册的商标，就叫作防御商标（Defendance Mark）。例如美国的"可口可乐"，就属于在一切商品上都注了册的防御商标。一般地讲，只有驰名商标有权作为防御商标取得注册。并不是一切国家的商标法都对防御商标给予法律保护。但由于《巴黎公约》第 6 条之 2 中作出了保护驰名商标的特殊规定，所以凡参加了该公约的国家，即使其国内法并不特别地保护防御商标，也必须给其他成员国的驰名商标以适当保护。当然，这种保护的可靠程度，就远远不及注册成为防御商标所受到的那种保护了。

七、证明商标

附在商品上证明生产某产品的厂商身份、商品的原料、商品的功能或商品的质量的标记，叫作证明商标（Certificate Mark）。证明商标的内容恰恰是一般商标所不允许包含的内容。商品与服务项目都可以使用证明商标。证明商标的所有人，与它所证明的商品或服务项目的产销人或经营人不能是同一个人。就是说，不能自己证明自己的商品或服务项目的质量与功能之类。证明商标在许多国家都可以注册，不过，未经过有关部门的特别批准，不可转让。大多数英美法系国家，以及中国、伊朗、土耳其等，均承认和保护证明商标。①

八、产地标记与其他标记

商品上的产地标记（Indication of Source）不能被某一个特定的厂商专有。因销售带有虚假的产地标记而被侵害的厂商一般也不是一家两家，而可能涉及面很广。所以在那些法律只允许受侵害人起诉的国家，有权对使用虚假产地标记起诉的人往往就不止一个。巴黎公约与1891年马德里协定中，都规定了公约或协定的成员国有义务禁止一切带有虚假产地标记的商品进口，也规定了对使用这种标记者应实行法律制裁。巴黎公约中所规定的因受侵害而有权起诉者，涉及很宽的范围，即"在虚假产地标记所标示的国家或地区内以及该标记所使用的国家与地区内"的任何生产、制作或经销同一种有关商品的自然人或法人。② 所以说，产地标记虽然在不少国家中属于商标法保护的内容，它本身与商标的性质却完全不同，它不是某个企业或个人所专有的。商标只能由它的所有人、转让中的受让人及许可证交易中的被许可人使用；产地标记则能由该产地的一切人使用。此外，产地标记不能由特定主体注册，也无法转让。

由于各国在贸易活动中有不同的传统、习惯或其他政治、经济上的原因，不少国家还存在一些自己特有的、使用于商品或服务的标记，这是很难一一列举的，这里只能举几个例子。近年来，一些

---

① 参见巴基斯坦1945年《商标法》第2条第（b）项、土耳其1965年《商标法》第2条第（c）项、特利尼达和多巴哥1955年《商标法》第56条第（1）项，印度1958年《商标法》第2条，中国《商标法实施细则》第6条。

② 参见《巴黎公约》斯德哥尔摩修订本第10条第（2）项。

国家开始使用一种"质量标记"来表示某种商品达到了一定的质量要求。这是因为在国际市场上,商标越来越不能起到"商品质量标志"的作用,从而专门使用一种质量标志就显得重要了。像"International Woolmark"(国际羊毛制品标记),就是目前国际市场上较有名的质量商标之一。中国在全国每几年、地方每年评商品"质量奖"的活动中,准许获金质、银质奖的企业在有关商品上标出"获某年国家(或地方)质量奖",实际也是一种"质量标记"。从世界范围看,使用这种标记的国家还不多。另外,在大多数英联邦国家的企业所经销的纺织品上,往往有一种"料头标记"(lineheading,不懂这个英文词组的人,往往在翻译中把意思弄错)。它的内容很复杂,有时标着产品成分(例如,是纯毛的,是人造的,还是混纺的,等等),有时标着产地,有时兼而有之。它的作用类似产地标记,也不是专有的,如果在料头上作虚假标示,受害者只能是买主,所以对它也无法规定谁是有权起诉人。但这些英联邦国家的商标法明确规定使用了虚假的料头标识要受法律制裁,同时又规定了它不能代替商标,也不能当作商标来使用。1983 年 11 月,挪威也开始实行对银、金、铂工艺制品的印记注册的制度。这种注册的手续虽然也在挪威的专利商标局办理,但注册印记不能当作商标使用,也不能印在不以银、金、铂为原料的工艺品上。①

此外,近年许多国家又越来越重视商品"边记"(House Mark)的保护,并已多次在国际工业产权保护联合会上展开讨论。②

在上述这些于不同国家、不同程度地受商标法保护的客体中,

---

① 参见巴基斯坦 1945 年《商标法》第 2 条第(b)项、土耳其 1965 年《商标法》第 2 条第(c)项,特利尼达和多巴哥 1955 年《商标法》第 56 条第(1)项,印度 1958 年《商标法》第 2 条,中国商标法实施细则第 6 条。
② 参见《巴黎公约》斯德哥尔摩修订本第 10 条第(2)项。

商品商标与服务商标是最重要的。因此下文在讲到"获得""灭失""侵权认定"等问题时，均主要围绕这两种客体去讲。

九、中国《商标法》的保护客体

中国 1982 年《商标法》，只为商品商标提供注册保护。由于近年来中国实行改革开放政策，商品经济得到了发展，第三产业（尤其是服务业）不断扩大，客观上已提出扩大商标法保护的客体的要求。1993 年修订《商标法》时，已增加了对证明商标、集体商标及服务商标的注册。

目前，依中国法律可以作为商标权客体的商品商标，应当是文字、图形或其结合，且具有显著特征，便于识别。这是现行《商标法》明文规定的，这一规定表明了以下几个问题。

（1）作为中国商标权客体的商标，必须是平面的。"立体商标"在中国不能成为受保护客体。过去由于中国《商标法》译成英文后，把"图形"译成"design"，而这一英文术语既包括平面图，也包括立体设计，所以有些外国企业误认为中国商标法也为立体商标提供注册。但是，如果立体商标可给人以平面图或平面文字的感觉，这样的商标在中国仍旧可以成为商标权的客体。例如，"解放牌"汽车在车头上铸出的凸形"解放"二字，应当说是立体的。但这样的文字给人的感觉与平面文字实质上一样，故也成为商标权的客体。不经第一汽车制造厂许可而在自己生产的汽车上使用这两个立体字，也会被视为侵犯商标权。

（2）作为中国商标权客体的，不能是"音响商标""气味商标"等不具有文字或图形内容的商标。国外以特殊音响、特殊香味作为某种特定商品的"商标"，并不罕见。但这种商标如申请注册，一般也不被接受。目前只有法国等少数国家接受音响商标的注册。

（3）没有显著特征，不便于识别的文字、图形或其组合，也不能作为商标取得注册保护。"显著性"或"识别性"，是商标注册实质审查中的主要内容。为它定出一条"一刀切"的标准是困难的。针对不同商品，商标的识别性标准可能很不一样。但有一点是肯定的：可获得注册的商标，必须能够把注册企业的商品与其他企业的相同或类似商品区分开。这是商标应有的基本功能。如果这一点做不到，就失去了商标专有权的意义。例如，以"沙发"作为弹簧软靠椅商品的商标，肯定不具有识别性。因为"沙发"这个外来语，已经成为软靠椅的通用名称，无法以它来区别任何两个不同厂家的同样商品了。

由于中国在改革开放前，市场经济不很发达，商标的作用不十分明显，故许多人往往把商品装潢与商标混同。商标有时可能构成商品装潢的一部分，但也有时与装潢明显分开。在中国，许多商品上，或商品包装上的装潢设计，往往比商标的文字、图形占有更大的面积、更显著的地位。而装潢，在中国的绝大多数商品上并不能作为商标受到保护，因此不构成商标权的客体。作为例外的是中国工商行政主管部门于 1986 年后，批准的一批名优酒类商品厂家，可就其瓶贴（装潢）与原有商标一并获得注册，成为商标权客体。例如，在茅台酒这种商品上，作为商标权客体的已不仅仅是"金轮"商标或"飞天"商标，而且包括了整个白地红字的"茅台酒"几个大字的装潢设计。这是中国在尚未制定全面的禁止不正当竞争法之前，对商标保护的一种补充措施，是本来并非商标权客体而成为客体的一种特殊情况。

十、可能产生的新客体——"域名"及其目前与商标的冲突

与网络环境的发展相关而将来可能成为商标领域新客体的，恰恰是至今仍与商标相冲突的"域名"。

从 1996 年下半年到 1997 年年初，中国不少企业发现其商标名称或企业名称（或两者兼有），被海外机构先于互联网络上注册为域名，妨碍了中国企业以其公众熟悉的名称进入国际互联网，以致不能进入国际市场。在将近半年的时间里，国内几乎无报不谈"域名被抢注"问题。这已成为中国新闻热点之一。

同样的新闻热点在发达国家也出现过，只是大致比在中国早一年，即 1995 年到 1996 年年初。可见，因计算机国际网络环境而产生的新问题，中外是相通的。

1996 年 1 月，我曾把当时已在发达国家发生的"域名抢注"问题在《中华商标》第 1 期上提出，以提醒国内企业注意，可惜当时没有引起足够的重视。直到 1996 年下半年，设于香港的某公司已经大量完成"抢注"并企图以此牟利时，国内有关企业才感到自己面临棘手的难题了。

1. 何谓"域名"

最早出现在美国的"Internet"（国际互联网络系统），将".com"".net"".int"".org"等，称为"最高域位"或"顶级域名"（Tld3）。后来出现了各国的顶级域名，如".fr"（法国）、".cn"（中国）等，则被称为"国家级顶级域名"（NTld3）。而标志某公司或单位的域名，列在顶级之前，被称为"二级域名"（Sld3-Second level domains）。发生与商标冲突的，仅仅是"二级域名"。

国际互联网络中，工商企业多集中在".com"上注册域名。所以，至今绝大多数人谈"抢注"，仅限于工商企业的商标或商号的英文

名、英译名或英文缩写名被他人抢先在".com"上注册的情况。事实上，如果一所名牌大学（如北大——beida 或 pku）被人在".edu"上，或在".edu.cn"上抢先注册，对该大学来讲，同样是十分头痛的事。希望国内有志于直接在最高域位（Topdomain Space）如".com"".edu"".org"等上建立自己的"主页"（Home page）或电子信箱"Email Box"的任何单位，不要再如国内一部分工商企业那样，等到别人已经"抢注"之后，才开始着急。当然，如果只打算在".cn"（中国）的域位上入网，则不必着急。因为中国的入网工作是由国家管理的，不太容易出现大量"抢注"；即使偶尔出现了，在中国也较容易解决。

世界上由政府主管部门管理或直接干预互联网络域名注册的国家并不多。除中国外，仅有新加坡等少数国家。大多数国家是由商业性民间机构负责这项工作。而且绝大多数国家及有关民间机构目前均采取"先注册占先"的原则，一般并不负责去查询或检索注册人是否系相应文字商标或商号的合法所有人。

应当知道，至今尚没有任何国家在商标法或商号法中明文规定：拿了他人的注册商标或商号去进行域名注册，本身会构成侵权。

从"先注册先占"原则可以推论："抢注域名"本身并不属于违法行为。这与"恶意在先注册"要区别开。

国外的域名注册机构之所以不负检索责任，主要原因是各国普遍承认域名与商标的作用及获得途径完全不同。两者发生冲突时，在多数情况下并不意味着"商标侵权"。

域名的作用类似电话号码。在计算机网络中打出对方域名而访问对方"主页"或与对方电子信箱交流信息，与拨通对方电话号码同对方通话非常近似。过去在电话号码中，并非"555"牌卷烟的经营企业使用了带"555"字样的号码，并非"999"牌中成药的生产厂家使用了带"999"字样的号码，从未被美国的烟草公司或中国的南方制药厂指控为侵犯了商标权。

此外，同一个文字商标有可能被不同企业同时使用，只要所经营的商品或服务类别不同就不会冲突。例如，使用"长城"商标的，有电子企业，有风雨衣厂家，还有葡萄酒生产者。它们可以"相安无事"地使用同一个"长城"（或英文 Greatwall）。在网络中，则在同一个域位（如".com"）上，绝不可能允许两个 Greatwall 同时出现，不论它们是否用在同类商品或服务上，都会立即发生"撞车"。

从另一个角度看，在域名注册中，只要两个名称稍有不同（或完全相同但排列方式稍异），就可以同时分别获得注册。例如：电子长城厂家如果先用了"Greatwall"取得域名注册，并不妨碍风雨衣厂家再用"Greatwall"注册。因为计算机对任何细微的差别都是可以识别的。而在商标注册程序中，如果两个文字商标之间的差别仅仅是一个连字符"-"，而两个厂家又经营同类商品（对于驰名商标，即使不经营同类商品），必然被商标局依法驳回注册申请，不予注册。原因是后一商标与前一商标"近似"；而"近似"将引起消费者误认。消费者的识别能力，就这一点来讲，是无法与计算机相比的。

正是由于这些原因，目前国际上并没有轻易断言域名与商标权一旦冲突，就必然构成商标侵权。

2. 通过什么途径解决冲突

上文并不是要息事宁人，并不是告诉中国那些商标被"抢注"为域名的单位只能听之任之。解决被"抢注"的途径有很多。

第一，有一部分海外机构"在先"（此处不用"抢先"）以他人商标或商号注册了域名，并非有意、也并非恶意。有的是在使用英文缩略语时，产生了"巧合"。遇到这种情况，往往通过与对方对话、谈判，要求对方转给或低价转让其域名，是可以奏效的。国内已有过这种先例。

第二，在无论善意在先注册的对方不肯转让域名，还是恶意抢先注册（"抢注"）的对方索要高价方肯转让，我方企业完全可以不再理会对方，而通过在自己的文字商标或商号中加连字符、加点（多一个"·"，照样可以获得同一个域名的注册）、加"中国"（China）等并不影响自己商标整体的简单内容，自行再申请注册。这种申请一般均会被域名注册机构所接受。

第三，法院诉讼。走这一条路时，切记勿轻信别人的怂恿而去抢注者所在外国诉讼。其结果反倒可能不如在国内诉讼。而后通过司法协助双边协议由对方国家去执行。到 2000 年年底，北京的各级法院都已有成功解决域名与商标冲突的判决。早在 1996 年年底到 1997 年年初，英国高等法院曾判决一起"抢注"纠纷，原告系英国公司。判决要求在美国的互联网络域名注册机构撤销抢注者的注册。该美国机构一个月后执行了这一判决。这就是国际上有名的 Harrods 判例。但应注意的是：该抢注者在抢注之后，又在网络广告中使用该域名，宣传了与原告相同的商品，所以被依法判为"商标侵权"。这就是为什么前文我讲抢注域名行为"本身"，未必构成侵权；还必须加上在贸易活动中使用抢注的域名，方才可能被判侵权。

第四，涉外仲裁。过去，中国有的法学著述对仲裁有过误导的解释。它们告诉人们：只有合同本身的纠纷才能提交仲裁机构（尤其是国际商会仲裁机构）去仲裁。事实上，民商领域的绝大多数纠纷（包括侵权纠纷），只要当事双方同意仲裁解决，均可以提交仲裁。中国及其他参加了 1958 年《纽约仲裁公约》的国家的法院，都将协助执行来自外国仲裁机构的合法仲裁裁决。此外，世界知识产权组织从 1994 年起成立的仲裁中心，更是专门接受涉及知识产权纠纷的仲裁申请。从 1999 年开始，该中心已经受理了数百起域名与商标冲突的仲裁申请，并且裁决了相当大一部分。中国也有了一批合格的仲裁员在其中工作。

3. "超前研究"并不超前

中国在社会科学领域及社科与自然科学的交叉领域，有一些学科是 1979 年改革开放之后才真正起步的。由于起步迟，又由于这些学科中大部分理论与实践是"外来"的。所以，有时我们即使不停地跟踪国际上的最新信息，看上去似乎"超前"了，而实际上可能才刚刚跟上国际形势的发展，甚至稍有落后，并未真正超前。至于根本不参考国外最新信息，关起门来研究，自称走在了国内"最前沿"，实际已远远跟不上发展了的实践。这种研究"成果"可能对中国参与国际经济活动产生十分不利的影响。例如，在民事立法的研究上，如果依旧以 1928 年国民党政府"民法"中的有关篇章为基础，全然不重视 20 世纪七八十年代后出现的国际条约、不顾及几十年来新技术已改变了旧概念的事实，其结果只能是放慢了计划中的立法进度，使中国市场经济急需的法规难以出台。

知识产权正是一门主要从国外"引进"的社科与自然科学交叉的新学科。对它进行并不超前的"超前研究"，更显得必要。目前国内外普遍存在的国际互联网络中的知识产权新问题，如果不认真研究，肯定会使我们总处于被动状态。1996 年 1 月有关重视域名注册的呼吁，如果没有被多数人当作"超前"看待而未予重视，则年底众多企业感受到的损失可能会少得多。

1996 年 12 月，在日内瓦谈判两个与数字技术有关的版权条约时，中国代表团基本达到了自己的目的，争取到了在条约中规定：30 个国家参加条约方能生效等。这些成果的取得，主要是事先对与条约有关的问题进行了充分、深入的研究。虽然当时也有人认为这种研究"太超前",离中国的实际太远。

目前,域名注册与商标等权利的冲突,也已使缔结国际条约加以解决成为必要。政府间国际组织如 WIPO、民间国际组织如INTA 等,均提出了一系列问题。例如,域名注册从申请到批准的异议期问题,申请人证明其并非恶意抢注的证据问题,被抢注人的有力证据能否使域名注册机构不经法院审理即先行中止抢注者的使用权问题,各国商标法或反不正当竞争法对域名抢注的应有态度问题,等等。

值得高兴的是,在 2000 年,中国最高人民法院、北京高级人民法院都在认真研究的基础上推出了相应的解释性文件。信息产业部也邀请有关专家起草有关文件。法律出版社等出版部门出版了诸如《网络时代的知识产权法》等研究成果。中国在这一新领域的研究,已经开始赶上去了。2000 年之后,CNNIC 等也制定了一系列规范,并与其他组织开展了全面合作。

第四节　商标侵权的认定

商标权也与专利权一样,是一种经行政批准方才产生的民事权利。按理说,申请商标注册时,申请人要明白无误地提交希望获专用权的文字、图形或二者的组合。应当认为,在认定或否定侵权时,有着同专利一样的客观性及确定性。但是国际条约及大多数国家的商标法却偏偏明文划出了一个"模糊区"。正像中国《商标法》第38 条第(1)项,有关的国际条约及各国商标法,都不仅仅把未经许可使用他人相同注册标识于同种商品或服务,视为侵权,而且把使用他人的"近似"标识于"类似"商标或服务,也视为侵权。

有人也许说,这种"近似"的"模糊区",在专利领域也存在。

例如，使用了与"权利要求书"中的技术特征"等同"的技术，同样将视为侵权。不过,商标领域的"近似"标识与专利领域的"等同"技术至少有两点明显的实质性差异。

（1）注册商标权人虽有权禁止他人使用"近似"标识，但自己却无权使用或许可他人使用该"近似"标识，否则会违反《商标法》第30条，从而会因"自行改变注册商标的文字、图形或者其组合"，被行政主管机关处罚。他的这项专有权的"禁"与"行"两方面，是不一致的。而专利权人在禁止其他人使用"等同"技术的同时，自己却有权使用，也有权许可他人使用。他的这项专有权的"禁"与"行"两方面是一致的。

（2）两个标识在市场上的"近似"与否，要看是否会在"公众"中引起混淆。在这里，"公众"的不确定性是十分明显的。首先是在多少人当中未引起混淆方可认定在"公众"中未引起混淆；其次是如果在一部分公众中引起了混淆，在另一部分中却没有，则应以哪一部分人的判断为准？在专利领域看两项技术是否"等同"，至少还有"同一领域"中具有中等水平的"技术人员"这两重限定。虽然选择"技术人员"有主观因素，但"两重限定"本身仍旧是客观的。这总比统统甩给"公众"去判断要有更高的确定性。例如，三个"l"按60度角三向排列，与三个菱形四边形按60度角排，两个图形是否"近似"？我曾在一次课堂上问及学员们。这些"公众"几乎一致说"不近似"。但德国恰恰判定过日本的"三菱"商标与德国的"奔驰"商标近似！

为了在实践中删除"近似"与"类似"这两个"模糊区"，许多国家的商标法为申请人提供了"联合商标"与"防御商标"两种特殊注册。前一种注册指的是：申请人将与其"主商标"近似或可能近似的一切标识，都申请注册。其注册目的（除主商标外）不是为了自己使用，而是为了禁止他人使用。后一种注册指的是：把同一个标识在一切类似或可能类似的商品及服务上统统申请注册，其目的也不是为了在所有这些商标及服务上都用其专有的标识，而是为了禁止他人在这些商品及服务上使用。这样一注册，到侵权纠纷发生时，行政执法机关或法院，就不再有"模糊区"的烦恼了，即无须先去认定"近似"或"类似"与否，而可以直接按注册范围认定侵权了。

不过，如果大家都这样广泛地"注册而不使用"，就又会与中国《商标法》第 30 条及大多数国家商标法中均有的"使用要求"相冲突。所以，"联合商标"与"防御商标"一般只允许被认定为"驰名商标"的标识去注册。

那么，怎样认定"驰名商标"呢？《巴黎公约》中基本没有；世界贸易组织的"知识产权协议"中指出：要看它在"有关公众"中的被知晓程度。这一下，不仅把我们又推回到"公众"中去，还附加了一个更缺乏确定性的"知晓程度"。况且，"驰名"与否，是个变动着的因素。昨日尚不驰名，一夜而驰名者并不是没有的。曾多年驰名而又销声匿迹者也有之。我们绕出了一个不确定区，却走入了另一个更不确定区。在 1995 年年初的中美知识产权谈判时，仅仅对"有关公众"的地域标准，就争论多日而无结论。"国际保护工业产权联盟"则在其 1995 年加拿大年会第 127 论题中，提出更多的有关"公众"的"模糊区"。

况且，世界贸易组织的"知识产权协议"，已经进一步把"类似"这个"模糊区"扩大到了一切"不类似"的商品或服务。[①]这对驰名商标的保护更有力了，对消费者也更有益了，当然，对侵权的认

---

① 参见 TRIPS 协议第 16 条第（3）项。

定也更加不容易了。①

　　在商标领域，侵权的认定与否定还有一点是与专利领域大相径庭的。这就是：在注册申请人的"权利要求"（提交的注册标识）范围内，权利人绝不会因为自己行使了行政主管机关批给他的专用权而侵犯了他人的商标权（"不当注册"情况除外）。而在专利领域，专利权人如果获得的是一项"从属专利"（世界贸易组织的"知识产权协议"称为"第二专利"的），则他确有可能因行使了"自己的"专利权而侵犯了他人的专利权。这样看来，在不超出商标与专利两个领域的"权利要求书"书面范围的情况下，商标权人的"禁"与"行"两种权利这时是一致的，专利权人这两方面的权利有时反倒不一致了。

　　在中国（以及许多国家）的商标法中，何谓商标权与何谓侵权，是规定在相同的条项中的。②而专利法，则把何谓专利权及何谓侵权在前后不同条项中分别作出规定。③中国《著作权法》对版权及侵犯版权的规定也与《专利法》相同，与《商标法》不同。④从法理上分析，《商标法》中有关专有权及侵犯专有权的规定是一致的。而专利法与著作权法中，如果后面找得到对某一类侵权的制裁，在前面却找不到这种"权"是什么，就会让人感到不一致。而这种"不一致"却确实存在着。

　　在版权领域，民法学家们也常常在中国《著作权法》第47条第（8）项中提出类似的问题。

　　《著作权法》第47条第（8）项是不少国家的已有成例，并非

---

① 　2001年修订后《商标法》提供了一些参考因素，但仍不足以完全清除这一模糊区。

② 　参见中国《商标法》第七章。

③ 　参见中国《专利法》第11条与第七章。

④ 　参见中国《著作权法》第五章。

中国立法者的"杜撰"。那么，应当如何回答假冒者（假冒他人专利名称卖自己的产品或假冒名画家之名卖自己的假画）可能提出及民法学者已经提出的问题呢？笔者认为，可以联系商标法中的禁止假冒去解释。

从总的原则上讲，专利法与版权法重在保护权利人的专有权，有时涉及保护公众的利益；商标法从保护权利人的专有权出发，在大多数情况下同时涉及保护公众利益。但商标权人也有极特殊的时候，其利益受到损害，损害者却未必同时侵害了公众利益。例如，1994 年发生在北京的撕去他人不驰名的枫叶商标，将他人产品挂上自己的驰名商标去卖的那场纠纷。受损害厂家在中国商标法中找不到任何起诉依据，却可以从专利法中找到"仿制"，在著作权法中找到"抄袭"。其实，"抄袭"与"仿制"，都是某种类型的"反向假冒"。"假冒"，是拿了别人的牌子去卖自己的东西；"反向假冒"，则是以自己的牌子去卖别人的东西。较发达的商标法中，是可以从反"假冒"条项中解释出反"反向假冒"的，例如，美国《兰哈姆法》第 43 条 a。而在发达的专利法及著作权法中，则同样应从反"仿制"与"抄袭"中，解释出反"反向仿制"及"反向抄袭"，亦即反"假冒"。[①]

如果有兴趣的研究者，结合市场经济，把知识产权中这些不同专有权的侵权认定，从法理与实践上加以深入研究，可以看到更多的合理的"权"与"侵权"的表面上的不一致。这正像中国的 1982 年之前与 1979 年之后，旧的《商标管理条例》对注册人不产生任何权利；新的可以产生出商标权的商标法又尚未出台，《刑法》则在第 127 条明文写上了对侵犯商标权的直接责任者如何惩罚了！这种"依刑法而产生的民事权利"不仅在中国古代曾长期存在过，而

---

① 参见英国版权法及中国台湾地区"著作权法"。

且在近、现代的国外知识产权法中也有成例。①

第五节　商标假冒

　　未经许可而以他人商标来标示自己的商品或服务，是一般称的"商标假冒"。这种行为属于侵权，是没有争议的。

　　而倒过来，未经许可而撤、换他人注册商标，以使消费者对产品、服务来源，对生产者、提供者产生误认，是否违法，是否构成侵权，是否侵害注册商标人的利益？在中国，争议就出来了。

　　1997 年 4 月 9 日，国家工商管理总局认定了第二批 23 个商标为"驰名商标"。位居序号第一的，是天津油漆厂的"灯塔"商标。这一商标被认定为驰名，将有着比人们在一般情况下能认识到的更深一层的意义。原因是大多数商标在创名牌的过程中以及驰名之后，均会有非法嗜利之徒跟踪假冒。这种假冒活动又一般仅限于把驰名商标非法用在假冒者自己的产品上。而"灯塔"之出名，则不仅有人针对它从事这种常见的假冒，而且（主要在灯塔产品出口之后）专有人针对它从事"反向假冒"，即撤换掉"灯塔"商标，附加上假冒者自己的商标，用天津油漆厂价廉质高的产品，为假冒者去"创牌子"。

　　1994 年，在中国首次发生反向假冒商标纠纷时，否认"反向假冒"构成"假冒"，而只承认其可能危及消费者权益的人们，在对待商标及商号等标识方面，又几乎都否定商标等标识权与知识产权有任何关联。这并不是偶然的。

　　在市场经济中，在真诚的现代生产、经营者向市场推出其商品

---

　　①　参见英国 1958 年《表演者保护法》。

时，他们实际出于两个目的。一是切近的，即尽快得到利润；二是长远的，即闯出自己商品的"牌子"（包括商标、商号等），不断提高市场信誉，以便既能尽快获得利润，又能得到可靠的、不断增长的利润。否定"反向假冒"构成对他人商标的侵害，主要是只看到（或只承认）现代真诚经营者的第一个目的。所以，他们认为：别人只要付钱，商品拿到手之后，怎样改换成他的商标再卖，与原经营者就毫无关系了。这种看法在理论上是错误的，在实践中是有害的。其理论上的错误是不承认商标与其标示的商品或服务的全方位的内在与外在联系及否认商标中的知识产权因素。这在前面已重点分析过了。该看法也混淆了"专购再销"行为与反向假冒的区别。下面再进一步分析这种看法在实践中的危害及其与国际商标保护制度发展方向的相背。

目前中国在国际市场上得到消费者公认的驰名（名牌）商标数量很少，这对中国在国际市场上的竞争地位是不利的。许多企业已经意识到这一点，正加强本企业在国内、国际市场创名牌的各项措施。中国的立法、执法机关也已意识到这一点。从工商局到人民法院，都已加强了对驰名商标保护的研究与实际保护。但发达国家很早已经在立法及执法中实行的制止反向假冒，在中国则尚未得到足够重视，反向假冒若得不到应有的惩罚、得不到制止，就将成为中国企业创名牌的一大障碍。

商标上的假冒，一般指假冒者在自己制作或销售的商品上冒用他人享有专用权的商标。1994 年，在北京发生了一起商标纠纷，百盛商业中心在其出售新加坡"鳄鱼"牌服装的专柜上，将其购入的北京服装厂制作的"枫叶"牌服装，撕去"枫叶"注册商标，换上"鳄鱼"商标，以高出原"枫叶"服装数倍的价格出售。这就是国际上常说的"反向假冒"。

　　该案发生后，北京服装厂在北京市第一中级人民法院状告"百盛"及新加坡"鳄鱼"公司损害了其商标专用权；而被告则认为中国商标法仅仅禁止冒用他人商标，不禁止使用自己的商标去假冒他人的产品。中国也有人认为，这一案的被告最多是侵害了消费者权益。分散而众多消费者们，不可能为自己多花的上百元人民币而组织起来去状告"百盛"及"鳄鱼"公司。所以在此案中，被告不会受任何惩处。但是，根据中国的实际状况，如果听任这种反向假冒行为，则等于向国外名牌公司宣布：如果他们发现任何中国产品质高价廉，尽可以放心去购进中国产品，撕去中国商标，换上他们自己的商标，用中国的产品为他们去闯牌子。这样一来，中国企业的"名牌战略"在迈出第一步时，就被外人无情地切断了进路与退路。我们只能给别人"打工"，永远难有自己的"名牌"！

　　从国外商标保护的情况看，上面中国个别人的意见也是完全错误的。《美国商标法》第 1125 条及其法院执法实践，明白无误地将上述反向假冒，视同侵犯商标权。[①]

　　《法国知识产权法典》则在第 713-2 条中，明确规定：注册商标权人享有正、反两方面的权利，即有权禁止他人未经许可使用与自己相同或近似的商标，也有权禁止他人未经许可撤换自己依法贴附在商品上的商标标识。希腊 1994 年《商标法》第 18 条、第 26 条的规定，与法国完全相同。

　　澳大利亚 1995 年《商标法》第 148 条明文规定：未经许可撤

---

　　① 《兰哈姆法》（美国商标法）第 1125 条由一系列项项组成。其中第 127 款标题为"假冒"（他人商品），第 128 款为"反向假冒"（将他人之产品冒为自己的商品）。该项规定：反向假冒者应负的侵权责任，应与假冒他人商品相同。美国知识产权法学者、律师、均知道 1125（43a）包含禁止"反向假冒"。如果找不到第 127 款，肯定看不见"reversepassing off"这几个词。但只要问及这一领域的美国法律界人士，就没有不知道的。切勿以"找不到"就断言"没有"。

换他人商品上的注册商标或出售这种经撤换商标后的商品，均构成刑事犯罪。中国香港地区的商标法例也有相同的规定。意大利 1992 年《商标法》第 11 条、第 12 条规定：任何售货人均无权撤换供货人商品上原有的注册商标。葡萄牙 1995 年《工业产权法》第 264 条也有相同规定，并对反向假冒者处以刑罚。可见，不论大陆法系国家还是英美法系国家，反向假冒都是要受到法律禁止及制裁的。

此外，美国的法院判例从 1918 年至今，英国的法院判例从 1917 年至今，均把"反向假冒"视同"假冒"，在司法救济上，与反不正当竞争中的假冒他人商品、装潢等行为完全等同，依此制止反向假冒。①

在实践中，被撤换的商标的所有者，总感到自己的权益切切实实受到了损害。特别是希望不仅在国内驰名、而且在国际上也驰名的"灯塔"这类商标所有人，在走出国门第一步，就被非法嗜利之徒（国内也有议论认为是"合法"之徒）撤换，被剥夺了在国际市场创名牌的机会。它们当然不愿接受国内的上述议论,任人宰割。"灯塔"的所有者及遭受过相同"反向假冒"的国内企业，需要有人告诉他们如何维护自己的权利，而不是告诉他们应无所作为，只消在理论上去认识自己并无损失。

事实上，在国外，禁止这种反向假冒行为早就是有法可依的。首先应举出的是《美国兰哈姆法》。这是最明确地禁止反向假冒的商标法条项。当然，由于该法并无通行的中文译本，故有语言障碍的国内读者找不到并不奇怪。即使懂英文,但不了解 1946 年《兰哈姆法》第 43 条 a（43a）亦即今天《美国商标法》第 1125 条 a，而且不了

---

① 对此，可以参见 International News Service v.Associated Press（1918），248U.S.（SupremeCourt）215；John Wright v.Casper Corp.，D.C.P.A.，1976，419F.Supp.292 等美国判例。并参见 Bearaon Bros.v.Valentine & .Co.（1917）34R.P.C.267 等英国判例。

解要从美国法典第 15 篇 22 章中去找，也会找不到。但如果"找不到"就断言"没有"，则不可取。好在美国法典的全部，将被社科院译成中文，届时不懂英文的读者就方便了。当然，即使目前，由于许多国家（远非美国一国）商标法中均有禁止"反向假冒"的明文在，我们依然可以找到其他国家的中文译本。例如，由国家工商管理总局商标局主编、中国法制出版社 1995 年出版的《商标法律法规汇编》第 691 页上，即有《法国知识产权法典》的第 713-2 条的条文在，该条文规定"消除或变动依法付贴的商标"，与"不经所有人许可在相同商品或服务上使用该所有人的商标"，一样属于商标侵权。《兰哈姆法》第 1125 条（43a）由一系列项项组成。其中第 127 项标题为"假冒"（他人商品）第 128 项为"反向假冒"（将他人之商品冒为自己的商品）。该项规定：反向假冒者应负的侵权责任，应与假冒他人商品相同。中国香港地区修订至 1991 年的《商业标记法例》第 9 条规定：无论以更换、增添或其他方式，虚假标示自己出售的或加工的商品，均构成商标犯罪。1997 年前，中国香港地区这类法均以英联邦法为范例。40 多个英联邦国家中的大多数在商业标记（*Trade Description*）法规中，均有相同的规定。中国香港地区《商标法例》第 32 条定：撤换他人所提供之商品上的商标而后再出售，构成商标侵权。

如果有人认为禁止反向假冒仅仅是保护水平较高的发达国家或地区的商标法所特有的内容，那他们就又错了。发展中国家较成熟的商标法，也有与法国完全相同的规定。例如，1996 年的巴西《工业产权法》商标篇第 189 条规定：凡改换商标权人合法加贴于商品或服务上之注册商标的行为，"均构成对注册商标权的侵犯"。又如，肯尼亚 1994 年《商标法》第 58 条第 C 项，也是禁止反向假冒的规定。

联合国世界知识产权组织 1988 年曾出版过一部书 *Introduction to Intellectual Property*。在当时的"商标权权利范围"一节中，尚不涉及"反向假冒"问题。1997 年该组织重新编辑出版该书时，则在解释"注册商标所产生的权利"时，明文写出了"消除注册商标权人合法附贴在自己商品上的注册商标，然后再行出售"的行为，同样属于"侵犯商标权"。①世界知识产权组织的论述在这方面总的来讲与《法国知识产权法典》第 713-2 条一致。所不同的是：法国法律把"禁止他人未经许可使用商标权人的商标"放在第一位，而把"禁止他人未经许可改动或撤换"商标权人的商标放在第二位。世界知识产权组织则把后者放在第一位，认为这是商标权人"积极权利"中的一项内容，而禁止他人使用则是其"消极权利"中的一项内容。

可见，就世界上主管大多数知识产权国际公约的组织来讲，也无异议地认为"未经许可而使用他人注册商标"与"未经许可而中断他人合法使用自己的注册商标"，都同样属于商标侵权。

就是说。"反向假冒"并非中国学者生造出的概念，而是市场经济中禁止不法行为的长期实践形成的已有概念。

在通常情况下，凡认为商标权人无权禁止反向假冒的议论者，又都认为在版权领域，作者无权依著作权法禁止他人冒作者之名出售非作者之作品。因为，从理论上，这些议论的缺点均是只看事物的一面，即缺少辩证的方法。不过，在禁止冒名方面，中国《著作权法》却明明有第 46 条第（7）项的规定。可能有人在商标反向假冒问题上（即使摆出再多的外国法条）强调中国有中国的国情。而在版权的冒名问题上，即使我们摆出了中国法律的明文规定，又可

---

① 这见于该书（英文本）第 205 页。

能有人提出：外国并没有这种规定，大概是中国立法者搞错了，可能是中国立法的失误。在上海法院正确地判决了吴冠中诉他人冒名拍卖假画一案后，在最高法院公告确认了这一判决之后，仍旧有议论认为中国法律失误、法院也失误，仍断言国际上从不认为冒作者之名属于侵犯版权。

好在 2001 年修订《商标法》时，中国也增加禁止反向假冒的规定。

第六节　商标评估

商标评估是目前国内企业无形资产评估的重点与难点，故本文在这里多用些篇幅。而在下文其他知识产权的评估方面，有些地方则简单些；本题已论述过的通用原则，下文也不再重述。

一、概念

"商标评估"是知识产权评估的内容之一。就是说，被评估的标的是一种知识产权，亦即多数国家的法律称为"商标权"或"商标专有权"的东西。这在中国法律中称"商标专用权"。

所以，"商标评估"并不是评有关商标作为标识的那些文字或（和）图形设计本身的价值，虽然评估时又不能完全抛开有关标识的文字或（和）图形不问。

当安庆石化腈纶有限公司出价 1.2 万元人民币征集该公司将使用的商标的设计时，人们或许可以认为该图形设计本身值 1.2 万元。[①]但如果该公司真的将有关图形设计确定为其产品的商标，在贸易中

---

① 见《经济日报》1996 年 10 月 28 日第 3 版。

使用，并取得商标注册后，人们把该商标的作价评估为 1.2 万元人民币，该公司是无论如何不会同意这种"低估"的。

在习惯上，很少有文章、评估公司的章程、评估法规等，使用"商标权的评估"这种提法。正像一般称保护版权的法律为"版权法"或"著作权法"，却极少有称保护商标权的法律为"商标权法"。从 20 世纪 80 年代初使用至今的英国 Cornish 的知识产权教科书（已三次再版）书名一直是《专利、商标、版权与其他有关权利》，不言而喻地用"商标"表示实际涉及的"商标权"。① 所以，我们没有必要去咬文嚼字，去"纠正"人们的习惯用法；但我们又必须清楚在评估场合我们讲及"商标"时，实质指的是"商标权"，以免发生误解。就是说，我们真正要评估的，并不是商标权的客体（商标标识），而是商标权本身。这与物权领域十分不同。在物权领域，要评估的往往是客体（物），而不是"物权"（诸如所有权等）。

当然，商标评估，也不像有人认为的那样：仅仅是评估商标的"信誉"。例如，一个刚刚获得注册、尚未付诸使用的商标，很可能谈不上具有什么"信誉"，但它却可以作为转让或许可标的；未经许可使用它，也必然构成侵犯商标专用权；这时的该商标，也能够（并应当）评估出一定价值来。如果一个商标已使用了很久，在评估时自然就难以把它与商誉截然分开了。在这种已使用过的、专有的商标评估中，会有一部分本应属商誉的内容被一道评进去。这里之所以要指出商标与商誉的联系与不同，绝不是想要像有些论述那样错误地将商标称为"标的物"而将商誉称为相应的"标的"。在

---

① 中国现有的行政规章及论著，均习惯称为"商标评估"，参见《中国工商管理研究》1995 年第 4 期欧万雄的文章；《商标通讯》1995 年第 4 期黄晖的文章。国外的论著也是同样的。参见 EIPR1992 年第 5 期 Henry 的文章，及美国 Smith oarr 所著《知识产权与无形资产的评估》一书（1994 年第 2 版）。

商标法领域，作为受保护客体的是商标；在商标评估中，我们评估的标的是商标权（或"商标专用权"）。这本来是清清楚楚的。我们切不可被当前一些貌似创新的"理论"弄得不清不楚了。

就商标评估来讲，至少要注意下面几点。

第一，有关商标是否已经被批准注册。

在 1995 年，中国西南曾有一个商标在上拍卖场（且不说当时商标的拍卖是否合法）时，被评估出的底价上了亿元（人民币）。而拍卖刚一结束，买主就得到了信息：该商标的注册申请已被国家商标局驳回，它根本不具有专用权；而它又绝不是"驰名商标"，即不在依《巴黎公约》可以受保护的未注册商标之列。所以，实际上它可能一文不值。而该地方的评估公司据说确确实实是按照传统经济学公认的"评估公式"估出的该价值。

第二，有关已注册商标是否届满了"无争议期"。

按照《巴黎公约》的要求，在无争议期届满后，除"恶意"获得注册的商标外，不能对已注册商标再提出撤销要求，这个时期在不同国家规定为 2~7 年不等。一般国家则规定为 5 年。就是说，在注册后 5 年内的期间，它随时有可能在异议程序或注册不当程序中被撤销。所以，在相同的条件下，已满该 5 年期的商标与未满该 5 年期的商标，评估出的价值应有较大差距。

第三，有关注册商标是否接近了保护期终点，亦即是否快到了"续展日期"。

接近续展日期的商标存在几个应予考虑的问题。这首先是因为对商标的评估一般都以年平均超额收益值，乘以专有权（中国法称"专用权"）有效年数。例如某商标离续展日尚有 10 年，则乘 10；尚有 1 年或不足 1 年，则乘 1。可见接近续展期与刚刚获得注册（远离续展期）的同一个商标，价值可相差 10 倍！

其次是在续展时，如果行政主管当局发现商标标识中含有注册时虽合法、续展时已属非法的文字、图形，有可能不予续展。主要原因是在这 10 年期内可能恰恰遇上法律的修订。也可能发现该注册商标有连续三年未使用的记录，或其他应予撤销的理由。

最后是，接近续展日期所签的商标转让合同，必须包含由哪一方再去办理续展的规定。此时所签的许可合同，则应有一个许可方若不办续展，造成了注册商标失效，应如何赔偿被许可人损失的条项。否则，按照再严格的公式所评估的商标，买主买下后都可能使自己掉进了一个陷阱。接近续展期的注册商标，其价值具有极大的不稳定性。

下面试举一案例，以进一步说明这个问题。

德马赫公司是比利时一家经营啤酒的公司，过去，它使用 Chimay 商标并获得了注册。1991 年 2 月 10 日，该公司将 Chimay 商标的专有权转让给了同样是经营啤酒的斯克蒙公司，转让合同已依法于 1991 年 7 月 10 日在比荷卢商标局登记（比利时、荷兰、卢森堡三国有统一商标法并由统一商标局管理商标事宜）。

在转让合同登记之前，Chimay 商标的注册已到了续展期。于是德马赫公司仍旧以自己的名义在 1991 年 3 月 5 日办理了续展手续。

1994 年，斯克蒙公司发现德马赫公司将其使用的新商标 Ciney 设计成草书，与 Chimay 非常近似。待到斯克蒙公司打算诉德马赫公司侵权、维护自己的商标权时，才发现 Chimay 商标的注册续展，仍旧是在德马赫的名义下进行的，自己面临着连商标权人都不是的危险。

于是斯克蒙公司向布鲁塞尔商法院起诉：第一，要求德马赫公司停止使用与 Chimay 近似的文字的图案设计；第二，要求就 Chimay 商标的注册续展无效。

1994 年 10 月，比利时布鲁塞尔商法院判决：德马赫公司停止使用与 Chimay 近似的标志；该公司 1991 年 3 月的续展无效。法院指出：按照民法的规定，德马赫公司无权处置自己已经转让给他人的财产权。虽然比荷卢商标法规定了"注册商标权的转让合同，若未经比荷卢商标局登记，不能有效对抗第三方"，但在转让与受让方双方之间，该转让合同仍是有效的；再者，比荷卢商标局作为商标的行政管理机构，不属于"第三方"。因此，即使在转让合同登记之前与实际转让开始之后这段时间里，比荷卢商标局也不应再将德马赫公司视为该公司注册商标的所有人，不应认为它仍有权去办理续展手续。

在看上去已经规定得很细的知识产权各部门法及其实施细则中，仍旧会有不少立法时不可能完全预见到的缺口。精通知识产权法的权利人，在实践中会看到这类缺口并设法弥补它。例如，在受让注册商标之后毫不迟误地去主管机关登记，以防从受让到登记之间出什么岔子。但是，有时再三留意，也难免有疏漏，或者实际上单靠当事人是弥补不了的缺口。例如，周五转让合同签字生效，周六是大周末，只有下周一再去登记，而转让方正在这中间的两天就恶意再行使已不属于他的商标权。事实上，上面这个案件中从转让到登记的期间已经很短，很难料到恰在这中间有个办理续展的问题。这时，就要靠司法（或行政主管）机关对法律的正确解释和应用，来弥补缺口了。

中国商标权（或专利权）受让人、被许可人可以从这一案例中得到借鉴，同时这一案例也值得中国的司法、行政机关参考。

第四，有关商标是否系驰名商标。

驰名商标依照《巴黎公约》、世界贸易组织的知识产权协议及多数国家的商标法，都享有三重特权：（1）如其在某国尚未注册，而有人抢先注册，它可以把抢先者挤出注册簿，自己进去；（2）在只保护注册商标的国家，一般对未注册的驰名商标也予保护；（3）对于已注册的驰名商标，在侵权诉讼中，认定被告的商标与其近似的可能性大，认定被告的有关商品（服务）与其所标商品（服务）类似的可能性也大。在相当一部分国家，即使把驰名商标的类似标识用在非类似商品（服务）上，也可认定为侵权。

这样一来，除了驰名商标在经济上对有关产品及服务的促销作用外，其法律地位的优势也会大大增高它的价值。这就是为什么"可口可乐"等驰名商标被评估为上百亿美元的重要原因。

综上所述，如果是驰名商标，其价自然应高估。中国在合资、贸易转让等活动中，驰名商标作低价甚至不作价的情况一再发生，除了体制上的原因外，主要是评估者对商标价值评估的原则及特点太缺乏认识。

第五，商标评估的常用方法，如前所述，是"超额收益法"。但"双星"（国家认定的驰名商标之一）鞋销路如果比同类旅游鞋好，很难把"超额收益"的功劳全算在"双星"这个商标上。双星集团的管理方式可能高人一筹；其制鞋技术中的 Know-How 可能也加进了可观的价值。所以，这里讲到"超额"收益法，恐怕就不能像有形商品的估价那样，只与同类他人的商品相比。在这里，还要通过"自己与自己比"，来估算这个"超额值"。

二、现有商标评估方法及其缺陷

在开始知识产权保护时间不长、知识产权评估时间更短的中国，现有法规、规章往往要求照搬有形资产的评估方法，全部或基本把这些方法沿用到知识产权评估中来。例如，1994 年颁布的《深圳经济特区无形资产评估管理办法》第 16 条就是如此。

照搬或基本照搬有形资产评估的方法，优点是使知识产权的评估得以开始进行，总比无章可循好一些。缺点是容易使评估机构忽视知识产权不同于有形财产的特点，有可能使评估结果离有关知识产权的实际价值或市场价值均很远，起不到评估的作用，给社会及公众一种"随意性过大"的印象。时间稍长之后，可能使人们怀疑评估结果的可信度。

例如，《中国专利报》1995 年 4 月 12 日第 1 版在"以无形资产作价 1000 万元入股"的大标题下，报道了"杭州东宝电器公司日前在与美资中国制冷控股有限公司的合资中，成功地对'东宝'商标和 19 件专利评估作价 1000 万元人民币入股"。就是说，该商标加上 19 件专利才刚刚评估了 1000 万元人民币。而一年之后，《光明日报》1996 年 9 月 3 日第 4 版上，则报道说："今年 6 月，浙江省品牌无形资产评估中"，"由省工商局、技术监督局……产权评估交易所"联合对浙江企业品牌进行评估，评估结果是，"'东宝'等知名品牌的价值超过亿元"。在不到一年半的时间里，两次对同一商标的评估结果，居然相差 10 倍以上。这就不能不使人觉得有关的评估太没有谱了。

如果延用有形资产评估的既定方法来评估商标，我们且以其中常用的"重置成本法""收益现值法"及"市场比较法"为例，可以看一下会有怎样的结果。

1. 重置成本法

由于"专有"的知识产权，特别是排他性极强的工业产权（商标权在其中），是很难"重置"的。这与有形的房产可以比照另一幢大致相近的已有价的建筑去估价，完全不一样。虽然有人误以为知识产权因有"权利限制"而不成其为专有权，但实际上它的"专有"程度大大高于物权。两个物权的权利主体对两个完全相同的物分别享有所有权是很普遍；而两个商标权人分别就相同商标标识在相同商品上享有专用权的可能性则微乎其微（仅在承认"共同使用"的国家有个别例子）。从这个意义上讲，想找到商标的"重置成本"是困难的。许多现有著述及评估公司，一般把商标标识的设计费、为选定商标而向销售商、专业律师、相关消费者进行咨询的费用、注册申请从始至终费用、广告费及其他促销费等计入成本，来计算商标的价值。

而在实践中，在一个已经闯出牌子的"驰名商标"的价值中，注册申请费之类可以说少到了可忽略不计。至于濒临"倒牌子"的破产企业，在资产清算时，如果使用该商标的商品已经没有销路，则即使该企业曾花费上千万元的广告费，其商标的价值也很难依此成本去计算了。

况且，从"会计法"的角度讲，企业无论在申请注册时，还是在广告宣传时的花费，一般均已经摊入每年的成本之中。如果在为商标估价时再计一次，则这种"两次计价"的方式是否合法，也很值得研究。

2. 收益现值法

收益现值法，指的是把有关商标的有效期内每年的预期收益，以适当的折现率折现，然后累加得出有关商标的现在价值。

依中国《商标法》，注册商标有效期虽为10年，但只要不违法使用、不中断使用，则可能无限续展。这里作为依据的"有效期"，只能是10年，而不可能是无期限。这样问题就来了：一个驰名商标在临近续展前的一年进行评估，从理论上（按收益现值法理论）可能估出的价不如一个刚刚获得注册、有效期还有10年的非驰名商标。但在实践中绝不会有人愿出高价去买那个非驰名商标。原因很简单：驰名商标在市场上的信誉已经建立并且坚实，有可能无限续展下去，从而无限期地为商标权人带来较高收益；虽然其法定有效期只剩了一年。而刚刚注册的商标纵使理论上可将 10 年累加额作为其价值依据，却也有可能在第二年就倒了牌子。

3. 市场比较法

市场比较法，是在市场选择一个或一个以上与有关商标相同或近似（不是指标识图形近似，而是指有关商标所标示的商品或服务近似、商标权主体的条件近似、销售畅阻程度近似，等等）的已有较公认的成交价格的商标，进行对比，估算相应价值。

这种方法更难实行。一是如上所述，商标权的排他性质，使人很难找到近似的标的；二是市场上商标交易（转让、许可等）的信息大都保持在合同当事人之间，一般并不轻易公开。

有人认为上述三种方法若用于商标评估虽都有一定难度，但如果综合起来应用，则是可行的。但实际上，商标之与他人商标不可相同或近似、商标有效期实质上的不确定、有关信息的难以获得等障碍，不是把三者综合起来后就能"互补"的。就是说，无论综合还是不综合这三者，有关的障碍都同样是不可逾越的。

三、更有效的商标评估方法

以有形资产评估方法去评估知识产权，有可能走进死胡同。那么，难道除了一些评估原则（例如：看有关商标是否已注册，是否包含他人的"在先权"而可能专有性差、乃至可能被宣布无效，有关商标是否已经历了确权及侵权诉讼的考验，等），是否能找到一些更适合于商标评估的具体方法呢？下面试介绍两种方法，以供参考和进一步研究。

1. "自己与自己比"——割差法

在一般情况下，以收益现值法去评估企业的整体资产，是较可行的。而以重置成本法去评估企业的有形资产，如上文所述，也是可行的。那么，以前一方法评估出的总额，减去以后一方法评估出的有形资产额得到的差，就应当是企业的无形资产价值了。在这个差中，进一步减去商标之外的无形资产（如商号、版权、专利、商业秘密，等等），就应当是该企业的商标价值了。这样计算虽然也可能仍与实际有距离，但绝不会像前面讲的直接延用有形资产评估方式时，结果会有很大差异。

2. "自己与自己比"——超额收入计算法

同一个企业，在产销同一种产品时，使用某个商标与不使用该商标而使用了其他标识，在实际收入上的差额，是该商标实实在在的价值。这种"差额"不是仅一年的收益差额，在国外一般要累计5年或更长一点。可以是一年之差额乘以5；也可以是按前两三年的收入递增比例，预计以后5年每年可能递增的数额，累计相加。

这种评估商标的方法最精确，可惜不会经常被使用。如中国上海家化厂"美加净"商标，曾在几年里被合资企业压下不用，该厂改用"明星"等商标而收益明显降低，几年后重新使用"美加净"而收益锐增的实例，在实践中并不多见。一旦失去了方知其价值的东西（包括商标），往往是永远失去了。

上海家化厂1989年将其"美加净"商标评估为1385万元人民币，与美国强生公司合资。合资后该商标被压下不用。家化厂的化妆品只好改用"明星"商标。使用后一商标的1993年，该厂销售额为0.6亿元。而1994年该厂出巨资（以放弃合资中部分利润分红方式）收回"美加净"，使1994年销售额一下升为5.2亿元，1995年超过7亿元。在这种"自己与自己比"而比出的差额中，人们不难看到：当初"美加净"被评出的价值，与其实际应有的价值相差数十倍！实实在在是吃了大亏。不过这样一比，倒真的比出了"美加净"的真实价值。

不过，把这种"自己与自己比"的超额收入计算法，稍加改变移用到与本企业相近的企业，则也可以得到较精确的评估结果。所谓"稍加改变"，主要指当另一个使用另外商标稍相同商品的企业虽与自己的收入有较大差额，但自己的"超额收入"中，可能有从别人那里继承过来的顾客名单、有本厂独特的经营方法（均可能构成"商业秘密"），等。需要将这些除去，有关的差额才可以作为反映自己商标价值的评估基础。

此外，在使用这种方法评估商标价值时，最初的设想是把自己的（或相近其他企业的）用于相对比的商标价值设定为"零"。而在实际上，大多数（但不是一切）被用于相对比的商标（无论自己的还是相近企业的），均不可能价值为零。

所以，这样评估下来的商标价值，有可能低于该商标的实际价值。

不过，在自己的被评估的商标特别知名而自己的被用于相对比的商标（或相近企业商标）毫不知名的情况下，例如，在"美加净"之与"明星"相对比的情况下，后者的价值可被视为低到可忽略不计的程度。故这样评估出来的结果，即使在理论上低于应有价值，在实际上却不会离应有价值太远。而在反差并不是特别大的对比场合，则还需进一步以收益现值法，参考被对比的商标现有收益能力，估出大致的价值，与超额收入计算法算出来的数目相加，方才合理。

在进行商标评估时，固然要注意中国《公司法》第 24 条，但应从积极方面去考虑这一条，绝不能从消极方面去适用它。

这一条把成立有限责任公司时，以工业产权作价出资的金额，限制在公司注册资本的 20% 以内。在《公司法》修订（并具体修订第 24 条）之前，这一限额是必须遵守的。

所谓"消极适用"，就是在成立有关公司（多是成立中外合资经营企业）之前，在商标等工业产权的评估中，人为压低评估价格，以期"顺利通过"合资企业合同的审查。其结果是使我们不少很有价值的商标被低价转让。这种损失是极为惨重的。

所谓"积极适用"，讲的是两方面意见。

其一，在合资前的商标评估中，仍按实际情况评出商标价值。如果它大大高于合资企业注册资本的20%，又正是本企业一方作为出资的财产之一，则企业正好可以以"不违法"为理由，引用《公司法》第24条，在合资企业合同谈判中，将持本企业商标只能以"许可使用"方式出资，而不能以"转让"方式出资。否则，出资方式将构成违法，合资企业难以成立。

其二，《公司法》所限定的比例，并不妨碍有关公司在成立之后，商标价值随其经营状况日盛而增值。即使数年后评估结果，该有关商标的价值大大高于公司有形资产及其他资产总额，也不会因此违反《公司法》。

其三，商标评估，也还可以通过一些间接的途径进行，而且未必不及在传统有形财产评估方式下依一大套复杂的公式评出的结果更接近实际。例如，对于股票公开上市的公司，评估其商标价值时，就完全可以与该公司在证券市场上股票的涨落情况（或稳定状况）挂钩。对于已有多次与被许可方达成协议使用其商标的公司，在商标评估时则可以依据其商标许可合同中的使用费最高及最低标准的中间值为主要参考。在商标侵权诉讼中已由法院作出过侵权赔偿判决的公司，则可以将有关赔偿额作为参考，等等。

四、侵权赔偿与商标作价评估的典型案例

1. 侵权赔偿案例

原告北京巴黎大磨坊食品有限公司诉称，原告是大磨坊注册商

标专用权人，该商标核定使用商品为面包。1992 年 10 月，原告与被告北京太阳城商场签订代销协议，约定由被告食品部设代销专柜，负责销售原告的面包。原告向被告供货到 1993 年 4 月下旬后，未再供货，而被告自同年 5 月 11 日起使用"大磨坊"注册商标出售从其他厂家购进的与原告生产的面包外形一样的面包，致使原告的注册商标专用权受到侵害。请求法院判令被告停止侵害，赔偿侵权损失 11 万余元，在报纸上公开赔礼道歉，消除影响。

被告太阳城商场辩称，双方虽有合同约定，但原告所供面包是散装的，每个面包上并没有商标；被告并无侵权的故意，未构成侵权；原告所提赔偿损失数额没有证据，不同意原告的诉讼请求。

北京市中级人民法院经审理查明：1991 年 1 月 10 日，经国家工商管理总局商标局核准，原告取得"大磨坊"商标专用权，核定使用商品是面包。1992 年 10 月，大磨坊公司与被告太阳城商场签订了代销面包协议。协议约定：被告设"大磨坊"专柜出售原告生产的面包。原告必须提供名、优、特、新的注册商标商品。合同签订后，履行期间双方未曾有过纠纷。从 1993 年 4 月 24 日起，原告未再给被告供过货。同年 6 月 8 日，原告代理人前往被告处查看，发现被告为代销原告产品设置的"大磨坊"面包专柜中仍有与大磨坊面包外形一致的面包出售，商品标价签上注明产地：大磨坊。原告遂请北京市崇文区公证处对被告的盒食部主任张新平进行询问并作了现场记录，对专柜陈列的面包拍照，对原告代理人购买"大磨坊"专柜面包等作了三项公证。被告承认自 1993 年 5 月 11 日起，从一个自称是大磨坊公司下属厂家进了与原告出产的面包外形一致的面包，该批面包进价为 765.55 元，获利 111.66 元。原告为取证、起诉支出：公证费 1020 元，诉讼代理费 2000 元，往返租车费 1538.6 元。

上述事实有双方所签协议、公证书、各项收据、发票及当事人陈述等证据在案证实。

北京市中级人民法院认为，原告大磨坊公司依法取得"大磨坊"商标专用权，被核准使用商品为面包。被告太阳城商场未经原告许可，用为原告产品设置的"大磨坊"面包专柜，经销与"大磨坊"面包外形一致的其他厂家面包，足以使消费者混淆不同厂家所生产的面包，导致消费者误购，损害了享有商标专用权的原告的利益，其行为违反了《中华人民共和国商标法》第38条第（1）项的规定，构成了侵权。被告以其无侵权故意，原告所供面包上并未有注册商标的标识，且系散装食品，否认自己有侵权行为的理由不能成立。使用商标的方法，商标权人有选择的自由。原告的起诉证据充分，理由正当，应当支持。对被告侵权行为给原告经济上和商业信誉上造成的损害，依照《中华人民共和国民法通则》第118条关于公民、法人的商标专用权受到侵害的，有权要求停止侵害，消除影响，赔偿损失的规定，应当给予原告适当赔偿。

在这一案中，认定侵权之后，法院就被告自1993年5月11日至10月30日的侵权销售行为，判被告支付一万元人民币"商标信誉损失"。这实际就是认定被告因使用了原告商标、在大约半年时间里给原告造成的实际损失。此外，法院还查实：因使用他人商标，被告进价765元的一批货物，可赢利111元。法院认为这笔非法赢利是基于被告所销售的商品形状与原告相同。似乎不属于商标侵权，而属于不正当竞争范畴。

但实际上，这111元，才正好主要包含冒用了原告商标的主要非法所得。就是说，除去被告进货与售货所花费的劳务及其他成本，再除去不正当使用原告相同商品造型可能获得的利润外，这111元剩下的将主要是使用与不使用原告商标之间可获利的差额。被告的劳务及其他成本是较容易计算的。如果我们把它设定为11元，则所剩为 100 元，这里如何再分，就困难了。如果"大磨坊"系驰名商标，则可以忽略其他因素，将这 100 元全部计为因使用该商标的获利。如果原告在中国有 1000 个分销点，并且均与被告规模相当，则一年平均各进两批货，则因利用商标的纯利润共计 20 万元。

这样估出来的价，仅能大致表示该商标在中国以独占许可形式谈合同的使用费，或至多是在中国转让该商标的价格。而且，要附加许多具体条件（上文所说的"如果""设想"等）。

由于商标权属于地域性很强的知识产权，而国际上的一些经济学家们在估"可口可乐"等商标为 200 亿美元或更多时，并未注意说明这是将该商标在美国转让，还是在世界各国转让的价钱，而这两者之间可以相差一百倍甚至更多。

这些，都不是任何经济学上的"公式"可以得出答案的。

2. **资产评估案例**

由于资产评估公司有义务为客户保密，它提供给笔者资料时，笔者也保证了同样的保密义务。故这里不能指明具体的企业，所用数字也是比照虚拟的。

某企业的整体资产，经使用收益现值法评估为 3 亿元；该企业的有形资产，经使用重置成本法评估为 1.1 亿元。其中差值为 1.9 亿元，应系无形资产。该企业无专利；有技术秘密系依合同按总价 1000 万元引进；该企业的可与商标相分离的商誉（如销售渠道等）估为 2000 万元。此时本应剩余 1.6 亿元。而该企业的商标又系知名商标，本可将其他因素忽略不计，而将其商标评估为 1.6 亿元。但该企业将其中 1000 万元列为"其他无形资产"，而将商标评估为 1.5 亿元。

这个结果比较接近事实。

设想该企业如未空出 1000 万元作为"其他"，日后有人未经许可使用了该企业的产品说明书（或其他东西），该企业如果到法院诉使用者侵犯其说明书的版权（著作权），则将得不到任何赔偿。原因是该企业在原评估自己的无形资产时，已经暗示了该企业的任何文字图形成果（当然包括产品说明书）均一文不值。不经许可使用它们，固然在理论上讲，构成侵犯版权；但从实际上不会给企业造成任何经济损失。那样企业就真的失策了。所以，企业预先扣除该1000元的评估措施，是得当的。

这样的问题，也不是任何评估"公式"能给预见或能够回答的。

第七节　商誉评估

商誉之属于一种知识产权，并应当被评估出一定价值，这是在1988年中国之前与几个国家所签的"投资保护协定"中，已经确认的。当然，《巴黎公约》在20世纪上半叶即已确认。

如果要人给"商誉"下个定义，恐怕会与给知识产权下定义一样难。同时，也会与已有的知识产权定义一样，被"细心"的读者挑出许多毛病。早在1810年，一位西方法官说过一次"大实话"："商誉就是企业给顾客们的商业信誉。"[①]这个定义好像什么也没有解释出来，但又确实是后世认为最恰当的解释。因为后来人们也有过不少求"新"的尝试，结果都不过是在原地兜圈子，反倒没超过百年前的"大实话"。所以，在这里我们也不必去"创新"，只打算像前文界定"知识产权"一样，从商誉的范围上，使读者知道它是什么。

广义的"商誉"必然要把商标及商号也包括在内。因为顾客看

---

① 参见 Crutwell v. Lye 案，载 1810 年《英国判例集》（ER）34 卷，第 129 页。

商品或服务的提供者的商业信誉，首先会看有关的商标及有关厂商、企业的商号。

把商标及商号排除在外之后，商誉至少还包括如下内容。

一、顾客名单或较固定的销售渠道

这种类型的商誉，往往又构成某种商业秘密（或至少与商业秘密的专有权相交叉）。

不能设想已经无销售渠道的企业还能评估得出高价的商誉。而在市场竞争中，尤其在不正当竞争中，经营者都知道固定销售渠道或固定的顾客名单，是能卖出大价钱的，并想方设法去弄到它。

二、商品或服务

提供者所拥有的、具有识别性的营业点（房屋的位置、门面等），乃至其所拥有的电话号码，E-mail 地址，在互联网上的域名，传真号码，等。在北京，灯市东口的全城唯一修理钢笔的营业点，曾具有相当好的信誉。在普及电脑写字之前，那里经常是顾客盈门的。该营业点不足 6 平方米，作为房产可能并不值太高的价，但该营业地点产生的商誉则会相当值钱（如果不是多数人都"换笔"——改用电脑的话）。在北京以服务上乘著称的"利康搬家公司"，其电话号码 64226688 也实实在在地形成了其商誉的一部分。

三、研究与开发状况（R & D）及有关骨干人员的声誉

这种商誉对高科技企业来讲最为明显。例如，北大方正在商业上的信誉或对顾客的吸引力，在相当程度上来源于王选及其同事的研究与开发实力，以及人们对这批人所开发产品的信赖。对这类企业所拥有的"商誉"的评估，在很大程度上是对其技术骨干们声誉的评估。请注意：这里绝不是把这些"人"本身作为"无形"的产权，

而是把其声望作为无形的知识产权。这种知识产权，又与"形象权"有一定联系与交叉。在 1997 年年底，国内有的新闻媒体盛传美国某某公司的总裁作为"人"被评估了多少亿美元！这实际是对商誉评估的一种误解与误传。

商誉的评估，与商标相比，更显得"无固定公式"，也更难掌握。国外一位搞评估的律师曾把企业比作汽车，把商誉比作汽车的"冲量"（momentum）。有时汽车引擎（有形资产）熄火了，汽车本身却仍可借其冲量前进一段距离。这个比喻非常恰当。于是评估商誉的总原则就此产生了：汽车熄火之后，仍可依靠冲量向前行驶的这段距离，正是商誉的实在价值。

国外有些政府文件要求评估商誉时，统一使用一种固定方式：按该企业获得该商誉的年代，在每年利润中提出一定百分比（例如5％）相加，作为商誉带来的"超额收益"。这样，如果某个公司建立了 50 年，其有关商誉已建树了 20 年，则在这 20 年的每年利润中提 5％相加，构成该企业商誉。这种算法至少很难适用于中国一大部分国有企业。它们的产品（或服务）在国内外市场也许确实有较高声誉，但却长期亏损，无利润可言。中国的亏损国有企业，在这里就不可以该国际上的做法为"惯例"了。即不可在出售（转让）自己的含商标或不含商标的商誉时不作价（因为没有"超额收益"），也不可作过低价或作出负价。

在英国 20 世纪 30 年代的一个判例里，法官以商誉的受让方预期受让后第一年应获的利润，作为计算该商誉价值的基础。这等于由买方报价了。[①] 而该判例一直被英国从那时至现在 70 年的实践所认可。这一算法也可以供我们参考。

---

① 参见（1938）22 A.T.C.437。

在商誉评估中，应注意一个重要的（虽然是常识性的）特点：商誉的建树往往是非常缓慢的；而商誉的丧失则可能是非常迅速的。几年前有人曾声言在"百事可乐"饮料中发现了玻璃碴。幸好后来澄清了，并非事实。如设想它真是事实，则百年建树起来的公司商誉，可能一夜化为零。这也就是为什么当香港"维它奶"公司发现其一瓶豆奶中含有有害物质时，立即花大价钱将其已上市的数百万瓶豆奶全部收回销毁——为了维持住公司的商誉。所以，在哪怕是"偶发事件"（其有损某企业商誉）后受让有关商誉的一方，切忌将该商誉按传统方式估价，切忌将其价评估得过高。这一特点（建树缓慢，丧失迅速），在专利、版权等评估中，一般不存在；偶尔存在，也不占突出地位。

第八节　版权"穷竭"及商标与在先权利冲突①

一、版权穷竭问题在欧洲的提起

许多工业化国家订有限制垄断、鼓励与保障商品自由流通的法律，以调整竞争者在竞争中相互间的利益，诸如"反垄断法""不公平竞争法"，等。由于知识产权的体现物在资本主义社会一般以商品形式出现，所以它也存在是否能自由流通的问题。与其他商品不同的是：作为知识产权体现物的商品的概念，反映着产权所有人的"专有权"。"专有"亦即独家占有，它与"垄断"含义相同，却与自由流通相矛盾。所以，除去一般法律之外，有些国家还特别在知识产

---

① 编者注：此节原题为"知识产权的'垄断性'（专有性）与商品的自由流通——权利'穷竭'问题"。

权法及在有关的双边或多边国际协定中作出规定，保证取得专利的工业品及享有版权的作品的复制品（书籍、录音录像制品等）自由流通。这里，专门谈谈一些西方国家版权法中的有关规定。

在版权法中对有版权的商品的自由流通规定得最明确、也最有代表性的国家是德国。它的 1965 年《版权法》第 17 条第（2）项规定："一旦作品的原本或复制品，经有权在本法律适用地域内销售该物品之人同意，通过转让所有权的方式进入了流通领域，则该物品的进一步销售被法律所认可。"这就是说，只要版权所有人曾同意过（在联邦德国境内）出售自己的作品，则以后他就再也无权过问、也无权制止其他人进一步售销他的作品。至于其他人以何种方式、多大数量售销该作品，这种售销权自动地来自版权法第 17 条，而不是来自版权所有人的许可证。这实际上等于版权所有人的专有权在销售领域不再有效。西方法学家们把这种现象称为"专有权的穷竭"（Exhaustion of Exclusive Right）。它很像"进入公有领域的产权不可逆转"的原则。但这两者有本质区别。知识产权一旦进入公有领域，原所有人就丧失了原先享有的一切权利；"专有权的穷竭"仅仅指的是权利所有人在如何销售自己的作品这一点上，丧失了专有权。过去德国、英国及美国的一些法学著作并没有注意把这二者分清楚，致使另一些国家（尤其是法国）的法学家们认为专有权穷竭的原则是不公平的，是无论如何不能接受的。他们问：为什么只要作者同意过销售自己的作品，他就丧失了版权呢？^①

奥地利版权法的有关规定与德国基本相同，只是增加了一个细节，即：如果作者只同意过在某一特定领域销售其作品，则他对于

---

① 这种误解直到 1980 年 5 月赫尔辛基版权问题国际讨论会，才得到较彻底的澄清。

进一步销售的专有权仅在该领域内丧失。[①]

美国 1978 年生效的《版权法》第 106 条第（2）项及第 109（a）条中，也程度不同地作了"专有权穷竭"的规定。

英国的现行版权法对一般作品未作相应规定。英国法学家认为，不规定的原因是再次销售权不应被版权所有人所专有，这是不言而喻的，用不着规定。[②] 但《英国版权法》在第 8 条中，对于灌制音乐唱片的许可证却作了相应规定。一部音乐作品一经作者同意而制成了唱片并投入商品流通领域，作者就无权再反对其他人继续将其制成唱片出售，其他人的行为被法律认可，恰如得到了"法定许可证"（作者无权"不许可"），作者除收取一定版税外，再也无权过问了。不过，后来英国版权修改委员会中已有人提议取消这一条，认为音乐作者因这一条而减少了不少收益，这是不公平的。实际上，英国对"专有权穷竭"原则持有很大保留。不仅如此，它的版权法中倒是专有一条控制国外制成的作品在英国流通的规定，这就是第 16 条第（2）项。它规定，即使作品在其印制国属于合法印制品，但如果它在英国印刷将属于非法，则把这种作品输入英国就构成侵权行为。

法国和比利时的版权法在销售权方面的规定与德国正相反。法国把销售权与复制权同等看待，比利时则更明确地规定版权所有人在权利有效期内可以始终控制销售权。但德国法学家认为，法国、比利时的这种法律条文在实践中行不通，他们自己的版权商品流通的现实已推翻了版权法的规定，因为它们实际上是"自由流通"的。[③]

---

① 参见奥地利 1936 年《版权法》第 16 条第（3）项。

② 参见 *Copinger & Skone James on Copyright*，1980，英文版，第 449~463 页；W.R.Cornish 的 Intellectual Property，1981，英文版，第 384 页。

③ 见 Adolf Dietz，The Copyright Law in the European Community，p.265。

北欧诸国的版权法又是另一种规定，即作者一旦同意出版其作品，销售方面的专用权从此即归出版社所有，所以作者的权利不是丧失到了公有领域中，而是"丧失"（实际是转移）给出版社了。此外，北欧诸国，也有类似于《英国版权法》第 16 条的限制在外国印制的作品在本国流通的规定。

不论西欧各个国家的版权法在销售权上的规定怎样地不同，只要它参加了欧洲经济共同体，它就必须在共同体范围内实行"专有权穷竭"原则和废除限制外国印制作品的流通。因为，欧洲经济共同体《罗马公约》第 85 条和第 86 条规定：参加国不准以任何方式限制商品在共同体国家内自由流通。不仅如此，在与共同体订有自由贸易协定的国家内，共同市场国的版权所有人也不能控制进一步销售其作品的权利。在 1980 年的一起英国阻止葡萄牙（该国与共同体订有自由贸易协定）印制的书籍入口的诉讼案中，共同体法院判英方败诉，法院引证了 1968 年的一则判例，该判例裁定：从一个共同体参加国向另一参加国输入商品，如果在前一国该商品不受专利保护，则即使它在后一国属于专利商品，也不构成对专利权所有人的侵犯。以此类推，版权商品也应同样对待。因此《英国版权法》第 16 条在这里不能适用。

由于共同体国家及与其有自由贸易协定的几个国家所使用的文字差异较大，文字相同的几个国家（如法、比、德、奥）之间竞争者的实力也相差有限。所以一般来说，版权商品的自由流通对权利所有人并没有多大损失。但如果有使用同样文字而竞争力又很强的国家介入，那么"自由流通"就会使较弱的共同体参加国蒙受损失了。从现在看，无论使用法语的北非国家，使用英语的西非、南非及英联邦国家，都还起不到这种作用。较为突出的问题是，美国对英国的威胁。

按照传统，美国出版界占有北美英文书籍市场；英国则占有除加拿大之外的英联邦国家市场；同时两国都有权进入欧洲大陆市场。而现在欧洲大陆存在一个版权商品可以自由流通的共同市场。那么，如果美国将英国版权所有人已同意销售的书籍作"进一步"销售，经荷兰（或法国或其他共同体国家）向英国出口；或英国自己印制的书籍经某个共同体国家被转到美国，后果会怎样呢？前一种情况会使英国出版商失去自己的国内市场，后一种情况会使英国版权所有人在美国的独占许可证的持有人变为有名无实。但这两种情况又都符合共同体内的"自由流通"原则。1980 年 9 月，英国出版商协会曾就此向共同体委员会提交一份备忘录，极力要求在共同体公约中明确规定版权商品的自由流通仅仅适用于共同体范围，要求作出专门规定以阻止美国印制品通过共同体国家自由流入英国及英国印制品不受英国权利人控制而销售到美国。备忘录甚至提出修改共同体公约。

共同体国家的一些法学家也认为，版权的地域性不应被商品自由流通的原则所突破。即使对版权商品的自由流通作了最明确规定的联邦德国，也申明了"自由流通"要受地域限制。按照德国版权法，作者同意其作品在国内流通，并不妨碍他依旧控制在国外销售他的作品的权利。反过来，如果他仅仅同意过在某个外国销售他的作品，则他就仍旧持有在国内销售的专有权，这时如果他在国外的许可证接受人把作品倒过来输入德国，就侵犯了他的专有权。这样看来，共同体公约与德国版权法相比，就存在较多漏洞，致使美国能通过共同市场国占领英国图书市场。不过国际公约的修改总是不太容易的。英国出版商提出的问题，到目前尚未最后得到解决。

二、世界贸易组织有关知识产权权利穷竭的规定

世界贸易组织的《与贸易有关的知识产权协议》第 6 条专门谈到了知识产权的权利穷竭问题（也有人翻译为"权利一次用尽"）。对这个问题，不同国家的法律也会有很不相同的回答，尤其在版权领域是如此。例如，德国法律规定：如果版权人本人，或经版权人同意，将有关作品的复制本投入市场后，这一批复制本随后怎样发行、怎样分售等，权利人都无权再过问了。这也就是说，该权利人所享有的版权中的"发行权"在他行使了一次之后，就不能再行使了，这项权利"穷竭"了，或者说"用尽"了。而在法国、比利时等国，经权利人许可投入市场的复制品，该权利人一直有权控制到"最终使用"者这一层。也就是说在这些国家，版权中的权利永远不会"穷竭"。而对专利权穷竭的问题，多数国家的规定是一致的。正像中国《专利法》第 62 条第（1）项所规定的那样。它指的是：任何专利产品如果经专利权人或他所授权的其他人（如各种许可证持有人）的同意，在一国市场上经销了，那么此后该产品在该国怎样分销、怎样转买转卖等，专利权人就无权过问；从事分销的活动，绝不会构成侵权行为。这项原则的目的在于保证商品在一国地域内自由流通，防止专利权人滥用权利进行垄断。不过，除了在《欧洲专利公约》的成员国及非洲知识产权组织的成员国之间，这条原则一般不适用于跨国的经营。例如，经甲国专利权人同意将产品销到乙国市场后，专利权人仍旧有权控制产品的分销，例如他可以禁止把产品返销回原产地来。

产品使用权的穷竭。经专利权人同意而投放市场的产品在销售之后，该权利人无权控制对产品的使用方式（如把作为起重车出售的专利产品当载重车使用）。当然这里指使用产品本身，如果按该产品复制或仿制新产品，权利人就有权干涉了。

　　与专利权及版权"穷竭"的原则相似，根据一些国家的法律，商标权在一定情况下也会出现穷竭的问题，亦即商标权所有人不能继续行使它在某个或某些方面的专有权。例如，《英国商标法》规定，只要商标所有人或该所有人发出的许可证的注册使用人曾经同意过在某种投放市场的商品上使用他的商标，那么，无论带有这种商标的商品怎样分销和转销，该商标所有人及许可证持有人都是无权控制的。英国的判例法还进一步规定：如果经商标所有人或许可证持有人的同意而将带有其商标的商品销售到国外，他就无权阻止他的国外子公司将同样的商品带着同样的商标再返销回英国。欧洲法院也根据《罗马条约》判定：在共同市场的所有国家中，无论是商标所有人还是他的子公司所生产的商品，只要经他本人或他的被许可人同意而投入某个共同市场成员国，他就无权控制带有其商标的同样商品继续流向任何其他成员国（包括商标所有人所在国）。

　　商标权穷竭的原则，可以防止商标权人滥用自己的权利。例如，可以防止他始终控制商品的分销渠道，即防止他通过商标的专有而把一切带有该商标的商品的零售权统统控制在自己手里。用西方经济法的语言讲，这种控制必然妨碍商品的"自由流通"，因此属于"不公平竞争"手段。当然，如果某个零售商改变了商品的原有性质或形态之后，仍旧不经许可而使用原商标，那商标权所有人就有权干涉了。因为在这种情况下会造成欺骗性后果，故权利"穷竭"的原则就不再适用。商标权的穷竭问题，绝大多数国家都承认在本国还是在国际市场都存在。就是说，都承认合法制作与售出的商品上的商标，不会因再销售或进口，出口而发生"侵犯商标权"。迄今为止，认为商标权不会穷竭、从而对再次销售人或进口人作出侵权判决的司法判例，只在极少数国家能够见到。①

所以，知识产权协议不允许成员国或成员地区在解决它们之间的争辩时，用本协议中的条项去支持或否定权利穷竭问题，以免因本来差距就很大的各成员立法，在有关争端中产生更多的矛盾。

从我个人的观点来看，知识产权权利穷竭与知识产权权利本身一样，都是具有"地域性"的。就专利权与版权来说，权利（例如销售权）在一国的穷竭，并不导致它在国际市场上穷竭。例如，一位中国专利权人许可将其专利产品在中国制造并销售，并不导致他的权利在美国穷竭。如果他在美国也获得了该产品的专利，则该专利权人在中国的被许可人没有获得该权利人许可而在美国销售，肯定会侵犯该权利人的（就同一产品享有的）美国专利。反过来，如果一个美国专利权人在向中国进行有关专利产品的贸易时情况也是同样。中美两国在专利法中都规定了专利权人享有"进口权"，这实际上就是以立法形式承认了权利穷竭的地域性理论。

但是商标权的情况与专利权及版权完全不同。因为商标是把一企业与他企业产品区分开的标志。无论把它用在哪一个国家，均不应改变，否则会使消费者对同一来源的商品产生"不同来源"的误解，不利于市场安定，也不利于商标权人自己。这与商标权的地域性并不冲突。澳大利亚1986年由新南威尔士最高法院作出的一则判例，对这个问题曾作过精辟的分析。

正因为对权利穷竭问题，各国解释的宽窄不一，故世界贸易组织允许各国自行解释。但世界贸易组织所强制性地要求各国为专利授予的"进口权"，实际上已肯定了专利权穷竭的地域性而1996年

---

① 美国曾有过多起这样的判例。意大利在1994年年初，也由一个基层法院判决过这样一起案子。但意大利法学界的总评论是不同意该法院的判决。

年底 WIPO 两个新版权条约未就版权穷竭地域性问题达成协议，至少说明至今各国仍在自行其是。

不过，任何权利一次用尽的前提，均是"经权利人许可"而使用。中国不少人恰恰忽视了这一点。

三、中国的"新"问题——外国已解决多年的问题

1996 年由一则在中国发生的版权与商标权交叉的纠纷而出现的一种似乎"全新"的权利穷竭理论，又反映出在国外已陈旧、在中国则刚露头的问题。

由于问题是从判例引起的，这里应先介绍有关法院判决及行政裁定。

1996 年年末，北京海淀区人民法院就"武松打虎图"版权纠纷一案，判被告山东景阳岗酒厂未经许可将刘继卣创作的图画用作商标，构成侵犯版权，判被告停止侵权并向版权人支付赔偿。1997 年 6 月，北京市第一中级人民法院二审维持了原判。1997 年 2 月，中国国家工商局商标评审委员会终局裁定景阳岗酒厂以"武松打虎图"注册为商标，侵害了版权人的在先版权，应予撤销注册。

这一判决与这一裁决，依中、外商标法及国际条约看，均在情理之中。该两案（版权侵权诉讼案与注册不当撤销请求案）也并不复杂。但在 1997 年年初之后，中国国内却召开了一次对判决与裁决持异议的"研讨会"，杂志上也出现了持异议的文章。这反映出国内在知识产权研究上与国际的实在差距。

案情发生的时间顺序如下。

1954 年，中国画家刘继卣创作连环画册《武松打虎》。1983 年，刘继卣去世。

1973 年，山东景芝酒厂开始以该画册中"武松打虎图"作为商

标使用，并于 1985 年以书面合同形式取得刘继卤版权继承人裴的许可。该厂 1988 年曾申请注册，但地方工商局未予核转（当时中国商标注册实行"核转制"，1993 年后逐步改为"代理制"）。

1980 年，山东景阳岗酒厂开始以同样的"武松打虎图"作为商标使用，并于 1989 年 11 月获得注册，其使用及注册均未获该图版权人许可。

1995 年，景阳岗酒厂在山东诉景芝酒厂侵犯其注册商标权。1996 年，景芝酒厂及裴向国家工商局商标评审委员会以"注册不当"申请撤销景阳岗酒厂的注册商标。同时，裴在北京市海淀区人民法院起诉景阳岗酒厂侵犯"武松打虎图"的版权。

1997 年 2 月，国家工商管理总局商标评审委员会以"侵害他人在先权"，注册不当为由，裁定撤销景阳岗酒厂"武松打虎"图的商标注册。同年 6 月，北京市第一中级人民法院二审判决维持海淀区人民法院 1996 年的原判，即认定景阳岗酒厂侵犯了"武松打虎图"的版权，应停止侵权和负赔偿责任。

现将法院判决详细介绍如下。

1996 年，刘继卤的遗孀裴立等人，在海淀法院起诉景阳岗酒厂侵犯其版权。

北京市海淀区人民法院民事判决认定，景阳岗酒厂未经刘继卤许可，将刘继卤创作的《武松打虎》组画中的第十一幅修改后，作为瓶贴和外包装装潢在其生产的景阳岗陈酿系列白酒上使用，未为刘继卤署名。其行为破坏了该作品的完整性，侵害了刘继卤对其作品依法享有的署名权、使用权和获得报酬权。刘继卤去世后，其著作权中的作品使用权和获得报酬权由其继承人裴、刘享有。故判决："一、本判决生效后 30 日内，被告山东景阳岗酒厂停止在其生产的景阳岗陈酿系列白酒的瓶贴和外包装装潢上使用刘继卤的绘画作品《武松打虎》；二、判决生效后 30 日内，被告山东景阳岗酒厂向原告裴、刘书面赔礼道歉，消除影响（致歉内容需经本院核准）；三、判决生效后 30 日内，被告山东景阳岗酒厂赔偿原告裴立、刘蔷经济损失 20 万元，支付原告裴、刘因诉讼而支出的合理费用 1 万元。"

一审判决后，景阳岗酒厂不服，向本院提起上诉。其上诉理由是："一、其使用刘继卣的《武松打虎》，征得了刘的同意，一审法院未考虑当时的时代背景，以征得刘继卣的同意没有证据为由，不支持被告的主张，这种认定过于简单，不应以现在的法律规范来约束当时的事件。二、根据中国法律规定，权利人应在知道或应当知道自己的权利被侵犯之日起两年内主张权利。本案原告诉被告的侵权行为始于 1980 年，根据《著作权法》规定，该法实施前发生的侵权行为，应按侵权行为发生时的有关规定处理。依据 1985 年中华人民共和国文化部发布的《图书、期刊版权保护试行条例实施细则》第 20 条的规定：'应当得知侵权之日'为侵权行为在版权所有者所在地公开发布之日被告早在 1980 年即以"武松打虎图"作为商标张贴在酒瓶上进行公开销售；1989 年 11 月又将该商标图案予以注册，并予公告，具有公示作用。故原告于 1996 年起诉被告侵犯其著作权已经超过诉讼时效。因此要求二审法院撤销一审判决，驳回原告的诉讼请求。"

被上诉人裴、刘同意原审判决。

北京市第一中级人民法院认为：刘继卣于 1954 年创作了绘画作品《武松打虎》组画。1980 年景阳岗酒厂将《武松打虎》组画中的第十一幅修改后，作为瓶贴和外包装装潢在其生产的景阳岗陈酿系列白酒酒瓶上使用。1989 年景阳岗酒厂将其已修改使用的刘继卣的《武松打虎》组画中的第十一幅申请注册商标，并已取得注册。

1995 年，景阳岗酒厂参加了首届中国酒文化博览会，1995 年 6 月 9 日该厂又在北京人民大会堂举行了"景阳岗陈酿品评会"，两次活动裴、刘均未参加。上诉人称其使用刘继卣《武松打虎》组画时已经征得刘继卣的同意，主要依据的是诉讼后收集的证人证言，但未提供直接证明刘继卣意思表示的证据。

刘继卣于 1983 年去世，裴系刘继卣之妻，刘为刘继卣之女。

景阳岗酒厂向一审法院提交材料载明其在 1982 年后生产的景阳岗陈酿白酒 4007.96 吨，其中向北京销售单位销售景阳岗陈酿精装为每瓶 11.76 元，简装为每瓶 5.96 元。

上述事实有《武松打虎》组画中的第十一幅、人民美术出版社证明信、购买景阳岗庆功酒的发票、景阳岗酒厂商标注册证明、商标争议答辩书、1982 年刘继卣为阳谷县创作的"武松打虎白描图"、律师收费单据、景阳岗酒厂经济指标完成一览表、会计报表、北京人民大会堂举行的"景阳岗陈酿品评会"照片、首届中国酒文化博览会照片及当事人陈述等证据在案佐证。

北京市第一中级人民法院知识产权庭经审理认为：依据中国著作权法的规定，刘继卣系《武松打虎》组画的作者，依法享有该绘画作品的著作权。刘继卣去世后，其妻裴、女刘为其合法继承人，有权继承该作品的使用权和获得报酬权，并有权保护刘继卣对《武松打虎》组画享有的署名权、修改权和作品完整权。

该案上诉主要涉及两个问题，景阳岗酒厂在其酒类产品的瓶贴和装潢上使用《武松打虎》组画是否经过了作者的许可；该案纠纷是否已过诉讼时效。

关于许可的问题，景阳岗酒厂认为其使用《武松打虎》组画是合法使用，但其提供的证据大多是证明该厂在刘继卣生前曾与之有过接触，均不能证明刘继卣当时已经口头许可景阳岗酒厂使用其《武松打虎》组画作为瓶贴和装潢用于景阳岗陈酿酒瓶上。因此其使用经过刘继卣许可的事实依然无法确认。其次，尽管该案涉及一些历史背景，但在有关法律实施后，当事人应依法规范自己的行为。中国《著作权法》规定，使用他人作品应当同著作权人订立合同或者征得著作权人的许可。上诉人在中国著作权法实施后至1996年原审原告起诉时仍未与裴、刘就《武松打虎》组画在其产品上使用进行协商或订立协议，其主观上存在过错。故上诉人关于其合法使用的主张证据不足，法院不予支持。

关于诉讼时效问题，首先，景阳岗酒厂自1980~1996年原告起诉时一直在使用刘继卣的《武松打虎》组画，其行为是连续的，权利人的权利也一直处于被侵害的状态，对此，权利人可以在知道或应当知道自己的权利受到侵害后两年内主张权利。

综上所述，景阳岗酒厂未经刘继卣的许可，将其作品作为瓶贴和装潢使用于景阳岗陈酿酒瓶上，侵犯了著作权人的署名权、修改权、保护作品完整权和获得报酬权等合法权益，应承担相应的法律责任。一审法院认定事实清楚，根据景阳岗酒厂在《著作权法》生效后仍实施侵权行为而适用《著作权法》确定景阳岗酒厂的法律责任，适用法律正确，一审判决结果应予维持。虽然一审判决景阳岗酒厂停止使用刘继卣的作品《武松打虎》组画对其经营确有影响，但景阳岗酒厂仍然可以与著作权人协商取得该作品的使用权。关于赔偿数额，原审法院未从景阳岗酒厂1980年开始使用刘继卣的作品计算赔偿数额，其根据本案的实际情况所确定的赔偿数额是合理的，也应当维持。

根据《中华人民共和国民事诉讼法》第153条第（1）项的规定，北京市第一中级人民法院于1997年6月作出终审判决：驳回上诉，维持一审原判。

四、"武松打虎图"一案问题的提起——国际惯例与中国知识产权保护

中国报刊及政府文件，近年来经常提到"中国在知识产权保护方面用了十几年时间，走完了发达国家一百到二百年才走完的路程"。有的人极不赞成这种提法，斥之为"没有根据"①。但我却认为这种提法不仅符合事实，而且也是中国应当走的路。反倒是那种认为外国人走了一两百年，中国也必须再走一两百年的理论，是不可取的。我们不可关起门来搞"法制"，不可拒绝国外现有的成功经验。

虽然在实践中，没有人会真的一概排斥国际上现有的经验与成例，一切要自己从头做起，但在理论上，出于语言障碍及其他原因，确有人主张一切均不应参考，参照或借鉴国际已有经验——这首先指国际公约，其次是外国法律及案例。几十个国家乃至上百个国家的专家组，在几十年乃至上百年研讨中得出的结论。这些结论之一，就是因商标权与版权相冲突的诉讼案处理引起的一种"全新"的"权利穷竭"理论。

"Exhaustion of Right"原则，是知识产权许多领域中都在法律上及国际公约上存在的一条原则。1982 年，我在国家出版局的《出版参考资料》首次将其为"权利穷竭"。1986 年，又在"通论"用"版权穷竭"为题名。②这一术语后来被许多人沿用。1988 年，中国专利局在解释专利法时，译为"权利一次用尽"。我感到比我的译法更通俗易懂。

在版权领域，它指的是"发行权一次用尽"。就是说，对于经过版权人许可而投放市场的一批享有版权的作品复制品（图书、音

---

① 参见《法学研究》1995 年第 4 期，第 58 页。
② 参见郑成思著《知识产权法通论》，法律出版社 1998 年版，第 128 页。

带等），版权人无权再控制它们的进一步转销、分销等活动。也就是说，获得了发行权许可的被许可人，无论自己如何转销，或通过"分许可证"再许可第三人分销，均无须再度取得版权人许可并支付报酬。版权人的"发行权"使用一次后，就"用尽"了。这一原则至今是多数国家在法律、法理或司法实践中均承认的。只有法国、比利时等少数国家，认为作者有权将作品的复制品一直控制到"最终使用人"，从而不承认"权利穷竭"原则。

在专利领域，该原则表现为"销售权一次用尽"。它在中国专利法中规定得很明确①，毋庸赘言了。外国专利法也有类似规定。

在商标领域，情况也大致相同。该原则指的是：经商标权人许可而将其有效注册商标附贴在商品（或标示在服务）上，有关商品的进一步转销、分销，乃至分销时分包装（分包装时改变了商品的质量者除外），如再加附同样商标，均无须再度获得许可。

这条原则，在承认它的各国法律或司法实践中，本来是清清楚楚的。但由于在国际贸易的大环境下，有的国家认为：许可在一国发行，权利人的发行权并不会在另一国"穷竭"。有的国家则认为：只要权利人已许可发行，则不论在任何国家，他均不应再行使其发行权了。当然，还由于法国等国家根本就不承认这一原则。所以，世界贸易组织在成立时，在《与贸易有关的知识产权协议》（TRIPS协议）中，规定了各国有权"自行其是"②。

如果一个国家承认"权利穷竭"原则，就在立法或（和）执法中，对权利人的知识产权增加了一条"权利限制"。但无论增加什么样的权利限制，都不会剥夺权利人起码的专有权。这些对权利限制的限

---

① 参见《中华人民共和国专利法》1992 年修订文本第 62 条第（1）项。

② 参见 TRIPS 协议第 6 条。

制，就版权领域而言，在《伯尔尼公约》中，在 TRIPS 协议中，均有明文规定。①

综上所述，可知：无论国际条约还是外国法、中国法，在承认"权利穷竭"原则时，均有一个不可缺少的前提：经过权利人许可。未经权利人许可的任何使用，决不会导致权利穷竭。否则，知识产权保护制度就失去了意义。

在 TRIPS 协议中，增加了伯尔尼公约所没有的一项内容，就是把版权与工业产权所各自保护的范围以及与公有领域，在可以区分的限度内尽可能区分开。这就是 TRIPS 协议第 9 条第（2）项所规定的"版权保护应延及表达，而不延及思想，工艺、操作方法或数学概念之类"。在这里"思想"（idea，专利法中有时称"解决方案"）、"工艺"，等，显然属于专利保护范围，"数学概念"显然处于公有领域之中。

TRIPS 协议及现有的一切国际公约，均没有费心去区分版权与商标权的不同范围。因为，从受保护内容讲，这两者是不易混淆的；从受保护客体讲，一部分具有独创性的文字、图案，在作为商标标识使用的同时，因"独创性"符合版权要求而享有版权，是不言而喻的。而专利领域设计方案（或思想）概念的具体细化，就可能走向"表达"。细化到何种程度就享有版权了，有时确实弄不清。这就使一部分人往往因这个"交接点"的不清而混淆了版权与专利的不同保护对象。故国际条约认为有必要作出规定。

在外国法中，还有一种"权利转换"。不了解它的人往往把它误当成"权利穷竭"。实际上，它只是有的国家在一定时期内打算避免"双重保护"而采取的一种法定措施。

---

① 参见 TRIPS 协议第 13 条；《伯尔尼公约》第 9 条等。

　　例如，从 1958~1988 年，在英国法中，对于既能受版权保护，又能受外观设计（工业产权）保护的"工业品外观设计"，规定了经版权人许可，将有关享有版权的外观设计投入工业品的使用超过 50 件的，则有关设计丧失版权，转而受"特别工业版权"保护。

　　在这里要注意三点：第一，版权丧失而转享工业版权的前提，仍旧是"经版权人许可"。决不会因为他人擅自将版权人的作品（例如一幅画）用在工业品上，版权人的原有版权就丧失了！第二，版权转为"工业版权"后，权利人仍旧是原版权人，而不是被许可人或其他人。并不是说：原版权人许可 A 将其图画用在工业品上之后，B 如果也想用在工业品上，就无须取得原版权人许可了。第三，自 1988 年英国新版权法颁布后，这种"转换权利"制度已不复存在。像法国在一百多年前承认了"双重保护"不可避免一样，英国也已承认了这一事实。就是说，英国现行版权法中，一方面，采用"交叉保护"的"外观设计权"；另一方面，承认了"双重保护"的客观存在。

　　这些就是有关国际条约及外国法的情况。为避免在版权与工业产权的关系上（尤其在"版权穷竭"问题上）发生误解或歧义，当然首要的是应具备知识产权保护的常识（如使用他人作品应事先取得许可）。如果能认真阅读一下有关公约及有关外国的法律（乃至中国已有法律），至少有助于减少误解，在议论时减少偏差。

五、版权与工业产权的界线——析一种"穷竭"新论

　　有人经常叹息许多在外国已经解决了的知识产权问题，在中国还远远没有解决。但他们没有注意到："远远"没有解决的原因，正在于我们有的人拒绝借鉴外国现有的经验。如果我们并不是关起门在论道，则国际上对许多问题已有的答案离我们并不"远"。

完全抛开上文中已论述过的国际（乃至国内，如中国专利法）成例于不顾，乃至离开知识产权保护的最基本出发点。针对中国现存大量的以"武松打虎图"等几个案例为典型的商标权与版权冲突的纠纷，中国出现了一种"全新"的"权利穷竭"理论。这种理论只在发达国家一两百年前有过。因为当时的实践还不足以分清双重保护、交叉保护等从现象上看似乎复杂的情况。我们如果不是执意非要再走一两百年的路，本来可以不在这里议论这些现在已经不复杂而且在公约及法律中已经清楚的问题。

这种"穷竭"理论的出发点是：一个享有版权的作品，只要被他人未经许可而当作商标使用，版权人的权利就"穷竭"了。他无权告商标领域的使用者侵权。

这一出发点错在不了解知识产权保护的常识。除了"法定许可"的范围外，任何未经许可的对他人版权作品的使用，决不会使他人的版权穷竭，也不能（或不应）产生出自己的新权利。在"未经许可"的前提下，如果问起版权人的权利"穷竭"于何处？答案在中国只可能是：穷竭于作者死后50年。对这点基本常识，应当说，一审判决"武松打虎图"版权纠纷的法院是清楚的，商标评审委员会也是清楚的。

《伯尔尼公约》第9条在讲到版权人的"复制权"时，强调了"以任何方式或形式"的复制，均应取得版权人许可。1996年年底，新缔结的两个版权条约，重新对此加以复述，正是为了避免有人产生诸如下面的误解，以为将图画印制在图书中，属于版权人控制的复制；将图画印制成商标标识，就不再属于"复制"了。因为依照这种误解，版权人的权利中，相当大一部分就会落空。

当然，就"武松打虎图"一案讲，该图的版权人并非从未许可任何人将其用于酒类商品，但从未许可过被告使用。该版权人的被许可人景芝酒厂，也未向被告发过分许可证。因此，被告无论作为商标还是装潢的使用，均是未经许可的、非法的使用。在讨论中，也曾有人认为：既然版权人已许可一家使用，则另一家虽未经许可使用，也应属合法。这就是说，权利人签了一份许可合同，就等于向全世界签了万份许可合同，任何人均可不再征得许可而使用。如果真的如此，许可合同的签与不签，还有什么意义？

在这里值得指出的是：这种把"合同"产生的"对人权"与知识产权本身的"对世权"相混淆，并认为前者的专有程度高于后者的错误，几乎发生在同样的议论者身上。我在《再论知识产权的概念》一文中已有详述。[①]

版权作品经许可而用到商标领域（或其他工业产权领域），也可能产生版权"穷竭"。如果真的要在"发行权—次用尽"的含义下借用"穷竭"这一术语，并非绝对不可。但此时告诉读者们的应当是另一个故事。

如果"武松打虎图"的版权人许可景芝酒厂当商标使用。该酒厂无论印制成以纸体现的标识，还是在电视等新闻媒体中为做广告而复制，乃至在国际互联网络中为做广告而"上载"（也属一种复制），则均无须再取得版权人许可。因为此时已属商标的正常使用。在这一领域，版权人因已授权（许可），从而版权"穷竭"了。乃至景芝酒厂如果要分许可给另一酒厂也作商标使用，是否需要取得版权人授权，也是可以讨论的。如果版权人许可 A 出版商出版其作品，A 却"分许可"B 出版同一作品，则版权人一般有权过问。对此，有的国家有明文规定，有的国家只在司法中承认版权人仍有权控制这种出版分许可。因此也不排除有的国家认为版权人无权再过问了。

---

① 参见《中国法学》1996 年第 6 期，第 56 页。

在版权作品进入商标使用领域后，被许可人的分许可权如果在合同中无明确规定，应怎样处理，确是可以讨论的。

但中国的"穷竭"新论告诉读者的却是："武松打虎图"的版权人许可景芝酒厂在工业领域使用该图后，其版权对另一未经许可的酒厂（被告）也"穷竭"了！这就背离了知识产权的最基本的原理。

许可一人使用作品之后，其他人再使用均无须再取得许可的情况，只有法律明文规定了的时候才会出现。这就是中国《著作权法》的第 32 条、第 35 条、第 43 条等条项。即使这些条项，有些是由于与中国国有单位（如电台、电视台）同国家某些利益相关而致，有些则规定"但作者声明不得使用的"仍不得使用。即使对这些条项，也在国内外众多反对声中打算逐步缩小，乃至修法时取消。而今天如果有人出来讲，要将这种法定许可扩大到一切工业领域使用版权作品，扩大到与国家利益毫不相干的私人主体，并且版权人无权声明不得使用，等。则国内外瞩目中国知识产权保护的人，真的会感到这种主张落后于世界一两百年了。

所以，如果问起"未经许可而将他人的美术作品用作工商标记而产生的权利属于谁"？答案只能是"答非所问"。因为，未经许可的侵权行为不应产生新的权利。而在事实上，就"武松打虎"图而言，那种本不应产生的权利最终被主管行政机关撤销，则是合理合法的结局。

此外，应提醒人们，在借用"穷竭"原则时还必须明白，一项权利既已"穷竭"，则无论他人如何使用，均不会发生"侵权"问题了。如果一方面告诉读者：未经许可的使用发生在版权已"穷竭"之后（据说，一进入工业产权领域它就"穷竭"了），另外仍旧说"但使用者未经许可毕竟属于侵权"。一方面告诉读者说：一幅图画用作商标"不是著作权意义上的使用"（不侵权），另一方面却又讲：该使用者在版权人依版权的诉讼中应承担侵权责任。这就只能使人感到议论者不知所云了。

美术作品之被用作商标，无论作为标识复制在纸上，作为广告再现在电视上，与美术作品之作为让人欣赏的图画复制在纸上，再现在电视上等，这前后两种复制，均是版权意义的复制，没有什么"质的区别"。如果硬要认定前一种复制不属于版权意义的复制，无异于告诉人们前一种复制并不侵犯版权。

六、知识产权法哲学——作品的"功能"与侵权认定

在中国，"知识产权法哲学"可能是个很新的课题。但当我们阅读了 Keith Maskus 或 G.McFetnidge 等人的著述后，可以知道它是十几年，乃至几十年前国外已建立起的一个学科。在中国，也较少有人谈知识产权法哲学。而 Dietz 等人的著述，往往从洛克·迪卡尔讲起，这种哲学对他们的读者并不陌生。一部知识产权法哲学的书即将译成中文，届时更便于开阔中国读者的视野。[1]

我们现有的著述一旦触及知识产权法哲学，往往倒使人产生更多的疑问。因为，在这种"哲学"中，概念有时是混淆的。有时主体或客体被偷换了。例如前文讲的这种哲学往往与人们讨论，版权人把权利许可给甲后，乙因此而产生的权利（且不说是怎么产生的）应归属于谁，等。

与版权权利"穷竭"新论相关的，是这样一种"哲学"：由于对同一个美术作品，作为欣赏对象来复制和作为商标标识来复制，体现了作品的不同功能。因而，前一种复制，未经许可则侵犯了版权，后一种复制，未经许可则不侵犯版权。我们先不来评论这种哲学本

---

① 该书即 Drahos 所著 *A Philosophy of IP*，英国 Dartmouth 出版社，1996。

身的是非。稍微扩大一下视野，我们就不难看到这种哲学的缺陷。

人的姓名、肖像的"功能"在于去认定一个人。而如果用它去标示商品，则除了在人也是商品的奴隶社会之外，其"功能"也变了。它也具有不同的"使用价值"。法律是不是也不应把未经许可使用他人姓名或肖像为商标均明白无误地列为侵权。

在法国、美国等，音响可以作为商标使用；在有些国家甚至可以注册。在那里，使用现代名人的或未过保护期的音乐作品的片段，作为商品的商标或服务商标（一般表现为"开始曲"）并不罕见。而从来没有人认为音乐的功能是欣赏，所以用作商标（功能变了）则无须取得许可。幸好中国尚没有音响商标。① 否则，不仅美术家，而且作曲家在中国的版权，在上述新哲学下，都将被大打折扣了。

如果了解外国的已有案例，就可知版权与商标权发生冲突，绝不仅在美术作品上。独创的文字本身，如 Exxon，就发生过权利人依版权的起诉。法院在判决中，并没有费心去搞一套"功能"不同的领域不发生侵权的哲学，而是论证 Exxon 本身是否符合"作品"的条件。如果符合，则其商标权权利人打算依版权诉对方，是完全可以胜诉的（在该案中，Exxon 的创作者与商标权人同为一人）。②

仅仅就一案论一案，把眼光缩在只对美术作品中的"武松打虎图"上去进行研究、议论、产生的结果必然是只见树木，不见森林。这种结果不仅可能违反知识产权保护的基本原则，而且可能违反民法的一般常识，如前文所举姓名权之例。

未经许可使用他人作品，除法定的权利限制及合理使用外，即构成侵权。至于作品有两种或两种以上"使用价值"，具有两种或两

---

① 编者注：2013 年《商标法》已经允许声音商标注册了。
② 参见《英国版权判例集》1982 年。

种以上功能（且不说作品的"使用价值"或"功能"本身是否能言之成理）等因素，与认定或否定侵权是风马牛不相及的。

以同一作品的不同"功能"论"穷竭"的害处，除了会体现在前面讲过的商标权与姓名权、肖像权的冲突外，还会体现在版权与肖像权的冲突上。绘制或雕塑乃至拍摄他人肖像的艺术家，均会遇到自己享有的版权与被制作者的肖像权如何协调的问题。因为这两种完全不同的权利同时体现在同一个受保护客体上。在这时，还来不及谈进入另一个领域后如何"穷竭"的问题，而是一创作完成，两种权利即发生了冲突。成功的外国法并未想当然地认为"版权"当然"穷竭"了，也并未去论证肖像作品完成后的"功能"是认定"这一个人"并非"那一个人"！德国版权法规定：肖像权人不能禁止版权人使用作品，却没有规定肖像权人可随意商业性使用该作品。[①]

在商标权与版权的冲突中，特别是承认版权作为对抗商标权的"在先权"地位方面，法国现行商标法是个极明确又合理的典范。[②]

如果真正阅读并研究了外国（民法之典范的法、德两国）的上述两则均已译成了中文的法条，中国有的议论是能够避免根本性失误的。

从印制及使用商标标识、侵犯他人的在先版权的损害赔偿认定看，也与所谓作品的审美功能或识别功能之类没有关系。从赔偿额来看，将他人版权作品印制并用作商标权识，与侵犯他人注册商标权（如印制、使用他人注册商标）相比，额度应当低得多。这也不是由前者注重所谓审美功能，后者则注重识别功能来决定的。而是因为依版权之诉，应以侵犯版权的复制品本身的价值作基础去计算。

---

① 参见 1996 年修订的《德国版权法》第 91 条。

② 参见国家商标局编《中国商标法律法规汇编·法国工业产权篇》，黄晖译，第 688 页。

而在这里,"侵权复制品"是所印制及使用的以纸张或其他物质为载体的标识本身。而只有在商标侵权时,计算基础才不承载被印刷作品的标识本身,而是商标贴附的有关商品。这个界线,倒确实是法院应当注意到的。

讲到计算方法与所谓"功能"哲学无关,还因为,如果按"功能"哲学,转变了功能而导致的权利"穷竭",既然首先使侵权无法成立,自然谈不上侵权赔偿了。所以,在版权既已"穷竭"的前提下,再去谈赔偿额怎样合理或怎样不合理,都是没有根据的。

至于说商标的价值"仅仅在于与未经许可的特定厂商的产品或服务相联系;离开了这些产品或服务,商标就无价值可言"。这种结论有两个致命缺陷。

第一,即使就案论案,也应当向读者讲明事实的全部,而不是有意掩盖一部分。就"武松打虎图"而言,首先把它用在商品上(首先把该商标与商品相联系)的,是经许可使用的景芝酒厂(自 1973 年始使用),而不是未经许可的被告(自 1982 年始使用)。把因使用该图画而产生的工业产权领域的信誉全被归于被告,是不妥的,也才真正是不公平的。

第二,商标并非离开了它所标示的商品或服务就一文不值了。这涉及商标评估的复杂问题。我曾另有详述[①],就不多占篇幅了。这里仅举一例,美国石油公司在起用"Exxon"作商标之前,花费了上亿美元做各种调查、论证,目的是使它不致与任何国家的现有文字相重合,又要有明快感和可识别性。该商标即使创作者不用,而作为商标(而不是文字作品)卖给他人,肯定能卖出钱来,而且会卖出好价钱。卖主在计价时,将把上亿美元事先论证费用计入。买

---

① 参见本书"知识产权评估"部分中的"商标评估"部分。

主虽然可能讨价还价，但决不至于说"因为你还不曾把它与你的石油产品相联系，故一文不值，应当白白送给我"。

第三，我们似还可以再举一例，使读者看到"穷竭"新论的失误。

广告画的绝大多数，以及广告词的一部分，无疑是享有版权的。有的广告画甚至主要以做广告者自己的商品装潢或（和）商标所构成。缺乏"审美功能"的广告画或广告词，在很大程度上失去了意义。而一旦其进入工业产权领域，在广告中发挥起所谓"认知功能"，难道其版权也"穷竭"了？难道出售同一商品的其他厂家就都可以不经许可而使用同样的广告画或广告词？难道过去国内外涉广告画及广告词的众多诉案全都判错了？还是"穷竭"新论者自己弄错了？这确实是个（按我国台湾地区的中文表达）"值得检讨"的问题。如果说，在广告中，"审美"与"认知"两功能是分不开的，那么我们也可以认为凡称为美术作品而被用作商标或装潢，其"审美"与"认知"两功能也在不同程度上是分不开的。否则，厂商为何专门选择名画家（如刘继卣）的绘画作品作商标或商品装潢，而不随意自己乱画几笔去作商标或装潢呢（且后一种行为还可避免任何权利冲突）？

恩格斯在一百多年前的《自然辩证法》中，就告诉人们要承认世界上确实存在的"亦此亦彼"。而我们不少议论至今仍抱定"非此即彼"，"彼与此只相排斥，不能相容"。这样，在论及一作品的诸多使用方式时，不可能不陷入各种困境。哲学，如知识产权法学一样，一百年前的东西，并不需要我们再花一百年去重新建树。但其前提是不能拒绝借鉴国外已有的、被实践证明了是正确的结论。否则，即使前人为我们建树了辩证法的看问题方式，并不妨碍我们回到形而上学，再从头开始所谓"审美"与"认知"功能，在许多以美术品作为商标的标识上，是不可分的，是不相排斥的，它们同时以自己的识别性和美感去吸引消费者。

七、不了解国际上探索百年、业已解决的知识产权权利重叠与交叉问题——国内一些新论失误的直接原因

早在 1986 年，沈阳某啤酒厂正是因为不了解版权与商标权有时可以重叠保护同一个客体，而在美国险些吃了大亏。该厂起先请其在美的独家代销人为其在美国行销的产品设计了商标图案及产品包装装潢。后该厂选用了另一独家代销人。考虑该厂及原代销人均未在美申请有关商标的注册，而且沈阳厂自己才是商标使用人（依美国法的商标合法所有人），故改换代销人后仍旧用原商标、装潢。该原代销人在法院起诉，告沈阳厂侵犯其设计的版权，起诉时要求赔偿 30 万美元，后经院外解决以 3 万美元了事。

该案发生中及发生后，国内知识产权学者在诸多场合告诫国内厂商，在中国当时虽无版权法的情况下，在外国作生意应切实注意同一客体的双重保护问题，以免发生侵权。十多年来，许多企业借鉴了这一经验教训，减少了在国外的侵权纠纷。真不料 10 年之后，企业会重新听到十多年前的"旧论"，告人们不存在双重保护问题，一进入工业产权的使用范围，他人的版权就"穷竭"了。这将在实践中给我们的企业带来真正的危害，使之重蹈沈阳厂十多年前的覆辙。

实际上，利用商标图形或文字所享有的版权，从多侧面防止他人侵权，在早已建立知识产权的国家，不仅是正常的，而且是经常的。[①]

[①] 参见 Lyons，"Copyright in Trademarks"，EIPR 1994 年第 1 期，第 21 页。

权利交叉的问题在知识产权领域比较容易解决。因为一般发生交叉的场合，均有专门法、专门公约或公约中的专门条项作出特别规定。所谓"交叉"一般指采用知识产权不同部门法乃至普通民法中有关的（相交的）部分，对某种客体进行特殊保护。如《集成电路知识产权条约》《印刷字型保护协定》，等等。

双重保护则比较复杂。首先是原告在诉讼中的选择问题。例如，受普通民法姓名权及版权法精神权利中署名权双重保护的艺术家姓名问题。本来，在双重保护的情况下，权利人作为原告，有权选择依什么法主张什么权利（但不能就同一受保护客体主张双重权利、索取两次赔偿，对此，争议是不大的），依法是可以自己决定的。却有一部分议论坚持认为权利人只能按法学者认定的路子去选择。例如，在上海法院 1996 年判的吴冠中诉朵云轩等一案中，虽然中国法、外国法以及世界知识产权组织及联合国教科文组织，都早有明文规定或文字说明，认为可以依版权主张权利。国内至今有议论坚持认为：法院判错了，中外法律都规定错了，两个知识产权国际组织的说明也讲错了，该案只能以侵害姓名权起诉。

现在，我们又遇到几乎相同的情况，只不过改换成了商标权与版权对同一客体的重叠保护。

不太了解历史的人避开了版权与工业产权重叠保护中的"外观设计"问题。其实，在历史上，问题正是从外观设计（而不是商标）开始的。[①]

概括来讲，双重（乃至多重）保护在绝大多数国家知识产权法中，是下面这样处理的。

---

① 参见郑成思著：《版权法》，中国人民大学出版社 1990 年版，第 72~75 页，1997 年修订版，第 63~65 页。

第一，如果双重乃至多重保护适用于同一个客体，而权利主体不同，则法律或司法实践规定了对不同权利人在行使权利时的一定程度限制（而不是断言一方的权利与另一方相遇就"穷竭"了）。

第二，如果双重（或多重）保护中的权利主体是同一个人，则其就同一客体享有双重（或多重）权利。但对某一特定侵权人诉讼时，他只可以选择主张其多重权利之一。这种选择，又并不妨碍他在对另一特定侵权人诉讼时，选择主张自己的另一权利。这种选择是权利人自定的，决不会由司法机关去指定，当然更不会由学者或学者兼被告律师的其他人去指定。同样，该双重（或多重）权利人就对方侵犯其版权起诉而不能胜诉时，并不妨碍他以同一客体就对方侵犯其商标权、商业秘密权、外观设计权或其他工业产权起诉而能够胜诉。本章后面的"国外相关案例"部分中引述的澳大利亚案例是一个典型。因澳大利亚法律承认商标权在经许可使用后，在"世界范围"一次用尽，却又只承认版权中的发行权经许可使用后，仅仅在一国范围用尽（在他国仍旧存在）。所以，同是商标权人与商标图形版权人的厂商，在以主张商标权的诉讼中失败，却在主张版权的诉讼中取胜。

在美国，人们均熟悉的 Altai 一案中，原告诉被告侵害其计算机软件的版权败诉，却又在诉同一被告侵害其同一软件的商业秘密中胜诉。

现在，让我们回到本题上来。

如果版权与商标权保护同一客体，而主体不同、版权在先，则法律（或公约）绝不可能要求前者"穷竭"，绝不可能规定版权人在商标领域签一项许可合同就等于签万项许可合同（不可能规定"法定许可"制度）。原因很简单，与文化领域的书刊报纸及录音制品不同，商标，正如"穷竭"新论者也不讳言的，作用在于"认知"；

两个以上不同主体将同一图画用于同一种商品，即将引起混淆。许可一人作商标用，版权即告"穷竭"，其他人亦均有权不经许可使用，等于鼓励市场上不同主体将相同商标用于相同商品。这是违反商标法基本原理的。从理论上讲，这种主张不合常识；从市场经济的实践上讲，它是非常有害的。

再具体到"武松打虎图"一案。经版权人许可而将该图用作商标的景芝酒厂使用该商标近十年之后，在同一省之中的被告不经许可使用同一图画为商标，商品也是白酒。如果硬要将"善意""公平""正义"这些冠冕堂皇的词汇与被告的行为拉在一起，则只会给读者展现出又一幅极不协调的图画。

第三，按照巴黎公约的商标注册"五年无争议"的规定，以及按照一些国家商标法的相应规定[①]，如果在先注册人虽使用了他人在先权，但系"善意使用"（不知也不可能知他人对某作品享有版权而未经许可使用），并且在先权人在五年之中又虽知其使用而未提出异议，则这样注册的商标权，不再受到在先权的挑战。就是说：如果景阳冈酒厂使用该画时认为它是古人所画，已无版权，又不可能推定其知道作者系刘继卣；同时景阳岗酒厂使用该画并通知版权人（如寄送样品等），版权人当时并未反对，而五年之后又提出"注册不当"。在这种情况下，确实应另当别论了。但该案的事实则是：使用者明知该画享有版权；版权人又明白地书面表示过只许可景芝酒厂将其用作酒类商标装潢。"五年无争议"期限中的"善意"使用人的规定，就很难适用到该案败诉一方头上了。

---

① 例如，《法国知识产权法典》第 714-3 条。

八、国外的相关案例

贝利公司是爱尔兰一家制造露酒的公司。该公司制造的"贝利爱尔兰精英"牌露酒畅销许多国家。该公司为露酒设计了一个商标图案。这个图案以橙色、绿色及棕色为主要底色，上有"贝利自产爱尔兰精英露酒"字样以及一幅农村风景画。贝利公司与许多国家的销售厂家签订了代销合同，并在这些国家就上述商标文字与图形取得了注册专用权，然后许可代销厂家使用其商标。这些国家中包括澳大利亚与荷兰。

太平洋果酒公司是澳大利亚一家产销露酒的公司。该公司并未与贝利公司签订代销合同，但它从贝利公司在荷兰的合法代销人那里"开辟"了货源，即从该荷兰代销人那里进口带有上述商标的贝利公司的露酒，自行在澳大利亚经销。

贝利公司认为太平洋果酒公司的经销行为侵犯了贝利公司的商标权与版权。认为侵犯商标权的理由是：贝利露酒的注册商标在澳大利亚的有权使用人只是贝利公司及其合同约定的代销人；虽然太平洋公司从荷兰进口酒时，酒瓶上即带有贝利露酒在荷兰合法使用的商标，但商标随商品从合法代理人那里转向无权使用人手中后，再度销售该露酒即不应使用原商标。认为侵犯版权的理由是：贝利公司设计的商标图案本身是件艺术作品，贝利公司对该作品享有版权。按照《澳大利亚版权法》第 37 条，进口或分销他人享有版权的艺术作品而未经版权人许可，即构成侵权（侵犯版权中的"发行权"）。① 但太平洋公司认为该公司并未侵犯贝利公司的注册商标权，原因是该公司销售的是真正的贝利公司露酒，并未在太平洋公司自

---

① 澳大利亚、荷兰、爱尔兰都是《保护文学艺术作品伯尔尼公约》及《世界版权公约》的成员国，故爱尔兰公司的作品依法自动在澳大利亚及荷兰受到版权保护。

己的或其他公司的酒上使用贝利公司的商标。而且，太平洋公司也没有自己印制该商标；商标是连同商品一道从荷兰转来的，该商标在荷兰代销人那里的使用既然是合法的，在澳大利亚的"再销售"中使用也是合法的。太平洋公司还认为该公司也没有侵犯贝利公司的版权，因为贝利公司的商标图案是使用在盛酒的瓶子这种工业品上的，应属澳大利亚版权法中工业品外观设计，而不属于一般艺术品。按照《澳大利亚版权法》第 77 条的规定，工业品外观设计只要使用在工业品上，并且该工业品的销售超过了 50 件，该设计的版权即自动消失。贝利公司的露酒瓶投入市场并带有该图案的已远远超过 50 件，故该图案不再享有版权。

1985 年，贝利公司向太平洋公司所在地的澳大利亚新南威尔士最高法院起诉，告后者侵犯其注册商标权与版权，要求法院下达禁令。

1986 年 3 月，澳大利亚新威尔士最高法院作出判决：(1) 太平洋果酒公司的经销活动不构成侵犯贝利公司注册商标权；(2) 太平洋果酒公司的经销活动侵犯了贝利公司商标图案的版权，因此停止太平洋公司的这项经销活动。

法院在判决中写道：由于商标是标明产品来源（生产厂家）的标记，而不是对某一产品永远进行控制的标记，故转销人或分销人使用原商品上所带商标的行为，均不应构成侵犯商标权。由于贝利公司是商标图案的创作者，该图案又并非抄袭品或复制品，故应视为是具有独创性的艺术品。该艺术品本身是作为印刷品贴在瓶上，而不是作为酒瓶的设计图形而创作及使用，故不适用版权法第 77 条对工业品外观设计版权不予保护的规定。

太平洋公司对判决之（2）提出异议，它认为：即使该商标图案可以作为艺术品受版权法保护，该图案已经经过版权人许可而在世界各地作为商标复制和分销了，因此应适用"版权穷竭"原则而免除太平洋公司的侵权责任。对此，法院引用了 1980 年澳大利亚高等法院的一则判例。在该判例中，一个美国的杂志经销人未经澳大利亚杂志版权人许可，将澳大利亚出口到美国经销的杂志返销澳大利亚，被判为侵犯了澳大利亚版权人的发行权。理由是"版权穷竭"原则在版权国际保护中也具有"地域性"。经澳大利亚版权人许可在美国销售的杂志，其进一步分销的发行权只在美国穷竭，而不会在澳大利亚穷竭。同样道理，经贝利公司许可在荷兰销售的露酒上所带的商标图案，其（版权中的）发行权只在荷兰的再度分销中穷竭，不会在澳大利亚穷竭。在澳大利亚，贝利公司仍享有该图案的一切版权。

评析

以商标权与版权互为补充，保护自己在贸易活动中的合法权益及保护自己文学艺术作品的版权，这在国际上是常见的，只是我们对此还比较生疏。在许多国家，当版权法还不保护计算机软件、其他专门法也尚未出现时，许多软件公司就借助商标法保护自己的软件，或借助商号（厂商名称）法来保护自己的软件。因为竞争者虽然可以不经许可复制自己开发的软件，但他们不可以使用自己已经创出的牌子（商标或商号），否则会被自己以侵犯商标权（或商号权）起诉。这是国际上通用的一种保护手段。

实际上，以版权保护自己在贸易中的权益，在中国显得更重要，尤其在中国尚无"不公平竞争法"等应当与商标法配套的法律时。例如，有时听到某两个公司曾经合作产销某种产品，而中途一个公司踢开另一公司独自经营，并抢先把原先合用的商标申请了注册。这时，另一公司确实处于不利地位。它如果改变产品，要另辟生产线及开发新产品，即要增加额外投资；它如果仍产销原产品，又不能再用（可能已经在合用时闯出了牌子的）原有商标，要另闯新牌子。

就是说，无论选择什么路，这个被人耍弄了的公司都仍会在竞争中
处于劣势。但是，版权法提供的保护为这另一公司开辟了第三条出
路。它可以证明原先合用的商标图形是由两家共有版权（或甚至版
权仅属于自己），申请注册的那个公司本无权使用该图案作商标，否
则侵犯了自己的版权。

《知识产权法》之商标法 [*]

第一章　商标法的内容

在分论中讲及知识产权各部门法时，以我国现有法律为主；同时将我国的规定与国际公约及有代表性的外国法作一些对比。无论我国的商标法、专利法，还是版权法，都是改革开放的产物。在立法过程中都各参考了几十个国家的已有法律及相关公约。

第一节　商标权的主体与客体

一、商标权的主体

在不同国家，依照商标权获得的不同途径，商标权的主体可能是经使用而取得专有权的人，也可能是经注册取得专有权的人。

根据我国商标法的规定：经过商标注册申请而获批准后，商标权方才产生。所以，在我国可以成为商标权主体的，首先是有资格

---

　　* 编者注：该部分内容选自郑成思著：高等学校法学教材《知识产权法》（第二版），法律出版社 2003 年版；第 169~183 页。

申请商标注册的人。

我国商标法原先规定，在我国，商标注册的申请人，必须是依法登记、并能够独立承担民事责任的企业、个体工商户或具有法人资格的事业单位，以及作为《巴黎公约》成员国或与我国有商标保护双边协定的其他国家的外国人或外国企业。经 2001 年对《商标法》修正后，对商标权的主体几乎没有了限制。

此外，由于我国商标法允许商标专有权的转让，因此商标权的主体，除有权申请并获得商标注册的人，还可能是商标权转让活动中的受让人。而在那些不允许商标权转让的国家，商标权的主体就只能是商标注册人。世界贸易组织产生后，不允许转让商标权的国家会越来越少。

由于商标权可以合法转让，所以商标权的主体除注册商标的所有人（我国法律称"注册商标的专用权人"）之外，还有注册商标的转让中的受让人。与我国的专利法及版权法相同，我国 2001 年后的《商标法》规定了法人之外的"其他组织"（"非法人团体"）可以成为商标权的主体。

二、商标权的客体

（编者注：此部分的内容与《知识产权论》之商标法的第三节内容相同，故此处略。）

三、我国商标法中的受保护客体

我国 1982 年《商标法》，只为商品商标提供注册保护。由于近年来我国实行改革开放政策，商品经济得到了发展，第三产业（尤其是服务业）不断扩大，客观上已提出扩大商标法保护客体的要求。早在 1993 年修订《商标法》时，已增加了对证明商标、集体商标及服务商标的注册。

目前，依我国法律可以作为商标权客体的商品商标，应当是文字、图形或其结合、或立体造型，且具有显著特征，便于识别。这是现行商标法明文规定的，这一规定表明了这样几个问题。

（1）作为我国商标权客体的，不能是"音响商标""气味商标"等不具有文字或图形内容的商标。国外以特殊音响、特殊香味作为某种特定商品的"商标"，并不罕见。但这种商标如申请注册，一般也不被接受。目前只有法国等少数国家接受音响商标的注册。

（2）没有显著特征，不便于识别的文字、图形或其组合，也不能作为商标取得注册保护。"显著性"或"识别性"，是商标注册实质审查中的主要内容。为它定出一条"一刀切"的标准是困难的。针对不同商品，商标的识别性标准可能很不一样。但有一点是肯定的：可获得注册的商标，必须能够把注册企业的商品与其他企业的相同或类似商品区分开。这是商标应有的基本功能。如果这一点作不到，就失去了商标专有权的意义。例如，以"沙发"作为弹簧软靠椅商品的商标，肯定不具有识别性。因为"沙发"这个外来语，已经成为软靠椅的通用名称，无法以它来区别任何两个不同厂家的同样商品了。

由于我国在改革开放前，市场经济不很发达，商标的作用不十分明显，故许多人往往把商品装潢与商标混同。商标有时可能构成商品装潢的一部分，但也有时与装潢明显分开。在我国，许多商品上或商品包装上的装潢设计，往往比商标的文字、图形占有更大的面积、更显著的地位。而装潢，在我国的绝大多数商品上并不能作为商标受到保护，因此不构成商标权的客体。作为例外的，是我国工商行政主管部门于 1986 年后，批准的一批名优酒类商品厂家，可就其瓶贴（装潢）与原有商标一并获得注册，成为商标权客体。例如，茅台酒这种商品上，作为商标权客体的已不仅仅是"金轮"商标或"飞天"商标，而且包括了整个白地红字的"茅台酒"几个大字的装潢设计。这是我国在尚未制定全面的禁止不正当竞争法之前，对商标保护的一种补充措施，是本来并非商标权客体而成为客体的一种特殊情况。

在我国《商标法》的2001年修正条文中，对于什么可以作为商标申请注册，什么样的文字、图形及立体造型不能作为商标使用，都作出了明确规定。这包括：

第八条 任何能够将自然人、法人或者其他组织的商品与他人的商品区别开的可视性标志，包括文字、图形、字母、数字、三维标志和颜色组合，以及上述要素的组合，均可以作为商标申请注册。

第九条 申请注册的商标，应当有显著特征，便于识别，并不得与他人在先取得的合法权利相冲突。

第十条 下列标志不得作为商标使用：

（一）同中华人民共和国的国家名称、国旗、国徽、军旗、勋章相同或者近似的，以及同中央国家机关所在地特定地点的名称或者标志性建筑物的名称、图形相同的；

（二）同外国的国家名称、国旗、国徽、军旗相同或者近似的，但该国政府同意的除外；

（三）同政府间国际组织的名称、旗帜、徽记相同或者近似的，但经该组织同意或者不易误导公众的除外；

（四）与表明实施控制、予以保证的官方标志、检验印记相同或者近似的，但经授权的除外；

（五）同'红十字'、'红新月'的名称、标志相同或者近似的；

（六）带有民族歧视性的；

（七）夸大宣传并带有欺骗性的；

（八）有害于社会主义道德风尚或者有其他不良影响的。

县级以上行政区划的地名或者公众知晓的外国地名，不得作为商标。但是，地名具有其他含义或者作为集体商标、证明商标组成部分的除外；已经注册的使用地名的商标继续有效。

第十一条 下列标志不得作为商标注册：

（一）仅有本商品的通用名称、图形、型号的；

（二）仅仅直接表示商品的质量、主要原料、功能、用途、重量、数量及其他特点的；

（三）缺乏显著特征的。

前项所列标志经过使用取得显著特征，并便于识别的，可以作为商标注册。

第十二条 以三维标志申请注册商标的，仅由商品自身的性质产生的形状、为获得技术效果而需有的商品形状或者使商品具有实质性价值的形状，不得注册。

第十三条 就相同或者类似商品申请注册的商标是复制、模仿或者翻译他人未在中国注册的驰名商标，容易导致混淆的，不予注册并禁止使用。

就不相同或者不相类似商品申请注册的商标是复制、模仿或者翻译他人已经在中国注册的驰名商标，误导公众，致使该驰名商标注册人的利益可能受到损害的，不予注册并禁止使用。"

对禁用的文字、图形，也有一定的例外。例如，商标法规定，在以前，已经由商标局批准，作为商标获得注册的有关地名，仍旧可使用下去（例如天津生产的"北京"牌电视机）。此外，一些驰名商标，过去已获注册，虽被列在上述禁例中，也仍可使用。例如"五粮液"酒，即以"主要原料"标示产品名称，目前也仍在作为注册商标使用。

第二节　商标权的灭失

在我国，注册商标的有效期是 10 年，自注册申请被批准之日算起。10 年届满如果没有申请续展，则商标的注册将被注销，商标权（我国法律称"商标专用权"）灭失。如果按时申请了续展并获批准，则可获又一个 10 年的续展有效期。而且，每次到期可再申请续展，续展次数不受限制。

"按期"续展，指每 10 年届满前 6 个月到届满后 6 个月，实际有一年的时间办理续展手续。获续展的有效期从上一届有效期满的第二天算起。

商标权如果未按时续展，依我国法律没有"恢复程序"。就是说，不像专利年费未按时缴纳而丧失专利权那样，可以恢复。

这样看来，商标权的所有人即使委托了商标代理人代办一切事宜，自己也应在续展期到来时加以注意。否则，代理人的疏忽可以导致自己永远丧失有关的注册商标专用权。

我国商标法与多数国家商标法一样，规定了"使用要求"。就是说，注册商标所有人如果连续 3 年停止使用自己的商标，就可能被商标局撤销注册（也可能在警告之后，仍不使用而被撤销注册）。使用，在这里指在贸易中使用，包括在广告中、商业展览中使用，也包括由许可证合同的被许可人使用。但一切"使用"必须是在中国（大陆）地域内的使用。同一个商标在美国的使用，不能避免其在中国因不使用而被撤销注册。

因违反《商标法》中有关注册商标的使用规定而可能被撤销注册的情况还有：

（1）商标权人或注册商标的被许可人不能保证商品或服务的质量，构成对消费者欺骗的；

（2）自行改变注册商标的文字、图形或其组合的；

（3）自行改变注册商标的注册人名义、地址或其他注册事项的；

（4）自行转让注册商标的（未按规定向商标局申请并获准即行转让）。

这里对第一种情况有必要再作些说明。

注册商标未必代表商品的高质量；但应当代表商品的恒定质量。如果有关商品质量下降而所用的注册商标依旧，必然构成对消费者的欺骗。有一种错误看法，认为一旦商标使用人的行为构成对消费者的欺骗，就应转由消费者权益保护法去调整，与商标法无关了。

事实上，商标法、消费者权益保护法、反不正当竞争法的立法目的，有一个共同点，即保护消费者权益，只是每个法的侧重点不同。对此，美国的案例及专论在 1933 年、德国学者在 1977 年、世界知识产权组织在 1983 年、澳大利亚学者在 1992 年、英国学者在 1993 年，均有过详细的论述。[①]

在多数场合，要消费者因自己购买的商品质量下降去诉商标所有人，是不切实际的。只是在单独的消费者所购商品的价格较高等特殊场合，才有这种可能性。而如果由于分散的消费者难以（或不愿）去诉提供商品的欺骗者而听任欺骗行为继续，必然进一步损害消费者的利益。在这种情况下，由行政管理机关依职权主动查处，或（例如在"反向假冒商标"的情况下）由守法使用商标的其他权利人通

---

① 参见哈佛大学出版社 1933 年出版的《垄断竞争的理论》一书；IIC 1977 年第 3 期施利克的文章《欧共体反不正当竞争法的沿革及现状》；世界知识产权组织 1983 年出版物《工业产权法在保护消费者方面的作用》；《亚洲知识产权杂志》1992 年第 3 期彭道敦的文章《实行对消费者的保护——关键是商标法的执法》；《欧洲知识产权》月刊 1993 年第 11 期森达斯等人的文章《消费者的商标——基于商品来源与质量的保护》。

过侵权诉讼，既维护自己的权利，又打击了欺骗者，从而维护了消费者的权益，不仅在实践上可行，在法理上也完全说得通。

因此，包括我国在内的大多数国家的商标法，都有条文规定，对以欺骗消费者为目的的"商标使用"，可由主管机关依职权查处，包括实行撤销有关注册这种处罚。

依照 2001 年修正后的《商标法》第 41 条，取得注册也会导致商标权的灭失。这至少包括以下几种：

（1）已经注册的商标，违反《商标法》第 10 条、第 11 条、第 12 条规定的，或者是以欺骗手段或者其他不正当手段取得注册的，由商标局撤销该注册商标；其他单位或者个人可以请求商标评审委员会裁定撤销该注册商标。

（2）已经注册的商标，违反《商标法》第 13 条、第 15 条、第 16 条、第 31 条规定的，自商标注册之日起 5 年内，商标所有人或者利害关系人可以请求商标评审委员会裁定撤销该注册商标。对恶意注册的，驰名商标所有人不受 5 年的时间限制。

其中 2001 年《商标法》修正文本第 10~13 条在前面已经引述过。第 15 条讲的是：未经授权，代理人或者代表人以自己的名义将被代理人或者被代表人的商标进行注册，被代理人或者被代表人提出异议的，不予注册并禁止使用。第 16 条讲的是：商标中有商品的地理标志，而该商品并非来源于该标志所标示的地区，误导公众的，不予注册并禁止使用；但是，已经善意取得注册的继续有效。第 31 条讲的是：申请商标注册不得损害他人现有的在先权利，也不得以不正当手段抢先注册他人已经使用并有一定影响的商标。

第三节　侵权与制裁

一、商标侵权的概念

根据我国现行商标法及商标法实施条例，构成商标侵权的，至少包括下列行为：

（1）未经商标注册人的许可，在同一种商品或者类似商品上使用与其注册商标相同或者近似的商标的；

（2）销售侵犯注册商标专用权的商品的；

（3）伪造、擅自制造他人注册商标标识或者销售伪造、擅自制造的注册商标标识的；

（4）未经商标注册人同意，更换其注册商标并将该更换商标的商品又投入市场的；

（5）给他人的注册商标专用权造成其他损害的。

2002年修改后的《商标法实施条例》，对上面第5种行为作了列举式说明，即"1.在同一种或者类似商品上，将与他人注册商标相同或者近似的标志作为商品名称或者商品装潢使用，误导公众的；2.故意为侵犯他人注册商标专用权行为提供仓储、运输、邮寄、隐匿等便利条件的"。

上述商标条例列举的行为，亦即国际上通称的"共同侵权"（Contributory Infringement）。在我国专利法中，对此均未作明确规定，故法院在遇到有共同侵权人的纠纷时，往往感到无法可依。从这个角度看，我国商标法实施条例的规定要更先进些。

至于侵权认定的标准，则应单独进行讨论。商标权也与专利权一样，是一种经行政批准方才产生的民事权利。按理说，申请商标注册时，申请人要明白无误地提交希望获专用权的文字、图形或二者的组合。应当认为，在认定或否定侵权时，有着同专利一样的客观性及确定性。但是国际条约及大多数国家的商标法，却偏偏明文划出了一个"模糊区"。正像我国《商标法》的规定，有关的国际条约及各国商标法，都不仅仅把未经许可使用他人相同注册标识于同种商品或服务，视为侵权，而且把使用他人的"近似"标识于"类似"商标或服务，也视为侵权。

有人也许说，这种"近似"的"模糊区"，在专利领域也存在。例如，使用了与"权利要求书"中的技术特征"等同"的技术，同样将视为侵权。不过，商标领域的近似标识与专利领域的等同技术至少有两点明显的实质性差异。

（1）注册商标权人虽有权禁止他人使用近似标识，但自己却无权使用或许可他人使用该近似标识，否则会违反《商标法》，从而会因"自行改变注册商标的文字、图形或者其组合"，被行政主管机关处罚。他的这项专有权的"禁"与"行"两方面，是不一致的。而专利权人在禁止其他人使用等同技术的同时，自己却有权使用，也有权许可他人使用。他的这项专有权的"禁"与"行"两方面是一致的。

（2）两个标识在市场上的近似与否，要看是否会在公众中引起混淆。在这里，公众的不确定性是十分明显的。首先是在多少人当中未引起混淆方可认定在公众中未引起混淆；某标识如果在一部分公众中引起了混淆，在另一部分中却没有，则应以哪一部分人的判断为准？在专利领域看两项技术是否等同，至少还有"同一领域"中具有中等水平的"技术人员"两重限定。虽然选择"技术人员"有主观因素，但"两重限定"本身仍旧是客观的。这总比统统甩给"公众"去判断，要有更高的确定性。例如，三个"I"按 60 度角三向排列，与三个菱形四边形按 60 度角排，两个图形是否"近似"？

我曾在一次课堂上问及学员们,这些"公众"几乎一致说"不近似"。但德国恰恰判定过日本的"三菱"商标与德国的"奔驰"商标近似!

为了在实践中删除"近似"与"类似"这两个模糊区,许多国家的商标法为申请人提供了"联合商标"与"防御商标"两种特殊注册。前一种注册指的是:申请人将与其"主商标"近似或可能近似的一切标识,都申请注册。其注册目的(除主商标外)不是为了自己使用,而是为了禁止他人使用。后一种注册指的是:把同一个标识在一切类似或可能类似的商品及服务上统统申请注册,其目的也不是为了在所有这些商品及服务上都用其专有的标识,而是为了禁止他人在这些商品及服务上使用。这样一注册,到侵权纠纷发生时,行政执法机关或法院,就不再有"模糊区"的烦恼了,即无须先去认定"近似"或"类似"与否,而可以直接按注册范围认定侵权了。

不过,如果大家都这样广泛地"注册而不使用",就又会与我国《商标法》及大多数国家商标法中均有的"使用要求"相冲突。所以,"联合商标"与"防御商标"一般只允许被认定为"驰名商标"的标识去注册。

那么,怎样认定"驰名商标"呢?巴黎公约中基本没有;TRIPS 协议中指出:要看它在"有关公众"中的被知晓程度。这一下,不仅把我们又推回到"公众"中去,还附加了一个更缺乏确定性的"知晓程度"。况且,"驰名"与否,是个变动着的因素。昨日尚不驰名,一夜而驰名者并不是没有的。曾多年驰名而又销声匿迹者也有之。我们绕出了一个不确定区,却走入了另一个更不确定区。在1995 年年初的中美知识产权谈判时,仅仅对"有关公众"的地域标准,就争论多日而无结论。"国际保护工业产权联盟"则在其 1995 年加拿大年会第 127 题中，提出更多的有关"公众"的"模糊区"。[①]

况且，世界贸易组织的"知识产权协议"，已经进一步把"类似"这个"模糊区"扩大到了一切"不类似"的商品或服务。[②]这对驰名商标的保护更有力了，对消费者也更有益了，当然，对侵权的认定也更加不容易了。

2001 年我国修正《商标法》后，举出了一些可行的认定驰名商标的标准，即：（1）相关公众对该商标的知晓程度；（2）该商标使用的持续时间；（3）该商标的任何宣传工作的持续时间、程度和地理范围；（4）该商标作为驰名商标受保护的记录；（5）该商标驰名的其他因素。

在商标领域，侵权的认定与否定还有一点是与专利领域大相径庭的。这就是：在注册申请人的"权利要求"（提交的注册标识）范围内，权利人决不会因为自己行使了行政主管机关批给他的专用权而侵犯了他人的商标权（"不当注册"情况除外）。而在专利领域，专利权人如果获得的是一项"从属专利"（世界贸易组织的"知识产权协议"称为"第二专利"的），则他确有可能因行使了"自己的"专利权而侵犯了他人的专利权。这样看来，在不超出商标与专利两个领域的"权利要求书"书面范围的情况下，商标权人的"禁"与"行"两种权利这时是一致的，专利权人这两方面的权利有时反倒不一致了。

在我国（以及许多国家）的商标法中，何谓商标权与何谓侵权，是规定在相同的条项中的。[③]而专利法，则把何谓专利权及何谓侵权

---

① 参见 AIPPI，1995 年蒙特利尔第 36 届年会报告。
② 参见 TRIPS 协议第 16 条第（3）项。
③ 参见我国《商标法》第七章。

在前后不同条项中分别作出规定。^①从法理上分析，商标法中有关专有权及侵犯专有权的规定是一致的。而专利法与著作权法中，如果后面找得到对某一类侵权的制裁，在前面却找不到这种"权"是什么，就会让人感到不一致。而这种"不一致"却确实存在着。

在专利法中，这就是第 58 条前半部分对"假冒"的规定。《专利法》第 11 条所规定的专有权包括：使用权、销售权、许诺销售权、制造权、进口权。这里的"使用"，似乎不包含商标法意义上的"在广告中使用"。但如果某人在广告中宣称自己的产品是使用某某专利制造的，而该专利事实上属于另一人所有；宣称者又并没有真的使用该专利，不过是骗骗人而已。这很难确认侵犯了该专利权人的"使用权"。专利权人在这种情况下可能有权依专利法诉前者从另一个角度侵害了自己的权利。但如果前者"抬起扛"来问一句：侵犯了你的哪项权利？这就不是一个从法律条文中容易找到答案的问题了。

在版权领域，民法学家们也常常在我国 2001 年修正后的《著作权法》第 47 条第（7）项中提出类似的问题。

但无论《专利法》第 58 条还是《著作权法》第 47 条第（7）项，又都是不少国家的已有成例，并非中国立法者的杜撰。那么，应当如何回答假冒者（假冒他人专利名称卖自己的产品或假冒名画家之名卖自己的假画）可能提出及民法学者已经提出的问题呢？我想，可以联系商标法中的禁止假冒去解释。

从总的原则上讲，专利法与版权法重在保护权利人的专有权，有时涉及保护公众的利益；商标法从保护权利人的专有权出发，在大多数情况下同时涉及保护公众利益。但商标权人也有极特殊的时候，其利益受到损害，损害者却未必同时侵害了公众利益。例如，

---

① 参见我国《专利法》第一章第 11 条与第七章。

2001 年《商标法》中增加的禁止"反向假冒"的规定。

北京的撕去他人不驰名的枫叶商标，将他人产品挂上自己的驰名商标去卖的那场纠纷。受损害厂家在中国商标法中找不到任何起诉依据，却可以从专利法中找到"仿制"，在著作权法中找到"抄袭"。其实，"抄袭"与"仿制"，都是某种类型的"反向假冒"。"假冒"，是拿了别人的牌子去卖自己的东西；"反向假冒"，则是以自己的牌子去卖别人的东西。较发达的商标法中，是可以从反"假冒"条项中解释出反"反向假冒"的，例如《美国兰哈姆法》第 43 条第（a）项。菲律宾也从其商标法中作出同样的解释。而在发达的专利法及著作权法中，则同样应从反"仿制"与"抄袭"中，解释出反"反向仿制"及"反向抄袭"，亦即反"假冒。"[1]

如果有兴趣的研究者，结合市场经济，把知识产权中这些不同专有权的侵权认定，从法理与实践上加以深入研究，可以看到更多的合理的"权"与"侵权"的表面上的不一致。这正像我国的 1982年之前与 1979 年之后，旧的《商标管理条例》对注册人不产生任何权利；新的可以产生出商标权的商标法又尚未出台，《刑法》则在第 127 条明文写上了对侵犯商标权的直接责任者如何惩罚了！这种"依刑法而产生的民事权利"，不仅在我国古代曾长期存在过，而且在现代国外知识产权法中也有成例。[2]

二、对商标侵权的制裁

按照我国 2001 年修正前的《商标法》的规定，遇到商标侵权，任何人均可以向侵权人所在地或者侵权行为地县级以上工商行政

---

① 参见德国、英国版权法及我国著作权法。
② 参见英国 1958 年《表演者权保护法》。

管理机关控告或者检举。"任何人"也包括被侵权人之外的其他人。就是说，即使没有被侵权人主张权利，行政主管机关也可以依职权查处。正如上文所说，这主要因为商标侵权除了侵害权利人的利益外，往往也侵害消费者的利益，扰乱了市场的正常秩序。对于侵权行为，工商行政管理机关可以采取下列措施：（1）责令立即停止销售侵权物品；（2）收缴并销毁侵权商标标识；（3）消除现存商品上的侵权商标；（4）收缴直接专用于商标侵权的模具、印版和其他作案工具；（5）在采取前四项措施不足以制止侵权行为的情况下（或商标与商品难以分离），责令监督销毁侵权物品；（6）对侵权尚未构成犯罪的，可处以非法经营额50%以下或者侵权所获利润5倍以下的行政罚项；（7）对侵权单位的直接责任人员，可处以1万元以下的行政罚项；（8）责令侵权人向被侵权人赔偿损失。

2001年修正之后，增强了行政机关的执法力度。人们反倒认为这种修改"代表了我国民事立法的方向"①，这说明商标领域的行政制裁在我国现阶段还确是必不可少的。法中所增强的行政机关的执法权力的内容主要是：县级以上工商行政管理部门根据已经取得的违法嫌疑证据或者举报，对涉嫌侵犯他人注册商标专用权的行为进行查处时，可以行使下列职权：（1）询问有关当事人，调查与侵犯他人注册商标专用权有关的情况；（2）查阅、复制当事人与侵权活动有关的合同、发票、账簿以及其他有关资料；（3）对当事人涉嫌从事侵犯他人注册商标专用权活动的场所实施现场检查；（4）检查与侵权活动有关的物品；对有证据证明是侵犯他人注册商标专用权的物品，可以查封或者扣押。工商行政管理部门依法行使前项规定

① 参见《中华商标》2002年第8期，第7页。

的职权时，当事人应当予以协助、配合，不得拒绝、阻挠。

同时，2001 年的修正之后的《商标法》在法院的权力方面，乃至对原有的民事诉讼法，均有所突破；对侵权制裁的实体内容，也有极其重要的增加。这主要是：

第一，具体规定了侵权赔偿的计算，亦即第 56 条：

侵犯商标专用权的赔偿数额，为侵权人在侵权期间因侵权所获得的利益，或者被侵权人在被侵权期间因被侵权所受到的损失，包括被侵权人为制止侵权行为所支付的合理开支。

前项所称侵权人因侵权所得利益，或者被侵权人因被侵权所受损失难以确定的，由人民法院根据侵权行为的情节判决给予 50 万元以下的赔偿。

销售不知道是侵犯注册商标专用权的商品，能证明该商品是自己合法取得的并说明提供者的，不承担赔偿责任。

第二，诉前证据保全、诉前财产保全制度。亦即第 57 条、第 58 条：

商标注册人或者利害关系人有证据证明他人正在实施或者即将实施侵犯其注册商标专用权的行为，如不及时制止，将会使其合法权益受到难以弥补的损害的，可以在起诉前向人民法院申请采取责令停止有关行为和财产保全的措施。

人民法院处理前项申请，适用《中华人民共和国民事诉讼法》第 93 条至第 96 条和第 99 条的规定。

为制止侵权行为，在证据可能灭失或者以后难以取得的情况下，商标注册人或者利害关系人可以在起诉前向人民法院申请保全证据。

人民法院接受申请后，必须在 48 小时内做出裁定；裁定采取保全措施的，应当立即开始执行。

人民法院可以责令申请人提供担保，申请人不提供担保的，驳回申请。

申请人在人民法院采取保全措施后 15 日内不起诉的，人民法院应当解除保全措施。

对于商标侵权构成犯罪的，则将依《刑法》1997 年修订本第 213 条的有关规定，对侵权人追究刑事责任。

第二章　商标保护中的特殊问题

第一节　驰名商标的保护

在 1995 年 2 月最终达成协议的一轮中美知识产权谈判中，驰名商标的认定及保护、驰名商标在注册上的优惠等问题，曾经是争论的重点。在更广的国际谈判范围内，驰名商标的特殊保护也曾是关贸总协定及世界贸易组织中的"知识产权协议"谈判时的争论焦点；商标法条约缔结前，在世界知识产权组织的专家会议上也曾是争论的焦点。在我国，则从 1991 年一些民间组织开展评选驰名商标的各种活动后，也多次成为国内企业及消费者关注的热点。

应当说，对驰名商标的保护，在国际上并不是个新问题。《巴黎公约》1967 年文本第 6 条之 2，TRIPS 协议第 16 条，对此均有涉及。

一、世界性与地区性国际条约中的保护

《巴黎公约》规定：凡系被成员国认定为驰名商标的标识，一是禁止其他人抢先注册，二是禁止其他人使用与之相同或近似的标识。就第一点具体说，即如果在驰名商标未来得及注册之前，有人在先注册了，则 5 年之内，驰名商标所有人有权将在先注册人从注册中"请出去"；如果在先注册是恶意的，则不受 5 年限制。《巴黎公约》没有把第二点具体化。

这两点对驰名商标的特殊保护，是迄今为止多数国家及国家间

多边及双边条约中保护驰名商标的基点与主要内容。但巴黎公约尚未将这两点特殊保护延及服务商标。

TRIPS 协议比巴黎公约更进一步的是：第一，宣布巴黎公约的特殊保护延及驰名的服务商标；第二，把保护范围扩大到禁止在不类似的商品或服务上使用与驰名商标相同或近似的标识；第三，对于如何认定驰名商标，也作了原则性的简单规定。

不过巴黎公约及 TRIPS 协议虽已涉及，却又并未完全解决有关问题。其中主要是对于如何认定驰名商标，基本没作具体回答。而这对于正在建立驰名商标保护制度的我国，又特别重要。

从现有的几个有影响的地区性商标国际条约中，1993 年 12 月形成的《北美自由贸易区协定》、1993 年 10 月修订的《卡塔赫那协定》及 1993 年 12 月形成的《欧共体（统一）商标条例》，均不同程度地涉及这方面的问题。

在《北美自由贸易区协定》第 1708 条中规定：在确认某个商标是否驰名时，应考虑有关领域的公众对该商标的知晓程度，包括在一国地域内通过宣传促销而使公众知晓的程度；但贸易区的成员国（目前系指美、加、墨）不应要求该商标在与有关商品或服务有正常联系的公众之外也具有知名度。例如，与计算机商品及服务毫无联系的公众中，很可能有不少人虽然知道 IBM、苹果等商标，但不知道荷花（Lotus）、宏基（ACER）等商标，不能仅仅因此就判定后者不是驰名商标。

在《欧共体商标条例》第 8 条中，重申了巴黎公约保护驰名商标的原则。此外，它还特别加了一项："如果某商标已在欧共体内驰名，则在其后的相同或近似标识即使申请在不类似的商品或服务上注册，也应被驳回。"原因是后一商标如果在其他商品或服务上取得注册，仍旧可能在市场上误使消费者认为该商标所有人提供的商品或服务来源于原驰名商标的所有人。

在条文上对确认驰名商标的条件规定得最细的是拉丁美洲安第斯组织的卡塔赫那协定。这一协定在 20 世纪 70 年代出现时，与当时的国际保护标准差距甚远。1992 年，该协定已做了一次大修改，目的是向国际标准迈进。在不到一年的时间里，为达到 TRIPS 协议即将形成的最后文本的保护标准，该协定又全面修订了一次。该协定的 1993 年修订文本在第 84 条中，以"未穷尽"的列举方式，指出了认定驰名商标的 4 条标准，即：(1) 有关商标在消费者大众中的知名度（在法国，20% 消费者知晓的，可初定为驰名；在德国，则要 40% 左右）；(2) 该商标的广告或其他宣传传播的范围；(3) 该商标使用的年份及持续使用的时间；(4) 该商标所标示的商品的产、销状况。由于这一列举是"未穷尽"的，所以还可以辅之以更多的其他标准。

二、部分国家司法及立法中的保护

在司法与行政管理实践中，法国也为我们提供了值得参考的经验。

在 1984 年的一则巴黎上诉法院判例中，法院认定"Liberty"商标系驰名商标。其主要依据之一，是该商标自 1893 年起就成功地获得了注册，并且，从未中断过续展，从 1962 年起就在法国有名的商标事典上被记载。在 1989 年的一则巴黎初审法院判例中，"Foker"商标主要因其所标示的果酱商品年销售量高达 8500 万瓶，而被认定为驰名商标。当然，法院在判决中同时指出：不能仅仅以某种商标所标识的商品已经行销两个以上国家为由，而确认其为驰名商标。在 1983 年、1984 年等多起初审及上诉判例中，法国法院也都明确了将有关商标的宣传范围或其标示的商品促销范围，作为认定驰名商标的依据。在另外的多起判例中以及上述 1989 年的 Foker 判例中，法国法院还重申了以公众的知晓程度作为判断驰名商标的依据。后面这两例判例，与前面引述过的其他国家的有关规定是相似的；而前面的两类（Liberty 与 Foker）判断中所依据的理由，则是值得我们在实践中参考的。

法国法院从 1974 年至 1991 年，曾通过诉讼中的判决，认定了以下商标为驰名商标：可口可乐（饮料）；米其林（Michelin）（橡胶产品、旅游指南及地图）；布尔加利（Bulgari）（珠宝首饰）；Guerlain（香水）；Foker（果酱）；索尼（视听产品）；Chateau Latour（葡萄酒）；Chanel（皮包、香水、手表等）；Wrangler（牛仔裤）；Chateau Margaux（葡萄酒）；Anne de Solne（布类）。

法国的实践表明：并不需要评定那么一批驰名商标放在那里，而是在市场上发生侵权纠纷或权利冲突纠纷有必要认定某个商标是否驰名，因而是否应受到特别保护时，才由法院（或行政主管机关）根据情况去认定。驰名商标的认定与驰名商标的保护是密切联系在一起的。仅仅靠一部分社会团体或一部分消费者评选，甚至靠商标所有人自己出钱去"评选"而认定为驰名商标，以争得"驰名"之"名"来促销自己的商品，而不是靠促销去获取实际的真实的"驰名"，均不符合国际条约保护驰名商标的初衷。

在商标纠纷中去认定驰名，从而从横向将与驰名商标"近似"的标识范围扩大，从纵向将驰名商标所标示的商品或服务类别扩大，达到给其以特殊保护的目的，才符合商标保护的基本原理，也才是国际条约的初衷。

当然，各国认定驰名商标并给予特殊保护时，在法律许可的限度内，均会尽可能考虑本国经济利益。从法国法院认定的上述驰名商标中，可以看到多数是法国商标。在国际商标纠纷中，也曾出现过德国法院（及行政主管机关）将日本"三菱"商标判为与德国"奔驰"图形近似，将日本"田边制药"判为与德国"拜尔制药"文字排列近似的例子，虽然从一个第三国的法定的角度去看，它们之间就未必近似了。

在管理机关受理注册申请的实践中，许多国家也给驰名商标以特殊照顾，诸如放宽"不可注册标记"的限制等。我国商标局在 20 世纪 80 年代批准境外的"维他奶"商标（用于豆奶商品）的注册申请，就是一例。此外，许多国家和地区通过在注册申请审查中认定驰名商标，而给以"防御商标"及"联合商标"的注册，也就是在注册时就事先给了横向与纵向的扩大保护。我国商标法中虽一直无防御及联合商标的规定，但在管理实践中，为驰名商标提供相当于防御商标注册的实例也是有的。现在我们应当考虑的是：是否有必要近而在中国的商标立法上明文对这种实践加以肯定。

美国保护驰名商标，更着重于依据"反淡化法"。1947 年，美国马萨诸塞州首立商标反淡化法，随后商业最发达的纽约州等相继颁行同样法规。到 1995 年已有 25 个州订立了这种法。在此基础上，1995 年年底，美国制定了联邦反淡化法并于 1996 年实施。

"淡化"指的是来自三个方面对某驰名商标的损害。第一，以一定方式丑化有关驰名商标。例如，有家经营食品的公司使用一个微笑的人物头像作为其商标；另一家家庭用具公司则将同一个头像的帽子稍加修改形成一个马桶盖状，在自己的商品装潢上使用，这就属于一种丑化。第二，以一定方式暗化有关驰名商标。例如，美国曾有人把"柯达"（胶卷上的驰名商标）用于钢琴，被法院判为"企图暗化"驰名商标。因为这样用下去，"柯达"在胶卷上的驰名程度，会变得不像过去那样鲜明，乃至渐渐失去其知名度。第三，以间接的曲解方式使消费者将商标误解为有关商品普通名称。例如在辞典中，教科书中将"柯达"注解为"胶卷"而不是"胶卷的商标"，将"飞鸽"注解为"自行车"而不是"自行车的商标"。

但是，商标必须是驰名的，在美国才有权禁止他人淡化。依照美国 1996 年 1 月实施的《联邦反商标淡化法》的规定，确认驰名商标须考虑以下因素：

（1）有关商标固有的或通过使用而产生的识别性（显著性）；

（2）有关商标在既定商品或服务上已经使用的时间及范围；

（3）有关商标在广告宣传上出现的时间及范围；

（4）带有该商标的商品或服务被提供的地域；

（5）带有该商标的商品或服务被提供的渠道，亦即客户（消费者）的广度；

（6）其他商品或服务领域中，对该商标的知晓程度；

（7）其他人使用该商标的状况（例如，假冒该商标的状况）。

1996 年 11 月，WIPO 在日内瓦讨论驰名商标保护问题时，各国代表提出的驰名商标认定因素与此大同小异。

此外，巴西工业产权法的实施条例中，加拿大等国商标法中，也都较详细地规定了申请认定为驰名商标时的必要证据，诸如：在本国首次使用的日期，在世界上已获注册的国家的名单及注册证，在商标所有者公司年表上，商标被评估出的价值，等等。

在中美知识产权谈判中，美方一再强调并坚持"驰名"与否，不是以认定驰名的那个特定国家为准，而是以有关商标是否在国际市场驰名为准。如果某个商标在国际上驰名，则即使它在某一特定国家鲜为人知，该国也必须认定它为"驰名"。这种观点，与近年来发达国家知识产权法理论界中某种"知识产权无国界"论是一致的。荷兰上诉法院副院长在 1994 年曾撰文认为：对于侵犯了外国专利的活动，本国法院也应下达禁令。这反映出某些发达国家从司法上扩大知识产权效力范围的趋势。

但是，韩国最高法院在 1993 年的一个判例中，则明确宣布了美国的"吉普"商标应被视为"汽车"商品的通用名称，不能获得注册。在初审及二审时，韩国法院曾认为"吉普"作为驰名商标的证据不足。于是"吉普"的商标所有人收集了吉普在一系列国家作广告及取得注册的凭证。而韩国最高法院则判定："吉普"在国外驰名的事实，并不导致韩国一定要确认它驰名。这是韩国在遵循国际条约时，看重维护本国利益的突出一例。这也说明，在适用国际条约的原则时，各国仍有因地制宜的余地。至少，韩国的司法实践表明，在解释 TRIPS 协议第 16 条"在有关公众中"的知名度时，可以认为它仅仅指本国的"有关公众"，而不广延为"本国之外的公众"。

我国 2001 年的《商标法》修正时，正是参考了国际条约与国外成功的经验，首次在国家一级的立法中，增加了保护驰名商标的有关规定。

第二节　商标的"反向假冒"

我国《商标法》在 2001 年增加了禁止"反向假冒"的规定后，仍旧有个别人不能理解。其实，这项内容的增加，在实践上、理论上，都是有根据的，也都是必要的。

1994 年，在中国首次发生反向假冒商标纠纷时，否认"反向假冒"构成"假冒"，而只承认其可能危及消费者权益的人们，在对待商标及商号等标识方面，又几乎都否定商标等标识权与知识产权有任何关联，这并不是偶然的。

在市场经济中，真诚的现代生产、经营者，版权保护一切"作者"，包括其作品根本无人问津的胡写乱画的"作者"。但我们一般讲创作性劳动成果的创作者时，多不言而喻地指那些真诚创作的作者。向市场推出其商品时，他们实际出于两个目的：一是切近的，即尽快得到利润；二是长远的，即闯出自己商品的"牌子"（包括商标、商号等），不断提高市场信誉，以便既能尽快获得利润，又能得到可靠的、不断增长的利润。否定"反向假冒"构成对他人商标的侵害，主要是只看到（或只承认）现代真诚经营者的第一个目的。所以，他们认为：别人只要付钱，商品拿到手之后，怎样改换成他的商标再卖，与原经营者就毫无关系了。这种看法在理论上是错误的，在实践中是有害的。其理论上的错误是不承认商标与其标示的商品或服务的全方位的内在与外在联系及否认商标中的知识产权因素。这在前面已重点分析过了。该看法也混淆了"专购再销"行为与反向假冒的区别。下面再进一步分析这种看法在实践中的危害及其与国际商标保护制度发展方向的相背。

目前我国在国际市场上得到消费者公认的驰名（名牌）商标数量很少，这对我国在国际市场上的竞争地位是不利的。许多企业已经意识到这一点，正加强本企业在国内、国际市场创名牌的各项措施。我国的立法、执法机关也已意识到这一点。从国家工商局到人民法院，都已加强了对驰名商标保护的研究与实际保护。但发达国家很早已经在立法及执法中实行的制止反向假冒，在我国则尚未得到足够重视，反向假冒若得不到应有的惩罚，得不到制止，就将成为我国企业创名牌的一大障碍。

商标上的假冒，一般指假冒者在自己制作或销售的商品上，冒用他人享有专用权的商标。1994年，在北京发生了一起商标纠纷，百盛商业中心在其出售新加坡"鳄鱼"牌服装的专柜上，将其购入的北京服装厂制作的"枫叶"牌服装，撕去"枫叶"注册商标，换上"鳄鱼"商标，以高出原"枫叶"服装数倍的价格出售。这就是国际上常说的"反向假冒"。

　　该案发生后，北京服装厂在北京市第一中级人民法院状告"百盛"及新加坡"鳄鱼"公司损害了其商标专用权；而被告则认为中国商标法仅仅禁止冒用他人商标，不禁止使用自己的商标去假冒他人的产品。我国也有人认为，这一案的被告最多是侵害了消费者权益。分散而众多的消费者们，不可能为自己多花的上百元人民币而组织起来去状告"百盛"及"鳄鱼"公司。所以在此案中，被告不会受任何惩处。但是，根据我国的实际状况，如果听任这种反向假冒行为，则等于向国外名牌公司宣布：如果他们发现任何中国产品质高价廉，尽可以放心去购进中国产品，撕去中国商标，换上他们自己的商标，用中国的产品为他们去闯牌子。这样一来，我国企业的"名牌战略"在迈出第一步时，就被外人无情地切断了进路与退路。我们只能给别人"打工"，永远难有自己的"名牌"！

　　从国外商标保护的情况看，上面我国个别人的意见也是完全错误的。《美国商标法》第 1125 条及其法院执法实践，明白无误地将上述反向假冒，视同侵犯商标权。《兰哈姆法》（美国商标法）第 1125 条由一系列项组成。其中第 127 项标题为"假冒"（他人商品），第 128 项为"反向假冒"（将他人之商品冒为自己的商品）。该项规定：反向假冒者应负的侵权责任，应与假冒他人商品相同。

　　《法国知识产权法典》则在第 713-2 条中，明确规定：注册商标权人享有正、反两方面的权利，即有权禁止他人未经许可使用与自己相同或近似的商标，也有权禁止他人未经许可撤换自己依法贴附在商品上的商标标识。

　　澳大利亚 1995 年《商标法》第 148 条明文规定：未经许可撤换他人商品上的注册商标或出售这种经撤换商标后的商品，均构成刑事犯罪。

意大利 1992 年《商标法》第 11 条、第 12 条规定：任何售货人均无权撤换供货人商品上原有的注册商标。葡萄牙 1995 年《工业产权法》第 264 条也有相同规定，并对反向假冒者处以刑罚。葡萄牙 1995 年《工业产权法》第 264 条规定：若将属于他人之商品上的注册商标换成自己的商标再出售，造成使消费者误认商品来源的后果，则对撤换商标者处以 2 年以下监禁或处以罚金。西班牙 1988 年《商标法》第 31 条第（3）项，《加拿大商标与反不正当竞争法》第 7 条，也有与葡萄牙类似的规定。可见，不论大陆法系国家还是英美法系国家，反向假冒都是要受到法律禁止及制裁的。

此外，美国的法院判例从 1918 年至今 [1]，英国的法院判例从 1917 年至今，[2] 均把"反向假冒"视同"假冒"，在司法救济上，与反不正当竞争中的假冒他人商品、装潢等行为完全等同，依此制止反向假冒。

香港地区的商标法例也有相同的规定。香港地区修订至 1991 年的《商业标记法例》第 9 条规定：无论以更换、增添或其他方式，虚假标示自己出售的或加工的商品，均构成商标犯罪。

香港地区《商业标记法例》第 32 条规定：撤换他人所提供之商品上的商标而后再出售，构成商标侵权。

为什么我国正急需保护自己的名牌并急需鼓励企业创名牌的今天，反倒应制止"反向假冒"行为呢？

按照我国刚刚进入市场经济后，一些不法商人急功近利，大搞"反向假冒"的现实；同时考虑到我国消费者中能为不合理又不太高的欺骗性销售行为集体投诉的可能性极小这种实际状况，把"反向

---

[1] 参见 International News Service V.Associaed Press（1918），248 U.S.（Supeme Court）215；John Wright V.Casper Corp，D.C.Pa，1976，419F，Supp.292 等美国判例。

[2] 参见 Bearaon Bros、V.Valentine &.Co.（1917）34 RPC 267 等英国判例。

假冒"纳入商标法予以约束，进而制止，是可行的。

第三节　TRIPS 协议中有关商标保护的几个问题

世界贸易组织中的《知识产权协议》(TRIPS 协议)第 15~21 条，是有关商标保护的专门规定。其中除去前文《巴黎公约》中以及"驰名商标"中已论及的之外，还有以下问题值得特别拿出来作一些论述。

一、对商标的"使用要求"

在我国及大多数国家，均只能靠注册获得商标权。但在极少数国家，如美国，商标法规则把使用商标作为取得商标权的途径，而注册反倒仅仅是对业已存在的商标权给以行政确认。虽然这类国家已经越来越少，但毕竟还存在，而且有的还举足轻重（例如美国）。所以，TRIPS 协议第 15 条第（3）项照顾了这种现存的事实。它从正面允许美国一类国家把"使用商标"作为行政机关判定可以批准注册的一条根据。但协议又不允许从反面把"未使用"作为驳回注册的唯一理由。[①]

但是，一般讲到对于注册商标的"使用要求"，指的是另一个意思。这就是《知识产权协议》第 19 条所涉及的内容，即：注册商标如果连续 3 年无正当理由不使用，则行政管理机关可以撤销其注册。在我国以及在许多国家，商标法对"使用"的解释是比较宽的。例如，仅仅在广告中使用了某个注册商标或仅仅在展览会上使用了

---

① 编者注：TRIPS 协议允许对 3 年仍然没有使用的申请予以驳回。

某个注册商标，或虽然自己没有使用但许可他人使用了某个注册商标，都被认为符合"使用要求"。协议第 19 条第（2）项，仅仅明文规定了"在商标注册人控制下的他人使用"（主要指被许可人的使用）符合"使用要求"。

这就是说，还有其他什么样的活动也符合"使用要求"，可以由各成员自己去依法确定。但是，如果某个成员的政府在 3 年中不允许进口某种商品，它的商标行政管理机关就无权因该商品上的商标不合"使用要求"而撤销其注册。此外，其他因成员的政府行为而使某注册商标在一定时期不可能使用的，也均应被认为是"有正当理由"而没有使用，故不能因此被撤销。因为，在这些场合，都不是注册商标权人自己不用，而是政府的特殊行为阻止了他们正常使用。

协议中既肯定"使用"对确认商标权的作用，又否定了以"使用"作为驳回注册申请的条件，这是欧共体和其他一些国家与美国的关贸谈判代表长期争论的调和产物。

二、共同使用

TRIPS 协议在第 20 条中指出："商标在贸易中的使用，不得被不合理的特殊要求所干扰。"什么叫作"特殊要求"呢？该条举了 3 个例子：

（1）与（其他企业的）其他商标共同使用；

（2）以特殊的形式使用；

（3）以不利于使商标将一企业的商品或服务与其他企业的商品或服务相区分的方式使用。

首先，我们应当注意：这一条所指的"商标"，既包括注册商标，也包括未注册的商标。

其次,应当认为上述 3 个例子中,(2)(3)两例是合理的。以第(2)例而论, 有些商标, 可能是直接印制（甚至烧结或以化学方式刻蚀）在商品的包装上, 而不是以印制出的商标标识贴在包装上, 或包装物本身即为商标。这种使用, 不应遭到禁止。也就是说, 不应要求商标只能采用与包装可分的标识贴加形式使用。第（3）例的合理性是不言而喻的。如果要求商标以不具备"识别性"的方式使用, 这项要求本身就是与商标注册的要件相冲突的。

但上述第（1）例, 在许多发展中国家看来, 就未必合理。20 世纪 80 年代中后期之前的一大批发展中国家的商标法, 均对涉外合资企业的商标使用作过"共同使用"的特殊规定, 即: 合资的外方企业商标, 应当与本地一方企业的商标在商品上"共同使用"。这样要求的主要目的, 是借助外方已较有名或已驰名的商标, 打开合资企业产品的销路, 进而闯出本地企业的"牌子"（商标）。这对发展中国家的本地企业诚然有利, 而对外方企业也未必无利（如果产品质量稳定的话）。关贸总协定现在强制性地禁止了这种做法, 应当说对发展中国家不尽有利, 也不尽合理。

当然, 发展中国家还可以选择其他路子为自己的商标闯牌子。例如通过引进外国先进技术, 提高自己企业的某种产品的质量, 从而提高企业所用商标的知名度。但不论怎么说, 上述第（1）禁例, 至少堵死了发展中国家企业闯牌子的一条曾行之有效的路。

不过, 如果中外双方在合资企业合同或其他合同中, 自行商定共同使用双方的商标, 则 TRIPS 协议并不过问。它只是禁止以法律形式强制性要求把共同使用作为必要条件。

三、保护期

"法定时间性"是专利权、版权以及商标权的共同特点之一。

有的民法学者总爱谈有形物权中所有权的"永恒性"。其实，物权的"永恒性"是以有关物的存在而且不改变其形态为前提的。一张桌子被烧成了灰，其所有人享有的"永恒"的物权当然不复存在了。一张桌子变成了一堆碎木片，其原所有人再享有的，也就不可能是对原来那张桌子的"永恒"所有权了。

但知识产权权利人享有的有关所有权，不会因物本身（有关载体）的并非永恒而消失。无论对专利、版权、商标权，均是如此。而且，有时商标标识之作为"物"，尚未印制出来，它通过广播（如果仅是文字商标）或通过电视（如果是图形或图、文商标）已经可以被宣传、被使用。这样看来，反倒是知识产权的所有权，应当是真正永恒的。然而顾及权利人与社会公共利益的平衡，法律却断然规定了只承认权利人在一定时期的所有权。

不过，对商标权来讲，在实践中并不排除这样的可能性：某个注册商标由于符合一切法定要求，而永久处于专有领域之中。这就是因为对商标权的保护有首期与展期之分；如果符合一切法定要求，有可能一次又一次地得到续展保护。这一点是专利权与版权都不可比的。

TRIPS 协议在第 18 条规定，注册商标保护期不应少于 7 年。就是说，如果仅从首期或一次续展的保护看，商标权保护期在三种主要知识产权中是最短的。第 18 条中讲的"续展次数应为无限"，并不是无条件的。在各国均必须符合法定条件才可能得到续展。至少，应符合下列条件：

（1）符合使用要求，即没有在 3 年时间中连续不使用。

（2）该标识未变为商品通用名称。美国的阿司匹林、暖水瓶等，都曾是专有的商标，只因变为商品通用名称而丧失了专有权。

（3）按照商标法要求去使用。例如，不擅自更改标识、注册人名义、注册人地址等。

（4）按时办理续展手续。

在专利保护中，也有一些国家曾采用或仍旧在采用"首期"与"展期"保护。例如，我国1992年前的专利法，在保护"实用新型专利"及"外观设计专利"时，就规定了首期5年、展期3年的保护。但专利的"展期"绝不会无休止地续展下去。在版权领域，则只有极个别国家的极个别作品，获得过首期保护后的续展保护。一般作品也是不会有展期的。

四、商标领域的几个概念

（一）商标权、商标所有权、商标专用权

在用语上，中国商标法使用"商标专用权"。

虽然我国台湾地区在先制定的"商标法"使用的也是"商标专用权"，但世界上绝大多数国家和地区的商标法，乃至包含商标保护的国际公约，均使用"商标权"。因为，商标经注册后，其所有人获得的权利远远不止是"专用"。在商标权可以设定为质权的国家，它可能根本"不用"而体现出其财产权的性质。事实上，许可他人使用、转让，也都是商标权人的权利。这些权利，也都不是什么"专用权"。

商标专用权的范围大大窄于商标权。应当说，在商标法中，它是个不恰当的用语。

TRIPS协议使用了"商标权"，是合适的。还应注意到：在"版权"一节中，协议多次使用过"持有人"一词。而在"商标"一节中，则仅仅使用"所有人"一词。"商标权"与"商标所有权"，含义大致相同；而二者与"商标专用权"之间，则有较大差异。

（二）"商标"与"商标权"

许多国家的法律条文，一些国际公约以及一些国外的学术专著，

往往对"商标"与"商标权"不加区分地交叉使用。这一用法也在知识产权协议中多次出现。在与版权许可相关时,我们只见得到"版权许可"的表述方式,见不到或极少见到"作品许可"的表述方式。但在商标权许可的规定中,常见表述为"商标许可"。而实质上,正如版权许可是把版权中的复制权或翻译权许可给他人行使一样。所谓"商标许可",也是把商标的使用权许可给他人行使。如协议第21条所讲的"商标许可""商标转让",不言而喻地都是指商标权的许可及权利的转让。这是因为,在商标领域,权利与权利保护的客体,在主要称谓上是大部分相重合的("商标")。而在版权领域,客体是"作品"而不是"版"。如称"著作权",则虽然也有重合,但"著作转让"会使人误解为把有形的手稿或复制品转让了,而不是指无形权利的转让。专利权保护的客体是发明成果。如果讲"发明转让",就有可能引起多种误解。至少可能被误解为非专利发明权的转让,发明的专利申请权的转让,等。而在商标领域,以"商标"代"商标权",引起上述误解的可能性不大。

所以,以"商标"代"商标权"的交叉使用,是很常见的。读者倒用不着去死抠字眼。例如,英国知识产权知名学者柯尼什所写的教科书,就叫作"知识产权——专利、商标、版权与其他权利"。我国曾有人认为其中用"商标"不确切,应改为"商标权",但实际这种咬文嚼字并没有什么意义。现在我们又一次看到:在WTO的知识产权协议中,也是这样使用的。

(三)注册与强制注册

协议在商标一节的多数条项中,讲的都是如何保护注册商标。但协议又没有讲不注册的商标就不能使用,即没有要求成员全面实行强制注册。同时,协议也没有禁止成员采用强制或部分强制注册的制度。在过去,社会主义国家一般都实行强制注册制度。

（四）商标"所有人"

在 TRIPS 协议实体条项中，凡提及专利、版权等权利人时，都使用"持有人"（Holder），至少是"持有人"与"所有人"（Owner）混用。偏偏在"商标"一节中，仅仅使用"所有人"，一直未出现过"持有人"。只是在有关商标执法的程序条项中，才间或出现过"持有人"。

本书作者认为：这主要说明就有权申请与取得注册者而言，其必须是商标所有人。商标所有人即使在美国一类不以注册确立专有权的国家，也不会允许其被许可人以原所有人的名义去申请注册。所有人只能要么自己申请注册，要么委托代理人去申请注册。

这个问题也曾在 1995 年 2 月的中美知识产权谈判中争论过。当时美方要求中国允许其商标所有人不委托在中国的代理机构来申请注册，而由其被许可人来申请注册。中方代表及法律顾问正是引用了 TRIPS 协议"商标"一节中采用"所有人"这一特别概念，首先说服了美方法律顾问沃尔什，继而使美方不再坚持自己的意见。

五、司法判决及仲裁裁决与商标权的归属问题

以司法判决改变商标权的归属，在国外的立法中是有明文规定的，在有的地区性国际条约（如《欧共体商标条例》）及世界性国际条约（如 TRIPS 协议）中，也有明示或暗示。但我国现行商标法尚做不到，因为确权的终局决定权，依我国商标法，不在法院。但是，TRIPS 协议第 41 条及第 62 条，已经要求一切成员国在商标方面的行政确权决定，须经过司法复审。如果我国想要实施 TRIPS 协议，就应重新考虑原有的确权制度了。

至于仲裁裁决与商标权归属的问题，是与司法判决既相近，又完全不同的。

1994 年，贸促会的仲裁委员会受理了这样一个纠纷：一家中外合资企业的甲方，在合资企业成立合同中，同意将其商标权作为出资方式，成为合资企业的无形财产。而在实际上，该方始终以自己（甲方）而不是以合资企业的名义申请商标注册并获得了商标权。合资企业成立 3 年后因纠纷要解散。这 3 年中，合资企业通过产、销已使该商标的知名度大大提高。在裁定解散时，甲方是违约方（因并未将其应投入合资企业的商标权实际投入），仲裁庭理应裁决该商标归属守约的乙方，至少应裁决双方在合资企业解散后均有使用权。但商标法却不会承认仲裁庭的这一权力。这样一来，企业解散后，商标还不得不归甲方专用，乙方无权使用。于是守约方反倒不得不吃亏了。这是非常不合理的，但却是"合法"的。

这一例从反面告诉我们：对于商标权在特殊情况下的归属确有必要重新加以研究。

六、优先权问题

这个问题在 TRIPS 协议中未直接提出。

商标注册申请中的一般国际优先权问题，在巴黎公约中已有，并被多数人所重视了。而与商标注册申请相关的在国际展览会上展示而发生的类似于优先权的问题，实际上也在巴黎公约中提出过，但却是作为"临时保护"的内容而不是作为"优先权"的内容提出的。在同样是巴黎公约成员国的众多国家中，对于应给予临时保护的有关"国际展览会"的解释，又有所不同。有的国家认为：两个以上国家共同举办的、经政府认可的展览会，就符合"国际展览会"的条件。而另外一些国家则认为：只有符合 1928 年《国际展览会公约》中的条件，又经政府认可的、两个国家以上举办的展览会，才可以给予临时保护。

按照后一种理解，就出现了另一个问题：如果某国虽然参加了巴黎公约，但并未参加《国际展览会公约》，亦即不受后一公约约束，那么应当怎样办呢？

所以说，这一"临时保护"问题属于既已在原则上解决了，但在实践中又没有完全解决的问题。

第四节　地理标志及其在 TRIPS 协议中的保护

一、"地理标志"的含义及其保护

"地理标志"是协议中提出应予保护的又一商业标记。这一标记，又称"原产地标记"。原产地问题，倒不是乌拉圭回合才提出的。因为它标示的是商品，所以在关贸总协定一产生时，就应当涉及原产地问题。总协定也确实涉及了这一问题，这就是总协定的第 1 条第（1）项，该项规定了对原产于或输向任何缔约方的产品，应给予怎样的待遇。这里使用"原产于""来源于"，甚至版权公约中译本中不太合文法的"起源于"之类的词，都在法律意义上没有大错。只是现有不少关贸总协定的中译本，译成了"来自"某缔约方的产品。这下就失去了产品"来源"的本意。如"来自"沙特的某产品，其原产地或"来源"国可能是美国或其他什么国家。"来自"在关贸总协定中没有实际法律意义，因而也不可能出现在它的正式文本中。这一问题，早已由中国社会科学院的赵维田教授指出过。

协议中讲的原产地标记，是从它含有的无形产权的意义上讲的。尤其对于酒类商品，原产地标记有着重要的经济意义，因此有时表现出一种实在的"财产权"。设想黑龙江某厂产的啤酒，如果加注"青岛啤酒"的标签，将会给该厂带来多大的本不应得到的利润！协议总的讲是禁止使用原产地标记作商标使用的。但如果已经善意取得了这种标记的商标的注册，又不会在公众中引起误解的，则可以不撤销其注册，不禁止其使用。我国的"茅台"酒、"泸州"老窖，等，均属于这种善意而又不至于引起混淆的"原产地标记"型商标。1991年，瑞士最高法院也确认过瑞士的"瓦尔司"（瑞士地名）牌矿泉水的注册商标可以合法地继续使用。

TRIPS协议在第22条中，讲明了什么是"地理标志"。它可能包含国名（例如"法国白葡萄酒"）、也可能包含一国之内的地区名（例如"新疆葡萄干"），还可能包含一地区内的更小的地方名（例如"景德镇瓷器"）。只要有关商品与该地（无论大小）这个"来源"，在质量、功能或其他某个特征上密切相关，这种地理名称就构成了应予保护的"地理标志"。这种标志与一般的商品"制造国"落项（有人称为产地标志）有所不同。制造国落项可能与商品特性毫无关系。日本索尼公司的集成电路板，如果是其在新加坡的子公司造的，可能落上"新加坡制造"字样。这并不是应予保护的"地理标志"。

WIPO管理的1891年马德里协定，侧重禁止产地标志的假冒；其管理的1958年里斯本协定，则侧重禁止地理名称的假冒。当然，也并不是说，凡是国名就统统只可能是制造国落项（产地标志）的组成部分。TRIPS协议第22条放在首位的，正是以国名构成的地理标志。"地理标志"有时可以涵盖制造国标记，但反过来却不行。

"地理标志"的覆盖面较宽。一个地区或地方的地理标志，不大可能只被一个企业所专有；一个国家的地理标志，就更不可能被一家专有了。所以，对地理标志的保护，主要是从"禁"的一面着手，即禁止不正当使用，保护正当的经营者。其主要保护原则，与《巴黎公约》第10条之2中的"反不正当竞争"原则是一致的。

TRIPS协议第22条第（4）项，初读起来可能令人费解：为什么使用了明明是表示商品来源地的地理标志，也会误导公众呢？但一结合实例，就容易理解了。例如，多年前，我国最有名的黑白电视机是天津电视机厂出的"北京牌"电视机。国内用户一般都熟知这种电视机出自天津。如果这时北京电视机厂的出品包装上标出醒目的"北京电视机"字样（不是"北京牌"、也不是"北京制造"字样），就很可能使相当多的消费者误认为它们出自天津电视机厂。如果这个例子离"地理标志"的实质还较远，我们还可以设想另一个例子。如果英国剑桥的陶瓷商品在新西兰消费者中较有名气，这时一家美国波士顿的厂商就把自己的陶瓷商品也拿到新西兰销售，商品包装上标明"坎布里奇"陶瓷。"坎布里奇"实实在在是波士顿地区的一个地方，英文却正是"剑桥"的意思。这种标示法，显然会使得用惯了英国陶瓷的新西兰消费者，误认为该商品不是来自美国的坎布里奇，而是来自英国剑桥。所以，该美国厂商如想以"坎布里奇"作为商标在新西兰获得注册，则应被新西兰主管当局依照 TRIPS 协议第 22 条第（4）项驳回。

在保护地理标志方面，WTO 的成员们既可以依照利害关系人的请求，驳回或撤销有关混淆来源的商标的注册（或申请），也可以主动"依职权"去加以保护。国内近年常有从事一般民法研究的学者，在知识产权保护上，过分强调"行政不要干预民事权利"。这种强调从民法原理上看可能是对的；但从知识产权这种特殊权利的保护上看，则有它的片面性。TRIPS 协议在第 22 条以及在其他一些条项中，都强调了行政当局对某些问题的主动干预（不仅仅依权利人的主张而干预），是考虑到了许多国家的现有实践的。

二、酒类商品的地理标志

地理标志这一节，重点是对酒类商品地理标志如何保护所作的特殊规定。这些特殊规定集中在第 23 条中。但在其他条项中也可以见到一些（例如第 24 条第（4）项、第（6）项等）。算起来，一共只占三条的"地理标志"这一节，对酒类的特殊规定就占了一半的篇幅。酒类商品在许多国家（不包括伊斯兰国家）都是利润较高的商品。而酒类商品的特征、质量等又往往和它的原产地关系特别密切。所以对这一类商品地理标志的保护也就有特别重要的意义。我国在 20 世纪 80 年代中期以前，到处可见国产的"小香槟""香槟"之类的酒。在我国参加巴黎公约之后，国家工商局就曾下指示，禁止这种"酒类名称"的使用。因为"香槟"是法国著名葡萄酒的来源地，也就是"地理标志"，是不能随便当作商品名称乱用的。可见，在关贸总协定中纳入知识产权保护之前，巴黎公约就已经开始保护地理标志了。

知识产权协议不仅不允许使用与商品的真正来源地不同的地理标志来标示该商品，也不允许使用同样会使人误解的其他一些表达方式（如某某"型"、某某"式"等）。例如，在山西产的白酒上标出"泸州型白酒"，在中国产的葡萄酒标上"法国式葡萄酒"、在广州产的葡萄酒标上"类通化葡萄酒"等，都肯定会误导消费者，并损害该类商品真正来源地的经营者的利益。TRIPS 协议中第 23 条，几乎逐字与《保护原产地名称里斯本协定》第 3 条的禁例相同。这说明 TRIPS 协议在起草过程中，的确大量地借鉴了 WIPO 所管理的已有知识产权条约。

在知识产权协议第 42 条中，要求成员们通过司法程序，避免酒类商品的地理标志对公众产生误导。但在第 23 条的"注 4"中，也允许成员不采用司法，而采用行政程序。在实践中，我国进行这项工作就主要是通过行政程序。它主要是由工商行政管理机构去做的。多年来，尤其是改革开放以来的经验，也表明该行政机构通过行政程序做这项工作，是基本成功的。这里又一次反映出：关贸总协定只是禁止成员国或成员地区滥用行政权力，但并不笼统地禁止（也不笼统地表示不赞成）采用行政程序。

三、地理标志保护中的例外

对地理标志的使用权的保护，与那些一般只有一人（法人或自然人）、至多几人（在"同时使用"的场合）专有某一商业性标记的保护，情况有所不同，故有关的"例外"，就比其他知识产权要更多一些。TRIPS 协议在第 24 条中，举出了 5 种例外。

（一）"善意或在先使用"与"善意注册等权"的例外

"善意或在先使用"中的"在先"，指的是 1993 年 12 月 15 日之前，已经使用了某个其他成员的地理标志，并且使用至少 10 年以上。"善意"使用则指在 1993 年 12 月 15 日之前，不是恶意的已经进行的使用。例如，为了与另一成员的与其竞争的企业对抗，有意误导公众对两个企业商品来源发生混淆，则属恶意使用。符合了"善意"与"在先"两个条件中任何一个，就仍可以继续使用。但这个例外的适用范围极窄——只适用于葡萄酒或白酒类商品及服务。

"善意注册等权"，指的是在协议第 6 部分所规定的 3 种不同类型成员（发达成员、发展中成员与最不发达国家成员）适用知识产权协议的过渡期之前，或者在某个地理标志的来源国开始保护该标志之前，就已经善意获得某个商标的注册，而该商标与上述地理标志相同或近似。对于这些情况，知识产权协议均不妨碍该注册商标权人行使其权利。这一规定还适用于另外两种情况，即在上述日期前已善意申请注册的人，以及（在不经过注册也可以获商标权的国家内）已通过善意使用获得了商标权的人，行使他们的已有权利。

最后，只要不是出于恶意，则在第 24 条第（7）项规定的日期之前，有关人还可以提出请求，请有关行政当局允许他们把某个地理标志作为商标使用，或以该标志作为自己的商标，获得注册。

（二）"通常用语"的例外

通常用语也就是在一个国家的公有领域中的用语。如果只因它与某个受保护的地理标志相同，就禁止一般人使用它，会显得不合理。例如，China 的字头小写时，在许多英语国家是称呼"瓷器"的通常用语。不能因为它同时又是"中国"的意思，就不允许一般人用在瓷器商品上了。固然，瓷器也还可以用其他英语去表述（如 Porcelain）。但如果因为地理标志关系而限制了 China 的用法而只许用 Porcelain，显然是行不通的。还有一些商品，其原有的地理标志可能是专指的（仅指来源于该地并在特点上与该地有关的商品），但人们用久了，也会进入"通常用语"领域，在这种场合也有可能要适用协议第 24 条第（6）款了。例如，"汉堡包"，在许多国家都用来称一种食品，即使是产在当地而不产在汉堡的该食品。

（三）"名称权"的例外

"名称权"属于"在先权"的一种。它指人们有权在贸易活动中使用自己的姓名或自己继承下来的企业名称。即使它们与某个受保护的地理标志相冲突，仍可以继续使用。但如果某地理标志保护在前，而某人或某企业起名（或更名）在后，则将不适用这一例外。因为，这种"在后"使用，往往不是善意的。例如"青岛"啤酒在市场上卖红了，某人（或某企业）即更改自己的姓名或企业名称为"青岛"，以便在市场上借用"青岛"这个地理标志已获得的信誉。这就属于一种"在后"使用。此外，即使是行使自己的名称权，也必须以"不致误导公众"为限。这也是在协议中明文规定的。

（四）来源国不保护或已停用的例外

一旦某个成员国对它原先保护着的某个地理标志停止保护了，这说明该国已将它从专有领域释放到公有领域之中；如果某个国家对在其国内的某地理名称从来就不当成"地理标志"予以保护，则说明它始终处于公有领域之中。如果某个成员国原有的地理标志，后来本国都不再用了（例如苏联 1960 年前的"斯大林格勒"、1992年前的"列宁格勒"），再要求其他人不使用这些名称，仍旧把它们作为"地理标志"去保护，就不合理了。

（五）葡萄品种的特例

协议对原有的葡萄品种的"惯用名称"，给了特别的优惠待遇，这就是：只要在 1995 年 1 月（建立世界贸易组织协定生效）之前，已经作为某个或某些成员的葡萄品种的"惯用名称"使用的文字，如果与其他成员的葡萄酒产品来源地的地理标志相同，则该"惯用名称"仍可以照常使用。

第五节　其他特殊问题

一、商标的权利限制与商品平行进口问题

在过去，国际条约与多数国家的商标法中，均未对商标权作出权利限制的规定。反倒是对于商标权不允许实行"强制许可"的制度，在条约及商标法中都被强调出来。现有的国际条约中，世界性的（如TRIPS 协议），地区性的（如北美自由贸易区协定、欧共体商标条例等），都有禁用强制许可的明文规定。

近年来，在许多地区性商标条约及一些国家的国内法中，也都明文规定了对商标权的限制，虽然这类规定远远少于版权法中的相

应规定，也相对少于专利法中的相应规定。

在 1993 年《卡塔赫那协定》第 105 条中规定：商标权人无权禁止他人善意使用其本人的姓名、笔名、住址名称及商品来源地名称，只要他人的这种使用不产生误导公众的效果。

在《北美自由贸易区协定》第 1708 条中，也规定了允许贸易区成员国自己在商标法中规定出对商标权的限制，如使用"说明性术语"之类。

《欧共体商标条例》第 12 条也有类似卡塔赫那协定的条项。

在日本 1991 年修订后的《商标法》中，对商标权的权利限制规定得尤其详细。该法第 26 条指出，商标权人无权禁止下列行为：（1）他人以正常方式使用自己的肖像、姓名、惯用的（驰名的）假名、艺名或笔名及这些名称的人所共知的缩略语；（2）他人以正常方式指示商品或服务的名称来源、出售地点、质量、原料、功能、效用、形状、价格等；（3）他人以正常方式对商品或服务所作的说明；（4）他人以正常方式对商品或服务的名称、来源、出售地点等所作的说明。但上述之（1）不适用于某人蓄意以违反公平竞争的方式，在他人取得注册之后的使用。同时，在该《商标法》第 29 条及第 32 条中，进一步规定了商标权人无权在可能与在先外观设计（意匠）权人或在先版权人的权利发生冲突的范围内，行使自己的商标权。商标权人也无权禁止在先的相同（近似标志）的使用人以不违反公平竞争的方式继续使用其标志，但有权要求该在先使用人：（1）将其使用局限在其原使用范围内；（2）在使用中以明示的方式指示出其商品或服务与商标权人的商品或服务并非同一来源，以防误导公众。

《美国商标法》甚至在第 1052 条中规定：如不会发生混淆，"在先使用人"可以获得"共同注册"。这种"在先使用人"的有关规定，原先只是在各国专利法中才有普遍规定。

我国商标法至今未对商标权作出权利限制的规定，给人的印象是商标权是绝对的，而不像版权那样有《著作权法》第22条加以限制，也不像专利权那样有《专利法》第62条加以限制。在主要是打击假冒商标活动的今天，"无限制"的商标权还看不出太大的弊病。如果我国市场经济进一步发展，反不正当竞争的重要性进一步明显之后，可能就看出商标法中缺少"权利限制"的不便了。现有的几个难以结案的商标纠纷（例如茅台酒与贵州醇酒之间的纠纷），在一定程度上与商标法中缺少权利限制有关。

在国际条约中，与商标权权利限制关系密切的另一个问题是"权利穷竭"问题。从根本上讲，这二者是一个问题——"权利穷竭"正是一种权利限制。但在多数条约的规定中，这二者是被分开来规定的。例如，《欧共体商标条例》第13条，即是对"权利穷竭"的专门规定。"权利穷竭"，也称为"权利用尽"，主要讲的是在销售活动中，权利人只可正常行使一次权利。如果商标权人自己许可了一批商品的出售，则他人再如何转售这批商品，该商标权人无权过问。如果转售人违背与初售人订的合同，将商品卖到指定的地域之外，或卖给了非指定买主，而被该买主再转卖，则初售人可以依合同法诉后者违约，而不能因转售及再转售的商品上带有权利人的商标，诉转售人或再转售人侵犯商标权。《欧共体商标条例》第13条规定：任何经商标权人许可而投入共同体市场上的商品上所带的商标，均不会在转售中构成侵犯商标权，除非转售人在转售之前改变了有关商品的原样。在卡塔赫那协定中，也有类似规定。

与"权利穷竭"相联系的，是商品"平行进口"中的商标权问题。如果如前所述，经商标权人许可而将带有其商标的商品投放市场后，任何转售均不再构成侵犯商标权，那么，经商标权人许可在甲国出售某批商品，而该商品却被转售到乙国，商标权人也在乙国取得了同样商标的注册，而这批商品在乙国带有该商标出现在市场上，显然未经商标权人许可。这时，向乙国转售之人是否侵犯了商标权人的商标权呢？对这个国际贸易中的问题，各国的回答就大相径庭了。

美国的判例历来认为这种"平行进口"行为无疑侵犯了商标权。与此相应，《美国兰哈姆法》中，并不承认商标权在一次使用后会"穷竭"。而同与美国处于北美自由贸易区协定约束下的墨西哥，则在其1991年《工业产权法》第92条中，明文规定了"权利穷竭"原则。依照这条原则，墨西哥法院认为商品的"平行进口"不导致侵犯商标权。早在1986年，澳大利亚法院也曾作出过判决"平行进口"可能构成侵犯专利权或版权，但不可能构成侵犯商标权。①

应当说，过去多数国家的答案，与澳大利亚的司法及墨西哥的立法所作的回答是相同的，但最近国际上又有了一些变化。1994年1月，意大利报道了意大利法院处理的一起商标诉讼案。在该案中，美国加利福尼亚的一家公司，作为商标"Maui and Songs"的注册所有人，将商标以独占许可证方式许可意大利厂商甲使用，而意大利厂商乙则从美国直接购买了带有"Maui and Songs"的商品转销意大利。于是厂商甲以独占被许可人的身份请求法院下禁令禁止这种"平行进口"。该独占被许可人胜诉。就是说，意大利法院承认了在"平行进口"中可能发生商标侵权。这个案子判决之后，意大利教授弗兰索斯立即表示反对，并重申了他于1990年发表在当时西德马普学会会刊上的观点，即："平行进口"不会构成侵犯商标权。②

由于各国乃至同一国中司法界与法学界对商标权"权利穷竭"的看法不同，现有的世界性国际条约中，均未就此作出结论。这是个需要继续讨论的问题。

在有的国家，商标权的限制还体现在侵权救济上。例如美国《商

---

① 参看郑成思著：《版权法》（修订本）第三编，中国人民大学出版社1997年版。
② 编者注：欧洲法院1998年在silhouette一审（c-355/96）中裁定欧共体不承认商标法国际用尽。

标法》第 1114 条规定：如果因为在新闻媒介（报、刊、电子通信手段等）上作广告而侵犯了他人的商标权，侵权人已被认定出于"不知"而侵权，则商标权人在诉讼中只有权禁止侵权人在今后出版的媒介上停止侵权，而无权要求获得其他救济。这种规定在各国商标法中并不很普遍。也有人对此持反对意见，认为无论行为人是否知其行为系侵权，均不应影响商标权人取得赔偿的权利。但这种规定总比我国专利法中将"不知"者的行为不视为侵权，要合理得多。

二、商标权转让中的问题

在国际保护中，商标权转让的一般问题已经在 TRIPS 协议第 21 条中解决了，即商标权可以连同或不连同企业经营一道转让。但有些特殊问题在世界性国际条约并未涉及。

在转让问题上，《欧共体商标条例》规定得比较细。该条例在第 17~19 条中规定：（1）商标权可以全部转让，也可以部分转让；可以连同企业经营，也可以不连同；（2）但企业经营的全部转让，则必须连同商标权一道；（3）除司法判决商标转让的情况之外，一切商标转让活动必须有书面合同，否则无效；（4）商标转让必须在主管部门登记，否则无效；如主管部门认为有关的转让活动可能误导公众，则应驳回登记；但如果受让方同意将商标的使用局限于不致误导公众的范围内，则应准予登记；（5）可由当事人中的一方请求登记及将登记公告；（6）未经登记的受让人之继承人，无权继承有关的商标权；（7）如果有人以商标权人之代理人（agent）或代表（representative）的名义作转让登记，而实际未获商标权人同意，则商标权人有权追回权利；（8）商标权可以不连同企业经营一道被当作质权标的。这里的"部分转让""继承""质权标的"等重要问题，都是我国商标法（乃至继承法等相关法规）未曾涉及的。

不过，我国国家工商行政管理局在 1995 年 12 月颁布的《企业商标管理若干规定》中，倒是对商标在转让、投资中，如何评估、如何登记等，作出了较细的规定。但对于部分转让等问题，仍未涉及。

在瑞士 1992 年商标法中，有关于"部分转让"的更详细规定。在意大利商标法中，则有关于继承问题的更详细规定。在日本商标法中，则有对商标设定为质权的更详细规定。该法第 34 条规定：（1）商标权本身、商标的独占许可使用权或非独占许可使用权，均可以设定为质权标的（作为担保"物"而当出钱来用）；（2）质权人无权使用设质的商标；但担保合同中另有规定除外；（3）质权人有权如同商标权许可人一样收取商标使用费；（4）商标设定为质权的活动应在商标主管部门登记，否则无效；（5）以商标的非独占许可使用权设质，若未经登记，则不能对抗第三方。法国 1992 年的《知识产权法典》则进一步明确：商标权可以全部、也可以部分设定为质权；以商标权设质必须采取书面形式，否则无效。

上面提到过的商标权的继承，在多数地区性国际条约中并不见有规定，原因是大多数国家的继承法或民法已解决了这一问题。我国的缺点是在商标法中毫不涉及这一问题；在继承法中又偏偏也把它"忘掉"了（我国《继承法》第 3 条只提到专利权与版权中的财产权可以继承）。

由于商标注册申请案可能在商标局停留一年或更长一些时间，申请案中的权利可否转让及如何转让，在许多外国商标法中有明确规定。我国商标法缺少这方面规定，而实践中则已发生了申请案权利的纠纷，并已使法院及仲裁庭感到无所适从（无法可依）。

与商标转让相邻的是商标许可问题。通过许可证合同的缔结，将自己的注册商标许可给他人使用，本是商标权人的权利之一。由于不同厂家使用同一个注册商标，有可能给商品的买主带来欺骗性后果。这主要是指被许可人的产品质量与许可人相同产品的质量之间差距太大的情况。所以，过去不少国家的商标法对商标许可给了较严格的限制。例如，英国及一大批英联邦国家的商标法，长期以来均要求商标许可证合同的被许可一方在行政管理机关登记为"注册使用人"之后，方能合法使用。

随着市场经济的发展，注册商标的权利人越来越重视自己的"牌子"，不顾及他人产品质量而盲目许可的情况越来越少；商标保护与消费者权利保护由不同法律去规范的趋势又在世界上越来越占上风。1994 年，实行"注册使用"制的英国改变了其近 60 年的制度，转而采用了许可证合同的选择登记制。这一变化必将影响几十个英联邦国家。我们在国际商标许可贸易中，必须注意到这一重要变化。[①]

① 编者注：2013 年《商标法》修改时，一则允许自由备案，二则不在要求将许可合同原文备案，进一步便利当事人。

论文

关于《出口贸易》中"商标"一节的几个问题 *

一、两种商标制度

商标权是知识产权的内容之一，知识产权所涉及的权利都是专有性质的，所以人们通常把"专有性"称为一切知识产权的主要特征之一。

但施米特霍夫的《出口贸易》一书（最新英文版为 1980 年第七版，其第六版曾有中译本）在论述"商标"的一节中，却避而不用"专有权"，仅使用了"所有权"一词，这是什么原因呢？

原来，商标的专有权有时并不"专"。同一项版权，不可能由两个以上的独立作者分别享有（作品的共同作者共享一项版权则是另一种涵义，他们不是"独立"地、"分别"地享有，如许可权、转让权均要由共同作者协商一致后方能行使）；同一项专利权，也不可能同时分别授予两个以上独立的发明人（共同发明人互相协作搞出

---

　　*　编者注：此文最初发表在郑成思著：《知识产权法若干问题》，甘肃人民出版社 1985 年版，第 49~58 页。

发明而共享专利，也是另一种含义；如同上述版权的情况）。但在有些国家的商标制度下，却可能同时存在两个以上的从事贸易活动的人、互相独立地将相同商标用于相同商品的情况。这就是靠"首先使用"而不靠"首先注册"获得商标权的途径所产生的一个结果。

靠"使用"确立商标权是普通法的产物。1618 年，英国出现了第一个处理假冒商标的衡平法判例，它被看作是以普通法形式保护商标权的最早文字记录。英国进入资本主义后，在 1742 年，上议院大法官霍得威克（Lord Hardwicke L.C.）在布兰查尔得诉希尔一案中，肯定了历史上判例的法律效力，认为第一个在贸易活动中使用某个商标的人，有权排斥他人使用可能使顾客产生误解的相似商标。这就是"使用在先"原则的开始。而这时还根本不存在商标注册制度。英美法系的大多数国家，在很长时间内沿用了这种靠普通法对首先使用人的权利给予保护的制度。靠"注册"确立商标权是大陆法的产物。1857 年，法国颁布了世界上第一部成文《商标法》，建立起近代的商标注册制度。但法国商标法从来没有强制性地规定过一切商标必须注册方才合法，它从一开始就允许只使用而不注册的商标存在，只是注册后的所有权更为明确。仅从这点上看，《出口贸易》中把商标制度分为三类，而把"使用在先"原则的首创国英国划在第一类之外，把曾经肯定过未注册商标的合法性、至今仍承认未注册的驰名商标合法性的法国列在第二类中，也是不确切的。

商标注册制度的出现，很快使得仅仅靠使用获得所有权的普通法制度相形见绌。所以不仅大陆法系国家随法国之后陆续制定了成文商标法，英国也于 1875 年颁布了《商标注册法》。但它并不因此取消普通法对商标权的保护，而是二者同时存在。仅使用而未注册者，受普通法保护；既使用又注册者，受注册法及普通法双重保护。

美国在长期实行"使用在先"原则后,也于1905年颁布了成文商标法。多数英美法系国家,后来在商标保护上都是成文法与普通法并行的。在英国靠注册获得的所有权及在美国靠使用获得、而后靠注册确立的所有权,在某种意义上可以称为专有权,因为在注册一定年限之后(英国7年、美国5年)如果没有人对商标效力提出争议,则它就成为"无争议商标",在冲突诉讼中,其他人的相似商标就要为它让路。正因为如此,《出口贸易》中才单独把这种商标制度作为一类,即第三类,加以介绍。但作者未指出英美两国获得无争议商标的根本不同的途径。在美国,商标必须在首先使用中确定了权利之后,方能注册。从这点上讲,它更接近于书中所谓的第一类。只有在英国,才允许虽尚未使用,但"意图使用"的商标注册。作者没有指出的又一点是:无论在英国还是在美国,曾靠使用获得了商标权的人,如果申请注册被驳回,或如果虽准予注册,但在后来的冲突诉讼中被宣布注册无效,该所有人的注册商标权失去了,但并不影响他原有的普通法商标权。从这点上看,在英美靠使用获得的权利是基本的。它们都理应属于第一类。而且,完全靠使用获得所有权而根本不实行注册的国家,是极少的。这也是为什么《出口贸易》中虽然把制度分为三类,但却未能列举出一个属于"第一类"的国家来。从"世界知识产权组织"国际局1977年出版的八十一国商标法摘要看,只有菲律宾一个只靠使用获得商标权的国家。

此外,《出口贸易》一书在其所开列的第三类国家中,有明显的差错。例如,《比(利时)、荷(兰)、卢(森堡)统一商标法》完全是按照法国现行商标法制定的,瑞士在历史上与法国是同一类商标制度,其现行制度的一个基本规定———一切商标(包括驰名商标)均须注册之后方能对他人的相似商标提出无效诉讼———与法国现行制度完全相同。把这 4 个国家与法国分列在两种不同制度中，是无论如何说不通的。

从历史和现状可知，从根本上讲，只存在两种不同的商标制度，即大陆法系与英美法系的商标制度。当然，如果再细分，英与美，法与德，又各有一些明显的不同之处。但无论如何《出口贸易》中对商标的分类法，是缺乏根据的，也是不确切的。

二、"最先进的模式"

英美法系商标制度的便利之处是：由于它不要求商标一律注册，许多只在有限区域内，或只在短期内从事某种贸易活动的人，以及经营规模小或因其他理由认为自己没有必要履行注册手续、交纳注册费及续展费的人，可以不注册，完全靠普通法维护自己的权利，省去了不必要的例行公事和费用；已经在贸易中建立起信誉的人，希望长期使用商标的人，或希望扩大经营范围的人，又可以通过注册巩固自己的商标所有权；国家的商标管理部门，也就省去了全面记录全国现有商标和管理全部商标的大量行政工作。这看起来真是"各得其所"。正因为如此，《出口贸易》中才把它称为"最先进的模式"。但这仅仅是问题的一个方面，而该书作者只讲了这个方面。现在我们来看看另一个方面。

英美法系商标制度的最大缺陷是：国家对于使用中的商标不可能有个全面统计，没有可提供新从事贸易活动的人参考的全面记录，新的商标使用人无法了解他是否会在贸易活动中与其他人的权利相冲突。仅从这点看来，即使管理部门的工作量减轻了，司法及仲裁部门的工作量却大大加重了。连英国自己的法律委员会都感到这是个大问题。它在 1974 年呈交国会的一份报告中已提出这个问题，要求考虑由有关部门建立起全国商标目录。再有，英美的注册制度，在某些条件下并不妨碍用于同一商品的相同商标的原先使用人在别人已注册后仍继续使用自己的商标，甚至不妨碍他也同样去申请注册。只是后者只能在原先使用过的有限范围内继续使用商标。这种所有权共存的状况，在英美商标法中被称为"同时使用"（Concurrent Use）或"同时注册"（Concurrentregistration）。这样的商标所有权，当然很难叫作专有权了。英美法学在理论上认为共存状况可行的依据是：在英国，由于地域不大，某个商标如果成为名牌，很快就会在全国范围内驰名，而按照商标法的规定，唯驰名商标可以排斥相同商标共存；非名牌商标的共存则不影响全国的贸易活动。在美国，各州都有独立的立法和司法权，在商标管理方面，宪法尤其没有将立法权赋予联邦议会（美国宪法只明确了由联邦政府保护专利和版权），现在虽然有联邦商标法存在，但主要的商标管理工作仍由各州去做，在联邦注了册的商标不应妨碍原先在某个州里已经获得所有权的人继续使用。这种理论起码能够说明，地域比英国广，而地方政府又不像美国的州那样有立法权的国家，是不宜把英美商标制度作为"模式"的。

　　按照英美商标法，即使注册几年后已成为"无争议"的商标，它的无争议地位也不是绝对的。任何第三方仍可以依据下列任何一条理由对其有效性提出异议（在美国只能向法院提出，在英国可向专利局或法院提出）：（1）该商标已经在贸易活动中成为某种商品本身的通用名称，不宜为商标所有人专有；（2）该商标连续数年未使用；（3）该商标注册时，其所有人系用了欺骗手段；（4）该商标所有人已放弃了所有权。如果受理部门认为理由有据，仍可判决将"无争议商标"从注册簿除名。它并不像《出口贸易》中给人的印象，似乎是完全不可再争议了。

注册商标享有的权利优于未注册商标。在英国，前者受到双重保护；在美国，仅前者的所有人可以在联邦法院对侵权人起诉，而联邦法院的判决对州法院的判决有指导作用。所以对申请注册的商标一般要进行极严格、极烦琐的实质性审查，以示区别于一般使用中的商标。在英国，有的商标竟要经过历时几年的审查。这样一来，商标管理部门在不要求商标一律注册方面省去的工作量，又被实质审查的工作量填充上了，而后者比前者工作量要重得多。

由于上述原因，无论西方的工商业者还是法学者（包括一些英美法学者），多数并不认为英美商标制度是最先进的，也不认为它能充当"模式"。真正先进的，应算是法国的现行商标制度。

三、法国商标制度

注册制虽是法国 1857 年《商标法》的产物，但法国本身却不是从开始就只实行注册制的。使用与注册两种制度的并行，在法国也经历了一百多年。1857 年《商标法》来源于《法兰西民法典》第 1382 条，以及 1803 年与 1809 年的两个"备案商标保护法令"。民法典把商标权作为一般财产权来保护，上述两个法令则开始把商标作为专有权保护。前者实质上是保护靠使用获得的商标权的原始形式，后者则宣布保护在当时的"劳资协调委员会"（Conseil des Prud'hommes）备过案的商标。因此，以它们为来源的《商标法》，从一开始就对注册及未注册的商标均给予保护。所以在法国，是一种法律保护两种商标，不同于英美的两种法律保护两种商标。不过，法国商标制度从来不允许不同人的相同商标同时存在，只允许最先使用人或最先注册人独家享有商标权。如果冲突诉讼中的两方当中，一个是最先使用人，另一个是最先注册人，而一个开始使用的时间与另一个获得注册的时间又分不出先后（这种案件极罕见），那么所有权就判给最先使用人。

法国历史上的商标管理是最"自由"的（应当说是最放任的）。它的特点是：对注册申请不做任何审查；商标注册与不注册一律有效；商标注册后使用与不使用一律有效。这种"保护"制度实际上很难提供任何有效的保护。所以当时法国商标所有人的真正权利，只能在冲突诉讼中由法院给以确认。而有心经商的人，对诉诸法院解决问题往往并不感兴趣，他们要求在商标注册时就能够对自己的权利有个明确的划定。所以要求改革的呼声越来越强烈。于是出现了 1964 年的法国新《商标法》，亦即现行商标法。

新法对旧的商标制度作了三项重大改革。第一，规定了商标专有权仅仅通过首先注册方能获得，取消了最先使用者也能得到专有权的传统原则。不注册而仅仅使用的商标，没有被宣布为非法，但它受侵犯时不受法律保护；一切商标所有人必须在注册之后才有权向法院起诉。人们把这叫作"实际上的强制注册"。第二，对申请注册的商标均要进行形式审查，但不搞烦琐的实质审查。第三，把商标必须在贸易活动中使用，作为商标权存在的必要条件。如果某个注册商标连续 5 年未使用，则丧失商标权。不过它的丧失不是自动丧失。就是说，不是由管理部门主动将它从注册簿除名，而是要待到有相同商标的注册申请人或其他有利害关系的人对它的效力提出争议时，方才将它除名。如果一直无人争议，它的"权利丧失"就只是潜在的。新法除上述三点外，还有一些特殊规定。例如，驰名商标受到特殊保护，即使它尚未注册，它的所有人也有权阻止与其相同或相似的其他商标注册。但有个条件，即驰名商标所有人如果准备在法院起诉，要求对相同商标的所有人下禁令，禁止其继续使用，则自己必须先履行注册手续，法院才受理其诉状。这也是"实际上的强制注册"的一个组成部分。

法国现行商标法的优点是：由于实行了仅通过注册方获专有权，同时又把使用作为权利存在的一个条件，国家的商标管理部门就可以经常对全国范围内正在使用的商标全面掌握，便于向新的商标使用人提供意见，也便于在形式审查中拒绝已有的相同商标进入注册簿，因此可以减少在贸易活动中商标冲突的机会，减轻法院处理商标冲突案件的工作量。由于对商标的注册申请只进行形式审查，对未使用的商标又不是由管理部门主动调查，而是靠第三方的争议否定其效力，也就大大减轻了管理部门的工作量。同时，它还具有英美法系商标制度所具有的优点，即只是短期经营有限商品，并不希图建立起长期信誉的人，不会太担心自己的商标受到侵犯，他们仍可以不必费心去注册，而他们使用商标的行为仍是合法的（虽然一旦权利受到侵犯时不能起诉）。管理机关对这种短期存在的商标也没有掌握的必要。而注册商标所有人确实可以在注册时就感到自己的权利是可靠的了。这样管理的结果是"统而不死，松而不乱"。前面提到过，这个商标法一出世，比、荷、卢及瑞士就马上效仿它的基本原则，英国也提出了要改革现行商标法，要求起码对全国商标全面情况能有所掌握。所以说，法国商标法才堪称一种"模式"。

还有一个因素是，近年来知识产权这种以"地域性"为基本特征的权利，正在一些国际组织中突破一国的地域。专利方面出现了一次申请在十国有效的"欧洲专利"。商标方面则出现了"比、荷、卢统一商标法"与"非洲知识产权组织统一商标法"，它们所管辖的商标权都具有超出一国地域的效力。前者在三个国家有效，后者在十三个国家有效（注意：《马德里国际商标注册公约》等国际公约则不属于这种跨国商标法，它们的性质仅仅与《国际专利合作公约》

一样，申请人提交了国际申请案后，并不能得到超出一国地域的商标权，而是还要靠各国的国内法再去确定是否准予注册）。目前，欧洲共同市场国的统一商标法也在拟议中。可以想见，要统一管理超出一国范围的商标权，法国式的现行制度也是较理想的，而试图用某一国的判例去对另一国使用中的商标发生法律效力，则是在国际私法中不可能实行的。从这个意义上讲，英美法系商标制度的"模式"作用也是有限的。施米特霍夫显然没把跨国商标制度的出现考虑在他的著作中。实际上，1978 年公布的《欧洲共同体商标管理条例（草案）》中，已经明确了两点：（1）只通过注册一条途径获得商标专有权（第 8 条第（2）项，第 51 条第（1）项）；（2）对申请不进行英国式的全面审查（第 7 条）。可见它基本上是以法国法作为模式的。

西德普兰克学会专利研究所的贝尔教授（Friedrich Karl Beier）1975 年曾在《国际工业产权与版权》（I.I.C.）杂志上指出：法国的现行商标法解决了多年来以使用获得商标权所产生的冲突问题，成为许多国家的模式。英国伦敦经济学院的科尼什教授（W.R.Cornish）在 1981 年出版的《知识产权》一书中也认为：法国商标制度是"最新的发展"，它已被实践证明是一种"在与英国完全不同的前提下行之有效的制度"。

从《出口贸易》一书"商标"一节的注脚中可以看出，作者引用来说明其商标制度分类及其利弊的许多根据，来源于 20 世纪 30 年代英美法系学者的一部著作。1979 年，该著作（*Trade Marks Through the World*）最新版（第三版）已经问世，而 1980 年版的《出口贸易》中却仍引用 30 年代第二版的材料。"商标"一节所引用的判例，也都是 20 年代及 30 年代的。同时，作者未引用任何大陆法系学者的有关论述。材料的陈旧与片面，是作者难以对当代商标制度作正确评价的主要原因。

　　当然，尽管"商标"一节中存在一些差错和值得商榷的立论，但它在《出口贸易》一书中只占百分之一的篇幅。"瑕不掩瑜"，这本书整个看仍是国际贸易法方面的优秀作品，其中的"国际货物买卖"一编及"国际仲裁"等章节，至今仍是英国法律院校中"商法"课的必读材料。

关于商标立法的几个问题 [*]

　　商标，是生产者和用户借以区别不同企业所生产的相同产品的标志。商标法是规定商标所有人或使用人的权利和义务，实施商标管理的法律。一些主要资本主义国家，早在 18 世纪就制定了有关商标的法律；还有许多国家，也先后在 20 世纪 60 年代中前期制定了商标法。新中国成立以来，我国在 1950 年和 1963 年先后颁布过有关商标注册和商标管理的条例；但却很不完善，现在就更不能适应国内商品流通及外贸发展的需要。因此，当前制定我国比较完善的社会主义商标法，是十分必要的。

一、商标与质量管理

　　在我国社会主义制度下，采用商标，首先是为了明确企业的责任。促进产品质量的提高。因此商标法应当有利于产品的质量管理。

　　过去的有关条例，曾把商标说成是"代表商品的一定质量的标志"。这个定义值得商榷。商标一般不能完全反映出商品的质量，有

---

　　* 编者注：该文发表于中国社会科学院法学所《法学动态》1980 年 1 月 15 日第 4 期。当时我国刚刚开始作商标法起草的准备，本文是最早的有关立法建议之一。

时则完全不反映商品的质量。因为一个商标的图案或用词是固定不变的，而产品的质量却经常变化，或是提高，或是降低。"西凤酒"十多年前名列八大名酒之一，去年全国评酒会上，仍是原商标，但其质量却降为十名之后。按照上述定义，对某商标准予注册，等于给使用它的商品打了保票，也就对并不固定的"一定质量"，起保证作用。这对于增强企业的责任感，防止产品质量下降，是不利的。正因如此，多数外国商标法中，规定了"若标记中包含直接涉及产品质量的用词，不得作为商标注册"。美国及欧洲大陆许多国家的商标定义是：一企业之产品与它企业之产品相区分的标志。这比较准确。不过它没有把消费者这个重要方面表达出来。同时，种类相异的产品，不需要靠商标去区分。手表和自行车的区别，是不言而喻的；同样是手表，就要由"上海""东风"或是"菊花"这些商标来区别了。所以我认为商标是"生产者和用户借以区别不同企业生产的相同产品的标志"。这样，明确了企业的责任，有利于用户监督。目前，在我国因获全国质量奖而得到的"荣誉标记"，则可以说是"产品一定质量的标志"，它是评选及鉴定的结果，不能自己选用，它与商标的性质毕竟不同。

那么，商标与质量管理是从哪些方面相联系的，又怎样在法律中反映这种联系呢？我们试看几则外国商标法的有关内容：

"以保证某种产品的来源、性能或质量为目的而合法组成的实体，可以获得集体商标权"。（意大利关于商标的929号法第2条）。

在商标许可证交易中，"受许人的产品质量不得低于商标所有人的产品质量"（苏联《商标法》第29条）。

"故意在与指定商品相似的商品上使用注册商标而可能引起对商品质量误解者，任何人均可对其提出撤销注册的审理请求"。（《日本商标法》第51条第（1）项）"意图在商品或服务的质量方面搞欺骗而复制、仿制或非法使用商标者，得处以监禁或罚金"(《罗马尼亚商标法》第 41 条)。

"若不能保证所提供的商品和服务项目与获准使用的商标所规定的商品或服务项目的质量一致……得处以罚金"(《南斯拉夫商标法》第 21 条)。

由此可见，至少在使用商标的组织的组成目的、商标的转移、侵犯商标权行为的构成、使用注册商标后对产品质量的要求四个方面，商标管理对质量管理的作用可以见诸法律。上述第四方面在我国已有相应规定，而我认为前三个方面我们也可以作出相应的规定。

二、商标与出口贸易

我国的商标法，还应该能够促进我们发展平等互利的国际经济合作。在出口贸易中，商标对于商品的销售，有时比在国内更为重要。

出口商品使用的商标是否需要统一管理，由哪个部门管理，怎样管理，过去的条例中没有。我们有许多商品，不管用于出口、内销，或二者兼用，统统标着同样的商标。这就会造成不必要的损失。如：前些年我国名牌的白象电池在美国滞销、原因在于"白象"在那儿是"大而无用"的象征，并且有古代暹罗王专给他所诅咒的国家送白象之说，所以人家不愿试用"白象"电池。这种例子早成为有关部门的老生常谈，那么为什么不制定防止同类事情发生的法律条文？罗马尼亚商标法规定："凡准备出口的商品，有关各部与外贸部取得一致意见，根据商品的特点及特定市场，规定应予使用的商标。"我们不一定要规定得过死，但这种规定总的讲是必要的。我们要发挥地方和企业开展出口贸易的积极性，但不能像西方国家的企业或财团那样，都各自建立一套商业情报机构，全面掌握外国的风土人情、政策、法律及其对商标的影响，所以应当规定由一个部门统一掌握这方面的情况并赋予其指导或决定权。

在资本主义市场上，假冒别人商标，将别人的商标抢先注册据为己有的情况，是经常发生的。虽然大多数国家的商标法规定了对侵权行为的制裁措施，但在国外，许多不法商人能够利用我们出口工作中的疏忽作到在法律上无懈可击。在有些国家，我们有些出口商品，因商标未及时注册，被别人抢先，竟弄到无商标可用的地步。这除了有关企业对商标权在国际市场上的作用缺乏认识之外，还因为我们没有明确的针对出口商品使用的商标的规定。我们似可在商标法中规定，商标在商品销售国必须于一定期限内办完注册手续；甚至可以规定，对实行"注册在先"原则的国家，在进行出口交易之前，事先在该国办好商标注册。这样，便于我国出口商品的销售在外国取得应有的法律保障。

目前，从早就开始了海外贸易的国家英国、葡萄牙，到新兴的外贸出口国墨西哥、巴西，在商标法中都有针对出口用商标的专门规定。《英国商标法》第 31 条，就是十分明显地鼓励出口的一例，它甚至规定在国内因相似而不能使用的商标，却可以"专门用于出口商品"。商标权的法律特点，不仅在于其专有性，而且在于其严格的地域性，它只在一国法律管辖的范围内受到保护。为了扩大商标权的保护范围，资本主义各国从 19 世纪末就开始制定有关商标的国际公约。现在，国际上在这方面有一些参加国众多的公约，也有一些参加国较少的地区性公约。我国虽在这方面尚未参加任何公约，但并不妨碍我们制定出有利于我国出口贸易的商标法。

三、我国两种不同性质商标权的并存

我国社会主义制度下的商标权，与资本主义制度下的商标权有本质的不同。由于国际经济交往和进口贸易，存在着两种性质不同的商标权，而且都要受到我国法律的保护。具体来说，还要保护外国资本家的权利。只要我们不搞闭关锁国，要发展出口贸易和国际经济交流，这将是不可避免的。当然，这里所说的受保护的外国资本家的权利，已经不再是依外国法律产生的那种权利，而是由我国法律产生的，在一定范围内赋予外国人的权利。

为使外国企业或组织放心地来作生意，我们的条例对外国企业商标注册已有规定。但与其他国家的商标法相比，还是很不完善的。由于我国有优越的社会制度，外商一般并不担心中国企业会侵犯其商标权。但对在中国市场上是否会受到外国企业的侵犯，就比较关心了。这是因为我国缺少这方面的法律规定。如果我国商标法对两个以上同样与我们签订了双边贸易协定的外国，其出口商相互之间在我国提出的侵犯商标权的诉讼，应怎样受理、制裁和对受害人怎样救济，等，都有明确规定，就会提高外商同我们做生意的积极性，也有利于打击不法外商，保护守法外商。

现阶段我国虽仍处于商品生产阶段，但与资本主义商品生产有本质的不同。大多数国家的商标法规定可以有价转让商标或进行许可证交易。这对我国的计划经济，全面质量管理均无益处，因而是否沿用外国的这种规定，是需要商榷的。但对于进口商品的商标，中外合资企业所占有的商标应作何规定，则是另一回事。这是我们在两种性质商标权的并存中遇到的又一个问题。我们只能区别情况，作出既无损于我国的所有制，又不使外商和外国投资者望而却步的规定。

最后一点，关于诉讼保证金制度（原告要事先向法院交付一定保证金，以免在一旦败诉时交不起诉讼费用），一般公认这只是资本主义国家采取的。在社会主义制度下，不管有无经济能力，都有权对违法行为提起诉讼。但在进口贸易中，如外商在我司法机关对另一外商提起有关侵权的诉讼，并要求扣押带有侵权商标的商品，经调查被告并未侵犯其权利，因而必须赔偿对扣押被告商品而造成的损失，但如果该原告在我国既无住所又无财产，败诉后扬长而去，这种损失的赔偿岂不落在我们身上。为防止侵权行为的继续和取得证据，一般是要应原告请求扣押被告商品的。现由于存在着另一种性质不同权利，对于外商的某些诉讼规定保证金制度是可采取的。有的发展中国家为保证本国经济不受无谓的损失，在这方面作出一些规定，也值得我们借鉴。例如非洲知识产权组织的《利伯维尔协议：商标管理附则》第 30 条规定："如果要（对商品）实行扣押，法院可要求原告事先交付保证金；一般对于外国一方向法院提出扣押请求者，均要求先交付保证金。"

中国商标法：中国知识产权领域的第一个特别法

——评 1982 年商标法（英文）[*]

Trademarks in China: The First Specific Law in the Field of
Chinese Intellectual Property

Zheng Chengsi^{**}

In early May this year, during the meeting with Dr Bogsch,
the Director-General of WIPO, Chinese Vice-Premier Yao Yi-lin
said that in her socialist development, China now carries on a policy

---

* 编者注：此文原文为英文，现只译标题。本篇首次发表于英国牛津 EIPR（《欧洲知识产权评论》）1982 年第 10 期。据作者回忆，EIPR 因刊登此文销量增加了好几倍。

** Zheng Chengsi，research worker of the Law Institute of the Chinese Academy of Social Sciences，and a student at the London School of Economics under the supervision of Professor Cornish. This article and the English version of the Chinese Trade Mark Law have been prepared with the direct help of Professor Cornish，and the manuscript has been finalised by him. zheng wish to express a student's gratitude to him.

of "open door", and will continue to do so. Accordingly, questions concerning patent, trade mark and copyright law are currently being studied with a view to being finally resolved.[①]

Less than six months after that meeting, the first specific law in the field of Chinese intellectual property has appeared, the Trade Mark Law of the People's Republic of China.

This article is by no means an explanation of the Trade Mark Law; according to the Chinese Constitution, the right to explain it belongs to the Standing Committee of the National People's Congress. What is intended here is to express certain personal views, as a result of studying the text and its background, about the course of development of the Trade Mark Law, the meaning of certain provisions as the author understands them, the significance of the Law for international business and about certain practical questions which, in the author's opinion, remain to be resolved.

The text itself is set out at the end and its detailed provisions are not repeated in the body of the article.

History and Background of the New Law

Among the three main aspects of intellectual property in China, trade marks alone have a history of protection since the beginning of the People's Republic. People constantly discuss the establishment of a patent or a copyright system in China, but no one speaks of "establishing" a trade mark system. Such a system has long existed. The role of the new Law is only to perfect it and so render it

---

① Hong Kong Da Guong Bao（Chinese）12 May 1982, 1.

better suited to the new situation.

On 28 August 1950, the Government Administration Council of China (the predecessor of the present State Council) promulgated the Provisional Regulations on Trade Mark Registration. They are "provisional" because they were drafted in the conditions of a socalled 'transition period' in China. There were five kinds of economic sector in the society at that time: the socialist state sector, the cooperative sector, the individually owned sector, the capitalist sector and the state capitalist sector. As a consequence, there were trade marks used by different enterprises with different features, and protected in different ways.

But this period was very short. In 1956, it was claimed that the socialist transformation of the four sectors other than the state sector into two, stateowned and socialist collective, had basically been accomplished. At that stage, certain new regulations were needed which were no longer regarded as "provisional".

On 10 and 25 April 1963, the State Council published Regulations Governing Trade Marks and Implementing Rules under the Regulations, and abrogated the 1950 Regulations on 10 April 1963. The Regulations can be summed up under three heads:

(1) all trade marks used by any enterprise must first be registered (Article 2);

(2) any trade mark being applied for must be examined substantively to ascertain whether it has the characteristic of identification, whether conflict arises with prior registered marks and whether it is within the scope of certain words and emblems unregistrable as trade marks (Articles 4, 5 and 6);

(3) the main function of a trade mark is to distinguish the quality of the goods bearing it (Article 3);

There is one main shortcoming in these Regulations. Nothing is said about how to protect the "rights", nor about how to utilise the "rights" of a registered trade mark; only the "obligations" are stipulated.

But in fact these Regulations, together with their Implementing Rules, were only executed normally for about three years. The "Cultural Revolution" in 1966 badly affected the administration of trade marks as well as so many other affairs in China.

Reforms in the economic field and the "open door" policy instituted in 1979 have greatly improved commodity production in China and import and export business between China and abroad. There have been many new developments in the economic field. Joint ventures improving Chinese and foreign investment have been set up; individual industrialists and merchants have appeared; and more and more enterprises managed by peasants in the countryside have been established. The new situation has greatly changed the status of trade marks in China. Before 1966, there were only 2000 to 3000 trade marks approved for registration each year (most of them owned by Chinese enterprises), while in 1981 alone, more than 10, 000 trade mark registrations were accepted.[1]Up to the end of June 1982, more than 73, 000 trade marks had been registered in China; among

---

[1] Hong Kong Economic Reporter（English）April 1982, 3.

them, 9900 are owned by foreigners.[1]

The situation has demanded the publication of new provisions concerning the protection of trade marks. The first provision, which concerns the prevention of registered trade mark infringement, appeared in the 1979 Criminal Code. It is cited below because it is very helpful in understanding certain provisions in the Trade Mark Law just published.

Section 127 of the Code says:

In the case of violation of trade mark laws and forgery of the registered trade marks of others by commercial or industrial units, the personnel directly responsible will be sentenced to fixed term imprisonment of not more than three years, detention or fines.

Certain other amendments to the 1963 Regulations were also made separately. But this could not resolve problems fundamentally. The idea of drafting a new, complete and specific Trade Mark Law was suggested, and in October 1979 this question was discussed at a nationwide meeting held by the Administration of Industry and Commerce. But at that time, the main tendency was still to amend the old Regulations while not establishing a specific law on the subject.[2]However, it was finally decided in 1980 that the new Law should be drafted.

Description of the Trade Mark Law

Ren Zhung-Ling, the Director General of the Administration of

① Hong Kong Da Guong Bao（Chinese）21August1982, 8.
② People's Daily（Chinese）19 October 1979.

Industry and Commerce, has said that an outstanding characteristic of the Trade Mark Law is that it prevents the deception of consumers, and that this is an important task in the administration of trade marks. One may read the relevant provisions in Articles1, 6, 8（8）, 25, 31, 34（1）and（3）, 38（1）and（2）, and 40.

Compared with the 1963 Regulations, at least five new elements have been added in the Law. These comprise: statements of the rights attaching to a registered trade mark; how to execute the rights; how to protect the rights; where to sue; and procedures for assignment and licensing. Many changes also appear in other aspects of the Law. Certain major additions and alterations will be described below, as well as certain important consequential provisions. The following are particularly noteworthy.

In Article 1, "protecting the exclusive right in trade marks" is new, since the previous legislation was concerned only with obligations and not with rights. In fact, if one looks at the whole Law, one finds that more accurately, Article1 only concerns protecting the exclusive right in registered trade marks. As Article 4 shows, registration is no longer mandatory for all trade marks, but registered trade mark owners alone have the right to sue in accordance with Article 3 and Chapter VII. Also in Article 1, instead of the earlier provision that "the main function of a trade mark is to distinguish the quality of the goods", it is stated that one of the purposes of this Law is to guarantee quality through administration of trade marks. Although there will still be certain problems in realizing this purpose, such an expression is more precise than that in the 1963 Regulations.

Article 2 concerns the competent department. In the reform of structures in April 1982 in China, most of such "Administrations" were merged into ministries; but this Administration remains an independent department under the direct leadership of the State Council. This Administration is in charge of registrations and administration of all enterprises (including joint ventures), administration of all economic contracts, markets, advertisements and trade marks. A Trade Mark Bureau under it is in charge of trade mark registration. Every province, city or county has its local administration of industry and commerce. This kind of administration at a lower level does not register marks, but it does deal with other matters concerning trade marks used within its area.

As regards Article 4, Mr Ren Zhung Ling gave the following explanation to the Standing Committee of the People's Congress: the requirement that all trade mark owners must register before they use is inconvenient for bringing every positive factor of enterprise into play; this is especially unreasonable for small enterprises managed by peasants. Such a requirement is therefore changed in this Law, and unregistered trade marks are to become legal, while in Article 5 there is provision for goods on which the use of a registered trade mark is mandatory. Examples of such goods, of course, include medicines.[1]

Article 7 introduces a new requirement to which every foreign businessman must give his attention if he wishes to do business in China. This is that if a trade mark has been registered, that fact must

---

[1] People's Daily (Chinese) 20 August 1982, 4.

be indicated. The rest of this Article is similar to Article 4 of the 1963 Regulations; but in these it was required that words and figures in a trade mark be "simple". This requirement is omitted in the new Law.

In Article 8, paragraphs (1), (2) and (4) were in the 1963 Regulations; (3), (5) and (6) are added by reference to international practice; (7) and (9) are added to meet the particular conditions in China; (8) is added to correspond with the main purpose of the Law as stated in Article 1.

Article 10 refers to the China Council for the Promotion of International Trade (CCPIT) There is a Trade Mark Registration Agency under CCPIT acting on behalf of foreign enterprises registering their trade marks in China, and Chinese corporations registering theirs abroad. There is also a Patent Agency under the CCPIT, which is to act on behalf of natural or legal persons abroad filing patent applications in China, and of Chinese citizens in foreign countries after the establishment of a Chinese patent system. In addition, there is a Legal Counsel Office under the CCPIT which acts as agent in litigation and arbitration cases concerning economic, comercial and maritime disputes between foreign and Chinese counterparts as entrusted by clients at home and abroad. It assists in resolving such disputes and may be consulted on questions relating to law and legal practice. There are twenty subcouncils of the CCPIT all round the country.

Chapter II is clear enough by itself and no description is needed.

Article 18 affirms the practice of many foreign countries. Article 7 of the 1963 Regulations only covers the case where two similar trade marks are applied at different times, when the first will be accepted. The second half of Article 18 in the new Law deals with simultaneous applications. This Article, together with Articles 19 and 27, puts the Chinese Trade Mark Law in the category of a "system of ownership based on uncontested registration for a special period".[①]But at least two questions still deserve to be reconsidered. One is that a "one year" period may not be long enough for contesting a registration (for example, in the United States, such period is five years) The other is that there is no provision under which an unregistered well known trade mark can be an obstacle to the registration of an identical or similar trade mark by other persons. If the second question is not dealt with in the Implementing Rules of this Law, trouble will inevitably arise in practice. As for "publishing" mentioned in Chapter Ⅲ, there is a Trade Mark Bulletin managed by the Administration of Industry and Commerce solely for the purpose of publishing all trade marks which enter the Register.

Articles 20 to 22 will be discussed in Part IV below. requires the payment of a set fee. This will be stipulated in the Implementing Rules, as mentioned in Article 41. An assignment contract must be deposited first in the Trade Mark Bureau and then comes into effect; but a licensing contract can be concluded and come into effect before being deposited with the Bureau. In case of either assignment or

---

① Schmitthoff's Export Trade-The Law and Practice of International Trade at 404 to 405, in which the author classifies the trade mark laws of the world into three systems: (1) the system of ownership based on priority of use; (2)the of system ownership based on priority of registration; (3) the system of ownership based on uncontested registration for a specified period.

licensing, the assignee or licensee must guarantee the original quality of the relevant goods. But the Law prescribes no sanction for failing to observe this requirement. If the answer does not appear in the Implementing Rules, the penalty may depend on the discretion of the Administration of Industry and Commerce, or of the people's court. However, as far as the owner of a registered trade mark himself is concerned, the penalty for deceptively changing the quality of relevant goods is prescribed in Article 31.

Chapter Vconcerns opposition after registration, while Article 19 in Chapter Ⅲ deals with the situation before the grant.

Chapter VI covers obligations of both the registered owner and the unregistered owner. An unregistered owner may only sue an administration department which has improperly imposed a sanction upon him. But he is not entitled to sue anyone who uses a trade mark identical or similar to his, even if he has been caused actual damage, because Chapter VII only protects registered trade marks.

In Chapter VII, Article 37 is very brief but has important implications:

(1) no "defensive" trade mark is protected by this Law even though it is very famous;

(2) no service mark is protected;

(3) no sign is protected other than a "trade mark which has been granted registration", and only on "the goods for which use of the trade mark has been permitted upon registration".

Article 38 (3) covers a wide scope. This, too, if not amplified in the Implementing Rules, will be in the discretion of the administrative departments at all levels, or of the people's court concerned.

Article 39 concerns remedies but only in terms of general principle. Details will either appear in the Implementing Rules, or the matters will be left to the discretion of competent departments.

Article 40 corresponds to Section 127 of the 1979 Criminal Code.

In 1963, the Implementing Rules were published only two weeks after the Regulations, so it is possible that the Implementing Rules of this Law may appear at any time before the Law comes into force.

Significance of the Trade Mark Law in International Business Transactions Between China and Foreign Countries

Since the "open door" policy of early 1979, more and more foreign businessmen have begun to trade with China. In 1981 imports and exports totalled 735.3 hundred million yuan (equivalent to £ 2, 230 million), more than double the amount in 1978.[①]

Moreover, more and more joint venture enterprises have appeared in China in recent years. In the special economic zones, there are even enterprises owned solely by foreigners.

These businessmen and investors are of course concerned about the protection of their rights in trade marks. But there was no word in the 1963 Regulations about such protection. Although in certain earlier legislation there was special mention of the protection of foreigners' trade marks in China (for example in Article 5 of the 1979 Joint Venture Act; Articles 4 and 27 of the 1982 Implementing

---

① Hong Kong Da Guong Bao (Chinese) 25 August 1982, 5.

Rules of the Income Tax Act concerning Foreign Enterprises in China etc.), such protection can arise only from contracts concluded by the relevant parties and not from any general law. This is one of the reasons why certain foreign enterprises are still not active enough in China. The Trade Mark Law should dispel their worries and, as a consequence, ought to improve the development of China's foreign trade.

At the same time, China's exports are increasing rapidly. In 1981, for the first time in recent years, the total value of exports exceeded that of imports. Already Chinese exports are the largest in the world in the case of twenty-six types of goods.[①]How, then, will Chinese enterprises protect their rights in trade marks abroad ? Up to now, China has signed agreements with about thirty countries providing for reciprocity of trade mark registration.[②]However, the "reciprocity" principle means that the other countries have only to protect Chinese trade marks at the same level as they are protected in China. China's level in the 1963 Regulations, as has been mentioned, only imposes obligations upon trade mark owners while giving them no rights (except the right to use the trade mark in China) In a final analysis, without a complete Trade Mark Law, China cannot provide for the adequate and effective protection of

---

① People's Daily (Chinese) 30 August 1982, 3.

② They are: Argentina, Australia, Austria, Belgium, Canada, Czechoslovakia, Denmark, Finland, France, East Germany, West Germany, Greece, Hungary, Iran, Italy, Japan, Liechtenstein, Luxembourg, Netherlands, New Zealand, Norway, Pakistan, Poland, Rumania, Spain, Sweden, Switzerland, Thailand, the United Kingdom and the United States.

the rights of foreign trade mark owners, and so cannot get such protection for herself abroad. In this sense, the Trade Mark Law will be valuable for the export trade of China.

Further study may suggest that the Trade Mark Law has made it possible for China to join the Paris Convention for the Protection of Industrial Property at some time in the future. Most provisions of this Law correspond to the minimum requirements in the Paris Convention concerning the trade mark legislation of a Member State. For example, Article 8 of this Law is closer to Article 6 of the Convention than the 1963 Regulations; and Article 30 (4) of this Law is in complete conformity with Article 5 (C) (1) of the Convention.

One should pay special attention to Article 9, under which foreigners or foreign companies "may apply for trade marks in China according to the international convention (s) of which both the relevant country and China are members". This indicates that China is considering adherence to certain international conventions in which the protection of trade marks is involved. Certainly, the Paris Convention must be one among them.

Questions Left Open

Article 4 of this Law has given a legal right to use a trade mark whether registered or not. It will have positive results, as the Director-General of the Administration of Industry and Commerce has suggested. However, it may also produce certain negative effects.

First, in the past, the Administration of Industry and Commerce was able to keep an official record of all marks already in use on the

Chinese market. Once the new Law comes into force, such a record will be lost. Is that convenient or inconvenient for a country as large as China ? Even in the United Kingdom, efforts have been made for years to establish up-to-date lists of all trade marks registered and unregistered, and to make then readily available to anyone interested.[①]So far, there is no indication whether an all-round record of trade marks is considered necessary in China and, if so, which department is to be in charge of it. If this question is not resolved before the Law comes into force, many enterprises, as well as the administrations of industry and commerce at all levels, may find the consequences inconvenient.

Secondly, can an unregistered well known trade mark be an obstacle to registration of a similar trade mark ? Nothing is said, but a problem will occur if, according to Article 18 of this Law, a little known mark is applied before a similar well known mark, or even if the owner of the well known trade mark has no intention of ever applying it in China. At least, there should be a definite provision in this Law corresponding to Article 6 bis of the Paris Convention. Some foreign countries do have such provisions. For example in France, if an unregistered mark "has becone notoriously known as a result of increasing and widespread us……its owner may request that the registration of a confusingly similar mark be invalidated".[②]

Thirdly, in the author's view, a mandatory registration

---

① United Kingdom Parliamentary Paper 1974（14）Cmnd 5601, §134.

② Basic Features of Anglo-American, French and German Trade Mark Law, Beier,（1975）3 IIC 298.

system may be a more appropriate means to "ensure the quality of the products" (although the trade mark itself cannot in fact reflect the quality of a relevant product) In the People's Daily, 15 December 1980, there was a very lively caricature: in the office of the director of a cigarette factory, four coats with different brand names are hanging on the wall; a cigarette wearing a dirty coat runs in and says "Director, no one wishes to buy me any more". The answer is "Never mind, just change your coat and go to market again！" This reflects the recent resentment of consumers of an undesirable tendency in certain Chinese enterprises. Some enterprises have even raised the price of their products frequently while changing only their trade mark, and not the products themselves or the raw material. Although there are certain measures to punish activities in the first case under Article 34 of this Law, no corresponding measures cover the second case.

Perhaps the only hope of eliminating such practices lies in other legislation or administrative measures; but at least a mandatory registration system makes it less easy for enterprises to change their trade marks as they see fit.

Article 31 has made cancellation of a registration a sanction against deceptive changes in the goods. Is this a good measure？ Professor Cornish has said that the trouble with such sanctions is that it is 'left open for competitors to wreak further confusion on the public'.[1]In China, this comment has even more force,

---

[1] The Econonic Function of the Trade Mark: An Analysis with Special Reference to Developing Countries, Cornish and Phillips, （1982） IIC 50 to 51.

because Article 32 of the same Law gives only one year to attack the registration of another similar trade mark. What is needed is that:

(1) as far as well known trade marks are concerned, the owner should be liable to lose his Quality Mark (in the 1979 Regulations Concerning Awards to High Quality Products, it is stipulated that the relevant goods are entitled to bear a Quality Mark together with their trade mark);

(2) as far as all registered trade mark owners are concerned, it should be possible to order them to advertise at their own expense in a newspaper to inform the public of the change.

Although in many countries the latter may not be effective because of the large number of newspapers, in China there is a Market paper and a China Finance and Trade Journal which are the only papers specifically reflecting certain changes in the market. This could be a more effective way of preventing consumers being deceived than the provisions in the new Law.

There are other less important questions. For example, is it proper for one to appeal to a sub-department when the same department has already reached an unfavourable decision as outlined in Articles 20 to 22 ?

The comments made above are perhaps rather narrow in perspective. Even if there is something in them, one may recall the Chinese saying that "One flaw cannot obscure the splendour of the jade". The Law as a whole is excellent. It will play a positive role very soon in the development of China's economy.

简析人们对 1982 年商标法的几点意见[*]

1982 年我国颁布了工业产权领域第一部专门法——《中华人民共和国商标法》。该法实施来，国内外工商界及学术界曾对有关条文提出过一些意见。如果对这些意见进行分析，可归为三类。一类是条文本身并没有什么缺陷，不应改动的；再一类是条文确有不足之处，可以考虑修改的；还有一类是条文中并没有涉及，应当增加的。

（一）

我国商标法把"保障消费者的利益"以及"制止欺骗消费者的行为"作为立法的主要目的之一。在该法第 1 条、第 6 条、第 8 条（8）项、第 25 条、第 26 条、第 31 条、第 34 条、第 38 条等条项中，都反映出这项基本原则。但是自商标法实施以来，直接、间接违反商标使用规定，欺骗消费者、损害消费者利益的活动时有发生，甚至屡禁不止。于是有人提出疑问，把"保障消费者的利益"作为商标法的目的是否恰当，是否行得通？

---

* 编者注：此文原发表在郑成思著：《知识产权和国际贸易》，人民出版社 1995 年版，第 81~86 页，第三章"知识产权立法建议与意见"之第一节"简析人们对商标法的几点意见"。

　　的确，今天世界上多数国家的商标法，都是调整商品经营者之间的关系而制定的。在那些国家里，冒用他人专用的商标要受到处罚，首先是因为冒用者侵犯了他人的工业产权，而不是冒用行为造成了欺骗消费者的后果。但也应当知道：美国哈佛大学学者在六十多年前已论及"商标法"与"消费者权益保护法"的共同目标。

　　我国是个社会主义国家。中国商标法未把保护企业或个人的产权作为最终目的或首要目的，而把这种对产权的保护作为一种必要手段，来达到保障消费者利益，促进社会主义商品经济发展之目的。这样能使我国商标法与资本主义国家的商标法在本质上有所区别。如果实践证明有必要在商标法之外再立一些保护消费者利益的法规，它们与商标法的同一目的也不矛盾。正如在有些资本主义国家，虽然商标法已经把制止经营者之间的不公平竞争作为主要目的，它们也同时另立了"制止不正当竞争法""反垄断法"等，以期达到同一目的。

<h2 style="text-align:center">（二）</h2>

　　商标法颁布后，就商标注册申请及已注册商标争议的终局裁定问题，有人提出过意见。我国专利法颁布后，这种意见更显示出了它的合理性。发明专利申请案被驳回，申请人尚有机会向法院起诉；而商标注册申请案被驳回，则没有机会向法院起诉。这有利于缩短某些商标纠纷的终局裁定时间，但对于商标管理工作（注册部分）的监督则是不利的。

　　在商标法中规定给予商标使用人或其他利害关系人向法院起诉的机会，这不但对于解决侵权纠纷是必要的，而且对解决商标注册及注册归属问题上的纠纷，也是必要的。这将有助于完善工业产权制度。建议在商标法中增加与《专利法》第 43 条、第 49 条相应的规定。这并不涉及商标法实体条文的修改。

在商标法实施后，特别是个体工商业者申请并取得商标注册的情况越来越普遍之后，我国一些其他涉及工业产权的法律，过去没有考虑到个人持有注册商标权这一事实。因此，应考虑增加相应的规定。我国《继承法》在第 3 条中规定，专利与版权中的财产权，都可以作为遗产转移。但对于注册商标权能否同样处理，则未作出规定。如果制定《继承法》时，取得商标注册的还仅仅是企业、单位，则那种状况现在已经变了，法律如不作相应改变，商标局及法院就很快会面临个体户的注册商标（尤其是一些已经比较有名的商标，如北京个体户刘翔用在摩托驾驶员头盔上的"飞翔"商标），在原所有人死后怎样对待的问题。同样的问题也存在于我国《个人所得税法》及《个人所得调节税暂行条例》中。这两部法规也规定了专利与版权的转让所得如何纳税，但唯独没有提及注册商标转让所得的纳税问题。

此外，还有一些商标法的外文正式译本上的用语，也可以考虑作一些修改。这并不影响商标法本身的条文，但有助于减少外国商标申请人及使用人的误解。

例如，英译本中国《商标法》第 7 条、第 8 条两条中、把组成商标的"图形"译成英文的 Design。这使不少外商误认为我国为"立体商标"提供注册保护。Design 在美文中包括立体设计与平面设计；它不像西班牙文中的 Dibujo（仅仅指平面设计或平面图形）。实际上，我国商标局于 1985 年曾驳回英国可口可乐公司以可口可乐饮料的特型瓶装申请注册的申请案。其主要理由就是我国只保护平面注册商标。其他一些容易引起误解的用语还有：第 40 条假冒他人商标的"假冒"二字，应是英文中的 forgery 或 Counterfeit。现在译成为 Passing-off，使英国及英联邦国家的外商及法律界都认为中国对商标也提供普通法保护。因为 Passing-off 用在商标领域，是普通法的专用语，它指的是通过禁止"冒充"他人的商品而间接保护为注册的商标，并不指禁止商标的"假冒"。①

（三）

我国商标法中，没有为服务商标提供注册保护。② 从两个方面看，这种保护对象应当列入商标法中。第一，我国参加的《巴黎公约》把保护服务商标作为对成员国国内法的最低要求之一。该公约虽然没有规定成员国必须为服务商标提供注册保护，但我国除成文商标法外，并不存在同时保护着商标权的普通法。在 1986 年前，英国成文商标法也不保护服务商标，但它毕竟还另有普通法的保护。第二，服务业在我国第三产业中已成为一个举足轻重的部分。靠一定标记区分不同公司提供的同类服务，已经不仅是诸服务公司的要求。同时也是广大消费者的要求。"服务"已经作为与商品相同的东西出现在我国市场上。目前，在我国的许多饭店、汽车公司、航空公司只能通过它们的特殊用品取得商品商标的注册，间接保护自己的服务商标。这种保护是不可靠的，也与商品商标原先的注册目的完全不同，是不值得提倡的。

怎样给"驰名商标"在注册上及排斥他人以相同标记注册上以特殊照顾，在我国商标法中并没有明文规定。但我国商标局在近年的接受注册的工作实践中，已经实行了这种"特殊照顾"。例如，《商标法》第 8 条规定，直接表示商品主要原料的文字不能当作商标使用，而四川宜宾酒厂的"五粮液"不仅仍当作商标使用，而且取得了注册专用权。商标法在同一条中规定，商品的通用名称不能作为

---

① 在 1993 年《反不正当竞争法》中已有明文反"假冒"商品。

② 这一点在 1993 年修改后的《商标法》中已增加。

商标使用，而香港豆品有限公司用在豆奶制品上的"维他奶"商标，也在我国商标局获得了注册，原因均在于上述商标在注册前已经是"驰名商标"。在实践中已经应用的原则，最好能够明文写入法律中。世界上多数国家的商标法中，对"驰名商标"的特别保护，都是有明文规定的。

此外，在我国与法国、比利时、卢森堡经济联盟等十几个国家和经济集团分别签订的"保护与鼓励投资双边协定"中，都提到厂商名称（商号）、商誉可以作为投资的资产。我国于 1985 年 5 月颁布《工商企业名称登记暂行规定》①后，厂商名称（商号）可依法作为财产权。但"商誉"至今在我国尚无任何法律来保护。"商誉"（Goodwill）过去长期是西方国家无形财产大类下的一项；近年则有越来越多的国家把它归入工业产权之中，并在商标法或制止不正当竞争法中予以保护。我国如果已在双边协定中承担了保护这种无形产权的义务，可考虑在商标法或其他法规中增加承认它是一种财产权的规定。

我国《商标法》在第 8 条规定了不得作为商标使用的一系列文字、图形。其中多数也是国际上一般不允许作为商标使用的。这一条是合乎国际惯例与巴黎公约最低要求的。

如果进一步考虑到中国文字的特点（以象形、假借、象声、形意等为主要内容的方块字，而不是多数国家的拼音字），笔者感到还应增加一些我国特有的禁例。至少，在"不允许取得注册的商标"中，应当增加"可能产生'反向效应'的文字"一项。

---

① 该规定在 1991 年经修订后，由国务院批准颁布，名称为《企业名称登记管理规定》。请注意勿将"名称登记"与"企业登记"混淆，后者与知识产权无关。

　　"反向效应"指的是什么呢？[①] 可以举个例子来说明。以"锋利"作为钢刀的商标申请注册，曾经被驳回过，原因是它属于第 8 条第（6）项的禁例（直接表示商品的质量、主要原料、功能等特点的，不能作为商标使用）；并有可能属于"夸大宣传"项项。但如果将该文字改为"峰立"，则有可能被批准注册，因为这两个字不再涉及商品（钢刀）的质量，也不会产生夸大的后果。但如果"峰立"真获得注册，日后其他钢刀厂家在自己商品的装潢上将"锋利钢刀"作为商品名称印上而不是作为商标使用，就可能被视为侵犯了前者的商标专用权。因为"锋利"与"峰立"谐音，可被判断为使用了与他人商品"近似"的文字，属于"给他人注册商标专用权造成其他损失"（《商标法》第 38 条第（3）项）。这样一来，本应处于公有领域中的"锋利"二字，实际上就被某一个先注册的厂家所"专有"了。而这种专有，则是不合理的。这就是所谓"反向效应"。

　　如果不注意这种"反向效应"，批准某种特效药品以"神琦"二字注册，批准某种曲酒以"纯湘"注册，都可能使公有领域中的"神奇""醇香"等形容词不合理地进入专有领域，从而妨碍了其他合法经销者正常使用某些文字于商品名称或广告、说明书等方面。

---

　　① 编者注：2013 年修订的《商标法》允许其他人正当使用商品的通用名称，叙述性标志或地名，因此不会受到已注册谐音商标的妨碍。

中国知识产权法：特点、优点与缺点

——评 1993 年商标法 *

    1993 年中国《反不正当竞争法》的颁布，标志着中国知识产权立法的基本完成，也可以说是给知识产权领域的立法画上了一个句号。当然，"完成"不等于"完善"。从完善的要求看，1993 年的"完成"又仅仅是个开端。以形而上学方式看问题，会认为"完成"与"开端"是不相容的；句号只能是句号；刚刚颁布（或修订）的法，不可能存在缺点。1984 年我曾写过一篇《中国专利法的特点、优点与缺点》，发表出来时已不见了后半截。虽然该文当年就被《文摘报》等报刊转摘或转载，后又多次被一些人的"专论"所抄袭，我本人却对发表出来的部分并不满意。原因正在于发表的方式不是辩证唯物主义的，而是形而上学的。

    随着改革开放的进程，人们的认识都在提高。今天，终有可能

---

　　* 编者注：此文原发表在郑成思著：《知识产权和国际贸易》，人民出版社 1995 年版，第 39~46 页，该节原标题为 "中国知识产权法：特点、优点和缺点"，本卷节取商标法部分。

把一篇肯定优点、指出不足的文章，在新的高度再次写出发表。这里并没有任何结论性的东西。我所指出的不足，也未必真就是不足，在讨论中也可能被他人论证了是优点。但不论怎样，通过这种肯定了基本的优点，同时又对被认为是缺点的部分开展的讨论，只会有利于中国知识产权法的完善。

1982 年颁布、1993 年修订的《商标法》，是中国改革开放之后，在知识产权领域出现的第一部单行法。1993 年修订内容中的相当一部分，实际在 1988 年首次修订《商标法实施细则》时，已经成为中国商标保护制度的一部分，只是在 1993 年才从"条例"这一级上升到"法律"这一级。中国现行商标法的特点有以下几点。

一、由国务院工商行政管理部门商标局主管全国商标注册和管理工作

这一条因为暂时不好确认它是优点还是缺点，故放在"特点"中。而这又的的确确是中国的特点。

在许多国家，商标权与专利权统一由"工业产权局""专利商标局""专利局"或"贸易部""知识产权部"授予及管理。而我国的历史事实则是专利制度从 20 世纪 50 年代中期起中断了多年；而商标管理则基本未长期中断过。商标局先于专利局而存在，商标管理的基层机构、经验以及操作条件等，都非其他知识产权领域可比。把商标权作为知识产权的一个组成部分而由管理专利等的统一的机构去管理，在定时期还难做到。而商标权虽是民事权利，又不同于版权；它不是自动依法就可产生的，确实需要一个人员较多的机构去"管"。

二、注册商标标识有较严格的限制

中国商标局允许获得注册的，仅仅是"文字、图形或者其组合"。

这就排斥了"立体标识"注册的可能性。1985 年，中国商标局与英国上议院几乎同时认定了"可口可乐"的特有瓶装造型不可以获得注册。中国商标局驳回其注册申请的主要原因即：不为立体标识提供注册保护。当然，过去中国商标法的正式文本，把"图形"译成了"Design"，使许多外国人误认为中国允许立体标识注册。

同时，"文字、图形或者其组合"也排斥了音响商标、气味商标等获得注册的可能性。[①]

三、非强制注册与部分强制注册并行

从 1982 年开始，中国改变了过去作为"社会主义计划经济"产物的"全面强制注册"制度，规定了只有商标使用者"需要取得商标专用权的"，方有必要申请注册。这对于 20 世纪 80 年代的"社会主义商品经济"及 90 年代的"社会主义市场经济"的发展无疑是有益的。与此同时，《商标法》及实施细则又规定了药品、烟草及卷烟所使用的商标，一律应先注册，后使用。

四、居中的审查制度

过去，不少人认为中国商标法实行的是"非实质审查制"。如果与英国、德国等严格的实质审查制相比，这种看法并不错。但中国又并未实行许多发展中国家实行的那种单纯的形式审查制。在中国，商标权"确权"的最后权力机关仍旧在国家工商行政管理局，它就不可能在批准注册前完全不进行实质审查，而将来让人们在法院诉讼中再提出实质审查问题。中国商标局对申请注册的标识是否具有"识别性"，是否可能同已获注册的标识相混同，等等，还是要进行较严格的审查的。从这个角度看，应当承认它实行的仍旧属于"实质审查制"。只

---

① 编者注：2001 年《商标法》及 2013 年《商标法》修改时已分别允许三维标志和声音注册为商标。

是其严格程序，尚不及一些实质审查制发达的国家。

五、不由法院最后确权

这一点上面已提到。虽然在《商标法》修订的全过程中，不断有人提出"确权"之权应在法院。但有人援引了 1992 年已修订的《专利法》。该法仍把实用新型及外观设计专有权的最后确认留给了专利局。故商标权的最后确认留给工商行政管理局，似乎也不出大格。当然，专利领域的"发明专利"最终确权定在了法院，版权则从理论上讲只能由法院确权。相比之下，却不存在任何商标权由法院确认的余地。商标行政管理机关在"确权"这点上，显得有些"得天独厚"。①

六、"争议"时限较短

一些国家商标法规定：商标获得注册后，3 年或 5 年无人提出争议的，即成为"无争议商标"。中国商标法实施细则把这一争议时限定为 1 年。这就警告了一切利害关系人：如果打算以"注册不当"要求撤销某注册商标的话，你对注册提出争议的时间是很有限的。该时间是"自商标注册公告之日起一年内"。而且，利害关系人"没得到公告"或"没读到公告"等，绝不可能成为要求延展这一年时限的理由。②

七、解决侵权纠纷的"双轨制"

也是由于历史的原因，商标法与专利法在原始文本中的行政管理机关调处侵权纠纷、"责令侵权人立即停止侵权行为、赔偿被侵权人的损失"等权力，在修订后的条文中依然保留着。一些学者从

---

① 编者注：2001 年《商标法》修改时已经允许对商标评审委员会的裁定提起诉讼。

② 编者注：2001 年《商标法》修改时已经将争议时间放宽到 5 年。

法理上始终认为行政机关直接并且过多地干预民事权利，应属缺点；实际工作人员及一些被侵权人从实践中纠纷的解决迅速、省钱等方面看，则认为是优点。但无论如何，我认为这种与法院解决侵权纠纷并行的制度算中国商标法（以及专利法）的一个特点，是没有太多争论的。

中国现行商标法的优点在法中占主导地位。至少，世界知识产权总干事早在 1990 年就公开讲过：中国商标法是他在中国当时已有的几部知识产权法中最为满意的。1991 年到 1992 年的中美知识产权谈判中，美方甚至很难从中国商标保护中挑出什么大问题，乃至最终把商标权议题全部排除了。修改前的商标法，外人评介尚如此；修改之后，优点就更突出了。这主要有。

1. 商标权保护水平、保护范围及注册等程序，更加向国际标准靠拢

这里讲的"国际标准"，主要指《巴黎公约》中有关商标保护的规定；世界知识产权组织主持起草的"商标保护协调法建议"；关税与贸易总协定中"知识产权分协议"与商标有关的条项。诸如现行商标法中对服务商标的保护，为集体商标及证明商标提供注册，改"核转制"为"代理制"，等等，均是实例。

原商标法（第 12 条）要求在不同类商品上使用同一个商标须"分别"提出注册申请。现行商标法删去"分别"二字，从而大大便利了注册申请人，也更符合《国际商标注册马德里协定》的程序。

2. 在法中明确了对"注册不当"的撤销理由与撤销程序

早在 1985 年，国内外均有商界人士对中国商标法中未明确给商标权利冲突人之外的利害关系人或无利害人以"注册不当"为由提请撤销的权利，表示了不满意。1988 年的实施细则虽然增加了这项内容，但一是它属于法律本身没有的东西，在细则中有"越法"之嫌；二是细则中未明确何谓"不当"，给了商标管理机关过大的"酌

处权"（Discretion）。在现行法律及细则中，这两方面的问题都解决了。这就使商标保护制度更加合理。

3. 加重了对严重侵权的刑事处罚

这一点，不仅符合国际上保护商标权的总趋势，也符合中国近年商标侵权活动猖獗的实际情况。在修订商标法过程中，1992 年的一次全国人大常委会未能通过修正案，主要原因之一正在于当时的草案未能加重对侵权的刑事处罚。

4. 对许可及转让商标权"管而不死"

过去，相当多的国家（主要是英联邦国家）对于商标权人许可他人使用注册商标，作了严格规定。至少，被许可人须经注册而被承认为"注册使用人"之后，方能合法使用。这个规定如果中国也引进，那么就会在含商标权许可证的技术转让合同、合资企业合同等合同订立时，发生多重机关审批的问题。如果经贸主管机关批准了的合资企业合同而其中的"注册使用"有关商标未获商标局批准，应如何处理？类似的问题会出现一大批。

过去，不少国家商标法规定：商标权的转让必须连同企业的经营（business）一道转让。但 1991 年年底初步达成一致意见的关贸总协定中"与贸易有关的知识产权分协议"，恰恰不允许做这种硬性规定。

中国商标法虽要求转让之前必须经商标局核准，许可证合同签订后必须报商标局备案，但从一开始就未作过上述其他一些国家那样的硬性规定。在这一点上还是有先见之明的。

5. 对注册商标予以保护，对注册及未注册商标均实施管理

只有这种"全面管理"，才可能真正保护注册商标的专用权。

6. 对侵权的行政罚项，采用了"水涨船高"的罚项比例额

这种规定大大优于（如中国《著作权法实施条例》中的）限死的罚项数额的方式，对惩罚和制止侵权更有效一些。

现行《商标法》的缺点主要有。

1. 在用语上，中国商标法使用"商标专用权"

虽然我国台湾地区在先制定的"商标法"也使用的是"商标专用权"，但世界上绝大多数国家和地区的商标法，乃至包含商标保护的国际公约，均使用"商标权"。因为，商标经注册后，其所有人获得的权利远远不止是"专用"。在商标权可以设定为质权的国家，它可能根本"不用"而体现出其财产权的性质。事实上，"许可"他人使用，"转让"，也是商标权人的权利。这些权利，也都不是什么"专用权"。

"商标专用权"的内涵大大窄于"商标权"。在商标法中，它是个不恰当的用语。

2. 未回答市场经济已提出的权利质权等问题

注册商标权人能否以其权利作担保，以换取急需使用的资金，即能否将商标权设定为质权的问题，在中国确定了发展社会主义市场经济目标之后，已经提到实际经济生活中来了。1993年4月3日《光明日报》上，已登出"科技成果进当铺"的实例。那么，商标权能否成为这种"进当铺"的标的呢？

发达国家如法国、瑞士、丹麦等，发展中国家如埃及及一大批法语非洲国家，都明文允许将商标权设定为质权。1993年前的台湾"商标法"明文禁止以商标（专用）权设为质权，1993年修订之后，则又明文允许。

中国商标法中找不到这种"明文"。而在实践中，又肯定会遇到这个问题，届时应如何处理呢？

像这类在市场经济中已提出、而又应由商标法回答，但商标法却回避了的问题，还有一些。这里只举权利质权一例。[1]

---

① 编者注：2007年的《物权法》，1995年的《担保法》对商标专用权质押进行了规定。

3. 缺少对防御商标、联合商标注册保护的明确规定

专利侵权的认定与否定，有专利申请书中的"权利请求书"作了明确的限定。正像为一家人的"私宅"地区画了一个圈，他人进入这个"圈"，即告"侵权"。而商标侵权则由于在"类似"商品上，使用"近似"商标也依法构成侵权，则在原来似乎明白的"侵权"认定圈外又划出一个"模糊"区。

在多数国家，商标法中出现了"类似"商品及"近似"商标这些术语的，均会提供对防御商标及联合商标的注册保护。

因为，从一般法理上推，"侵权"者，应系你侵了我享有的权。这里讲的"权"，一般有肯定与否定、或"行"与"禁"两方面的含义。例如我对我写的一部书享有版权，这句话指的是：一方面，我有权复制它；另一方面，我有权禁止他人复制它。在商标领域，则不尽然了。当他人使用了与我的商标相同的标识时，我一方面有权禁止他使用，另一方面有权自己使用。这是无异议的。但他人使用了与我的商标"近似"的标识时，我一方面有权禁止他使用，另一方面却无权自己使用这种"近似"标识。否则，我就可能被视为"自行改变"原注册的文字的图形，因而可能依《商标法》第30条受到处罚。同时，何谓"近似"，又无法下一个明确的定义。有的人就会在侵权中逃避责任。于是，确实已建立起信誉的商标权人，就希望能够把他认为与其注册商标"近似"的那些文字及图形统统注了册。其注册的目的不是为了自己"专用"，而只是为了禁止他人使用，以免造成混淆。这就是有必要保护"联合商标"的主要理由。

防御商标则是由商标权人在所有"类似"（乃至广而及于不类似）的商品上均以其注册商标注上册，目的也不是自己在这些商品上使用，而只是禁止他人在这些不同商品上使用同一个商标。

这是从两种完全不同的方向来扩大同一个注册商标的方式。顺便说一句：曾有商标法教材或文章，把联合商标与防御商标说成一

回事，是不对的。

中国商标法中缺少注册保护防御与联合两种商标的规定，既不符合国际上的发展趋势，又不符合我们自己的商标管理实践。多年前，"米老鼠""唐老鸭"等实际已在中国商标局取得过相当于防御商标的注册。同时（如上所述）缺少了这两种注册，从逻辑上也与商标法认定侵权时纳入"类似"与"近似"的模糊区不合拍。

4. "其他含义"还是"第二含义"

中国商标法禁用县以上地名为商标，同时规定："但是，地名具其他含义的除外"。

国际商标保护中，多年来使用"第二含义"这个术语，而不使用"其他含义"，是有其道理的。第二含义指的是某一标识虽确系地名，但使用者在商业活动中，已使顾客一见到它就联想到商品的制造者来源，而不是有关地理来源。例如香槟、茅台，等等。这里并不管有关地名本身原先有没有"其他含义"。例如，"长春"这个地名当然有"其他含义"，例如表示"永不衰老""四季常青"等。但这些完全不能成为可以把"长春"作为商标使用的理由。商标法中这类表达不确切的地方，还可以找到一些。而这些，如果认真参考国际上已有的成例，本来是可以避免的。

5. "社会主义商品经济"还是"社会主义市场经济"

这是《商标法》第 1 条提给我们的问题。1982 年《商标法》从过去的单纯计划经济中走出，把"促进社会主义商品经济的发展"作为立法目的之一，是有历史功绩的。也正像前面第 1 条不足中所说，既然 1992 年就已经确定了中国发展社会主义市场经济的目标，为何到 1993 年修改法时，旧提法依然保留呢？①

---

① 编者注：2001 年《商标法》已经将"商品经济"改为"市场经济"。

关贸总协定与商标权、地理标志权 [*]

一、商标权

（一）注册条件

商标权与版权不同，它虽然也属于知识产权的一种，但需要经过一定的行政程序才可能产生。在知识产权协议有关版权的条项中，虽然并没有明文规定"自动保护"原则（作品一旦创作完成，就依法自动产生，不需经过行政程序或符合一定形式），但由于有关条项强调了版权保护要符合伯尔尼公约的原则，而《伯尔尼公约》第5条又正是"自动保护"原则。

关贸总协定中的知识产权协议的商标一节，开宗明义就对注册条件作出了规定。因为，在今天的国际保护中，以及在大多数国家的国内商标制度中，"获得注册"是取得商标权的唯一途径。就是说，商标权一般不能自动产生，而需要向一定的行政主管部门提出注册申请，经审查、批准之后才能产生。如果一个申请中的商标标识不

---

   * 编者注：此文原发表在郑成思著：《知识产权与国际贸易》，人民出版社 1995 年版，第360~370 页及第 374~380 页，第三章"知识产权立法建议与意见"之第五节。

符合注册条件，就会在审查中或在审查之后被驳回或在注册后被撤销。

《知识产权协议》第 15 条第（1）项，把"视觉能够识别"作为可以获得注册的条件之一。这样就把"音响商标"（例如有的银行把硬币被倒出的声音作为自己的服务商标）、"气味商标"（例如有的厂家把某种特殊香味作为自己产品的商标）排除在可以注册的对象之外了。但是第 15 条的这项要求，显然没有把"立体商标"排除在外。不过第 15 条的这一要求不是强制性的因为第 15 条在规定这一要求时使用了"可以"（May），而没有用"必须"（Shall）。①

但对于另一项注册条件的要求，则是强制性的了。这就是：能够注册的标识必须具有"识别性"，即能够把一个企业的商品或服务与其他企业的商品或服务区分开。如果一个企业使用"自行车"作为自己的自行车商品的商标，显然无法通过它把该企业的商品与其他企业的自行车商品区分开。这个标识就属于不具有识别性的标识。但是如果一个经营服装的企业使用"自行车"作为其商品的商标，则可以通过该商标与其他企业的服装商品相区别。所以，是否具有识别性，并不在于有关标记本身采用了什么样的文字或图形，而要看有关文字或图形是否与它所标示的商品的通用名称、主要功能、主要原料等相重合。一般讲，如果重合了，该标识就不具有识别性。

我国在商标行政管理实践中，曾拒绝为"立体商标"提供注册。这种做法是否会违反第 15 条第（1）项呢？不会的。因为第 15 条第（2）项又补充规定到：只要不背离巴黎公约，则成员国或成员地区仍就可以依据知识产权协议没有列出的其他理由，拒绝给某些商标以注

---

① 编者注：虽然 TRIPS 协议允许成员排除非视觉可感知的标志的注册，但鉴于立体商标系视觉可以感知，因而应该不在"可以"（May）排除之列，成员应该有注册义务。

册保护。

请读者注意，我国商标法没有特别规定什么样的标识不能获得注册，倒是更广的规定了什么样的标识根本就不能作为商标使用（当然更谈不上注册了）。

我国《商标法》第 8 条是这样规定的：

商标不得使用下列文字、图形：

（1）同中华人民共和国的国家名称、国旗、国徽、军旗、勋章相同或者近似的；

（2）同外国的国家名称、国旗、国徽、军旗相同或者近似的；

（3）同政府间国际组织的旗帜、徽记、名称相同或者近似的；

（4）同"红十字""红新月"的标志、名称相同或者近似的；

（5）本商品的通用名称和图形；

（6）直接表示商品的质量、主要原料、功能、用途、重量、数量及其他特点的；

（7）带有民族歧视性的；

（8）夸大宣传并带欺骗性的；

（9）有害于社会主义道德风尚或者有其他不良影响的。

县级以上行政区划的地名或者公众知晓的外国地名，不得作为商标，但是，地名具有其他含义的除外；已经注册的使用地名的商标继续有效。

这里的第（1）至（4）项，与巴黎公约的要求是相同的。第（5）（6）（8）三项，与国际惯例是相符的；第（7）（9）两项则结合了我国的具体情况。这些要求，均不能说是与巴黎公约相背离，因而也符合知识产权协议的原则。

此外，我国《商标法》第 7 条明文规定："识别性"这项条件，也不限于注册商标，同样广而及于一切商标（不论是否注册）。这点也比知识产权协议的要求更高。

有些标识，形式上似乎不具有"识别性"，但实质上则在使用中已经产生了"识别性"。这就是协议第14条第（1）项中提到的、产生了"第二含义"的际识。

"第二含义"，指的是有些本来不可以取得注册的文字或图形，因为它们反映的是商品的通用名称、一般功能、主要原料或产地等。但如果这些文字或图形在使用过程中，已经不给市场上的商品购买者提示商品名称、功能、原料等，而是使人直接与该商品的特别来源相联系，则可以获得注册，从而获得商标权，例如："五粮液"，本意指该酒的主要原料，但消费者见到这一标记，联想的多不是原料，而是该酒的特有牌子、联想该酒产自四川五粮液酒厂。这就是对消费者产生了"第二含义"。再如"青岛"牌啤酒，也是另一角度"第二含义"的实例。

《知识产权协议》还在第16条第（1）项中，把"不得损害已有的在先权"，作为获得注册乃至使用商标的条件之一。

可对抗注册商标的"在先权"，在协议中也没有明确包含哪些权利。但在巴黎公约的修订过程中，在一些非政府间工业产权国际组织的讨论中，比较一致的意见，认为至少应包括下面这些权利：

（1）已经受保护的厂商名称权（亦称"商号权"）；

（2）已经受保护的工业品外观设计专有权；

（3）版权；

（4）已受到保护的原产地地理名称权；

（5）姓名权；

（6）肖像权。[①]

---

① 参看 WIPO 专家组《协调各国商标法》草案，1991 年年底。

我国《商标法实施细则》在1993年修订之后,已经把"在先权"这一概念引入了该细则第25条之中,在商标行政管理机关对这一概念进行解释时,也至少将包含上面列出的六项,可能还会解释出更多的项目。

(二)使用要求

前面讲过,在绝大多数国家,靠注册是获得商标权的唯一途径。但的确有少数国家依照自己的传统,把"在贸易活动中实际使用商标",作为取得商标权的途径,而"注册"反倒仅仅是对业已存在的商标权给以行政确认。虽然这类国家已经越来越少,但毕竟还存在,而且有的还举足轻重(例如美国)。所以,《知识产权协议》第15条第(3)项照顾了这种现存的事实。它从正面允许美国一类国家把"使用商标"作为行政机关判定可以批准注册的一条根据。但协议又不允许从反面把"未使用"作为驳回注册的唯一理由。

但是,一般讲到对于注册商标的"使用要求",则是指的另一个意思。这就是《知识产权协议》第19条所涉及的内容,即注册商标如果连续三年无正当理由不使用,则行政管理机关可以撤销其注册。在我国,以及在许多国家商标法对"使用"的解释是比较宽的。例如,仅仅在广告中使用了某个注册商标或仅仅在展览会上使用了某个注册商标,或虽然自己没有使用但许可他人使用了某个注册商标,都被认为符合"使用要求"。《知识产权协议》第19条第(2)项,仅仅明文规定了"在商标注册人控制下的他人使用"(主要指被许可人的使用),符合"使用要求"。这就是说,还有其他什么样的活动也符合"使用要求",可以由各成员自己去依法确定。但是,如果某个成员的政府在三年中不允许进口某种商品,它的商标行政管理机关就无权因该商品上的商标不合"使用要求"而撤销其注册。此外,其他因成员的政府行为而使某注册商标在一定时期不可能使用的,也均应被认为是"有正当理由"而没有使用,故不能因此被撤销。因为, 在这些场合, 都不是注册商标权人自己不用, 而是政府的特殊行为阻止了他们正常使用。

(三)"相同与近似"——商标权的行使范围

《知识产权协议》第 16 条第（1）项在讲到商标权人的可行使的权利时, 突出强调了他有权制止其他人使用与其注册商标相同或近似的标记, 去标示相同或类似的商品或服务。这一点, 我国商标法以及大多数国家商标法也都作了规定。经常遇见有人问：按照上面这种规定, 商标权人难道不应当有权自己使用与自己的注册商标"近似"的标识、或把自己的商标用到"类似"的商品上吗？这是不行的。如果注册人不仅使用被批准注册的商标, 而且使用了与该注册商标"近似"的其他标志, 他的行为就属于"自行改变注册商标的文字、图形或者其组合", 依照我国《商标法》第 30 条, 商标局将会给予处理, 甚至会撤销其注册。擅自把注册商标使用到注册时并未指定的其他商品上（即使是"类似"商品上）, 后果也会招致处理或撤销。于是又有人曾经问道："照这样说, 难道商标权人享有的正、反两方面的权利（"自己使用"与"禁止他人使用"）范围是不统一的？确实如此。这就是商标权的特点之一, 也是确认商标侵权的难点之一。

在为"防御商标"和"联合商标"提供注册保护的国家大都不是不加区别地允许一切注册商标所有人取得这两种特殊商标的注册的。一般讲, 也只有驰名商标的权利人才会获准注册这两种商标。

此外, 在侵权认定时, 如果原告是驰名商标的所有人, 则行政或司法机关判定被告与其商标"近似"的可能性就大一些。在德国, 甚至曾判定日本的"二菱"商标与德国的"奔驰"商标相近似, 主要因为"奔驰"是驰名商标。这是对驰名商标的一种特殊保护。

最后，在极少数场合，如果驰名商标并没有注册，其所有人仍旧有权阻止其他人以同样的标记抢先在同类商品或服务上取得注册。

什么是驰名商标，要由行政主管机关根据一个商标在本国市场、在国外市场被消费者知晓的程度、商标开始使用的时间及连续使用的年限、国内外同行业的评价、其广告宣传的复盖范围等多种因素，加以确定。那种只由部分消费者"投票"，甚至只由部分"评委"评选，或组成"驰名商标联合会"加以自我认定的方式是不够全面的。

（四）"服务商标"

巴黎公约直至 1967 年文本形成时，尚未规定一定要给服务商标以注册保护。该公约只是要求参加它的国家，都要保护服务商标。至于怎样保护，则不同国家可根据自己的情况自由选择不同的方式。例如，判例法国家如果只依据普通法、而不以成文法、不以注册途径保护它，也被认为是合乎要求的。

所以，《巴黎公约》第 6 条之 2 的规定，在行文上本来均是针对驰名的商品商标的，并没有指服务商标。该条规定：

（1）对驰名商标应给予特殊保护，与其他相同或部分相同的标识应当被排斥在注册之外。

（2）驰名商标自注册之日 5 年内，其他人可以提出撤销其注册的要求。意即 5 年之后，驰名商标的注册就不会再因为第三者的争议而被撤销，也就是成为"无争议商标"了。

（3）但是，如果有关的驰名商标的注册是以非善意方式取得的，则争议时间不受 5 年限制。

也就是说，《巴黎公约》第 6 条之 2 原来是仅对商品商标中驰名的那一部分给予的特殊保护。现在，《知识产权协议》第 16 条第（2）项要求这些规定原则上也应适用于驰名的服务商标。

我国《商标法》在 1993 年修订之后的第 4 条最后一段中，增加了一项规定，即"本法有关商品商标的规定适用于服务商标"。有了这条总的原则，就像知识产权协议一样，许多条文就无须再把"服务商标"与商品商标的有关规定并列地加以重复，这样法律条文显得比较简练。

但是，我国《商标法》即使在 1993 年修订之后，也没有任何条项对驰名商标应获得的特殊保护给予明文规定。虽然我国商标管理机关在管理实践中，曾给驰名商标以特殊保护，但是司法机关在判案时，就很难以行政机关的实践作为法律依据了。所以，曾有人认为司法机关在保护驰名商标的问题上，可以直接引用《巴黎公约》第 6 条之 2。因为，《巴黎公约》是我国参加的公约之一。按照《民法通则》第 142 条的规定，在民事法律领域，凡我国参加的公约，除参加时声明保留的条项之外，均构成我国国内法、甚至在有的场合高于国内法。我是同意这种观点的。而且，我认为，一旦知识产权协议对我国生效，该协议的第 16 条也同样可以直接被司法（以及行政）机关引用，作为保护驰名商标的法律依据。

虽然我国商标法规定了对商品商标适用的条项，均适用于服务商标，但是反过来却不行。就是说，适用于服务商标的规定，有些未必适用于商品商标，它们可能是在 1993 年之后专门为服务商标作出的规定。例如，1993 年修订后的《商标法实施细则》第 48 条规定：

连续使用至 1993 年 7 月 1 日的服务商标，与他人在相同或者类似的服务上已注册的服务商标（公众熟知的服务商标除外）相同或者近似的，可以依照国家工商行政管理局有关规定继续使用。

这就是对服务商标专门作出的规定。只是在这条规定里才有对驰名服务商标给予特殊保护的暗示。因为驰名服务商标显然包含在

"公众熟知的服务商标"之中。按照这条规定，非公众熟知的服务商标，可能发生两个相同注册标识在我国"同时使用"的情况。这种情况会部分打破注册商标的"专有"权。例如，可能在上海有个"锦江"饭店的服务商标获准注册，在新疆也有一个"锦江"获得了注册。这种"同时使用"，商标局将注意把握以不至于在公众中引起混淆为前提。

这种"同时使用"，与下文要解释的"共同使用"不是一回事。"同时使用"并不被知识产权协议所禁止。在有些国家，商品商标多年以来就存在"同时使用"，只不过其中一个或（两个都在内）只许在自己原使用的地区内使用，不允许发生交叉或重合，以免在公众中引起混淆。

（五）保护期——首期与展期

"法定时间性"是专利权、版权以及商标权的共同特点之一。有的民法学者总爱谈有形物权中所有权的"永恒性"。其实，物权的"永恒性"是以有关物的存在而且不改变其形态为前提的。一张桌子被烧成了灰，其所有人享有的"永恒"的物权当然不复存在了。一张桌子经年日久成了一堆碎木片，其原所有人再享有的，也就不可能是对原来那张桌子的"永恒"所有权了。

但知识产权权利人享有的有关所有权，不会因"物"本身（有关载体）的并非记恒而消失。无论对专利、版权、商标权，均是如此。而且，有时商标标识之作为"物"，尚未印制出来，它通过广播（如果仅是文字商标）或通过电视（如果是图形或图、文商标）已经可以被宣传、被使用。这样看来，反倒是知识产权的所有权，应当是真正"永恒"的。然而顾及权利人与社会公共利益的平衡，法律却断然规定了只承认权利人在一定时期的所有权。

不过，对商标权来讲，在实践中并不排除这样的可能性：某个注册商标由于符合一切法定要求，而永久处于专有领域之中。这就是因为对商标权的保护有首期与展期之分；如果符合一切法定要求，有可能一次又一次地得到续展保护。这一点是专利权与版权都不可比的。

《知识产权协议》在第 18 条规定，注册商标保护期不应少于 7 年。就是说，如果仅从首期或一次续展的保护看，商标权保护期在三种主要知识产权中是最短的。第 18 条中讲的"续展次数应为无限"，这不是无条件的。在各国均必须符合法定条件才可能得到续展。至少，应符合下列条件：

（1）符合使用要求，即没有在 3 年时间中连续不使用；

（2）该标识未变为商品能用称。美国的阿司匹林、暖水瓶等，都曾是专有的商标，只因变为商品通用名称而丧失了专有权；

（3）按照商标法要求去使用。例如，不擅自更改标识、注册人名义、注册人地址等；

（4）按时办理续展手续。

我国《商标法》从 1982 年开始即规定了保护期的首期与展望期均为 10 年；也有的国家更长些，例如 20 年；还有的国家更短些。但最短不得短于 7 年。像英国注册商标保护期，从 1938 年起一直规定为 7 年，只是到了 1994 年才改为 10 年。

在专利保护中，也有一些国家曾采用或仍旧在采用"首期"与"展期"保护。例如，德国 1992 年前的专利法，在保护"实用新型专利"及"外观设计专利"时，就规定了首期 5 年，展期 3 年的保护。但专利的"展期"绝不会无休止地续展下去。在版权领域，则只有极个别国家的极个别作品，获得过首期保护后的续展保护。一般作品也是不会有展期的。

（六）"共同使用"——合理还是不合理

《知识产权协议》在第 20 条中指出："商标在贸易中的使用，不得被不合理的特殊要求所干扰。"什么叫作"特殊要求"呢？该条举了三个例子。

（1）与（其他企业的）其他商标共同使用；

（2）以特殊的形式使用；

（3）以不利于使商标将一企业的商品或服务与其他企业的商品或服务相区分的方式使用。

首先，我们应当注意：这一条所指的"商标"，既包括注册商标，也包括未注册的商标。

其次，应当认为上述三例中，（2）（3）两例是合理的。以第（2）例而论，有些商标，可能是直接印制（甚至烧结、经化学方式刻蚀）在商品的包装上，而不是以印制出的商标标识贴在包装上，或包装物本身即为商标。这种使用不应遭到禁止。也就是说，不应要求商标只能采用与包装可分的标识贴加形式使用。第（3）例的合理性是不言而喻的。如果要求商标以不具备"识别性"的方式使用，这项要求本身就是与商标注册的要件相冲突的。

但上述第（1）例，在许多发展中国家看来，就未必合理。20世纪 80 年代中后期之前的一大批发展中国家的商标法，均对涉外合资企业的商标使用作过"共同使用"的特殊规定，即合资的外方企业商标，应当于本地一方企业的商标在商品上"共同使用"。这样要求的主要目的，是借助外方已较有名或已驰名的商标，打开合资企业产品的销路，进而闯出本地企业的"牌子"（商标）。这对发展中国家的本地企业诚然有利，而对外方企业也未必无利（如果产品质量稳定的话）。关贸总协定现在强制性地禁止了这种做法，应当说对发展中国家不尽有利、也不尽合理。

当然，发展中国家还可以选择其他路子为自己的商标"闯牌子"。例如通过引进外国先进技术，提高自己企业的某种产品的质量，从而提高企业所用商标的知名度。但不论怎么说，上述第（1）禁例，至少堵死了发展中国家企业闯牌子的一条曾行之有效的路。

（七）对许可与转让的要求

在版权一节或专利一节，协议都没有针对许可与转让提出太具体的要求。在版权领域，这种具体要求是很难提的。因为不同国家版权法差距太大。例如，在有些国家，版权可以部分转让，也可以全部转让，甚至可以转让尚未创作出来的作品的"将来版权"。而在另一些国家，版权只能通过合同许可他人利用，版权转让则根本不允许。还有一些国家，允许部分转让而不许全部转让，或允许转让现有版权但不许转让"将来版权"。在专利领域，强制许可制度在不同国家差别很大，而自愿许可制度或专利权转让，一般只受反不正当竞争的限制。这后一方面内容，协议第二部分第8节有专门规定。

至于商标的许可与转让，就确有不少内容应予以规范了。例如，在许多英联邦国家，不仅商标转让需要登记（也称"注册"），即使是商标的使用许可证合同也需要登记，要在被许可人被行政主管机关认定为"注册使用人"之后，其使用才是合法的。这种要求，从一方面讲，有利于控制产品质量不致下滑"保护消费者利益；从另一方面讲，也有可能给经营者带来额外负担，不利于搞活经济。例如，在我国一个涉外合资企业的建立合同中，如果包含合资的一方许可整个合资企业（或许可合资中的另一方）使用其商标的条项，那么，该合同是否要在主管审批合资企业合同的机关（经贸委）批准之前（或同时），由商标主管部门对商标许可再进行登记审查呢？如果后者延误或未批准登记申请，是否整个合资企业合同即无效呢？幸亏在我国，商标法规定："许可合同"，可采取"先斩后奏"的方式，即事后在管理机关备案，没有要求经批准程序。

对于商标许可证合同问题，协议允许各成员自定条件。这正是照顾到各国立法中原有的差异。但对于转让中曾见于一部分国家的一项特殊要求（"连同企业的经营一道转让"），协议则作了部分禁止，即无论连同或不连同经营一道转让，成员国或地区的立法都应当允许。我国台湾地区原有"商标法"就曾规定商标只有连同经营一道，方可转让。1994年该地区修改"商标法"时，已经按照关贸总协定改了过来。我国商标法的原有规定，在这点上已符合关贸总协定，故无须修改了。

对商标权，不允许搞"强制许可"。这不仅是知识产权协议的规定，而且是绝大多数国家原有商标法所一致赞同的。

协议第21条前两句所指的"商标"，也包括注册商标之外的商标。就是说，在贸易活动中，可以作为无形财产权转让的，未必都是"注册商标"权。未注册的商标，如果在使用中有了一定市场信誉，在普通法法系国家，多能够享有"普通法商标权"。在欧陆法系（"大陆"法系——在这里，请注意将"大陆"与海峡两岸中的台湾与"大陆"中的大陆区别开）的有些国家，也可以获得"反不正当竞争法"的保护。在这里，我们又一次遇到了"反不正当竞争权"中的一项"积极权利"。至少，关贸总协定，承认了它可以作为转让标的。

（八）其他

1. "商标权""商标所有权"还是"商标专用权"

在用语上，中国商标法使用"商标专用权"，是个不够恰当的用语。

关贸总协定中的知识产权协议则使用了"商标权"，是合适的。还应注意到：在"版权"一节中，协议多次使用过"持有人"一词。而在"商标"一节中，则仅仅使用"所有人"一词。"商标权"与"商标所有权", 含义大致相同; 而二者与 "商标专用权" 之间, 则有较大差异。

2. "商标" 与 "商标权"

许多国家的法律条文、一些国际公约以及一些国外的学术专著, 往往对 "商标" 与 "商标权" 不加区分地交叉使用。这一用法也在知识产权协议中多次出现。在与版权许可相关时, 我们只见得到 "版权许可" 的表述方式, 见不到或极少见到 "作品许可" 的表述方式。但在商标权许可的规定中, 常见表述为 "商标许可"。而实质上, 正中版权许可是把版权中的复制权或翻译权许可给他给行使一样, 所谓 "商标许可", 也是把商标的使用权许可人他人行使。如协议第21条所讲的 "商标许可" "商标转让", 不言而喻地都是指商标权的许可及权利的转让。这是因为, 在商标领域, 权利与权利保护的客体, 在主要称谓上是大部分相重合的 ("商标"), 而在版权领域, 客体是 "作品" 而不是 "版"。如你 "著作权", 则虽然也有重合, 但 "著作转让" 会使人误解为把有形的手稿或复制品转让了, 而不是指无形权利的转让。专利权保护的客体是发明成果。如果讲 "发明转让", 就有可能引起多种误解。至少可能被误解为非专利发明权的转让、发明的专利申请权的转让, 等等。而在商标领域, 以 "商标" 代 "商标权", 引起上述误解的可能性不大。

所以, 以 "商标" 代 "商标权" 的交叉使用, 是很常见的。读者倒用不着去死抠字眼。例如, 英国知识产权知名学者柯尼什所写的教科书, 就叫作 "知识产权——专利、商标、版权与其他权利"。我国曾有人认为其中用 "商标" 不确切, 应改为 "商标权。" 但实际这种咬文嚼字并没有什么意义。现在我们又一次看到: 在关贸总协定中, 也是这样使用的。

3. 注册与强制注册

协议在多数商标一节的条项中，讲的都是如何保护注册商标。但协议又没有讲不注册的商标就不能使用，即没有要求成员全面实行强制注册。同时，协议也没有禁止成员采用强制或部分强制注册的制度。在过去，社会主义国家一般都实行强制注册制度。

从 1982 年开始，中国改变了过去作为"社会主义计划经济"产物的"全面强制注册"制度，规定了只有商标使用者"需要取得商标专用权的"，方有必要申请注册，这对于 80 年代的"社会主义商品经济"及 90 年代的"社会主义市场经济"的发展无疑是有益的，与此同时，我国《商标法》及实施细则又规定了药品、烟草及卷烟所使用的商标，一律应先注册、后使用。这是一种"部分强制注册"的制度，在相当多的国家中，都在实行着。

4. 权利限制

在版权一节及专利一节，协议都对"权利限制"有较多、较具体的规定。而在商标一节，则基本没有权利限制。如果一定要找，那就只有两条。一是保护期的规定，可以算一种在时间上对权利的"限制"。再有就是第 17 条，即对"说明性"词汇的合理使用。如果有人获得注册的商标是个"说明性"词汇，而又完全不允许其他人使用，就可能把一些公有的语言化为专有，就会显得不合理。例如"顶好"清香油的"顶好"，就是说明性的商标。它获得注册后，并不能排斥其他经营者在广告宣传中使用"顶好"两个字，只要这种使用不至于让人把他所经销的商品与真正的"顶好"清香油相混淆。

实际上，在实践中还存在另一些对商标权的限制。例如，注册商标权人不能禁止其他人使用自己的姓名。"万里"牌皮鞋的经营者，无权禁止其他名叫"万里"的人使用自己的名字。这一类的限制，在有些国家的商标法中是有明文规定的。在 1994 年生效的欧共体商标统一条例中，甚至明文规定了，对于下列三种情况，注册商标权人无权禁止他人使用与其商标相同的标志：

（1）他人使用自己的姓名（名称）或地址；

（2）他人使用表示确系其提供的商品或服务的品种、质量、数量、价格或其他特征的标志（例如：一位药商标出其药品价格为 999 元一盒，深圳南方制药厂不能指控其侵犯了该厂的"999"商标）；

（3）在他人为标示商标权人商品的零部件等情况下，不得不使用有关的注册商标。

二、地理标志权

（一）"地理标志"指的是什么，怎样保护

"地理标志"是协议中提出应予保护的又一商业标记。这一标记，又称"原产地标记"。原产地问题，倒不是乌拉圭回合才提出的。因为它标示的是商品，所以在关贸总协定一产生时，就应当涉及原产地问题。总协定也确实涉及了这一问题，这就是总协定的第 1 条第（1）项。该项规定了"对原产于"或输向任何缔约方的产品，应给予怎样的待遇。这里使用"原产于""来源于"，甚至版权公约中译本中不太合文法的"起源于"之类的词，都在法律意义上没有大错。只是现有不少关贸总协定的中译本，译成了"来自"某缔约方的产品。这下就失去了产品"来源"的本意。因为，"来自"沙特的某产品，其原产地或"来源"国可能是美国或其他什么国家。"来自"在关贸总协定中没有实际法律意义，因而也不可能出现在它的正式文本中。这一问题，早已由中国社会科学院的赵维田教授指出过。

协议中讲的原产地标记，是从它含有的无形产权的意义上讲的。尤其对于酒类商品，原产地标记有着重要的经济意义，因此有时表

现出一种实在的"财产权"。设想是黑龙江某厂产的啤酒，如果加注"青岛啤酒"的标签，将会给该厂带来多大的本不应得到的利润！协议总的讲是禁止使用原产地标记作商标使用的。但如果已经善意取得了这种标记的商标的注册，又不会在公众中引起误解的，则可以不撤销其注册，不禁止其使用。我国的"茅台"酒、"泸洲"老窖，等等，均属于这种善意而又不至于引起混淆的"原产地标记"型商标。1991年，瑞士最高法院也确认过瑞士的"瓦尔司"（瑞士地名）牌矿泉水的注册商标可以合法地继续使用。

《知识产权协议》在第22条中，讲明了什么是"地理标志"。它可能包含国名（例如"法国白葡萄酒"）、也可能包含一国之内的地区名（例如"新疆葡萄干"）、还可能包含一地区内的更小的地方名（例如"景德镇瓷器"）。只要有关商品与该地（无论大小）这个"来源"，在质量、功能或其他某个特征上密切相关，这种地理名称就构成应予保护的"地理标志"。这种标志与一般的商品"制造国"落项（有人称之为产地标志或货源标志）有所不同。制造国落项一般与商品特性毫无关系。日本索尼公司的集成电路板，如果是其在新加坡的子公司造的，可能落上"新加坡制造"字样。这并不是应予保护的"地理标志"。在20世纪80年代末，我国有的行政部门曾在其部门规章中，把这二者弄混了，把"Made in China"当作了"地理标志"。

当然，也并不是说，凡是国名就统统都只可能是制造国落项（产地标志）的组成部分。《知识产权协议》第22条放在首位的，正是以国名构成的地理标志。

"地理标志"的覆盖面较宽。一个地区或地方的地理标志，不大可能只被一个企业所专有；一个国家的地理标志，就更不可能被一家专有了。所以，对地理标志的保护，主要是从"禁"的一面着手，即禁止不正当使用、保护正当的经营者。其主要保护原则，与《巴黎公约》第 10 条之 2 中的"反不正当竞争"原则是一致的。

协议第 22 条（4）款，初读起来可能令人费解：为什么使用了明明是表示商品来源地址的地理标志，也会误导公众呢？但一结合案例，就容易理解了。例如，多年前，我国最有名的黑白电视机是天津电视机厂出的"北京牌"电视机。国内用户一般都熟知这种电视机出自在天津。如果这时北京电视机厂的出品包装上标出醒目的"北京电视机"字样（不是"北京牌"、也不是"北京制造"字样），就很可能使相当多的消费者误认为它们出自天津电视机厂。如果这个例子离"地理标志"的实质还较远，我们还可以设想另一个例子。如果英国剑桥的陶瓷商品在新西兰消费者中较有名气，这时一家美国波士顿的厂商就把自己的陶瓷商品也拿到新西兰销售，商品包装上标明"坎布里奇"陶瓷。"坎布里奇"实实在在是波士顿地区的一个地方，英文却正是"剑桥"的意思。这种标示法，显然会使得用惯了英国陶瓷的新西兰消费者，误认为该商品不是来自美国的坎布里奇，而是来自英国剑桥。所以，该美国厂商如想以"坎布里奇"作为商标，在新西兰获得注册，则应被新西兰主管当局依照协议第 22 条第（4）款驳回。

在保护地理标志方面，关贸的成员既可以依照利害关系人的请求，驳回或撤销有关混淆来源的商标的注册（或申请），也可以主动"依职权"去加以保护。国内近年常有从事一般民法研究的学者，在知识产权保护上，过分强调"行政少干预民事权利"。这种强调从民法原理上看可能是对的；但从知识产权这种特殊权利的保护上看，则有它的片面性。《知识产权协议》在第 22 条以及在其他一些条项中，都强调了行政当局对某些问题的主动干预（不仅仅依权利人的主张而干预）是考虑到了许多国家的现有实践的。

（二）酒类商品的地理标志

知识产权协议的地理标志这一节，重点是对酒类商品地理标志如何保护所作的特殊规定。这些特殊规定集中在第 23 条中。但在其它条项中也可以见到一些（例如第 24 条第（4）款、第（6）款等）。算起来，一共只占三条的"地理标志"这一节，对酒类的特殊规定就占了一半的篇幅。酒类商品在许多国家（不包括伊斯兰国家）都是利润较高的商品。而酒类商品的特征、质量等又往往和它的原产地关系特别密切。所以对这一类商品地理标志的保护也就有特别重要的意义。我国在 20 世纪 80 年代中期以前，到处可见国产的"小香槟""香槟"之类的酒。在我国参加巴黎公约之后，国家工商局就曾下指示，禁止这种"酒类名称"的使用。因为"香槟"是法国著名葡萄酒的来源地，也就是"地理标志"，是不能随便当作商品名称乱用的。可见，在关贸总协定中纳入知识产权保护之前，巴黎公约就已经开始保护地理标志了。

知识产权协议不仅不允许使用与商品的真正来源地不同的地理标志来标示该商品，也不允许使用同样会使人误解的其他一些表达方式。例如，在山西产的白酒上标出"泸州型白酒"在中国产的葡萄酒标上"法国式葡萄酒"、在广州产的葡萄酒标上"类通化葡萄酒"等，都肯定会误导消费者，并损害该类商品真正来源地的经营者的利益。

在《知识产权协议》第 42 条中，要求成员们通过司法程序，避免酒类商品的地理标志对公众产生误导。但在第 23 条的"注 4"中，也允许成员不采用司法，而采用行政程序。在实践中，我国进行这项工作就主要是通过行政程序，它主要是由工商行政管理机构去做的。多年来，尤其是改革开放以来的经验，也表明该行政机构通过行政程序做这项工作，是基本成功的。这里又一次反映出：关贸总协定只是禁止成员国或成员地区滥用行政权力，但并不笼统地禁止（也不笼统地表示不赞成）采用行政程序。

三、地理标志保护中的例外

对地理标志的使用权的保护，与那些一般只有一人（法人或自然人），至多几个（在"同时使用"的场合）专用某一商业性标记的保护，情况有所不同，故有关的"例外"，就比其他知识产权要更多一些。知识产权协议在第 24 条中，举出了 5 种例外。

（一）"善意或在先使用"与"善意注册等权"的例外

"善意或在先使用"中的"在先"，指的是 1993 年 12 月 15 日之前，已经使用了某个其他成员的地理标志，并且使用至少 10 年以上。"善意"使用则指在 1993 年 12 月 15 日之前，不是恶意的已经进行的使用。例如，为了与另一成员的与其竞争的企业对抗、有意误导公众对两个企业商品来源发生混淆，则属恶意使用。符合了"善意"与"在先"两个条件中任何一个，就仍可以继续使用。但这个例外的适用范围极窄——只适用于葡萄酒或白酒类商品及服务。

"善意注册等权"指的是在协议第六部分所规定的三种不同类型成员（发达成员、发展中成员与最不发达国家成员）适用知识产权协议的过渡期之前，或者在某个地理标志的来源国开始保护该标志之前，就已经善意获得某个商标的注册，而该商标与上述地理标志相同或近似。对于这些情况，知识产权协议均不应妨碍该注册商标权人行使其权利。这一规定还适用于另外两种情况，即在上述日期前已善意申请注册的人，以及（在不经过注册也可以获商标权的国家内）已通过善意使用获得了商标权的人，行使他们的已有权利。

最后，只要不是出于恶意，则在第 24 条第（7）款规定的日期之前，有关人还可以提出请求，请有关行政当局允许他们把某个地理标志作为商标使用，或以该标志作为自己的商标，获得注册。

（二）"通常用语"的例外

"通常用语"也就是在一个国家的公有领域中的用语。如果只因它与某个受保护的地理标志相同，就禁止一般人使用它，会显得不合理。例如，China 的字头小写时，在许多英语国家是称呼"瓷器"的通常用语。不能因为它同时又是"中国"的意思，就不允许一般人用在瓷器商品上了。固然，瓷器也还可以用其他英语去表述（如 Porcelain）。但如果因为地理标志关系而限制了 China 的用法而只许用 porcelain，显然是行不通的。还有一些商品，其原有的地理标志可能是专指的（仅指来源于该地并在特点上与该地有关的商品），但人们用久了，也会进入"通常用语"领域，在这种场合也有可能要适用协议第 24 条第（6）款了。例如，"北京鸭"，现在许多国家都用来称"肥鸭"。即使是产在当地而不产在北京的肥鸭。

（三）"名称权"的例外

"名称权"属于"在先权"的一种。它指人们有权在贸易活动中使用自己的姓名或继承下来的企业名称，即使它们与某个受保护的地理标志相冲突，仍可以继续使用。但如果某地理标志保护在前，而某人或某企业起名（或更名）在后，则将不适用这一例外。因为，这种"在后"使用，往往不是善意的。例如"青岛"啤酒在市场上卖红了，某人（或某企业）即更改自己的姓名或企业名称为"青岛"，以便在市场上借用"青岛"这个地理标志已获得的信誉。这就属于一种"在后"使用。此外，即使是行使自己的名称权，也必须以"不致误导公众"为限。这也是在协议中明文规定的。

（四）来源国不保护或已停用的例外

一旦某个成员国对它原先保护着的某个地理标志停止保护了，

这说明该国已将它从专有领域释放到公有领域之中；如果某个国家对在其国内的某地理名称从来就不当成"地理标志"予以保护，则说明至始终处于公有领域之中。如果某个成员国原有的地理标志，后来本国都不再用了（例如苏联 1960 年前的"斯大林格勒"、1992 年前的"列宁格勒"），再要求其他人不使用这些名称，仍旧把它们作为"地理标志"去保护，就不合理了。

（五）葡萄品种的特例

协议对原有的葡萄品种的"惯用名称"，给了特别的优惠待遇，这就是：只要在 1995 年 1 月（"建立世界贸易组织协定"生效）之前，已经作为某个或某些成员的葡萄品种的"惯用名称"使用的文字，如果与其他成员的葡萄酒产品来源地的地理标志相同，则该"惯用名称"仍可以照常使用。

四、其他

在《知识产权协议》第 24 条第（6）款原文中，使用了"vine"这样一个词，按照原意，是"葡萄藤"。[①] 如果照样翻译出来，不仅语言上不通，也与上下文无法合拍。我只能把它看作是"wine"或"vino"文误，仍依上下文之间的联系，译成"葡萄酒"。否则，无论是葡萄藤上的除葡萄酒外的任何产品或加工成品（葡萄、葡萄干或葡萄果汁等），都绝不像葡萄酒那样在国际市场上有特别重要的位置，从而需要关贸总协定特别为它们作出规定。

---

① 编者注：products of vine 应该指葡萄产品，不仅包括葡萄酒，也包括例如干邑地区以葡萄为原料生产的烈性蒸馏酒，甚至还包括以葡萄酿造的醋（法语中 vinaigre 醋正是指酸葡萄酒）。

商标国际保护中的若干问题 *

　　商标的国际保护，已主要由《保护工业产权巴黎公约》（以下简称《巴黎公约》）及关贸总协定（世界贸易组织）中的知识产权协议（以下简称 TRIPS 协议）把多数国家商标法中的实体条文的主要原则统一起来了，因此已不再是没有解决的"特殊问题"。但上述两个国际条约虽然涉及却并未完全解决的，乃至完全没有涉及的特殊问题，至今仍旧不少。商标的国际保护走向全世界的统一，在今天尚难看到希望。不过，国际上现有的一些地区性国际条约及一些有代表性的商标法与商标判例，在解决这些特殊问题上，已经迈出了相当大的步伐。了解与研究这些条约、法律与判例，有助于我国商标保护制度的完善，尤其有助于我国的商标立法与管理实践进一步与国际接轨。

一、驰名商标的认定与保护问题

　　这是巴黎公约及 TRIPS 协议均已涉及，但并未完全解决的问题。其中主要是对于如何认定驰名商标，基本没作具体回答。而这对于

---

　　* 　编者注：该文原载《中华商标》1995 年版第 4 期。

正在建立驰名商标保护制度的我国，又特别重要。

在现有的几个有影响的地区性商标国际条约中，1993 年 12 月形成的《北美自由贸易区协定》、1993 年 10 月修订的《卡塔赫那协定》及 1993 年 12 月形成的《欧共体（统一）商标条例》，均不同程度地涉及了这方面的问题。

在《北美自由贸易区协定》第 1708 条中规定：在确认某个商标是否驰名时，应考虑有关领域的公众对该商标的知晓程度，包括在一国地域内通过宣传促销而使公众知晓的程度；但贸易区的成员国（目前系指美、加、墨）不应要求该商标在与有关商品或服务有正常联系的公众之外，也具有知名度。例如，与计算机商品及服务毫无联系的公众中，很可能有不少人虽然知道 IBM、苹果等商标，但不知道荷花（Lotus）、宏基（ACER）等商标，不能仅仅因此就判定后者不是驰名商标。

在《欧共体商标条例》第 8 条中，重申了巴黎公约保护驰名商标的原则。此外，还特别加了一项："如果某商标已在欧共体内驰名，则在其后的相同或近似标识即使申请在不类似的商品或服务上注册，也应被驳回"。原因是后一商标如果在其他商品或服务上取得注册，仍旧可能在市场上误使消费者认为该商标所有人提供的商品或服务，来源于原驰名商标的所有人。

在条文上对确认驰名商标的条件规定得最细的，倒是拉丁美洲安第斯组织的《卡塔赫那协定》。这一协定在 20 世纪 70 年代出现时，与当时的国际保护标准差距甚远。1992 年，该协定已作了一次大修改，目的是向国际标准迈进。在不到短短一年的时间里，为达到 TRIPS 协议即将形成的最后文本的保护标准，该协定又全面修订了一次。该协定的 1993 年修订文本在第 84 条中，以"未穷尽"的列举方式，指出了认定驰名商标的四条标准，即：（1）有关商标在消费者大众中的知名度；(2)该商标的广告或其他宣传传播的范围；(3)该商标使用的年头及持续使用的时间；(4)该商标所标示的商品的产、销状况。由于这一列举是"未穷尽"的，所以还可以辅之以更多的其他标准。

在司法与行政管理实践中，法国也为我们提供了值得参考的经验。在1984年的一则巴黎上诉法院判例中，法院认定"Liberty"商标系驰名商标，其主要依据之一，是该商标自1893年起就成功地获得了注册（从未中断过续展），从1962年起就在法国有名的商标事典上被记载。在1989年的一则巴黎初审法院判例中，"Foker"商标主要因其所标示的果酱商品年销售量高达8500万瓶，而被认定为驰名商标。当然，法院在判决中同时指出：不能仅仅以某种商标标示的商品已经行销2个以上国家为由，而确认其为驰名商标。在1983年、1984年等多起初审及上诉判例中，法国法院也都明确了将有关商标的宣传范围或其标示的商品促销的范围，作为认定驰名商标的依据。在另外的多起判例中以及上述1989年的Foker判例中，法国法院还重申了以公众的知晓程度作为判断驰名商标的依据。后面这两类判例，与前面引述过的其他国家的有关规定是相似的；而前面的两类判例中所依据的理由，则是值得我们在实践中参考的。法国的实践表明："驰名商标"并不需要"评定"那么一批放在那里，而是在市场上发生侵权纠纷或权利冲突纠纷有必要认定某个商标是否驰名、因而是否应受到特别保护时，才由法院（或行政主管机关）根据情况认定。

法国与其他一些国家的实践表明：驰名商标的认定与驰名商标的保护是密切联系在一起的。仅仅靠一部分社会团体或一部分消费者"评选"，甚至靠商标所有人自己出钱去"评选"而认定"驰名商标"，以争得"驰名"之"名"来促销自己的商品，而不是靠促销去获取实际的真实的"驰名"均不符合国际条约保护驰名商标的初衷。

在商标纠纷中去认定驰名，从而一方面从横向将与驰名商标"近似"的标识范围扩大，从纵向将驰名商标所标示的商品或服务类别扩大，达到给其以特殊保护的目的，才符合商标保护的基本原理，也才是国际条约的初衷。

当然，各国认定驰名商标并给予特殊保护时，在法律许可的限度内，均会尽可能考虑本国经济利益。从法国法院认定的驰名商标中，可以看到多数是法国商标。在国际商标纠纷中，也曾出现过德国法院（及行政主管机关）将日本"三菱"商标判为与德国"奔驰"图形近似、将日本"田边制药"判为与德国"拜尔制药"文字排列近似的例子。

在管理机关受理注册申请的实践中，许多国家也给驰名商标以特殊照顾，诸如放宽"不可注册标记"的限制等。我国商标局在20世纪80年代中批准境外的"维他奶"商标（用于豆奶商品）的注册申请，也是这种例子。此外，许多国家及地区通过在注册申请审查中认定驰名商标，而给以"防御商标"及"联合商标"的注册，也就是在注册时就事先给了横向与纵向的扩大保护。我国商标法中虽一直无防御及联合商标的规定，但在管理实践中，为驰名商标提供相当于防御商标注册的实例也是有的。现在我们应当考虑的是：是否有必要进而在商标立法上对这种实践加以明文肯定。

二、商标的权利限制与商品平行进口问题

在过去，国际条约与多数国家的商标法中，均未对商标权作出权利限制的规定。反倒是对于商标权不允许实行"强制许可"制度，在条约及商标法中都被强调出来。现有的国际条约中，世界性的（如TRIPS协议），地区性的（如《北美自由贸易区协定》《欧共体商标

条例》等），都有禁用强制许可的明文规定。

近年在许多地区性商标条约及一些国家的国内法中，也都明文规定出对商标权的限制，虽然这类规定远远少于版权法中的相应规定，也相对少于专利法中的相应规定。

在1993年《卡塔赫那协定》第105条中规定：商标权人无权禁止他人善意使用其本人的姓名、笔名、住址名称及商品来源地名称，只要他人的这种使用不产生误导公众的效果。

在《北美自由贸易区协定》第1708条中，也规定了允许贸易区成员国自己在商标法中规定出对商标权的限制，如使用"说明性术语"之类。

《欧共体商标条例》第12条也有类似《卡塔赫那协定》的条项。

在日本1991年修订后的《商标法》中，对商标权的权利限制规定得尤其详细。该法第16条指出，商标权人无权禁止：（1）他人以正常方式使用自己的肖像、姓名、惯用的（驰名的）假名、艺名或笔名及这些名称的人所共知的缩略语；（2）他人以正常方式指示商品或服务的名称、来源、出售地点、质量、原料、功能、效用、形状、价格等，（3）他人以正常方式对商品或服务所作的说明；（4）他人以正常方式对商品或服务的名称、来源、出售地点等所作的说明。但上述之（1）不适用于某人蓄意以违反公平竞争的方式，在他人取得注册之后的使用。

日本1991年《商标法》进一步在第29条及第32条中规定了商标权人无权在可能与在先外观设计（意匠）权人或在先版权人的权利发生冲突的范围内，行使自己的商标权。商标权人也无权禁止在先的相同（近似）标志的使用人以不违反公平竞争的方式继续使用其标志，但有权要求该在先使用人：（1）将其使用局限在其原使用范围；（2）在使用中以明显的方式指示出其商品或服务与商标权人的商品或服务并非同一来源，以防误导公众。

《美国商标法》在第 1052 条规定：如不会发生混淆，"在先使用人"可以获得"共同注册"。这种"在先使用人"的有关规定，原先只是在各国专利法中才有普遍规定。

我国商标法至今未对商标权作出权利限制，给人的印象是商标权是绝对的，而不像版权那样有第 22 条加以限制，也不像专利权那样有第 62 条加以限制。在主要是打击假冒商标活动的今天，"无限制"的商标权还看不出太大的弊病。如果我国市场经济进一步发展，反不正当竞争的重要性进一步明显之后，可能就看出商标法中缺少"权利限制"的不便了。现有的几个难以结案的商标纠纷（例如茅台酒与贵州醇酒之间的纠纷），我感到在一定程度上与商标法中缺少权利限制有关。

在国际条约中，与商标权权利限制关系密切的另一个问题是"权利穷竭"问题。从根本上讲，这二者是一个问题——"权利穷竭"正是一种权利限制。但在多数条约的规定中，这二者是被分开来规定的。例如，《欧共体商标条例》第 13 条即是对于"权利穷竭"的专门规定。"权利穷竭"，也称为"权利用尽"，主要讲的是在销售活动中，权利人只可正常行使一次其权利。如果商标权人自己许可了一批商品的出售，则他人再如何转售这批商品，该商标权人无权过问。如果转售人违背与出售人订的合同，将商品卖到指定的地域之外，或卖给了非指定买主，而被该买主再转卖，则初售人可以依合同法诉后者违约，而不能因转售及再转售的商品上带有权利人的商标，诉转售人或再转售人侵犯商标权。《欧共体商标条例》第 13 条认为：任何经商标权人许可而投入共同体市场上的商品上所带的商标，均不会在转售中构成侵犯商标权，除非转售人在转售之前改变了有关商品的原样。在《卡塔赫那协定》中，也有类似规定。

　　与"权利穷竭"相联系的，是商品"平行进口"中的商标权问题。如果如前所述，经商标权人许可而将带有其商标的商品投放市场后，任何转售均不再构成侵犯商标权，那么，经商标权人许可在甲国出售某批商品，而该商品却被转售到乙国，商标权人也在乙国取得了同样商标的注册，而这批商品在乙国带有该商标出现在市场上，显然未经商标权人许可。这时，向乙国转售之人是否侵犯了商标权人的商标权呢？

　　对这个国际贸易中的问题，各国的回答就大相径庭了：美国的判例历来认为这种"平行进口"行为无疑侵犯了商标权。与此相应，美国商标法（兰哈姆法）中，并不承认商标权在一次使用后会"穷竭"。而与美国同处于《北美自由贸易区协定》约束下的墨西哥，则在其1991年《工业产权法》第92条中，明文规定了"权利穷竭"原则。依照这条原则，墨西哥法院认为商品的"平行进口"不导致侵犯商标权。早在1986年，澳大利亚法院也曾作出过判决："平行进口"可能构成侵犯专利权或版权，但不可能构成侵犯商标权。应当说，过去多数国家的答案，与澳大利亚的司法及墨西哥的立法所作的回答是相同的。但最近国际上又有了一些变化。1994年1月，意大利报道了意大利法院处理的一起商标诉讼案。在该案中，美国加利弗尼亚的一家公司，作为商标"Maui and Songs"的注册所有人，将商标以独占许可证方式许可意大利厂商甲使用，而意大利厂商乙则从美国直接购买了带有"Maui and Songs"的商品转销意大利。于是厂商甲以独占被许可人的身份请求法院下禁令禁止这种"平行进口"。该独占被许可人胜诉。就是说，意大利法院承认了在"平行进口"中可能发生商标侵权。这个案子判决之后，意大利教授弗兰索斯立即表示了反对，并重申了他于1990年发表在当时西德马普学会会刊上的观点，即："平行进口"不会构成侵犯商标权。由于各国、乃至同一国中司法界与法学界对商标权"权利穷竭"的看法不同，现有的世界性国际条约中，均未就此作出结论。这是个允许继续讨论的问题。

在有的国家，商标权的限制还体现在侵权救济上。例如《美国商标法》第1114条规定：如果因为在新闻媒介（报、刊、电子通信手段等）上作广告而侵犯了他人的商标权，侵权人已被认定出于"不知"而侵权，则商标权人在诉讼中只有权禁止侵权人在今后出版的媒介上停止侵权，而无权要求获得其他救济．这种规定在各国商标法中并不很普遍。也有人对此持反对意见，认为无论行为人是否知其行为系侵权，均不应影响商标权人取得赔偿的权利。但我认为这种规定总比起我国专利法中干脆将"不知"者的行为不视为侵权，要显得合理得多了。

三、商标权转让中的问题

在国际保护中，商标权转让的一般问题已经在TRIPS协议第21条中解决了。即商标权可以连同或不连同企业经营一道转让。但有些特殊问题在世界性国际条约中并未涉及。

在转让问题上，《欧共体商标条例》规定得比较细。该条例在第17条规定：（1）商标权可以全部转让，也可以部分转让；可以连同企业经营，也可以不连同；（2）但企业经营的全部转让，则必须连同商标权一道；（3）除司法判决商标转让的情况之外，一切商标转让活动必须有书面合同，否则无效；（4）商标转让必须在主管部门登记，否则无效；（5）可由当事人中的一方请求登记及将登记公告；（6）未经登记的受让人之继承人，无权继承有关的商标权；（7）如果有人以商标权人之代理人或代表的名义作转让登记，而实际未获商标权人同意，则商标权人有权追回权利；（8）商标权可以不连同企业经营一道被当作质权标的。

这里的"部分转让""继承厂""质权标的"等重要问题，都是我国商标法（乃至继承法等相关法规）未曾涉及的。在瑞士 1992 年商标法中，有关于"部分转让"的更详细规定。在意大利商标法中，则有关于继承问题的更详细规定。在日本商标法中，则有对商标设定为质权的更详细规定。该法第 34 条规定：（1）商标权本身，商标的独占许可使用权或非独占许可使用权，均可以设定为质权标的（作为担保"物"而当出钱来用）；（2）质权人无权使用设质的商标；但担保合同中另有规定除外；（3）质权人有权如同商标权许可人一样收取商标使用费；（4）商标设定为质权的活动应在商标主管部门登记，否则无效；（5）以商标的非独占许可使用权设质，若未经登记，则不能对抗第三方。法国 1992 年《知识产权法典》则进一步明确：商标权可以全部、也可以部分设定为质权；以商标权设质必须采取书面形式，否则无效。

上面提到过的商标权的继承，在多数地区性国际条约中并不见有规定，原因是大多数国家的继承法或民法已解决了这一问题。我国的缺点是在商标法中竟不涉及这一问题；在继承法中又偏偏也把它"忘掉"了（我国《继承法》第 3 条只提专利权与版权中的财产权可以继承）。由于商标注册申请案可能在商标局停留一年或更长一些时间，申请案中的权利可否转让及如何转让，在许多外国商标法中也有明确规定。我国商标法缺少这方面规定，而实践中则已发生了申请案权利的纠纷，并已使法院及仲裁庭感到无所适从（无法可依）。

与商标转让相邻的，是商标许可问题。通过许可证合同的缔结，将自己的注册商标许可给他人使用，本是商标权人的权利之一。由于不同厂家使用同一个注册商标，有可能给商品的买主带来欺骗性后果。这主要是指被许可人的产品质量与许可人相同产品的质量之间差距太大的情况。所以，过去不少国家的商标法对商标许可给了较严格的限制。随着市场经济的发展，注册商标的权利人越来越重视自己的"牌子"，不顾及他人产品质量而盲目许可的情况越来越少；商标保护与消费者权利保护由不同法律去规范的趋势又在世界上越来越占上风。1994 年，实行"注册使用"制的英国改变了其近 60 年的制度，转而采用了许可证合同的选择登记制。这一变化必将影响几十个英联邦国家。我们在国际商标许可贸易中，必须注意到这一重要变化。

四、其他问题

商标权国际保护中的特殊问题还很多，不可能一一详细论述了，只在这里再选择几个作一些简要的分析。

（一）优先权问题

商标注册申请中的一般国际优先权问题，在巴黎公约中已有，并被多数人所重视了。而与商标注册申请相关的在"国际展览会"上展示而发生的类似于优先权的问题，实际上也在巴黎公约中提出过，但却是作为"临时保护"的内容而不是作为"优先权"的内容提出的。在同样是巴黎公约成员国的众多国家中，对于应给予临时保护的有关"国际展览会"的解释，又有所不同。有的国家认为：两个以上国家共同举办的、经政府认可的展览会，就符合"国际展览会"的条件。而另外一些国家则认为：只有符合 1928 年《国际展览会公约》中的条约，又经政府认可的、两个国家以上举办的展览会，才可以给予临时保护。按照后一种理解就跟着出现了另一个问题：如果某国虽然参加了巴黎公约，但并未参加《国际展览会公约》，亦即不受后一公约约束，那么应当怎么办呢？所以说，这一"临时保护"问题属于既已在原则上解决了，又没有完全解决的问题。

（二）商标权人的特别权利

在一般情况下，取得注册的商标权人有权禁止他人在相同或类似商品或服务上，使用相同或近似的标识，禁止他人出售带有未经许可而使用的商标的商品，等等。除此之外，为保障有关的商标（特别是驰名商标）不至于变成有关商品的通用名称而最终失去专有权，有些地区性国际条约及外国国内法中，还特别规定了商标权人对辞典、百科全书及同类性质出版物的出版者，享有一种限制权。如果商标权人发现这类出版物上提起自己的商标名称，会给读者造成这样一种印象时：似乎该名称就是有关商品或服务的通用名称，那么这位商标权人就有权要求出版者下次重印或再版其出版物时，在该商标名称后注明"它是已经获得注册的商标"。

（三）假冒商标的反向行为如何禁止问题

TRIPS 协议及其他现有国际条约中明文禁止的，都是以自己的产品挂上他人的商标去出售的假冒行为。而在一些国家进入市场经济的初期，一些急功近利的厂家（或代销商）却往往从事着相反的假冒活动：拿了别人的产品，挂上自己的商标去出售。典型的一例即是 1994 年春发生在北京的北京服装厂（"枫叶"服装厂）诉新加坡"鳄鱼"厂商的北京代销人一案。这种行为，在大多数（但不是一切）国家的商标法中找不到认定为侵权的依据。因为它显然没有使用他人商标，顺理推之，有人认为当然也就谈不上侵犯他人的商标权。但我们应当记得：我国《著作权法》第 46 条第（7）项，将"制作、出售假冒他人署名的美术作品"，认定为侵犯了他人的版权。而在这种场合，侵权人也显然并未触及他人的作品（只用了他人一个"名"），怎么谈得上版权意义的侵权呢？然而，这一条又并非中国立法者的首创，它早已见诸德国等一些国家及地区的版权法。所以，我的意见是先不忙立即否定反向假冒行为中存在侵犯商标权的可能性（不是从法条上，因为中国商标法确无此规定；而是从法理上研究这种可能性）。说实在话，在中国确有其他本是名牌的厂家并不珍视自己的牌子，为了牟利而自己拿了他人的劣质货或普通货，挂上自己的牌子广为销售的。这样的厂家已倒了一些，还有一些没有倒，而且在"照干不误"。如果能从保护商标权出发而给这类行为一定的遏制，未必不是好事。

（四）司法判决及仲裁裁决与商标权的归属问题

以司法判决改变商标权的归属，在国外的立法中是有明文规定的，在有的地区性国际条约（如《欧共体商标条例》）及世界性国际条约（如 TRIPS 协议）中，也有明示或暗示。但我国现行商标法尚做不到。因为确权的终局决定权，依我国商标法，不在法院。但是，TRIPS 协议第 41 条及第 62 条，已经要求一切成员国在商标方面的行政确权决定，须经过"司法复审"。如果我国想要实施 TRIPS 协议，就应重新考虑原有的确权制度了。至于仲裁裁决与商标权归属的问题，是与司法判决既相近，又完全不同的。

1994 年，贸促会的仲裁委员会受理了这样一个纠纷：一家中外合资企业的甲方，在合资企业成立合同中，同意将其商标权作为出资方式，成为合资企业的无形财产。而在实际上，该方始终以自己（甲方）而不是以合资企业的名义申请商标注册并获得了商标权。合资企业成立三年后因纠纷要解散。这三年中，合资企业通过产、销已使该商标的知名度大大提高。在裁定解散时，甲方是违约方（因并未将其应投入合资企业的商标权实际投入）。仲裁庭理应裁决该商标归属守约的乙方，至少应裁决双方在合资企业解散后均有使用权。但商标法却不会承认仲裁庭的这一权力。这样一来,企业解散后,商标还不得不归甲方专用,乙方无权使用!于是守约方反倒不得不吃亏了。这是非常不合理的,但却是"合法"的。这一例从反面告诉我们:对于商标权在特殊情况下的归属,似乎确有必要重新加以研究了。

（五）商标权作为无形资产的估价问题

有人认为有形的企业不复存在之后,其无形的商标权仍旧能"保值如初"。我总是对这一说法表示怀疑。商标权固然可以不连同企业一道转移,但商标的知名度及其专用权的价值,又往往离不开有关产品或服务的提供水平（如销售量、是否恒定的质量,等等）。一个不再有任何产品供应市场的企业的商标的价值,不会从过去的顶端跌下来,是很难让人相信的。我感到至少应当把商标的价值看作一个变量。它可能随时间而有很大变化,也可能随地域有很大变化。这里讲"地域",不仅有法律上的商标地域性问题,还有习惯上的"地域性"问题。例如,20世纪70年代末我国有名的电池商标"白象",无论在我国能估多高的价,在许多西方国家肯定是不值钱的,它在习惯上被看作"大而无用"的象征。我们有的厂商用菊花作商标,而法国则把菊花与丧事相联系,因此这种商标在法国也难估出好价钱。宣传一个商标投入的广告费,只能作为计算商标成本的一项参考内容,它也并不必然就构成商标价值的一部分。曾有一个企业在投入上千万元宣传"自己的"某个尚未申请注册的服务商标近半年之后,突然发现它与另一个他人的已申请注册的服务商标重合了,而且使用在相同的服务上。于是只好重打鼓另开张。这一千万的"成本",将计入哪里呢?上海有个企业曾在二三年里不得不停止使用自己原用的某个商标后,发现产品的年销售额实实在在地比使用该商标时少了几百万。这倒是算出该商标的价值的最可靠的方法。可惜这种"方法"又不宜常用。所以，我认为商标权的估价是一个值得研究的问题。作为"变量"它可能永远不会有一个"一劳永逸"的答案，但又不是不可以估价的。在各种"无形财产评估公司"蜂拥而起的今天，我们应当做的是冷静下来认真研究切实可靠的评估方法，其中包括借鉴在知识产权的国际保护中，国外已有的经验，例如研究国外80年代已有的知识产权评估的专著。这样，才可以避免再出现以过低的价格把我们自己的已有一定知名度的商标卖给外人的失误，也才能够在与国外企业的合作中恰当地估价外方作为出资的商标权（及其他知识产权），或作为许可与转让标的，乃至出质（担保）标的的商标权（及其他知识产权）。这里应提醒人们注意的是：知识产权作为无形资产的评估，与知识产权在许可证贸易中使用费额的估价，是有内在联系的。很难想象从未涉足知识产权许可证贸易的人（或公司），能够胜任知识产权评估的工作——这也是企业在选择诸多已涌现出的"评估公司"时应予注意的。

驰名商标保护的若干问题 [*]

在 1995 年 2 月最终达成协议的一轮中美知识产权谈判中，驰名商标的认定及保护、驰名商标在注册上的优惠等问题，曾经是争论的重点。在更广的国际谈判范围里，驰名商标的特殊保护也曾是关贸总协定及世界贸易组织中的"知识产权协议"（TRIPS 协议）谈判时的争论焦点，曾是《商标法条约》缔结前，在世界知识产权组织的专家会议上争论的焦点。将范围缩小到我国国内，则从 1991 年一此民间组织开展"评选"驰名商标的各种活动开始后，也多次成为国内企业及消费者关注的热点。

对驰名商标的保护，无论从理论上还是从实务止，都确实该认真研究了。

应当说，对驰名商标的保护，在国际上并不是个新问题。

《巴黎公约》1967 年文本第 6 条之 2，关贸总协定的 TRIPS 协议第 16 条，对此均有涉及。

---

* 编者注：该文原发表在《知识产权》1995 年第 6 期。

一、世界性与地区性国际条约中的保护

巴黎公约中规定：凡系被成员国认定为驰名商标的标识，一是禁止其他人抢先注册，二是禁止其他人使用与之相同或近似的标识。就第一点具体说，就是：如果在驰名商标未来得及注册之前，有人在先注册了，则五年之内，驰名商标所有人有权将在先注册人从注册中"请出去"；如果在先注册系恶意的，则不受五年限制。巴黎公约没有把第二点具体化。

这两点对驰名商标的特殊保护，是迄今为止多数国家及国际条约中保护驰名商标的基点与主要内容。

但巴黎公约尚未将这两点特殊保护延及服务商标。

TRIPS 协议比巴黎公约更进了一步的是：第一，宣布巴黎公约的特殊保护延及驰名的服务商标；第二，把保护范围扩大到禁止在不类似的商品或服务上使用与驰名商标相同或近似的标识；第三，对于如何认定驰名商标，也作了原则性的简单规定。

不过巴黎公约及 TRIPS 协议虽已涉及，却又并未完全解决有关问题。其中主要是对于如何认定驰名商标，基本没作具体回答。而这对于正在建立驰名商标保护制度的我国，又特别重要。

在现有的几个有影响的地区性商标国际条约中，1993 年 12 月形成的《北美自由贸易区协定》，1993 年 10 月修订的《卡塔赫那协定》及 1993 年 12 月形成的《欧共体（统一）商标条例》，均不同程度地涉及了这方面的问题。

在《北美自由贸易区协定》第 1708 条中规定：在确认某个商标是否驰名时，应考虑有关领域的公众对该商标的知晓程度，包括在一国地域内通过宣传促销而使公众知晓的程度；但贸易区的成员国（目前系指美、加、墨）不应要求该商标在与有关商品或服务有正常联系的公众之外，也具有知名度。例如，与计算机商品及服务

毫无联系的公众中，很可能有不少人虽然知道 IBM、苹果等商标，但不知道荷花（Lotus），宏基（ACER）等商标，不能仅仅因此就判定后者不是驰名商标。

在《欧共体商标条例》第 8 条中，重申了巴黎公约保护驰名商标的原则。此外，它还特别加了一项："如果某商标已在欧共体内驰名，则在其后的相同或近似标识即使申请在不类似的商品或服务上注册，也应被驳回"。原因是后一商标如果在其他商品或服务上取得注册，仍旧可能在市场上误使消费者认为该商标所有人提供的商品或服务，来源于原驰名商标的所有人。

在条文上对确认驰名商标的条件规定得最细的，倒是拉丁美洲安第斯组织的《卡塔赫那协定》。这一协定在 20 世纪 70 年代出现时，与当时的国际保护标准差距甚远。1992 年，该协定已作了一次大修改，目的是向国际标准迈进。在不到短短一年的时间里，为达到 TRIPS 协议即将形成的最后文本的保护标准，该协定又全面修订了一次。该协定的 1993 年修订文本在第 84 条中，以"未穷尽"的列举方式，指出了认定驰名商标的四条标准，即：

（1）有关商标在消费者大众中的知名度（在法国，20% 消费者知晓的，可初定为驰名；在德国，则要 40% 左右）；

（2）该商标的广告或其他宣传传播的范围；

（3）该商标使用的年头及持续使用的时间；

（4）该商标所标示的商品的产、销状况。

由于这一列举是"未穷尽"的，所以还可以辅之以更多的其他标准。

二、部分外国司法及立法中的规定

在司法与行政管理实践中，法国也为我们提供了值得参考的经验。

在1984年的一则巴黎上诉法院判例中，法院认定“Liberty”商标系驰名商标，其主要依据之一，是该商标自1893年起就成功地获得了注册（从未中断过续展），从1962年起就在法国有名的商标事典上被记载。在1989年的一则巴黎初审法院判例中，“Foker”商标主要因其所标示的果酱商品年销售量高达8500万瓶，而被认定为驰名商标。当然，法院在判决中同时指出：不能仅仅以某种商标标示的商品已经行销2个以上国家为由，而确认其为驰名商标。在1983年、1984年等多起初审及上诉判例中，法国法院也都明确了将有关商标的宣传范围或其标示的商品促销的范围，作为认定驰名商标的依据。在另外的多起判例中以及上述1989年的Foker判例中，法国法院还重申了以公众的知晓程度作为判断驰名商标的依据。后面这两类判例，与前面引述过的其他国家的有关规定是相似的；而前面的两类（Liberty与Foker）判例中所依据的理由，则是值得我们在实践中参考的。

法国法院从1974年到1991年，曾通过诉讼中的判决，认定了以下商标为驰名商标：

可口可乐（饮料）；

米其林（Michelin）（橡胶产品、旅游指南及地图）；

布尔加利（Bulgari）（珠宝首饰）；

Guerlain（香水）；

Foker（果酱）；

索尼（视听产品）；

Chateau £atour（葡萄酒）；

Chanel（皮包、香水、手表等）；

Wrangler（牛仔裤）；

Chateau Margaux（葡萄酒）；

Anne de Solene（布类）。

法国的实践表明："驰名商标"并不需要"评定"那么一批放在那里，而是在市场上发生侵权纠纷或权利冲突纠纷、有必要认定某个商标是否驰名，因而是否应受到特殊保护时，才由法院（或行政主管机关）根据情况去认定。

法国与其他一些国家的实践表明：驰名商标的认定与驰名商标的保护是密切联系在一起的。仅仅靠一部分社会团体或一部分消费者"评选"，甚至靠商标所有人自己出钱去"评选"而认定"驰名商标"，以争得"驰名"之"名"来促销自己的商品，而不是靠促销去获取实际的真实的"驰名"，均不符合国际条约保护驰名商标的初衷。

在商标纠纷中去认定驰名，从而一方面从横向将与驰名商标"近似"的标识范围扩大，另一方面从纵向将驰名商标所标示的商品或服务类别扩大，达到给其以特殊保护的目的，才符合商标保护的基本原理，也才是国际条约的初衷。

当然，各国认定驰名商标并给予特殊保护时，在法律许可的限度内，均会尽可能考虑本国经济利益。从法国法院认定的上述驰名商标中，可以看到多数是法国商标。在国际商标纠纷中，也曾出现过德国法院（及行政主管机关）将日本"三菱'商标判为与德国"奔驰"图形近似，将日本"田边制药"判为与德国"拜尔制药"文字排列近似的例子，虽然从一个第三国的法官去看，它们之间就未必近似了。

在管理机关受理注册申请的实践中，许多国家也给驰名商标以特殊照顾，诸如放宽"不可注册标记"的限制等。我国商标局在80年代中批准境外的"维他奶"商标（用于豆奶商品）的注册申请，也是这种例子。此外，许多国家及地区通过在注册申请审查中认定驰名商标，而给以"防御商标"及"联合商标"的注册，也就是在注册时就事先给了横向与纵向的扩大保护。我国商标法中虽一直无防御及联合商标的规定，但在管理实践中，为驰名商标提供相当于防御商标注册的实例也是有的。现在我们应当考虑的是：是否有必要进而在中国的商标立法上明文对这种实践加以肯定。我认为是有必要的。

美国保护驰名商标，更着重于依据州立的"反淡化法"。1947年，美国马萨诸塞州首立《商标反淡化法》，随后商业最发达的纽约州等相继颁行同样法规。目前已有25个州订立了这种法。现在国会也正考虑制定联邦反淡化法。

"淡化"指的是来自三个方面对某驰名商标的损害：第一，以一定方式丑化有关驰名商标。例如，有家经营食品的公司使用一个微笑的人物头像作为其商标；另一家家庭用具公司则将同一个头像的帽子稍加修改形成一个马桶盖状，在自己的商品装潢上使用。这就属于一种丑化。第二，以一定方式暗化有关驰名商标。例如，美国曾有人把"柯达"（胶卷上的驰名商标）用于钢琴，被法院判为企图"暗化"驰名商标。因为这样用下去，"柯达"在胶卷上的驰名程度，会变得不像过去那样鲜明，乃至渐渐失去其知名度。第三，以间接的曲解方式使消费者将商标误解为有关商品普通名称。例如在辞典、教科书中将"柯达"注解为"胶卷"而不是"胶卷的商标"，将"飞鸽"注解为"自行车"（而不是"自行车的商标"）。

但是，商标必须是驰名的，在美国才有权禁止他人"淡化"。依照美国1992年《州立商标示范法》的规定，确认驰名商标须考虑以下因素：

（1）有关商标固有的或通过使用而产生的识别性（显著性）；

（2）有关商标在既定商品或服务上已经使用的时间及范围；

（3）有关商标在广告宣传上出现的时间及范围；

（4）带有该商标的商品或服务被提供的地域；

（5）带有该商标的商品或服务被提供的渠道，亦即客户（消费者）的广度；

（6）其他商品或服务领域中，对该商标的知晓程度；

（7）其他人使用该商标的状况。

在中美知识产权谈判中美方一再强调并坚持："驰名"与否，不是以认定驰名的那个特定国家为准，而是以有关商标是否在国际市场驰名为准。如果某个商标在国际上驰名，则即使它在某一特定国家鲜为人知，该国也必须认定它为"驰名"。这种观点，与近年发达国家知识产权法理论界中某种"知识产权无国界"论是一致的。荷兰的上诉法院副院长在 1994 年曾撰文认为：对于侵犯了"外国专利"的活动，本国法院也应下达禁令。这反映出某些发达国家从司法上扩大知识产权效力范围的趋势。

但是，韩国最高法院在 1993 年的一个判例中，则明确宣布了美国的"吉普"商标应被视为"汽车"商品的通用名称，不能获得注册。在初审及二审时，韩国法院曾认为"吉普"作为驰名商标的证据不足。于是"吉普"的商标所有人收集了吉普在一系列国家作广告及取得注册的凭证。而韩国最高法院则判定："吉普"在国外驰名的事实，并不导致韩国一定要确认它驰名。这是韩国在遵循国际条约时，看重维护本国利益的突出一例。这也说明，在国际条约规定了原则的情况下，各国适用该原则仍有因地制宜的余地。至少，韩国的司法实践表明，在解释 TRIPS 协议第 16 条"在有关公众"中的知名度时，可以认为它仅仅指本国的"有关公众"，而不广延为"本国之外的公众"。

三、我国应如何保护驰名商标

前文已提到过在我国商标法中有必要增加防御商标及联合商标的注册，以保护驰名商标。

至于"反淡化"，目前在我国尚显得"超前"了一些。即使在西欧发达国家中，也仅有德国等有限国家将"反淡化"列入保护驰名商标的主要措施之中。当然，在个别案中如发现确有违反了《反不正当竞争法》，同时又起到淡化他人驰名商标作用的，仍可以依法禁止。只是没有必要在起步最早的美国尚未将"反淡化"定入联邦法之时，我们倒来个"后来居上"。

在实践中，我国要注意的是不能再搞既不科学、又不合法的"群众"，（实际未必是群众）"评选"驰名商标的"活动"了。至于是否需要由行政主管机关认定一批驰名商标，这是个值得研究的问题。

多数国家仅仅是在处理注册商标权属纠纷或侵权纠纷时，必须确认或否认某一商标为驰名，否则无法下判决或裁决时，方才去认定。很少有认定一批驰名商标摆在那里的。因为，被认定为驰名的很大一部分商标，有可能随着时间的推移而不再驰名。国家给它们一个不变的头衔，也会妨碍市场经济的运转。而有些未被认定为"驰名"摆在那里的可能在侵权纠纷中反倒证实了自己的驰名。正像我国教育界原实行的"博士生导师"头衔授予制，曾使一部分已过世、或已离退、或无力再"导"的教授一直有该头衔，另一部分确有能力去导、也有学生愿报考其名下的中青年，却无所头衔，其并不利于发展教育。现在，教育管理部门已经认识到固定一批头衔的模式是不可取的，工商管理部门似无必要在另一领域重蹈覆辙，再"交学费"。

另外，在保护驰名商标方面，应特别注意万勿使我国有限的驰名商标，在"合资"或以其他方式的转让中，不仅被淡化，而且被消灭。

近年，我国不少企业的主管单位，把"商标权入股""商标权作高价（未必真"高"）出售"当作一种时髦。须知在大多数情况下，这并不是好事。

在发达国家，一个企业的商标稍一知名（即使未达到"驰名"），就特别注意不允许他人的商标与之合用；更不会允许竞争者把它设法压下不用。我国有些知名乃至驰名商标的所有人正相反。花费了多年的力气使自己的商标刚刚知名或驰名，就想方设法要"卖"出去，至少要有价地交给某个外方，与外方的不知名商标"合用"，在我国为该外方闯牌子（在国外则仍无我方商标的地位）；甚至把自己的名牌交给外方（或"合资企业"）压下不再用，听任外方的牌子在我国长驱直入（在国外自然仍无我方的份）。

应当知道，在合资经营中作为出资方式的，可以是我方商标权的转让，也可以是我方商标权的使用许可。在后一种方式下，我方在合资之外，仍保留了自己使用的权利。以这种方式出资，我方的驰名商标被消灭、被压下不用的可能性就比较小。

有时，见报纸报道，我方一知名商标"连同十多项、几十项专利一道"，作价1000万元人民币，就全部"转让"出去了，还认为自己占了大便宜。一个已闯出牌子的商标，可能使同一类型的产品在没有该牌子的情况下的年销售额增加上千万元。按商标一次注册有效期10年，在正常情况下就可增销上亿元。这才是该商标在"转让"中的应有价格。几年前我国曾有企业以300万元人民币卖掉自己的名牌商标，结果卖后第一年就使自己的产品积压超过300万元，这才使他们认清自己商标的真正价钱。而现在却有更多的企业蹈同样的覆辙。这也许是我们在保护驰名商标中真正应当放到第一位来重视的。

当然，一般讲"保护"商标，指的是防止他人侵权，并不指防止自己毁掉自己的已有无形产权。但在我们中国却是要警惕自己跟自己过不去。而这种我国特有的（又是必须强调的）驰名商标保护，要从普及商标知识，让人们了解商标权的价值做起。

警惕建立合资企业中的中方国有知识产权流失 *

目前，有些地方或部门，不加分析地将"建立了多少中外合资企业"作为衡量领导"政绩"的一个标准。于是有的领导只追求"建立合资"的数量，而不顾及后果，甚至在"合资"过程中为争取尽快被批准而与外方共同欺骗上级审批单位，最终自己也被外方欺骗，遭受巨大经济损失。

现在，更多的中方经济损失（或潜在的巨大损失），较集中地表现在中方不懂得自己掌握的知识产权的价值，轻易以低价转让给外方，从而丧失了自己在市场的优势地位。例如，在发达国家，大公司极注重自己的商标、商誉（如销售渠道等），绝不随便转让给其他人；对于自己已经有名气的商标，甚至不允许其他人（包括与自己合资的他人）的商标与其"合用"，以防止将自己的名牌"淡化"。

在当今的国际市场上，中国的名牌不是多了，而是太少了。然而，国内有些国营部门的领导，出于对知识产权的无知，或者决定

---

* 编者注：此文选自郑成思著：《成思建言录》，知识产权出版社 2012 年版，第 32~35 页。

低价出售名牌商标、商誉，或者指令下级工厂低价出售。这样下去，必将造成比有形国有资产流失后果更严重的无形资产流失。仅在商标领域，就可能使我国的"名牌"永远在国际市场上形不成一支力量。

1993 年前，上海家用化工品厂（使用"美加净"商标）在与美国"庄臣"合资时，曾不慎以低价转让其商标。转让后自己只能改用"明星"商标。而后一商标不为消费者接受。该厂在一年销售中的库存积压就超过了卖商标所得的转让费。这一教训使厂领导了解到"美加净"商标的价值，下决心以高价再买回来。

现在，北京丽源公司日化五厂又在走同样的死路，花更多的"学费"。该厂生产的"光明"牌"一洗黑"染发液，在配方与生产技术上超过了德国汉高（Henkel）化工公司的同类产品，"光明一洗黑"的声誉在中国及一些东南亚国家也不低于"汉高"。而该厂的上级领导为促成尽快与"汉高"合资，竟然将该厂厂房、设备等有形资产与销售渠道等商誉（无形资产）一并仅作价 3000 万元人民币，目的是把资金数目压低到一轻局本身即有权审批的范围内。

此外，还决定将"光明一洗黑"商标权以 2000 万元人民币转让给外方，或将该商标权的 60%转让给外方。就是说，一旦合资企业合同生效，外方有权压下"光明一洗黑"这个牌子不再使用，也不允许中方使用，从而使这个北京地区 88 个名牌之一的商标从此销声匿迹。外方却能够利用已得到的中方销售渠道，进一步提高"汉高"的声誉，打开中国及东南亚市场。我认为，日化五厂上级有关领导的决定，不仅是对日化五厂职工的犯罪，也是对国家的犯罪，必须加以制止。据了解，现在还有不止一个国内国营企业在谈判或签订类似的合同。有些合同还允许外方将中方更先进的技术（有些是技术秘密、有些是专利，均属知识产权）搁置或"封存"，以利外方技术提高身价。这是又一种国有知识产权的无形损失。

北京日化五厂一旦停止使用"光明—洗黑"商标，其 3 年之内因滞销而造成的损失就不止 2000 万元——这就是无形商标"专用权"的实际价值。为制止这类国有知识产权的损失，建议：

（1）在建立中外合资企业的合同中，应有一项强制性规定，即中方只可将已成为名牌的商标以许可证方式许可合资企业或外方使用，不得转让或部分转让（部分转让的后果与全部转让相同，因为掌握了部分商标权的外方，可以阻止中方自行处理有关商标）。

（2）国家工商局、商标局，在审查商标转让合同时，应特别注意中国名牌商标，一般不应批准中国名牌商标转让给外方。

（3）涉及对国计民生、国防、国内经济有重大影响的国有企业的专利权、技术秘密或版权等知识产权，向外方转让时应有国家专利局、国家版权局的批准，以防个别国有企业的上级部门为表现自己办合资的"政绩"而强迫企业转让本来能够充分利用的知识产权。在合资时如有必要，这部分知识产权也可以采取许可或独占许可的方式交合资企业或外方使用，并从中获取"许可费"，而不采取转让方式。

（4）各级领导绝不可以仅仅用建立中外合资企业的数量去衡量下级企业领导的"政绩"。一方面，要继续鼓励合法的合资及以其他方式引进外资；另一方面，对不顾国家利益、不顾单位职工利益，甚至靠损害国家、单位有形及无形产权去追求可上报的"政绩"者，应追究其行政乃至刑事责任。不能听任国有资产、尤其是国有企业的知识产权继续流失下去了。

创我国名牌商标需制止反向假冒[*]

　　商标上的假冒，一般指假冒者在自己制作或销售的商品上，冒用他人享有专用权的商标。而"反向假冒"则不同，1994年在北京发生的一起商标纠纷，是"百盛"商业中心在其出售新加坡"鳄鱼"牌服装的专柜上，将其购入的北京服装厂制作的"枫叶"牌服装，撕去"枫叶"注册商标，换上"鳄鱼"商标，以高出原"枫叶"服装数倍的价格出售。这就是国际上常说的"反向假冒"。

　　该案发生后，北京服装厂在北京市第一中级人民法院状告百盛及新加坡鳄鱼等公司损害了其商标专用权；而被告则认为中国商标法仅仅禁止冒用他人商标，不禁止使用自己的商标去假冒他人的产品。我国个别人也认为，这一案的被告最多是侵害了消费者权益，而分散的众多消费者们不可能为自己多花的上百元人民币而组织起来状告"百盛"及"鳄鱼"公司，所以在此案中被告不应受任何惩处。至今此案未最后结案。

　　应当看到，"反向假冒"若得不到应有的惩罚、得不到制止，

---

　　* 编者注：此文选自郑成思著《成思建言录》，知识产权出版社2012年版，第36~38页。

将成为我国企业创名牌的一大障碍。根据我国实际状况，如果听任百盛及"鳄鱼"这种反向假冒行为，则等于向国外名牌所有人宣布：如果他们发现任何中国产品质高价廉，尽可以放心去购进中国产品，撕去中国商标，换上他们自己的商标，用中国的产品为他们闯牌子。这样一来，我国企业的"名牌战略"在迈出第一步时，就被外人无情地切断了进路与退路。我们只能给别人"打工"，永远难有自己的"名牌"！

从国际商标保护的情况看，《美国商标法》第 1125 条及其法院执法实践，明白无误地将上述反向假冒（Inverse Passing-off）视为侵犯商标专用权。在 1995 年 3 月的亚太经合组织悉尼会议上，我特别向到会的美国专利商标局专家汤姆森印证了这一点。到会的菲律宾代表也在全体大会上发言证实菲律宾在司法实践中，将"反向假冒"判为侵犯商标权。澳大利亚 1995 年《商标法》第 148 条明文规定：撤换他人商品上的注册商标或出售这种经撤换商标后的商品，均构成刑事犯罪。香港地区的商标法例也有相同的规定。意大利 1992 年《商标法》第 11 条、第 12 条规定：任何售货人均无权撤换供货人商品上原有的注册商标。葡萄牙 1995 年《工业产权法》第 264 条也规定了对反向假冒者处以刑罚。可见，不论大陆法系国家还是英美法系国家，"反向假冒"都是要受到法律禁止及制裁的。

此外，美国的法院判例从 1918 年至今，英国的法院判例从 1928 年至今，均把"反向假冒"视同"假冒"，在司法救济上，与反不正当竞争中的"假冒他人商品、装潢"等行为完全等同，依此制止反向假冒。为什么我国正急需保护自己的名牌并急需鼓励企业创名牌的今天，反倒不应制止"反向假冒"行为呢？

其实，依照我国《民法通则》第 4 条，"反向假冒"显然属于应予制止的非"诚实"商业行为；依照我国《反不正当竞争法》第

2 条及第 20 条，"反向假冒"未偿不可以视为应承担赔偿责任的行为；依照我国《商标法》第 38 条，"反向假冒"也可以被归入"其他"侵害他人注册商标的行为。当然，最可取的制止该行为的办法，是在将来修订商标法时，增加如外国明文禁止反向假冒的条文。不过，这并不是说依我国现有法律，就可以听任这种行为泛滥了。现在就立即依法制止这种行为，不仅有利于公平竞争和发展社会主义市场经济，而且有利于我国企业创自己的名牌。

商标中的"创作性"与反向假冒[*]

在论及"知识产权"的概念及定义时,如问起作为"知识产权"项下的商标权、商号权等商业性标示权,应如何体现"创作性"劳动成果?不少文章或学术专著对此都有过阐述,但至今未解决好。

有人感到这个问题难以解决,就干脆采取了全面否定的态度,即否定标示性成果中含有创造性。持这种观点人的唯一依据(虽然在有的论述中可能不讲"依据",即不注明其立论的实际来源),是笔者自 AIPPI1992 年 4 月东京大会报告的一段国际专家们的论述所作的摘译。这段论述把"知识产权"分为"创作性成果权利"与"识别性标记权利"。有的论著在不指明出处的情况下引用了这段译文,而且当成自己建树起来的"新论点"公之于世。但他们可能不知该论述原文的上下文,国际知识产权专家们诚然依照知识产权不同的"侧重点",作过这样的划分,但并没有否定标示性权利也能反映一定的创造性。否则,标示性权利就不会划入知识产权之中了。AIPPI 在该报告中,并非为知识产权下定义,而是在"什么样的知

---

* 编者注:此文原载《国际贸易》1996 年第 9 期。

识产权纠纷可以交付仲裁"的答案中,列举可仲裁的内容时,讲及"两类"知识产权的。

也有人认为人们设计商标、商号的过程中反映出的创造性成果可以用来说明其为何成为知识产权的保护标的。这种认识可能比"全面否定论"接近于答案,但又不完全。

确有一部分商标、商号在设计时是大费了脑筋的。一是要考虑怎样才能不与已有标示雷同(乃至冲突);二是要考虑具有识别性;三是要给公众一个明快的感觉;四是要不至于产生负面的(甚至荒唐的)歧义,等等。例如,中国铅山制药厂曾打算把其商标定为"铅药",又深恐有"药中含毒"之嫌。于是定商标为"山药"。这就成为中国市场上曾被取笑的一个标示。这类失败的商标设计例,说明了在商标设计上投入的创造性劳动的多少,市场效果确实大不一样。但商标等标识上的创造性劳动成果,恐怕还远不止于此。

商标、商号等知识产权"标的"发展至今,绝不仅仅因其具有"标示性"而已。私宅的前面树一个牌子"非请莫入",也具有标示性。但它很难作为一种"产权"与商标平起平坐。与商号这种中国传统称为"招牌"相近的"幌子",虽然常被并称"招幌",但在是否构成"产权"方面,则不能与招牌同日而语。"内联升"作为商号(招牌)可以是知识产权的保护标的。"内联升"店外挂着(或画着)一只超大的鞋子,作为"幌子",则不享有知识产权。虽然它也具有"标识性",它可以引导意在买衣裤或买食品的消费者不至于进鞋店去选购。

知识产权项下的识别性标记之所以构成"产权",之所以可以成为合同转让、合同许可的标的,之所以在企业合并、合资等活动中可以估出价来,首先在于经营者在选定并使用了某个(或某些)这类标识后,通过不同于(或高于)同类竞争者的广告宣传,打通销售渠道等促销活动,使有关标记在市场上建立起一定的信誉或"商誉"。在这些活动中，均不同程度体现出创造性劳动。

当然，最根本的是生产及经营者（或服务的提供者），要通过自己的（或经许可、经转让获得的）技术，保持产品或所销商品（所提供服务）的恒定质量；通过自己的经营方式，保证所提供的商品尤其是服务的质量，从而使自己的商标、商号等标识具有稳固的、不断上升的价值。这些活动附加给其标示的创造性，是不应该被忽视的。多年前，就已经有不少国家把"经营方式"列为"商业秘密"之一。而商业秘密中所含的创造性劳动成果，是否定标示性权利具有创造性的人也不能不承认的，只是在他们并未真正弄清什么是"标示性权利"就匆忙下了过早的结论之时，产生了自己立论中的这种矛盾。

所以，《建立世界知识产权组织公约》在第 2 条集中了各国真正专家们多年讨论的结果而给"知识产权"下的定义（发明、发现、作品、商标、商号、反不正当竞争等"一切"智力创作活动所产生的权利），确实是经过深思熟虑的。在对知识产权的基本常识尚未弄懂就急于否定已有国际公约的结论，或尚未阅读某些国际组织文件的全文就一知半解地建树"新论"，往往会走弯路乃至走多年前已被堵死的回头路。

知识产权法诚然是一门较新的学科。在中国，较系统地研究它是自 1979 年才开始的。但它在世界上已被研究了上百年。有些概念已经形成，有些问题已有公认的、可行的答案。有些可能在中国"还远没有解决"的问题，并不需要我们从零做起去研究。撇开（或根本不了解）国际上的已有成例与正确答案，在某些基本问题上去追求"突破"是不可取的。

AIPPI 东京大会报告的"两分法"，确可以作为"一家之言"。但该报告本身及与会专家们，并无意就此排斥其他分类法或其他为知识产权下定义的论述。充分述说（乃至坚持）自己的看法，却又不轻易否定别人，这是不少已有的知识产权著述所奉行的原则。正是如此，1992 年的东京大会报告及与之类似的著述，才能够在国际论坛上站住脚，至少没有在其后国际上出现的下列事实面前显得尴尬。

1994 年 4 月在马拉加什最后通过的《与贸易有关的知识产权协议》中，明文把"商业秘密"列入重要的一项与贸易有关的知识产权；却又同时认为它属于"反不正当竞争"的一项内容，应与巴黎公约中的反冒牌货（应是"标识性知识产权"的领域）同属一个条文管辖。而商业秘密中的"Know-How"，被东京大会列在"创作性"成果中，"反不正当竞争"则在"标示性"成果中。

1996 年 3 月，欧洲议会通过了《数据库保护指令》，同时建议世界知识产权组织通过类似的国际公约。该指令的内容之一，是将无原创性（无独创性或无创作性）的数据库，列为知识产权法所保护的"准版权"客体，以补偿数据库制作人所付出的非创作性劳动与投资。欧盟国家均必须在 1998 年 1 月前，制定出国内相应立法。现在，如果只允许"两分法"一种出路（前面已讲，这并非 AIPPI 原意，只是国内的一种误解），我们应当把无创作性的数据库放入"创作性"成果中，还是放入"标识性"成果中呢？我们可能会钻进一个自己做的笼子中。

1994 年，在中国首次发生"反向假冒"商标纠纷时，否认"反向假冒"构成"假冒"，而只承认其可能危及消费者权益的人们，在对待商标、商号等标识的理论方面，又几乎都否定商标等标识权与"知识"产权有任何关联。这并不是偶然的。

在市场经济中，在真诚的现代生产、经营者向市场推出其商品时，他们实际出于两个目的，一是切近的，即尽快得到利润；二是长远的,即闯出自己商品的"牌子"(包括商标、商号等),不断提高市场信誉,以便除了尽快得到利润外,还能得到可靠的、不断增长的利润。否定"反向假冒"构成对他人商标的侵害,主要是只看到(或只承认)现代真诚经营者的第一个目的,所以,他们认为:别人只要付了钱给你,商品拿到手之后,怎样改换成他的商标再卖,与你就毫无关系了。这种看法在理论上是错误的,在实践中是有害的。其理论上的错误是不承认商标与其标示的商品或服务的全方位的内在与外在联系及否认商标中的"知识"产权因素。这在前面已重点分析过了。下面再进一步分析这种看法,在实践中的危害及其与国际上商标保护制度发展方向的相背。

目前我国在国际市场上得到消费者公认的驰名(或名牌)商标数量很少,这对我国在国际市场上的竞争地位是不利的,许多行业已经意识到这一点,正加强本企业在国内、国际市场创名牌的各项措施,我国的立法、执法机关也已意识到这一点。从国家工商局到人民法院,都已加强了对驰名商标保护的研究与实际保护。但发达国家很早已经在立法及执法中实行的制止"反向假冒",在我国则尚未得到足够重视。"反向假冒"若得不到应有的惩罚,得不到制止,就将成为我国企业创名牌的一大障碍。

商标上的假冒,一般指假冒者在自己制作或销售的商品上(所提供的服务上),冒用他人享有专用权的商标。

1994 年在北京发生的一起(至今未最后结案的)商标纠纷,即在百盛商业中心出售新加坡"鳄鱼"牌服装的专柜上,经营者将其购入的北京服装厂制作的"枫叶"牌服装,撕去"枫叶"注册商标,换上"鳄鱼"商标,以高出原"枫叶"服装数倍的价格出售,这就是国际上常说的"反向假冒"。

该案发生后,北京服装厂在北京市第一中级人民法院状告"百盛"及新加坡"鳄鱼"等公司损害了其商标专用权;而被告则认为中国商标法仅仅禁止冒用他人商标,并不禁止在他人的产品上使用自己的商标。有些人也认为:这一案的被告最多是侵害了消费者权益。而分散的众多消费者们,不可能为自己多花的上百元人民币而组织起来去状告"百盛"及"鳄鱼"公司。所以在此案中,被告不会受任何惩处。

但是根据我国的实际状况,如果听任这种反向假冒行为,则等于向国外名牌公司宣布,如果他们发现任何中国产品质高价廉,尽可以放心去购进中国产品,撕去中国商标,换上他们自己的商标,用中国的产品为他们去闯牌子。这样一来,我国企业的"名牌战略"在迈出第一步时,就被外国人无情地切断了进路与退路。我们只能给别人"打工",永远难有自己的"名牌"。从国际商标保护的情况看,以上有些人的意见也是完全错误的,《美国商标法》第 1125 条及其法院执法实践,明白无误地将上述反向假冒(Inverse Passing-off)视为侵犯商标专用权。在 1995 年 3 月的亚太经合组织悉尼会议上,笔者特别向到会的美国专利商标局专家汤姆森印证了这一点。到会的菲律宾代表也在全体大会上发言证实菲律宾在司法实践中,将"反向假冒"判为侵犯商标权。澳大利亚 1995 年《商标法》第 148 条明文规定:撤换他人商品上的注册商标或出售这种经撤换商标后的商品,均构成刑事犯罪。香港地区的商标法例也有相同的规定。意大利 1992 年《商标法》第 11 条、第 12 条规定:任何售货人均无权撤换供货人商品上原有的注册商标。葡萄牙 1995 年《工业产权法》第 264 条也有规定,并对反向假冒者处以刑罚。可见,不论大陆法系国家还是英美法系国家"反向假冒"都是要受到法律禁止及制裁的。

此外,美国的法院判例从 1918 年至今,英国的法院判例从

1917 年至今，均把"反向假冒"视同"假冒"，在司法救济上，与反不正当竞争中的"假冒他人商品、装潢"等行为完全等同，依此制止反向假冒。

为什么我国正急需保护自己的名牌并急需鼓励企业创名牌的今天，反倒不应制止"反向假冒"呢？

其实，依照我国《民法通则》第 4 条，"反向假冒"显然属于应予制止的非"诚实"商业行为；依照我国《反不正当竞争法》第 2 条及第 20 条，"反向假冒"未偿不可以视为应承担赔偿责任的行为；依照我国《商标法》第 38 条，"反向假冒"也可以被归入"其他"侵害他人注册商标的行为。当然，最可取的制止该行为的办法，是在将来修订商标法时，增加明文禁止反向假冒的条文。不过，这并不是说依我国现有法律，就可以听任这种行为泛滥了。当前依现有法律制止这种行为，不仅有利于公平竞争和发展社会主义市场经济，而且有利于我国企业创自己的名牌。

从"灯塔"牌油漆说起 *

1997年4月9日，国家工商局认定了第二批23个商标为"驰名商标"。位居第1号的是天津油漆厂的"灯塔"牌商标。这一商标被认定为驰名，将有着比人们在一般情况下能认识到的更深一层的意义。原因是大多数商标在创名牌的过程中以及驰名之后，均会有非法嗜利之徒跟踪假冒。这种假冒活动又一般仅限于把驰名商标非法用在自己的产品上。而"灯塔"之出名，则不仅有人针对它从事这种常见的假冒，而且（主要在灯塔产品出口之后）专有人针对它从事"反向假冒"，即撤换掉"灯塔"商标，附加上假冒者自己的商标，用天津油漆厂价廉质高的产品，为假冒者去"创牌子"。

几年前，北京的"枫叶"商标曾遭此厄运。当时即有议论认为"反向假冒"与商标侵权无关，而只涉及侵害消费者利益（实际上消费者利益未必受侵害——如果产品本身并不"劣"）。这种议论认为被撤换的商标的所有者，无权禁止反向假冒者的行为。

但在实践中，被撤换的商标的所有者，总感到自己的权益切切实实受到了损害。特别是不仅在国内驰名，而且在国际上也驰名的

---

* 编者注：此文原载《法律适用》1997年第9期。

"灯塔",在走出国门第一步,就被非法嗜利之徒(国内也有议论认为是"合法"之徒)撤换,被剥夺了在国际市场创名牌的机会。他们当然不愿接受国内的上述议论,任人宰割。"灯塔"的所有者及遭受过相同"反向假冒"的国内企业,需要有人告诉他们如何维护自己的权利.而不是告诉他们应无所作为,只消在理论上去认识自己并无损失。

事实上,在国外,禁止这种反向假冒行为早就是有法可依的。首先应举出的是《美国兰哈姆法》第43条第a项。这是最明确地禁止反向假冒的商标法条项。当然,由于该法并无通行的中文译本,故有语言障碍的国内读者找不到并不奇怪。即使懂英文,但不了解1946年《兰哈姆法》第43条第a项亦即今天《美国商标法》第1125条第a项,而且不了解要从《美国法典》第15篇地22章中去找,也会找不到,但如果"找不到"就断言"没有",则不可取。好在美国法典的全部,将被社科院译成中文,届时不懂英文的读者就方便了。当然,即使目前,由于许多国家(远非美国一国)商标法中均有禁止"反向假冒"的明文在,我们依然可以找到其他国家的中文译本。例如,由国家工商局商标局主编、中国法制出版社1995年出版的《商标法律法院汇编》第691页上,即有《法国知识产权法典》的条文在,该条文规定:"消除或变动依法付贴的商标",与"不经所有人许可在相同商品或服务上使用该所有人的商标",一样属于商标侵权。意大利、西班牙、葡萄牙等国商标法有完全相同的规定。

就是说,"反向假冒"并非中国学者生造出的概念,而是市场经济中禁止不法行为的长期实践形成的已有概念。

在中国,商标法中虽无明文禁止"反向假冒",但《反不正当竞争法》则有明文。这就是该法第9条,禁止经营者利用广告或其他方法,对商品的生产者作引人误解的宣传。未经许可撤下合法商标而换上假冒者的商标，无疑是在市场上通过产品本身或（如果假冒者也以新闻媒体作广告）通过新闻媒体广告，对"谁是该产品的真正生产者"，作误导宣传。

这就是告诉"灯塔"的所有者（天津油漆厂）及其他有关企业：切勿听信那些为"反向假冒"张目的议论。应当明白：禁止"反向假冒"行为，保护自己的权益，在中外都是有法可依的。

在通常情况下，凡认为商标权人无权禁止反向假冒的议论者，又都认为在版权领域，作者无权依著作权法禁止他人冒作者之名出售非作者之作品。因为，从理论上，这些议论的缺点均是只看事物的一面，即缺少辩证的方法。不过，在禁止冒名方面，中国《著作权法》却明确有第46条第（7）项的规定。可能有人在商标反向假冒问题上（即使摆出再多的外国法条），强调中国有中国的国情。而在版权的冒名问题上，即使我们摆出了中国法律的明文规定，又可能有人提出：外国并没有这种规定，大概是中国立法者搞错了，可能是中国立法的失误。在上海法院正确地判决了吴冠中诉他人冒名拍卖假画一案后，仍旧有议论认为中国法律失误、法院也失误，仍断言国际上从不认为冒作者之名属于侵犯版权。

即使无机会接触外国资料的中国知识产权权利人也应清楚一点：知识产权制度的建立，目的在于保护权利人的利益，决不会千方百计为侵权人开脱。相信这一点，就不会轻信国际上无此禁例的断言。

事实上，国际上早就把冒作者之名，视为侵犯作者署名权或版权法中的身份权（paternity），WIPO 的《伯尔尼公约指南》在英文本及德文本第 41 页上、联合国教科文组织的《版权 ABC》在英文本第 24 页及中文本第 16 页上，均有明确的阐述。当然，英美等国版权法中，也有明确的条文。上述资料的多数，均有中文译本，即使不懂外文的读者，在听到别人相反的断言后，不妨去核查一下，以免对版权的认识在 ABC 阶段就出了偏差。研究知识产权（以及研究任何问题）时，如果一方面轻易否定中国的立法及司法实践，另一方面又不肯参考任何国外的信息，只是一味闭门论道。最后得出"中国知识产权研究太滞后"的结论，是不足为怪的。

在专利领域，存在一个虽未成为讨论的热点，但与商标反向假冒及版权中的冒名相近的问题。这就是中国《专利法》第 63 条，将"假冒他人专利"视为专利侵权，即使假冒他人并未真正使用专利权人的专利，也未从事有关的制造、销售、进口活动。按照上述一些人的理论，只冒了专利权人专利之名，不应当是专利法过问的，可能中国专利法也搞错了。但这一条又是大多数国家专利法中均有的。是否大多数国家都错了？提出这一问题，是想告诉读者：坚持多方面看问题，而不是只看问题的一个侧面，方能够避免滞留在 ABC 阶段，有真正的研究深度，也方能使研究成果更符合实际。这不仅在商标研究中应注意到，而且在知识产权的其他方面的研究中，均应注意到。

"灯塔"已经迈出了在国内驰名的第一步。认真研究国际知识产权保护的诸多问题（禁止"反向假冒"只是其中之一），有助于它进一步在国际驰名。这是中国名牌厂家面临的又一项任务。完成这项任务，与"创名牌"本身一样，必须将一切"无所作为"的论点，"中国的一切都不如人"的论点，统统抛开。

采取有效措施解决"域名抢注"问题

——在互联网络环境下保护我国企业的知识产权 *①

一、国际互联网络中，工商企业多集中在".com"上注册域名

所以，至今绝大多数人谈"抢注"，仅限于工商企业的商标或商号的英文名、英译名或英文缩写名被他人先在".com"上注册的情况。事实上，如果一所名牌大学（如北大—— Beida 或 pku）被人在".edu"上或在".edu.cn"上抢先注册，对该大学来讲，同样是十分头痛的事。

* 编者注：此文选自郑成思著：《成思建言录》，知识产权出版社 2012 年版，第 82~89 页。

① 从 1996 年下半年到 1997 年年初，我国不少企业发现其商标名称或企业名称（或二者兼有），被海外机构在先于互联网络上注册为域名，妨碍了我国企业以其公众熟悉的名称进入国际互联网络，进而进入国际市场。"域名被抢注"问题在发达国家的出现比我国早一年，即 1995 年到 1996 年年初。1996 年 1 月，郑成思先生曾把发达国家发生的"域名抢注"问题在《中华商标》第一期上提出，以提醒国内企业注意，但当时没有引起足够重视。直到 1996 年下半年，设于香港的某公司已大量完成"抢注"并妄图以此牟利时，国内有关企业才感到自己已面临棘手的难题。本文系中国社科院信息交流平台根据郑成思当时的撰文中对这一问题的分析摘报。——《成思建言录》原编者注。

希望国内有志于直接在最高域位如".com"".edu"".org"等上建立自己的"主页"(Home Page)或电子信箱"Email Box"的任何单位，不要再等别人已"抢注"后才开始着急。

如果只打算在".cn"(中国)的域位上入网，则不必着急。中国的入网工作，总的是由国家管理的，不太容易出现大量"抢注"；即使偶尔出现，在本国也较容易解决。

除中国外，仅有新加坡等少数国家由政府主管部门管理或直接干预互联网络域名注册。大多数国家是由商业性民间机构负责这项工作。而且绝大多数国家及有关民间机构目前均采取"先注册占先"的原则，一般并不负责去查询或检索注册人是否系相应文字商标或商号的合法所有人。至今尚没有任何国家在商标法或商号法中明文规定：拿了他人的注册商标或商号去进行域名注册，本身会构成侵权。

从"先注册占先"原则可以推论："抢注域名"本身并不属于违法行为。这与"恶意在先注册"要区别开。

国外的域名注册机构之所以不负检索责任，主要原因是各国普遍承认域名与商标的作用及获得途径完全不同。二者发生冲突时，在多数情况下并不意味着"商标侵权"。

域名的作用类似电话号码。在计算机网络中打出对方域名而访问对方"主页"或与对方电子信箱交流信息，与拨通对方电话号码同对方通话非常近似。

此外，同一个文字商标有可能被不同企业同时使用，只要所经营的商品或服务类别不同。例如，使用"长城"商标的，有电子企业、风雨衣厂家，还有葡萄酒生产者。它们可以"相安无事"地使用同一个"长城"商标(或英文 Greatwall)。但在网络中，在同一个域位(如".com")，绝不可能允许两个 Greatwall 同时出现，不论它们是否用在同类商品或服务上。

从另一个角度看，在域名注册中，只要两个名称稍有不同（或完全相同但排列方式稍异），就可以同时分别获得注册。例如：电子长城厂家如果先用"Great-wall"取得域名注册，并不妨碍风雨衣厂家再用"Great-wall"注册。因为计算机对任何细微的差别都是可以识别的。而在商标注册程序中，如果两个文字商标之间的差别仅仅是一个连字符"-"，而两个厂家又经营同类商品（对于驰名商标，即使不经营同类商品），必然被商标局依法驳回注册申请，不予注册。原因是后一商标与前一商标"近似"；而"近似"将引起消费者误认。消费者的识别能力，就这一点来讲，是无法与计算机相比的。

正是由于这些原因，目前国际上并没有轻易断言域名与商标权一旦冲突，就必然构成侵权。

二、解决被"抢注"的途径有很多

第一，有一部分海外机构"在先"（此处不用"抢先"）以他人商标或商号注册了域名，并非有意也并非恶意。有的是在使用英文缩略语时产生了"偶合"。遇到这种情况，往往通过与对方对话、谈判，要求对方转给或低价转让其域名，是可以奏效的。国内已有过这种先例。

第二，无论善意在先注册的对方不肯转让域名，还是恶意抢先注册（即"抢注"）的对方索要高价方肯转让，我方企业完全可以不再理会对方，而通过在自己的文字商标或商号中加连字符、加点（多一个"."，照样可以获得同一个域名的注册）、加"中国（China）"等并不影响自己商标整体的简单内容，自行再申请注册。这种申请一般均会被域名注册机构所接受。

第三，法院诉讼。走这一条路时，切记勿轻信别人的怂恿而去抢注者所在外国诉讼。其结果反倒可能不如在国内诉讼，而后通过司法协助双边协议由对方国家去执行。在 1996 年年底到 1997 年年初，英国高等法院曾判决一起"抢注"纠纷，原告系英国公司。判决要求在美国的互联网络域名注册机构撤销抢注者的注册。该美国机构一个月后执行了这一判决。这就是国际上有名的 Harrods 判例。但应注意的是：该抢注者在抢注之后，又在网络广告中使用该域名，宣传了与原告相同的商品，所以被依法判为"商标侵权"。抢注域名行为"本身"，未必构成侵权；还必须加上在贸易活动中使用抢注的域名，方有可能被判侵权。

而抢注我国企业商标的某香港公司及其他海外机构，只是在抢注后与我国企业谈判转让、索取高价，他们自己并不在贸易中使用。这就很难引用上述判例指控对方侵犯商标权了。

不过，如果我国被抢注的是已被认定为驰名商标的文字，则不论抢注者是否已在贸易活动中使用，均可能被判违法而撤销。从外国判例看，美国法院 1997 年年初在 Intermatic 一案中，曾判决抢注他人驰名商标为自己的域名，违反《反商标淡化法》，构成了对驰名商标显著性的"冲淡"，因此应予撤销。从国际组织的观点看，由国际互联网协会（ISOC）、国际电讯联盟（ITU）、世界知识产权组织（WIPO）、国际商标协会（INTA）等组织共同组成的"国际互联网专门委员会"（IAHC）在 1997 年发布的一份文件中建议：在网络环境中，国际驰名商标所有人有权请求由世界知识产权组织管理的"域名异议管理委员会"裁决撤销抢注者的域名，只要该商标的驰名是"国际性"的。

第四，涉外仲裁。过去，我国有的法学著述对仲裁有过误导的解释。它告诉人们：只有合同本身的纠纷才能提交仲裁机构（尤其是国际商会仲裁机构）去仲裁。事实上,民商领域绝大多数纠纷（包括侵权纠纷），只要当事双方同意仲裁解决，均可提交仲裁。我国及其他参加 1958 年《纽约仲裁公约》的国家的法院，都将协助执行来自外国仲裁机构的合法仲裁裁决。此外，世界知识产权组织从 1994 年起成立的仲裁中心，更是专门接受涉及知识产权纠纷的仲裁申请。

第五，"国际联网专门委员会"为了解决目前已经存在的网络上的域名冲突（未必限于恶意抢先注册的冲突，不同企业合法使用相同商标——如"长城"——也已经产生不少冲突），建议在 1997~1998 年，开通七个新的最高域位——（1）".firm"；（2）".store"；（3）".web"；（4）".arts"；（5）".rec"；（6）".info"；（7）".nom"。原先没有来得及注册域名而由他人在先注册的单位，如果又不希望采取加"-"或加"."的方式注册，仍有机会在新域位上注册。例如，凡从事工商及其他活动的公司，均可申请在".firm"上注册，其效力与".com"域位上获得的域名注册相同；从事商品买卖的，则可在".store"上注册；从事信息产业（如软件、计算机）的，可在".info"上注册，等等。我国的有关企业及单位，应密切注意开通新域位的信息，切不可再次失去机会，被他人又在新域位上再次"抢注"，或仅仅把注意力放在未必有打赢官司把握的所谓"国外诉讼"上，而放弃了自己在新域位上注册的权利。

三、对于目前国内外普遍存在的国际互联网络中的知识产权新问题，如果不认真研究，将会使我们处于被动状态

目前，域名注册与商标等权利的冲突，已使缔结国际条约加以解决成为必要。政府间国际组织如 WIPO、民间国际组织如 INTA 等，均提出了一系列问题。例如，域名注册从申请到批准的异议期问题，申请人证明其并非恶意抢注的证据问题，被抢注人的有力证

据能否使域名注册机构不经法院审理即先行中止抢注者的使用权问题，各国商标法或反不正当竞争法对域名抢注的应有态度问题，等等。我国主管部门（如邮电部、国家工商局等）应当从现在起就设专人、立专门课题加以研究，否则很难在将来的外交谈判中，争取到有利于我国的结果。而这些问题，已经摆在我国及我国一大批企业面前，可能很快也会摆在我国一批科研院所、大专院校、民间团体面前。研究在我国最适当的解决这些问题的途径，研究以何种形式开展国际合作最有利于我国企业（通过网络）进入国际市场，已经一点儿也不超前了。根据英国"国际传输经营协会"（ICM）的预测，到 2000 年（三年后），全世界商品贸易的 20％，都将通过互联网络开展。今天，我们有的企业已遇到这种情况：外国企业拒绝与尚未上网、尚未有 E-mail 地址或没有自己网上域名的企业打交道，因为外国企业的一大部分合同，都已经是通过计算机联网签订的"无纸合同"。

在国际互联网络环境中保护我国企业的知识产权，也与我国已开始的"名牌战略"密切关联。不具有"国际驰名"地位的商标，不能要求国际组织撤销抢注者的域名。而目前有些外国企业，专门把质量高价格低的中国商品，抹去中国原有商标，换上它们的商标进入国际市场。这就是"反向假冒"。例如，我国的"灯塔"牌航空航天油漆，就屡遭这种厄运。我国对商标作用缺乏研究的人们，认为这种行为对我国商标"并无损害"，看不到它实实在在地阻碍了我国在国际市场创名牌。美国商标法从 1946 年起，意大利、西班牙、葡萄牙商标法从 80 年代起，法国商标法从 1992 年起，均有明文规定将这种反向假冒视同冒用他人注册商标，给予制裁。英国及一批英联邦国家，则在其商业名称法中，以刑事制裁禁止反向假冒。澳大利亚是较少的在商标法中即以刑事制裁禁止这种行为的国家。我国对此却没有明文规定，只能"比照适用"《反不正当竞争法》第9条。这对于我国企业是不利的。与网络中的知识产权问题联系起来看，这种商标保护方面的缺陷至少不利于我国名牌取得"国际驰名"地位、进而更有力地打击域名抢注者。

"武松打虎"法院判决及行政裁决引发的思考[*]

　　1996 年年末,北京海淀区法院就"武松打虎"图版权纠纷一案,判被告山东景阳岗酒厂未经许可将刘继卣创作的图画用作商标,构成侵犯版权,判被告停止侵权并向版权人支付赔偿。1997 年 2 月,中国国家工商局商标评审委员会终局裁定景阳冈酒厂以"武松打虎"图注册为商标,侵害了版权人的在先版权,应予撤销注册。

　　正如一年前上海法院就吴冠中诉朵云轩等一案的判决一样,在北京的这一判决与裁决,依中外商标法及国际条约看,均在情理之中。该两案(版权侵权诉讼案与注册不当撤销请求案)也并不复杂。但在 1997 年年初之后,在北京却召开了对判决与裁决持极大异议的"研讨会",杂志上也出现了持异议的文章。这反映出国内在知识产权研究上与国际的实际差距,反映出一些在外国早已解决的问题,我国仍有一些学者因对外界的不了解,还把它们当成"新"问题讨论着、探索着。

---

　　*　编者注:此文原载《法学》1997 年第 10 期。

一、问题的提起——国际惯例与我国知识产权保护

我国报刊及政府文件，近年来经常提到"中国在知识产权保护方面用了十几年时间，走完了发达国家一百到二百年才走完的路程"。有的人极不赞成这种提法，斥之为"没有根据"①。但笔者却认为这种提法不仅符合事实，而且也是中国应当走的路，反倒是那种认为外国人走了一二百年，中国也必须再走一二百年的理论，是不可取的。我们不可关起门来搞"法制"，不可拒绝国外现有的成功经验。

虽然在事实上，没有人会真的一概排斥国际上现有的经验与成例，一切要自己从头做起，但在理论上，出于语言障碍及其他原因，确有人主张一切均不应参考、参照或借鉴国际已有经验——这首先指国际公约，其次是外国法律及案例。几十个国家乃至上百个国家的专家组，在几十年乃至上百年研讨中得出的结论，我们有的人居然认为毫不可取，轻易即予以否定，而代之以他们的却是真正无根据、无体系、无逻辑的理论。这样的"理论"不被我国立法或执法部门采纳，自然是情理之中的事。这种理论之一，就是因商标权与版权相冲突的诉讼案处理引起的一种"全新"的"权利穷竭"理论。

"Exhaustion of Rights"原则，是知识产权许多领域中都在法律上及国际公约存在的一条原则。1982年，笔者于当时国家出版局的《出版参考资料》中首次译为"权利穷竭"。1986年，又在"通论"用"版权穷竭"为题名。② 这一术语后来被许多人沿用。1988年，中国专利局在解释专利法时，译为"权利一次用尽"。笔者感到比笔者的译法更通俗易懂。

---

① 参见《法学研究》1995年第4期，第58页。
② 参见郑成思：《知识产权法通论》，法律出版社1996年版，第128页。

在版权领域,"Exhaustion of Rights"指的是"发行权一次用尽"。就是说,对于经过版权人许可而投放市场的一批享有版权的作品复制品(图书、音带等),版权人无权再控制它们的进一步转销、分销等活动。也就是说,获得了发行权许可的被许可人,无论自己如何转销,或通过"分许可证"再许可第三人分销,均无须再度取得版权人许可并支付报酬。版权人的"发行权"使用一次后,就"用尽"了。这一原则至今是多数国家在法律、法理或司法实践中均承认的。只有法国、比利时等少数国家,认为作者有权将作品的复制品一直控制到"最终使用人",从而不承认"权利穷竭"原则。

在专利领域,该原则表现为"销售权一次用尽"。它在我国专利法中规定得很明确①,无须赘言了。外国专利法也有类似规定。

在商标领域,情况也大致相同。该原则指的是:经商标权人许可而将其有效注册商标附贴在商品(或标示在服务)上,有关商品的进一步转销、分销,乃至分销时分包装(分包装时改变了商品的质量者除外),如再加附同样商标,均无须再度获得许可。

这条原则,在承认它的国家法律或司法实践中,本来是清清楚楚的。但由于在国际贸易的大环境下,有的国家认为:许可在一国发行,权利人的发行权并不会在另一国"穷竭";有的国家则认为:只要权利人已许可发行,则不论在任何国家,他均不应再行使其发行权了。当然,还由于法国等国家根本就不承认这一原则,所以,世界贸易组织在成立时,在其《与贸易有关的知识产权协议》(TRIPS协议),规定了各国有权"自行其是"。②

如果一个国家承认"权利穷竭"原则,就在立法或(和)执法中,

---

① 参见《中华人民共和国专利法》1992年修订文本,第62条第(1)项。

② 参见TRIPS协议第6条。

对权利人的知识产权增加了一条"权利限制"。但无论增加什么样的权利限制，都不会剥夺权利人起码的专有权。这些对权利限制的限制，就版权领域而言，在伯尔尼公约中，在 TRIPS 协议中，均有明文规定的①。

综上所述，无论国际条约还是外国法、中国法，在承认"权利穷竭"原则时，均有一个不可缺少的前提：经过权利人许可。未经权利人许可的任何使用，绝不会导致权利穷竭。否则，知识产权保护制度就失去了意义。以未经许可为基础去"研究""讨论"权利穷竭问题，其结论均只能离题越来越远。

在 TRIPS 协议中，增加了伯尔尼公约所没有的一项内容，就是把版权与工业产权所各自保护的范围在可以区分的限度内尽可能区分开。这就是 TRIPS 协议第 9 条第（2）项所规定的"版权保护应延及表达，而不言及思想、工艺、操作方法或数学概念之类"。在这里"思想"（idea，专利法中有时称"解决方案"）"工艺"，等等，显然属于专利保护范围，"数学概念"显然处于公有领域之中。TRIPS 协议及现有的一切国际公约，均没有费心去区分版权与商标权的不同范围。因为，从受保护内容讲，这二者是不易混淆的；从受保护客体讲，一部分具有独创性的文字、图案，在作为商标意识使用的同时，因"独创性"符合版权要求而享有版权，是不言而喻的。而专利领域设计方案（或思想）、概念的具体细化就可能走向"表达"。细化到何种程度就享有版权了，有时确实弄不清。这就使一部分人往往因这个"交接点"的不清而混淆了版权与专利的不同保护对象。故国际条约认为有必要作出规定。

在外国法中，还有一种"权利转换"。不了解它的人，往往把

① 参见 TRIPS 协议第 13 条；《伯尔尼公约》第 9 条，等等。

它误当成"权利穷竭"。实际上，它只是有的国家在一定时期内打算避免"双重保护"而采取的一种法定措施。

例如，从 1958 年到 1988 年，在英国法中，对于既能受版权保护，又能受外观设计（工业产权）保护的"工业品外观设计"，规定了经版权人许可，将有关享有版权的外观设计投入工业品的使用超过 50 件的，则有关设计丧失版权，转而受"特别工业版权"保护。

在这里要注意三点：第一，版权丧失而转享工业版权的前提，仍旧是"经版权人许可"。决不会因为他人擅自将版权人的作品（例如一幅画）用在工业品上，版权人的原有版权就丧失了。第二，版权转为"工业版权"后，权利人仍旧是原版权人，而不是被许可人或其他人。并不是说：原版权人许可 A 将其图画用在工业品上之后，B 如果也想用在工业品上，就无须取得原版权人许可了。第三，自 1988 年英国新版权法颁布后，这种"转换权利"制度已不复存在。像法国在一百多年前承认了"双重保护"不可避免一样，英国也已承认了这一事实。就是说，英国现行版权法中，一方面，采用"交叉保护"的"外观设计权"，另一方面，承认了"双重保护"的客观存在。

这些就是有关国际条约及外国法的情况。为避免在版权与工业产权的关系上（尤其在"版权穷竭"问题上）发生误解或歧义，当然首要的是应具备知识产权保护的常识（例如使用他人作品应事先取得许可）。如果能认真阅读一下有关公约及有关外国的法律（乃至中国已有法律），至少有助于减轻误解，在议论时减少偏差。

二、版权与工业产权的界线——析一种"穷竭"新论

完全抛开上述"一"中已论述过的国际（乃至国内，如中国专利法）成例于不顾，乃至离开知识产权保护的最基本出发点，对我

国现存大量的，以"武松打虎图"等几个案例为典型的商标权与版权冲突的纠纷，我国出现了一种"全新"的"权利穷竭"理论。这种理论只在发达国家一二百年前有过。因为当时的实践还不足以分清双重保护、交叉保护等从现象上看似乎复杂的情况。我们如果不是执意非要再走一二百年的话，本来可以不在这里议论这些现在已经不复杂、而且在公约及法律中已经清楚的问题。

这种"穷竭"理论的出发点是：一个享有版权的作品，只要被他人未经许可而当作商标使用，版权人的权利就"穷竭"了。他无权告商标领域的使用者侵权。

这一出发点错在不了解知识产权保护的常识。除了"法定许可"的范围外，任何未经许可的、对他人版权作品的使用，决不会使他人的版权穷竭，也不能（或不应）产生出自己的新权利。在"未经许可"的前提下，如果问起版权人的权利"穷竭"于何处？答案在中国只可能是：穷竭于作者死后 50 年。对这点基本常识，应当说，一审判决"武松打虎"图版权纠纷的法院是清楚的，商标评审委员会也是清楚的。

《伯尔尼公约》第 9 条在讲到版权人的"复制权"时，强调了"以任何方式或形式"的复制，均应取得版权人许可。1996 年年底，新缔结的两个版权条约，重新对此加以复述，正是为了避免有人产生诸如下面的误解：将图画印制在图书中，属于版权人控制的复制；将图画印制成商标标识，就不再属于"复制"了。因为依照这种误解，版权人的权利中，相当大一部分就会落空。

当然，就"武松打虎"图一案讲，该图的版权人并非从未许可任何人将其用于酒类商品，但从未许可被告使用。该版权人的被许可人景芝酒厂也未向被告发过分许可证。因此，被告无论作为商标还是装潢的使用，均是未经许可的、非法的使用。在讨论中，也曾有人认为：既然版权人已许可一家使用，则另一家虽未经许可使用，也应属合法。这就是说，权利人签了一份许可合同就等于向全世界签了万份许可合同，任何人均可不再征得许可而使用。如果真的如此，许可合同的签与不签，还有什么意义？

在这里值得指出的是：这种把"合同"产生的"对人权"与知识产权本身的"对世权"相混淆，并认为前者的专用程度高于后者的错误，几乎发生在同样的议论者身上。笔者在《再论知识产权的概念》一文中已有详述。①

版权作品经许可而用到商标领域（或其他工业产权领域），也可能产生版权"穷竭"。如果真的要在"发行权一次用尽"的含义下借用"穷竭"这一术语，并非绝对不可。但此时告诉读者们的，应当是另一个故事。

如果"武松打虎"图的版权人许可景芝酒厂当商标使用。该酒厂无论印制成以纸体现的标识，还是在电视等新闻媒体中为作广告而复制，乃至在国际网络中为作广告而"上载"（也属一种复制），则均无须再取得版权人许可。因为此时已属商标正常使用。在这一领域，版权人因已授权（许可），从而版权"穷竭"了。乃至景芝酒厂如果要分许可给另一酒厂也作商标使用，是否需要取得版权人授权，也是可以讨论的。版权人许可 A 出版商出版其作品，A 却"分许可"B 出版同一作品，则版权人一般有权过问。对此，有的国家有明文规定，有的国家只在司法中承认版权人仍有权控制这种出版分许可。因此也不排除有的国家认为版权人无权再过问了。在版权作品进入商标使用领域后，被放可人分许可权如果在合同中无明确规定，应怎样处理，确是可以讨论的。

---

① 参见《中国法学》1996 年第 6 期，第 56 页。

但我国的"穷竭"新论告诉读者的却是:"武松打虎"图的版权人许可景芝酒厂在工业领域使用该图后,其版权对另一未经许可的酒厂(被告)也"穷竭"了!这就背离了知识产权的最基本的原理。

许可一人使用作品之后,其他人再使用均无须再取得许可的情况,只有法律明文规定了的时候才会出现。这就是我国《著作权法》的第32条、第35条、第43条等。即使这些条项,有些是由于我国国有单位(如电台、电视台)同国家某些利益相关而致,有些则规定"但作者声明不得使用的"仍不得使用。即使对这些条项,也在国内外众多反对声中打算逐步缩小,乃至修法时取消。而今天如果有人出来讲,要将这种法定许可扩大到一切工业领域使用版权作品,扩大到与国家利益毫不相干的私人主体,并且版权人无权声明不得使用,等等。则国内外关注中国知识产权保护的人,真的会感到这种主张落后于世界一二百年了。

所以,如果问起"未经许可而将他人的美术作品用作工商标记而产生的权利属于谁"?答案只能是"答非所问"。因为,未经许可的侵权行为不应产生新的权利。而在事实上,就"武松打虎"图而言,那种本不应产生的权利最终被主管行政机关撤销,则是合理合法的结局。此外,应提醒人们,在借用"穷竭"原则时还必须明白,一项权利既已经"穷竭",则无论他人如何使用,均不会发生"侵权"问题了。如果一方面告诉读者:未经许可的使用发生在版权已"穷竭"之后(据说,一进入工业产权领域它就"穷竭"了),另一方面仍旧说"但使用者未经许可毕竟属于侵权"。一方面告诉读者说:一幅图画用作商标"不是著作权意义上的使用"(亦即不侵权),另一方面却又讲:该使用者在版权人依版权的诉讼中应承担侵权责任。这就只能使人感到议论者不知所云了。

美术作品之被用作商标,无论作为标识复制在纸上,作为广告再现在电视上，与美术作品之作为让人欣赏的图画复制在纸上，再现在电视上，等等，这前后两种复制，均是版权意义的复制，没有什么"质的区别"。如果硬要认定前一种复制不属于版权意义的复制，无异于告诉人们，前一种复制并不侵犯版权。

三、知识产权法哲学——作品的"功能"与侵权认定

在中国，"知识产权法经济学"可能是个很新的课题。但当我们阅读了 Keith Maskus 或 G.McFetridge 等人的著述后，可以知道它是十几年、乃至几十年前国外已建立起的一个学科。在中国，也较少有人谈知识产权法哲学。而 A.Dietz 等人的著述，往往从洛克、迪卡尔讲起，这种哲学对他们的读者并不陌生。一部知识产权法哲学的书即将译成中文，届时更便于开阔中国读者的视野^①。我们现有的著述一旦触及知识产权法哲学，往往倒使人产生更多的疑问。因为，在这种"哲学"中，概念有时是混淆的。有时主体或客体被偷换了。例如前文讲的，这种哲学往往与人们讨论，版权人把权利许可给甲后，乙因此而产生的权利（且不说是怎么产生的）应归属于谁，等等。

与版权权利"穷竭"新论相关的，是这样一种"哲学"：由于对同一个美术作品，作为欣赏对象来复制和作为商标标识来复制，体现了作品的不同功能。因而，前一种复制，未经许可则侵犯了版权，后一种复制，未经许可则不侵犯版权。我们先不来评论这种哲学本身的是非。稍微扩大一下视野，我们就不难看到这种哲学的缺陷。

人的姓名、肖像的"功能"在于去认定一个人。而如果用它去标示商品，则除了在人也是商品的奴隶社会之外，其"功能"也变了。

---

① 该书即 Drahos 所著 *A Philosophy of IP*，英国 Dartmonth 出版社 1996 年版。

它也具有不同的"使用价值"。法律是不是也不应把未经许可使用他人姓名或肖像为商标均明白无误地列为侵权。

在法国、美国等国，音响可以作为商标使用，在有些国家甚至可以注册。在那里，使用现代名人的或未过保护期的音乐作品的片段,作为商品的商标或服务商标（一般表现为"开始曲"）并不罕见。而从来没有人认为：音乐的功能是欣赏，所以用作商标（功能变了）则无须取得许可。幸好中国尚没有音响商标。否则，不仅美术家，而且作曲家在中国的版权，在上述新哲学下，都将被大打折扣了。

如果了解外国的已有案例，就可知版权与商标权发生冲突，绝不仅在美术作品上。独创的文字本身，如 Exxon，就发生过权利人依版权的起诉。法院在判决中，并没有费心去搞一套"功能"不同的领域不发生侵权的哲学，而是论证 Exxon 本身是否符合"作品"的条件。如果符合，则其商标权权利人打算依版权诉对方，是完全可以胜诉的（在该案中，Exxon 的独创者与商标权人同为一人）。[①]

仅仅就一案论一案，把眼光缩在只对美术作品中的"武松打虎"图上去进行研究、议论，产生的结果必然是只见树木、不见森林。这种结果不仅可能违反知识产权保护的基本原则，而且可能违反民法的一般常识，如前文所举姓名权之例。

未经许可使用他人作品，除法定的权利限制及合理使用外，均构成侵权。至于作品有两种或两种以上"使用价值"，具有两种或两种以上功能（且不说作品的"使用价值"或"功能"本身是否能言之成理）等因素，与认定或否定侵权是风马牛不相及的。

以同一作品的不同"功能"论"穷竭"的害处，除了会体现在

[①] 参看英国版例集 [1982]RPC 69. 也请参看郑成思：《著名版权案例评析》，专利文献出版社 1990 年版，第 116 页。

前面讲过的商标权与姓名权、肖像权的冲突外，还会体现在版权与肖像权的冲突上。绘制或雕塑乃至拍摄他人肖像的艺术家，均会遇到自己享有的版权与被制作者的肖像权如何协调的问题。因为这两种完全不同的权利同时体现在同一个受保护客体上。在这时，还来不及谈进入另一个领域后如何"穷竭"的问题，而是一创作完成，两种权利即发生了冲突。成功的外国法并未想当然地认为"版权"当然"穷竭"了，也并未去论证肖像作品完成后的"功能"是认定"这一个人"并非"那一个人"！德国版权法规定：肖像权人不能禁止版权人使用作品，却没有规定肖像权人可随意商业性使用该作品①。

在商标与版权的冲突中，特别是承认版权作为对抗商标权的"在先权"地位方面，法国现行商标法是个极明确又合理的典范②。

如果真正阅读并研究了外国（民法之典范的法、德两国）的上述两则均已译成了中文的法条，我国有的议论是能够避免根本性失误的。

从印制及使用商标标识、侵犯他人的在先版权的损害赔偿认定看，也与所谓作品的审美功能或识别功能之类没有关系。从赔偿额来看，将他人版权作品印制并用作商标标识，与侵犯他人注册商权（如印制、使用他人注册商标）相比，额度应当低得多。这也不是由前者注重所谓审美功能，后者则注重识别功能来决定的。而是因为依版权之诉，应以侵犯版权的复制品本身的价值作基础去计算。而在这里，"侵权复制品"是所印制及使用的以纸张或其他物质为载体的标识本身。而只有在商标侵权时，计算基础才不是承载被印刷作品的标识本身，而是商标贴附的有关商品。这个界线，倒确实是法

---

① 参见 1996 年修订的德国《版权法》第 91 条。

② 参见国家商标局编、黄晖译《中国商标法律法规汇编·工业产权篇》，第 688 页。

院应当注意到的。

讲到计算方法与所谓"功能"哲学无关,还因为,如果按"功能"哲学,转变了功能而导致的权利"穷竭",既然首先使侵权无法成立,自然谈不上侵权赔偿了。所以,在版权既已"穷竭"的前提下,再去谈赔偿额怎样合理或怎样不合理,都是没有根据的。

至于说"商标的价值"仅仅在于与未经许可的特定厂商的产品或服务相联系;离开了这些产品或服务,商标就无价值可言。这种结论有两个致命缺陷。

第一,即使就案论案,也应当向读者讲明事实的全部,而不是有意掩盖一部分。就"武松打虎"图而言,首先把它用在商品上(首先把该商标与商品相联系)的,是经许可使用的景芝酒厂(自 1973 年始使用),而不是未经许可的被告(自 1982 年始使用)。把因使用该图画而产生的工业产权领域的信誉全被归于被告,是不妥的,也才真正是不公平的。

第二,商标并非离开了它所标示的商品或服务就一文不值了。这涉及商标评估的复杂问题。笔者曾另有专文详述,就不多占篇幅了。这里仅举一例,美国石油公司在起用"Exxon"作商标之前,花费了上亿美元作各种调查、论证,目的是使它不致与任何国家的现有文字相重合、又要有明快感和可识别性。该商标即使创作者不用,而作为商标(而不是文字作品)卖给他人,肯定能卖出价钱来,而且会卖出好价钱。卖主在计价时,将把上亿美元事先论证费用计入。买主虽然可能讨价还价,但决不至于说"因为你还不曾把它与你的石油产品相联系,故一文不值,应当白白送给我"。

最后,我们似还可以再举一例,使读者看倒"穷竭"新论的失误。

广告画的绝大多数,以及广告词的一部分,无疑是享有版权的,有的广告画甚至主要以作广告者自己的商品装潢或(和)商标所构成。缺乏"审美功能"的广告画或广告词，在很大程度上失去了意义。而一旦其进入工业产权领域、在广告中发挥起所谓"认知功能"，难道其版权也"穷竭"了？难道出售同一商品的其他厂家就都可以不经许可而使用同样的广告画或广告词？难道过去国内外涉广告画及广告词的众多诉案全都判错了？还是"穷竭"新论者自己弄错了？这确实是个"值得检讨"的问题。如果说，在广告中，"审美"与"认知"两功能是分不开的，那么我们也可以认为，凡称为美术作品而被用作商标或装潢，其"审美"与"认知"两功能也在不同程度上是分不开的。否则，厂商为何专门选择名画家（如刘继卣）的绘画作品作商标或商品装潢，而不随意自己乱画几笔去作商标或装潢呢（且后一种行为还可避免任何权利冲突）？

恩格斯在一百多年前的《自然辩证法》中，就告诉人们要承认世界上确实存在的"亦此亦彼"。而我们不少议论至今仍抱定"非此即彼"，"彼与此只相排斥，不能相容"。这样，在论及作品的诸多使用方式时，不可能不陷入各种困境。哲学，如知识产权法学一样，一百年前的东西，并不需要我们再花一百年去重新建树。但其前提是不能拒绝借鉴国外已有的、被实践证明了是正确的结论。否则，即使前人为我们建树了辩证地看问题方式，并不妨碍我们回到形而上学，再从头开始。所以"审美"与"认知"功能，在许多以美术品作为商标的标识上，是不可分的，是不相排斥的，它们同时以自己的识别性和美感去吸引消费者。

四、不了解国际上探索百年、业已解决的知识产权权利重叠与交叉问题——国内一些新论失误的直接原因

早在 1986 年，沈阳某啤酒厂正是因为不了解版权与商标权有时可以重叠保护同一个客体，而在美国险些吃了大亏。该厂起先请

其在美国的独家代销人为其在美国行销的产品设计了商标图案及产品包装装潢。后该厂选用了另一独家代销人。考虑该厂及原代销人均未在美申请有关商标的注册，而且沈阳厂自己才是商标使用人（依美国法的商标合法所有人），故改换代销人后仍旧用原商标、装潢。该原代销人在法院起诉，告沈阳厂侵犯其设计的版权。起诉时要求赔偿 30 万美元。后经院外解决以 3 万美元了事。

该案发生中及发生后，国内知识产权学者在诸多场合告诫国内厂商，在中国当时虽无版权法的情况下，在外国作生意应切实注意同一客体的双重保护问题，以免发生侵权。十多年来，许多企业借鉴了这一经验教训，减少了在国外的侵权纠纷。真不料十年之后，企业会重新听到十多年前的"旧论"，告人们不存在双重保护问题，一进入工业产权的使用范围，他人的版权就"穷竭"了。这将在实践中给我们的企业带来真正的危害，使之重蹈沈阳厂十多年前的覆辙。

权利交叉的问题在知识产权领域比较容易解决。因为一般发生交叉的场合，均有专门法、专门公约或公约中的专门条项作出特别规定。所谓"交叉"，一般指采用知识产权不同部门法乃至普通民法中有关的（相交的）部分，对某种客体进行特殊保护。如《集成电路知识产权条约》《印刷字型保护协定》，等等。

双重保护则比较复杂。首先是原告在诉讼中的选择问题。例如，受普通民法姓名权及版权法精神权利中署名权双重保护的艺术家姓名问题。本来，在双重保护的情况下，权利人作为原告，有权选择依什么法主张什么权利（但不能就同一受保护客体主张双重权利、索取两次赔偿，对此，争议是不大的），依法是可以自己决定的。却有一部分议论坚持认为权利人只能按法学者认定的路子去选择。例如，在上海法院 1996 年判的吴冠中诉朵云轩等一案中，虽然中国法、外国法、世界知识产权组织及联合国教科文组织，都早有明文规定或文字说明，认为可以依版权主张权利①，国内至今有议论坚持认为：中国的法院判错了，中外法律都规定错了、两个知识产权国际组织的说明也讲错了，该案只能以侵害姓名权起诉。

现在，我们又遇到几乎相同的情况，只不过改换成了商标权与版权对同一客体的重叠保护。

不太了解国际上重叠保护历史的人避开了版权与工业产权重叠保护中的"外观设计"问题。其实，在历史上，问题正是从外观设计（而不是商标）开始的②。

概括起来讲，双重（乃至多重）保护在绝大多数国家知识产权法中是这样处理的：

第一，如果双重乃至多重保护适用于同一个客体，而权利主体不同，则法律或司法实践规定了对不同权利人在行使权利时的一定程度限制（而不是断言一方的权利与另一方相遇就"穷竭"了）。

第二，如果双重（或多重）保护中的权利主体是同一个人，则其就同一客体享有双重（或多重）权利。但对某一特定侵权人诉讼时，他只可以选择主张其多重权利之一。这种选择，又并不妨碍他在对另一特定侵权人诉讼时，选择主张自己的另一权利。这种选择是权利人自定的，绝不会由司法机关去指定，当然更不会由学者或学者兼被告律师的其他人去指定。同样，该双重（或多重）权利人就对方侵犯其版权起诉而不能胜诉时，并不妨碍他以同一客体就对方侵犯其商标权、商业秘密权、外观设计权或其他工业产权起诉而能够

---

① 参见中国《著作权法》第 46 条第（7）项、《英国版权法》第 84 条、《美国版权法》第 106 条 A、日本半田正夫编《著作权法 50 讲》（法律出版社 1990 中译本）第 356 页、《伯尔尼公约指南》第 41 页，联合国教科文组织《版权 ABC》第 24 页。

② 郑成思：《版权法》，中国人民大学出版社 1990 年版，第 72~75 页。

胜诉。

在美国，人们均熟悉的 Altai 一案中，原告诉被告侵害其计算机软件的版权败诉，却又在诉同一被告侵害其同一软件的商业秘密中胜诉。

最后，让我们回到本题上来。

如果版权与商标权保护同一客体，而主体不同、版权在先，则法律（或公约）绝不可能要求前者"穷竭"，绝不可能规定版权人在商标领域签一项许可合同就等于签万项许可合同（不可能规定"法定许可"制度）。原因很简单，与文化领域的书刊报纸及录音制品不同，商标，正如"穷竭"新论者也不讳言的，作用在于"认知"；两个以上不同主体将同一图画用于同一种商品，即将引起混淆。许可一人作商标用，版权即告"穷竭"，其他人亦均有权不经许可使用，等于鼓励市场上不同主体将相同商标用于相同商品。这是违反商标法基本原理的。从理论上讲，这种主张不合常识；从市场经济的实践上讲，它是非常有害的。

再具体到"武松打虎"图一案。经版权人许可而将该图用作商标的景芝酒厂使用该商标近十年之后，在同一省之中的被告不经许可使用同一图画为商标，商品也是白酒。如果硬要将"善意""公平""正义"这些冠冕堂皇的词汇与被告的行为拉在一起，则只会给读者展现出又一幅极不协调的图画。

商标与商标保护的历史

——商标制度的起源及发展（一）[*]

古代曾有把陶工的姓名标示在陶器上的强制性要求，这是作为一种义务而不是权利。这种，最早发现于出土的公元前 3500 年的埃及古墓。但这种标识很难说是商标。况且出土的有关陶器在当时也未必就是易货中的商品。

我国西汉宣帝五凤年间留下的瓷器上，则有了以年号"五凤"作标示的例子。不过，这也很难与商标相提并论。倒是尚武的东周时期，兵器中被争相购置的"干将""莫邪"宝剑之类，已有了指示相同产品的不同来源及其稳定质量的功能，与后来的商标比较接近了。

而将一定标识用在商品包装上，有目的地使消费者认明商品来源，不仅有文字记载，而且有实物流传至今的，恐怕仍旧要推我国宋代山东刘家"功夫针"铺使用的"白兔"商标。

---

   *   编者注：此文最初发表于《中华商标》1997 年第 10 期。

应当指出,我国(及许多其他国家)在古代的商业活动中,重"招幌"、轻"商标"。其基本原因是因为当时还没有大规模的流动销售商品的商业活动。顾客多是从有关商品提供者所处的地点、门面等去识别不同商品的来源的。同样应指出的是:这种靠认供应地点与门面去认商品的情况,至今也并未完全消失(只是不起主要作用了)。也正因如此,有信誉的商品或服务提供者的惯常营业地点及(或)其门面,仍能够构成现代商誉的一部分。

"不知何处是他乡"。作为酒店的"幌子",是无法以之区分相同商品来源的,因此在任何时代均不可能被专用。而"杏花村""浔阳楼"作为酒店的招牌,则可能区分相同商品的不同来源。

尽管招牌(商号)有时可能与商标重合,我们从总体上仍旧有必要把它们区分开。更何况今天在所有国家里,这二者总是由不同法律去规范的。例如在我国,现行的商标法与企业登记管理条例是不同的两个法律与法规。

宋代用于"功夫针"上的"白兔标识",与提供商品的"刘家铺子"(商号)是分别存在的。故可以认为该"白兔标识"可称为实实在在的商标了。

但宋代的商标,与宋代的版权还不相同。在长久的中国封建时代,"商"总是被轻视的;这不像创作作品那样受到重视与鼓励。在此,宋代流传下来旨在保护作者、编者及出版者的作品,禁止抄袭、翻版的官方榜文,今天可以找到不少。但禁止使用他人已使用的商品标识,或"已申上司"(形同注册),不许他人再用的地方榜文或中央政府的救令,则不仅宋代没有(更确地讲,至今本作者尚未见到),元、明也均没有。只是到清代,才有了这样的记载。

1736年,苏州府长州县布商黄友龙,冒用他人布定的"牌谱",地方政府把禁止这种冒用行为和禁止这种冒用行为的禁令刻在石头上，以昭示公众。这才相当于版权领域宋代已开始的对一定专有权的保护。当然，这已经落后于西方国家许多年了。

在英国，面包房及银匠有义务在自己的制品上标出记号，作为一种强制性规定是出现在 13~14 世纪。那还称不上"商标"。

在德国，开始与商标沾边的，竟是古登堡采用活字之后的印刷品——看来两种知识产权在西方的起源真有一定缘分。那是由于当时印刷出版者们竞相使用活字印刷术，而印出的同种书籍（如圣经）装帧、质量各异。为了在市场上把自己质高的印刷品与他人质低者分开，以在竞争中处于有利地位，部分印刷出版者开始把一定标识作为其制品书面装饰的一部分，印刷出来。在这里，商标的功能已经显示出来了。1518 年，由 Aldus of Venice 出版的书上印的"海豚与铁锚"装饰被他人假冒，曾引起过早期西方的商标纠纷。

第一个经法院判决，保护商品提供者专用标识的案例，发生在 1618 年的英国。非常巧，这起纠纷，也是因为一个布商假冒另一布商的标识而引起的。经判例法对商标实施保护，最早出现在工业革命的起源地英国，也是不足为怪的。不过，英国停滞在依判例保护商标的时间比较长。法国作为后起之秀，则在为商标提供注册保护上占了创始国的地位。

1804 年法国颁布的《拿破仑民法典》，第一次肯定了商标权应与其他财产权同样受到保护。在这前后的 1803 年与 1809 年，法国还先后颁布了两个《备案商标保护法令》。后一个法令再次申明了商标权与其他有形财产权的相同地位。这是最早的保护商标权的成文法。

1857 年，法国又颁布了一部更系统的商标保护法《商标权法》，首次确立了全面注册的商标保护制度。继法国之后，英国于 1862 年颁布了成文商标法（但仍不是注册商标法，英国的第一部注册商标法颁布于 1875 年)，美国于 1870 年、德国于 1874 年先后颁布了注册商标法。

在这里有必要提一句：我国的香港地区，曾经为英国的殖民地，许多法律均来源于英国。但商标法规例外，它早于英国两年(1873 年)直接从欧陆国家引进了注册商标制度。这也许与香港的国际贸易中心的特殊地位是分不开的。

我国商标制度的沿革

——商标制度的起源及发展（二）[*]

一、成文法之前

前文所述 1736 年（清乾隆年间）布业开始专用商标的情况，到了 19 世纪进一步得到发展。

清代道光年间，上海绮藻堂布业总公所订立过"牌谱"，其中规定："名牌第一第二字，或第二第三字不准有接连两字相问。并不准接连两字内有音同字异及音形相同之弊。"如天秦、天泰、或大成、大盛等字样。这种管理，目的也在于保护行会商人的权益，防止商标被冒用。这里的"牌"也就是商标了。因为当时每家布商都有两个以上的"牌"，如果是商号，则一般每个店铺只有一个。

我国以成文法律保护商标专用权发生在晚清。

---

* 编者注：此文最初发表于《中华商标》1997 年第 12 期。

二、1949 年前的商标法

鸦片战争之后，中国进入半殖民地社会。商标的注册保护，是首先从保护外国商标开始的。1902 年，在《中英续订商约》中，清政府同意"由南北洋大臣在其各管辖境内，建立牌号注册局所，派归海关管理及呈明注册"。1903 年的《中美商约》中也规定"美国人民之商标，在中国所设立之注册局所，由中国官员检察后，缴纳公道规费，并遵守所定公平章程，中国政府允示禁冒用。"同年订立的《中日商约》中规定："中国允设立注册局所，凡外国商牌请由中国保护者，须遵照将来中国所定之保护商牌各章程，在该局所注册。"

1904 年，清政府颁布了我国第一部商标法——《商标注册试办章程》及其细则。这个法规是由总税务司英国人赫德起草的。章程共 28 条，细则 23 条。其中规定：津、沪两关作为商标注册分局，以便就近申请注册；申请注册的人可直接向总局呈递申请案。也可以由分局转交。但当时的德、奥、意、比等国认为该章程过多照顾了英国利益，要求修改，该章程实际上未能实行。这部章程反映了典型的半殖民地性质。它在第 20 条中，规定了帝国主义列强享有领事裁判权。

1923 年，民国政府颁布《商标法》44 条及细则 37 条，并在农商部下面设立了商标局（地点在北京）。这是真正付诸实施的我国第一部商标法。1927 年，民国政府将商标局迁到南京，颁布了《全国注册局注册条例》13 条，但商标法仍使用 1923 年颁布的法律。1930 年，民国政府另行颁布《新商标法》40 条。这部法律在 1949 年前又经过许多次修订。由于国民党统治期间整个中国实际上的不统一以及日本帝国主义的侵略，我国一直未存在过全国统一的商标保护。当时申请商标注册的半数以上是外国商人。

三、1949 年至 1982 年的商标保护

我国现行商标法颁布前的商标保护，可分为三个阶段：新中国成立初期；1963 年至 1978 年；1979 年至 1982 年。其中具有代表性的法规主要包括下面几个。

1.《商标注册暂行条例》及其施行细则

1950 年 7 月，当时的政务院批准颁布了《商标注册暂行条例》，随后又由政务院的财政经济委员会颁布了条例的施行细则。

这个条例强调了"保障一般工商业专用商标的专用权"，但不实行"全面注册"。它规定：一般公私厂、商、合作社对自己生产、制造、加工或拣选的商品，需专用商标时，应依条例申请注册；已与中华人民共和国建立外交关系、订立商约的国家的商民，如果需要专用商标，则在订立的条约规定的范围内，依条例申请注册。这就是说，不申请注册的商标，也可以合法使用，只是不享有专用权而已。

取得注册的商标，专用权期限定为 20 年，期满可申请续展。如果企业在专用期内歇业或转业，商标的专用权随之灭失。条例还规定，对于伪造、仿造已注册商标的，未经注册而冒称已注册的，用欺骗方法取得商标注册的，均将依法惩处。

在同一时期，政务院财经委员会还颁布了《前国民党反动派政府商标局注册商标处理办法》。其中规定：凡经解放前商标局发给注册的商标，原商标使用人应呈缴旧证，重新申请注册。重新注册的商标，从核准之日起，也享有 20 年保护期。凡未与中华人民共和国建立外交关系的国家，其国民持有前商标局注册证而申请重新注册的，不予受理。

1953 年，我国又颁布了关于未注册商标中应予取缔的范围，即：（1）凡宣传崇美、崇帝及殖民地思想的（如"花旗""白宫""爵士"等商标）；（2）凡无原则搬用外国人名、地名及其他名词的（如"夜总会""好莱坞"等）；（3）凡带有反动事物的（如"童子军""新生活"等）；（4）凡宣传封建、迷信思想的。

应当承认，这些办法与规定，有些在我国改革开放之后回过头去看，确有极"左"影响（如不许使用"花旗"、外国人名等），但当时对清除建国初期商标领域的混乱现象，起过积极作用。不宜以今看"花旗参""麦当劳""迪士尼"等又被准用为商标，去全面否定当时的做法。

2.《未注册商标暂行管理办法》

这是由当时的中央工商行政管理局于 1954 年 3 月颁布的。它要求凡未注册的商标，都应在当地登记备案，但核准登记备案后，又并不享有专用权。这实际上是分级注册的一种形式，也是向"全面注册制"的过渡。

这个管理办法规定：未注册商标登记后，不得转让。如果愿意取得专用权，还可以向中央工商行政管理局申请注册。它规定了商标所用的文字、图形有下列内容之一的，不能登记：（1）与中华人民共和国国旗、国徽、军旗等及外国国旗、军旗或红十字章相同、近似的；（2）使用五角星、红旗不够严肃的；（3）表现封建、迷信及政治上有不良影响的；（4）使用外国文字或外文译音的；（5）袭用外国商标的；（6）与一般公用标章（如合作社、铁路、电信标志等）相同的；（7）使用他人姓名肖像而未经他人承认的；（8）与他人已登记使用于同一种商品的商标相同或近似的。

上面最后一项，实际与商标申请注册时的要求基本相同。同时，中央工商行政管理局在对这一暂行办法的条文进行说明时，特别指出两点：第一，未注册商标申请登记时，须附送商标图样五张，一张作为证件上用，一张按商品种类装订成册，作为审查商标是否相同或近似之用，其余备存。第二，凡予撤销登记的商标，可根据商标、发明公报公告办理。这也是与处理注册商标相同的。正是根据这些，可看出暂行规定建立起了分级注册制。

3.《商标管理条例》及其细则

1957 年，国务院转发了中央工商行政管理局《关于实行商标全面注册的意见》。到 1958 年，全国即已有 20 个省、直辖市实现了商标全面注册。1963 年，经全国人大常委会批准，国务院颁布了《商标管理条例》，中央工商行政管理局同时公布了该条例的实施细则和沿用至 1989 年的"商品分类法"。

1963 年的条例可归纳为三项主要内容：（1）一切企业所使用的商标都必须先注册，才能合法使用（"全面注册"或"强制注册"制度）；（2）对申请注册的商标进行实质审查，以确认是否便于识别、是否与已注册商标相同或近似，是否属于不可注册的文字、图形；（3）认为商标是代表商品一定质量的标志。

在对注册申请的审查中，取消了原有的"异议程序"；但"人民群众或者机关、团体、企业提出意见要求撤销"已批准注册的商标，中央工商行政管理局经审查认为应当撤销的，将公告撤销。此外，使用注册商标而粗制滥造、降低产品质量的，自行变更商标名称、图形的，或商标停止使用已满一年未经核准保留的，都将被撤销。

外国企业如果申请商标注册，必须同时具备两个条件：（1）申请人所在国与我国已签订商标注册互惠协议；（2）申请注册的商标已经用申请人的名义在其本国注册。

1963 年的条例规定：各省、自治区、直辖市人民委员会可以根据该条例及施行细则，制定管理商标的具体办法。企业申请商标注册、变更注册事项、转移注册、撤销注册和补发注册证，都应当报所在市、县工商行政机关核转中央工商行政管理局。这些规定，说明当时的条例所实行的，是"统一注册、分级管理"制度。此外，企业提交注册申请之前，应当先经企业主管部门审查同意；企业申请注册使用在药品上的商标，应当附送省、直辖市、自治区卫生厅、局的制药批准证明；企业申请使用在出口商品上的商标，应当附送外贸部门的证明。

1963 年条例的一个主要缺点，是仅仅规定了使用商标的企业负有注册义务、不使产品质量下降义务、不得中止使用义务，等，没有规定注册使用人可享有任何权利。甚至（除了外国企业在我国申请注册的商标外）连注册有效期、续展期等均未作任何规定。这样的商标管理，很难说是完善的、有效的。当然，即使这种管理，也仅仅实施了 3 年。在 1966 年开始的十年动乱中，该条例基本上停止了实施，全国商标失去了统一管理。

4. 1979 年《中华人民共和国刑法》第 127 条及其他有关规定

党的十一届三中全会后，许多新情况在经济领域出现了。农村的乡镇企业发展很快，中外合资企业、外资企业开始在我国设立，个体户的生产及经销活动也活跃起来。同时，我国与外国的商品贸易交往也越来越频繁。在 1966 年之前，中央工商行政管理局，每年平均只收到两三千件商标注册申请，其中绝大部分是我国企业使用的商标。而在 1980 年仅仅一年里，就有 1.6 万多件商标被核准注册。

1979 年 1 月，工商行政管理总局提交了一份"关于纺织品恢复使用商标问题的报告"，建议在国内销售的商品上，恢复使用商标，并依法注册。同年，我国的社会主义法制建设的步伐也加快了。在 1979 年《刑法》第 127 条中规定："违反商标管理法规，工商企业假冒其他企业已经注册的商标的，对直接责任人员，处三年以下有期徒刑、拘役或者罚金。"这是 1963 年以来涉及商标管理的法规中，第一次对维护注册商标所有人的权益作出的规定。按照这个规定，商标所有人至少已享有某种依刑法而产生的权利。1963 年的《商标管理条例》中不包含注册人权益的状况，已经显得不能再适应新的形势。

1979 年 9 月，全国商标工作会议在杭州召开，会议讨论了如何完善我国的商标保护制度，使之适应改革、开放的新形势，为后来起草我国新的商标法创造了条件。

四种商标专用权制度与我国立法的选择

——商标制度的起源及发展（三）*

商标专用权，在历史上是由于人们在贸易活动中使用商标而产生的；注册商标制度只是一百多年前才出现。目前，靠使用与靠注册获得专用权这两种途径同时存在着（《与贸易有关的知识产权协议》已承认这两种途径均符合世界贸易组织的要求），并依此而产生了不同的商标保护制度，大致讲，世界上曾经存在四种商标专用权制度。

一、使用获得商标专用权的制度

这是比较原始的商标保护制度。在 19 世纪之前（具体讲，即 1857 年法国颁布第一部注册商标法之前。商标的使用人在贸易活动中就一种或多种商品建立起了自己的信誉，用户一见到有关商标，就会凭经验识别出自己所满意的商品；如果其他经销人在相同或类似的商标上使用同样的商标，则必然在市场上引起混淆，因此被禁

---

* 　编者注：此文最初发表于《中华商标》1998 年第 2 期。

止随便使用它。这作，商标通过使用，自然地产生了专有性质，那时并不需要履行什么手续，不需要通过一定管理机关审查、批准这种专有权。但是，随着商品生产的发展，市场的扩大，商品经营者越来越多，而真正能在贸易活动中建立起信誉的并不是全部。甚至不占多数，况且建立信誉还需要一定时间。此外，"信誉"之是否建立，也很难有个固定的标准。这样，大多数希望在市场上长期从事某种或某些商品的经营活动的人、就会感到单靠使用而自然建立起专有权和专用权，并不可靠，希望能通过固定的法律手续建立这种商标专用权。因此才产生了商标注册制度。

不过，注册制度产生后，靠使用产生专用权的传统制度并没能完全消失。《巴黎公约》第 6 条之 2 甚至在国际范围部分地肯定了这种制度。在个别国家中，它甚至仍是基本的商标保护制度，这种国家的典型就是美国，在美国，商标专用权仅仅是靠使用建立的；联邦与各州管理机关实行的两级商标注册制，不过是对已经存在的商标专用权起"承认"作用，而并不起"产生"这种权利的作用。1988 年前，在美国获得商标注册额的前提是：该商标已经在贸易活动中使用了。1988 年后，在美国至少要证明有"使用意图"，方可能获得注册。那么，外国商人（如中国的厂商）要以自己的商标在美国注册，怎样证明是否有"使用意图"呢？美国商标法规定：外国商标所有人的商标只要已在其本国被批准注册，就是有"使用意图"的证据。从这一点可以看到，首先在本国获得注册，对于出口商品的商品来说，有时是很重要的。

二、不注册使用与注册并行，两条途径均可获专用权的制度

这种制度是从原始商标保护制中发展起来的，又多少留有前者的痕迹。它以英国为典型。这种制度与美国式的保护制度相近，但又更强调在保护注册商标的同时，以普通法及衡平法对未注册但已有市场信誉的商标，通过反假冒（Passing off）的途径，承认其专用权。

按照上述一、二两种制度，就可能产生两个以上的，在不同地区持有相同商标的人。获得注册的人，一般无权排斥原使用而未注册的人在原贸易活动范围内继续使用其商标。这两种类型商标保护的共同缺点是：国家的商标管理机关不可能对全国现存的、有效的商标进行全面统计，因此不可能向新的商标使用人或注册申请人提供可靠的意见，以便在选择文字、图案时避免与他人相冲突。在这两种制度下，很大一部分商标的专用权实际并不"专"。

实行第二种制度的国家，除英联邦的大多数国家外，还有个别大陆法系国家。

三、先注册后使用的制度

这种制度也称"全面注册制"或"强制注册制"。实行它的主要目的是便于在全国范围内统一管理。这是典型计划经济的反映。它以苏联实行的《商标条例》为代表，我国 1963 年的商标条例也属于这一类。这种制度的优点是国家商标管理机关便于全面管理；缺点是管得太死。苏联解体及东欧集团不复存在之后，这种制度已趋于消亡。

四、不注册使用与注册使用并行，仅注册才能产生专用权的制度

这种制度既摆脱了原始商标保护制度不可靠，使专用权不专的缺点，又保留了其方便某些厂商的优点。它为那些不打算长期经销某些商品的厂商，或不打算在很广的地域内从事贸易活动的厂商。留下了不注册而使用商标的余地。这样也免除了管理机关无休止地受理和撤销某些短期使用的商标的麻烦。同时，按照这种制度，只有获得了注册的商标使用人才享有专用权，才有权排斥其他人在同类商品上使用相同或相似的商标，也才有权对侵权活动起诉。法国现行商标法是这一类制度的典型。

我国1982年颁布的《商标法》，实行的是上述第4种保护制度。这种制度既保证了多数企业的商标——专用权，又不妨碍中、小企业，尤其是村镇企业短时使用某些商标。这无疑对于发展"社会主义市场经济"是有利的。

现在，我国从事工商业活动的企业或者个体工商业者，一般均可以根据自己经营商品的范围、经营时间的长短等，决定所使用的商标是否需要取得专用权。如果认为需要。可以向商标局申请注册。但对此有两个例外。

第一，国家规定必须使用注册商标的某些商品，就必须先注册，才能在商品上使用。目前我国仅仅规定药品和卷烟（包括雪茄烟）两类两品使用的商标必须先注册。申请药品使用的商标的注册，还必须附送有关省、自治区或直辖市卫生局批准生产有关药品的证明文件。这可以看作是在极其有限的范围内保留的强制注册制。这种有限的保留不会妨碍搞活经济，又有利于工商管理机关和消费者监督利润很高的卷烟生产厂家和直接关系人民生命与健康的药品生产厂家。

第二，为了维护我国商品出口厂家及国家的利益，我国长期以来一直实行着出口商品所用的商标必须注册的规定，这项规定在1982年的《商标法》实施后继续行效。出口商品的商标在国内先注册。有助于出口商品厂家在其他巴黎公约成员国享有注册优先权，此外，在有些要求商标先在贸易活动中使用，而后才能给予注册的国家，均把商标在本国已经注册视为"已在贸易活动中使用"的证据。

商标执法 15 年及需要研究的新问题[*]

　　15 年前，作为中国改革开放后的第一部知识产权法，商标法开始实施了。在我国走向法治的历史上，无论在知识产权保护领域，在消费者权益保护领域，还是在市场规范方面，商标法都开了个好头。在当时，商标法的实施还显得比较孤立。既没有知识产权领域的专利法、版权法等法律与之相呼应，又没有消费者保护领域的消费者权益保护法等法律与之相辅助，也没有规范市场的诸如反不正当竞争法、广告法等法规与之相配合。当时，民事诉讼法刚刚在"试行"，民法通则刚刚在起草。因此，可以说商标法的实施，在当年的环境中并非易事。

　　但它毕竟成功地实施了。在这些年的实施中，我国商标保护制度本身也在不断完善。所谓"完善"，不仅仅指 1993 年（实施十年之后）对《商标法》的正式修订，而且包括最高人民法院在实施商标法中不断作出的"批复"及被最高人民法院认可的一批司法判决，更包括由国家工商行政管理局不断颁布的一大批与商标法实施有关的行政规章。

---

* 编者注：此文原载于《知识产权》1998 年第 4 期。

　　虽然还不能断言 1993 年的修订是完美无瑕的，但通过那一次修订，确实在许多方面使我国的商标保护上了一个新台阶。从仅仅对商品商标提供注册保护，扩大到对服务商标也实施相同的保护，增加了注册不当等新的撤销依据，增强了打击假冒的力度，等几个方面，即可看到明显的进步。此外，对于当时虽然外国多有保护，但发展趋势尚不确定的新内容，我国并未匆忙增加。例如防御商标及联合商标的注册保护。果然，在 1994 年的 TRIPS 协议出现第 16 条第（3）项之后，许多外国也逐渐感到，专门保护防御商标及联合商标的必要性确实值得重新考虑了。

　　国家工商行政管理局所颁布的行政规章中的一部分，不仅在行政执法中使行政管理人员有了依据，在司法中使法院有了参考，而且给今后再次修订商标法提供了很好的成例或基础。目前，全国大多数地方的法院在受理知识产权纠纷案方面，商标纠纷案的数量均少于专利与版权纠纷案。主要原因，应当说正是各地工商行政管理部门较成功地调处了一大批商标纠纷。

　　这些都说明我国商标保护的立法与执法，都在前进着。当然，经常是在艰难地前进着。

　　《商标法》实施 15 年后的今天，国内的实践，国内外立法的发展，国际合作与国际竞争的发展，乃至新技术的发展，又都给我国商标保护制度的进一步完善提出了新问题。而且，在今天，已绝不像在一二百年前，乃至一二十年前那样，国际、国内的知识产权保护的实践与理论可以各不相干。不再可能不顾外国在那里研究的当代问题，而我们只在这里啃外国一二百年前已啃过的所谓"基础问题"；不再可能不问外国已出现的新纠纷，只管我们这里较普遍的老纠纷。1995 年在国外出现的"将他人商标抢注为域名"的纠纷，1996 年到 1997 年，即大量摆在我国企业面前。仅此一例，就应当使我们明白今天中外知识产权保护的理论与实践的密切联系与相互影响。因此，既注重国内已有问题的研究，又顾及已在国外提出、且必然会在我国提出的新问题的研究，我们才能使我国的商标立法与执法在现代社会中不断完善，并为增强我国的合法经营者及其他商标权利人（在国内外市场上）的竞争地位，起到越来越重要的作用。

在许多亟待研究的新问题中，我自己感到至少有五个问题应着手研究

1. 电子商务中的商标保护问题

这个问题国外已讨论得很火。在国内，至少"域名抢注"问题已引起人们的重视。在这个问题上，德国 1997 年 6 月的三个法、美国修订中的统一商法典、WIPO 及联合国贸法会 1996~1997 年一系列域名及电子商务的文件，均值得参考。特别是 WIPO 的有关文件中已涉及的知识产权司法保护的管辖权问题，很快就会在我国有所反映（可能已有反映，只是笔者尚不知晓）。例如，在国际互联网络环境下，未经商标权人许可而以他人注册商标（可能是在多国已获注册的商标）为自己的商品或服务作广告，显然构成侵犯商标权。但"侵权发生地"（继而，法院管辖地）如何确认，就远比非网络环境下要困难得多了。此外，商标权的特点是具有"地域性"，而网络上与之冲突的东西（包括域名）的特点则是"无地域性"。商标权的确立，在绝大多数国家均是政府行为；网络上专用内容（包括域名）的确立，则在绝大多数国家均是民间组织的行为。这些，均给网络环境下的商标权保护带来了前所未有的困难，因而是我们不能不认真研究的。

2. 商标保护的侧重点问题

这是个看来已"老"的新问题。TRIPS 协议第 16 条第（3）项的出现，使一部分人认为：该项才真正回到了把商标保护的侧重点

放在商标权人之权上，而大多数国家以是否在相同或类似商品（服务）中引起混淆来判断侵权与否，侧重点是放在了消费者权益保护上。这种"认为"的归宿，是要求在国际上进一步加大保护驰名商标的力度。而这对发展中国家（包括我国）并非有利。我们应有怎样的对应研究呢？这是商标国际保护实践给我们提出的问题。

当然，我并不是绝对反对在中国商标保护（尤其是驰名商标保护）中，引入"反淡化"等概念，亦即使我国的驰名商标，也享有一定离开其所标示的商品或服务的独立的专有权，以加强保护力度。正像"吉普"商标的权利人，可以要求交通部门在交通标示及文件中使用"越野"车而不再使用"吉普"车那样。但我们赋予商标这种独立专有权的制度应走到哪一步就停下来，以免损害我国尚未在国际驰名的更多的合法经营者，以符合我国"发展中国家"的现状，则是我们应当认真研究的了。

同时，我们也没有必要为"强调"商标与商品及服务之间所谓"不可分"的联系，就回到多数英联邦国家早已放弃的"使用在先"原则。没有必要去论证只有"使用"才产生商标权，"注册"仅仅是对已通过使用而产生的商标权的行政确认。我在十多年前的《知识产权法通论》（第 68~69 页）曾介绍过这种过时的制度与理论。它现在至少已不符合 TRIPS 协议。我们不能为强调某个侧面就翻回头去走别人已不走的老路因为那是与商标保护的国际化趋势不相容的，也不符合我国已发展了 15 年的实际。

3. "商标专用权"包含一方面还是两方面

只包括"排他"的消极方面还是也包括自己专用、禁止他人撤换的积极方面？这是我国近年的实践（包括"枫叶"纠纷、"灯塔"纠纷等）给我们提出的问题。在这个问题上，WIPO1997 年知识产权教材、《法国知识产权法典》第 721-3 条、巴西 1996 年《工业产权法》第 189 条、意大利 1992 年《商标法》第 12-1 条、希腊 1994 年《商标法》第 18 条及第 26 条、葡萄牙 1995 年《商标法》第 264 条、美国《商标法》第 43a 条、澳大利亚 1995 年《商标法》第 148 条，等，均可以参考。

1997 年 4 月 9 日，国家工商局认定了第二批 23 个商标为"驰名商标"。位居第 1 号的是天津油漆厂的"灯塔"牌商标。这一商标被认定为驰名，将有着比人们在一般情况下能认识到的更深一层的意义。原因是大多数商标在创名牌的过程中以及驰名之后，均会有非法嗜利之徒跟踪假冒。这种假冒活动又一般仅限于把驰名商标非法用在自己的产品上。而"灯塔"之出名，则不仅有人针对它从事这种常见的假冒，而且（主要在灯塔产品出国之后）专有人针对它从事"反向假冒"，即撤换掉"灯塔"商标，附加上假冒者自己的商标，用天津油漆厂价廉质高的产品，为假冒者去"创牌子。"

几年前，北京的"枫叶"商标曾遭此厄运。当时即有议论认为"反向假冒"与商标权人无关，而只涉及侵害消费者利益（实际上消费者利益未必受侵害——如果产品本身并不"劣"）。这种议论认为被撤换的商标的所有者，无权禁止反向假冒者的行为。

但在实践中，被撤换的商标的所有者，总感到自己的权益切切实实受到了损害。特别是不仅在国内驰名，而且在国际上也驰名的"灯塔"，在走出国门第一步，就被非法嗜利之徒撤换，被剥夺了在国际市场创名牌的机会。他们当然不愿接受国内的上述议论，任人宰割。"灯塔"的所有者及遭受过相同"反向假冒"的国内企业，需要有人告诉他们如何维护自己的权利，而不是告诉他们应无所作为，只消在理论上去认识自己并无损失。

事实上，在国外，禁止这种反向假冒行为早就有法可依。首先应举出的就是《美国兰哈姆法》第 43 条第 a 项。这是最明确禁止反向假冒的商标法条项。当然，由于该法并无通行的中文译本，故有语言障碍的国内读者找不到并不奇怪。即使懂英文，但不了解 1946 年《兰哈姆法》第 43 条 a 亦即今天《美国商标法》第 1125 条 a（43a），而且不了解要从《美国法典》第 15 篇 22 章中去找，也会找不到。但如果"找不到"就断言"没有"则不可取。好在美国法典的全部，将被社科院译成中文，当然，即使目前，由于许多国家（远非美国一国）商标法中均由禁止"反向假冒"的明文在，我们依然可以找到其他国家的中文译本，例如，由国家工商局商标局主编、中国法制出版社 1995 年出版的《商标法律法规汇编》第 691 页上，即有《法国知识产权法典》的条文在，该条文规定："消除或变动依法付贴的商标"，与"不经所有人许可在相同商品或服务上使用该所有人的商标"，一样属于商标侵权。意大利、西班牙、葡萄牙等国商标法有完全相同的规定。

就是说，"反向假冒"并非中国学者生造出来的概念，而是市场经济中禁止不法行为的长期实践形成的已有概念。

在中国，商标法中虽无明文禁止"反向假冒"，但《反不正当竞争法》则有明文。这就是该法第 9 条，禁止经营者利用广告或其他方法，对商品的生产者作引人误解的宣传。未经许可撤下合法商标而换上假冒者的商标，无疑是市场上通过商品本身或（如果假冒者也以新闻媒体做广告）通过新闻媒体广告，对"谁是该产品的真正生产者"，作误导宣传。

这就是告诉"灯塔"的所用者（天津油漆厂）及其他有关企业：切勿听信那些为"反向假冒"张目的议论。应当明白：禁止"反向假冒"行为，保护自己的权益，在中外都是有法可依的。

不过，我个人感到，最可取的，还是像法、美等国那样，把商标专用权人"专用"的正、反两方面内容，在商标法中加以明确。

以便全方位地维护其"专用权"。实际上，国外已远远不仅是发达国家才这样做。发展中国家，如拉美的巴西，在其 1996 年的《工业产权法》商标部分的第 189 条，非洲的肯尼亚，在其 1994 年的《商标法》第 58 条 c，也均有了与法国《知识产权法典》相同的禁止"反向假冒"的规定。

4. 商标评估问题

这是自 20 世纪 90 年代初以来，因国有资产全面评估而开始，在"合资"计价中渐"火"起来的新问题。它在国际上虽已不新，但许多难点仍然在讨论中。由于对这方面的研究欠缺，有时确有对商标的评估离了谱的。不过由于无形资产评估的"谱"本来就难确定，因而也有人认为商标的价值只能在市场上随行就市，进入市场交易之前不能评估；评估了也只能全都是"戏言"或"糊涂账"，因为"创造智力成果的成本"是不能计入价值的。

而多数商标之所以需要评估，恰恰因为它要进入市场，等不到进入市场后由市场去为它"定价。"所以，不能因无形资产评估中存在不足就全面否定它。承认了商标毕竟也属于一种经"创造"产生的"智力"成果，承认商标与商品及服务的质量有密切联系，比起认为它只是个"标记"，不能不说是一个进步。但不允许把选择商标、创作商标图案的成本计入（而不是"当成"）商标价值，则是又走了另一个极端。商标确实会在使用中不断增值。但这并不能说明在使用之前其价值只能是零。尤其不应误认为要求将成本计入商标价值者，即等于要求将成本"当成"商标价值。有人进而提出，应在商标法中要求"在申请注册程序中未提供实际使用有效证明的，不给予核准注册"。在全世界都走向以"使用"维持商标权而不得把使用作为注册前提的今天，完全拒绝了解国际发展的现状，才可能提出上述已被世界远远抛在后面的"理论"。凡读过 TRIPS 协议第

15~19 条的人，均会看到这种"理论"离当代的概念多么远。

至于有些图案或（和）文字，权利人尚未使用（或许可他人使用）作商标，就被评估出了看上去很高的价，倒并非如异议者误解的那样，似乎权利人把可计入价值的成本，"当成"了价值（这实际是异议者自己的误解），而是该创作成果本身已经是一种"商品化权"，不作为商标也是可以评估的，张乐平创作的"三毛"即属这一类。

5. 商标权与其他知识产权之间的权利重叠与"在先权"

在近年的商标执法及其他知识产权执法中，我国司法机关及行政执法机关均发现：侵权行为呈复杂化趋势。其表现之一，就是侵权人往往利用某一个知识产权保护客体，可能受几种不同权利重叠保护，而其中有的权利经行政批准方产生的特点，不经权利人许可而拿了他人已享有知识产权的客体，去谋求自己的所谓"在后权"。例如，拿了他人的注册商标标识，去专利局申请外观设计"专利"，拿了他人享有版权的美术作品，去商标局申请商标注册，等等。

这个问题本来应当是很容易解决的。因为中外知识产权法，知识产权保护的基本理论，都明确承认与维护智力成果权利人的"在先权"；认为侵害他人知识产权的侵权行为，不产生新的权利。对此，应当说我国的多数执法机关是清楚的，这从"武松打虎图""三毛"等在北京、上海分别由法院作出的判决及行政机关作出的裁决，就可以反映出来。

中外知识产权法乃至国际公约，均只承认及维护"在先权"而从不涉及怎样去维护"在后权"，绝不是立法者及起草国际公约的专家组缺少"创造性"。多年前，国外曾有确实堪称民法学者的知识产权教授举过一个简单的例子：甲公司是一块地皮的所有人，它可能准备在上面盖学校或盖医院（这都无关紧要）。而乙公司未经甲的许可，却在上面盖了商厦。是否从"公平"原则出发避免使乙白费力，就必须承认及维护乙的这种"在后权"，而认为甲对地皮享有的"在先权"已经"穷竭"了呢？

"在后权"曾是百年前，国外的知识产权纠纷中，侵权人的律师抬出过的、也被法院驳倒的"理论"。它不可能被中外立法及国际公约所接受，是不言而喻的。它之所以仅仅在我国理论界（虽然极小范围内）被当成创新而重提，也说明我国理论界的一部分，与司法及行政执法实践相比，确实是滞后的。

与商标有关的国际条约及各国法律比较[*]

一、知识产权国内法应当如何与国际条约衔接

自 1992 年年初的中美知识产权谈判以来，我国就国内知识产权保护制度与国际上的保护水平或保护标准"接轨"的问题，一直在讨论之中。对这个问题必须作具体分析。笼统地谈，"接轨"之可行或不可行，而离开了所讨论的"与国际接轨"的具体含义，均可能出现偏差。

1. 某些含义的与国际接轨是属于性"不可能"或"没有必要"的

当美国贸易代表要求其他国家（包括中国）把美国的商标"使用在先"制度作为国际标准修订国内法时；当他们要求把美国版权法中视录音制品为"作品"给予保护时；当他们要求按美国专利法全面取消"强制许可"制度时，其他国家（包括中国）大都无例外地拒绝了这种要求。因为，这种所谓"与国际接轨"不过是要求与美国法接轨，拒绝这种含义的"与国际接轨"，在我国是没有争论的。

* 编者注：原文刊载于《中华商标》1999 年第 6 期及 1999 年第 8 期。

由于立法程序及制度的不同。世界上有一部分国家在参加了某个知识产权国际公约之后，必须通过本国立法机关制定出一部将该公约"转化"为国内法的法律或条例，而不能直接适用国际公约于本国的知识产权保护。如果这部分国家认为：国际上既然已有一大批国家采用"立法转化"国际公约的方法，这种方式就已形成一种"国际标准"，于是要求另一部分国家（包括中国）在参加任何知识产权公约后，均要通过实施该公约的国内立法，方才在立法程序上"与国际接轨"了。则这种要求也应被拒绝。因为，按照我国的《民法通则》及《民事诉讼法》等法律，在民事法律领域，我国参加的公约（除声明保留的内容之外）将自动构成国内法的一部分，而适用于涉外民事权利的保护（包括产权保护）。这种"接轨"，是没有必要的。

除了上述一国或多国以自己的标准作为"国际标准"，要求我们去"接轨"属于"不可能或"无必要"之外，如果有人要求我们的知识产权保护与现已产生的一切知识产权国际公约都一致起来，则这种"接轨"要求也属于"不可能"或"无必要"。因为、现有知识产权国际公约中的相当一部分，我国并未参加：有些公约，甚至大多数国家也还没有参加。即使我国已经参加的知识产权国际公约，我们也没有必要与其中的一切规定都"接轨"，因为，在绝大多数我国已参加的这类公约中，都有"选择性条项"。就是说，它本身即允许成员国遵照它去做或不遵照它去做，此外，知识产权国际公约中的一部分，还允许成员国声明保留。一般来讲，只要公约本身不存在一条"对本公约的任何条项均不得保留"的规定，成员国即均有可能声明保留。

最后，一部分知识产权国际公约中，还对不同类型国家（如发展中国家、从计划经济向市场经济转型的国家，等等）在履行公约义务时给了一个"宽限期"。在到达期限之前,有关国家(如果中国参加了这种公约,则包括中国)要将国内的知识产权保护与公约中的可以宽限部分接轨的话,或者不可能(不具备条件),或者无必要(虽具备条件,但过早接轨有损本国经济利益)。总之,在上述种种情况下(可能还会有其他情况),应当拒绝所谓的"与国际接轨"。

2. 另一些含义的"与国际接轨"——可能性与必要性

对于中国已经缔结和已经参加的知识产权国际公约、条约、协定等,其中对成员国或缔约方的"最低要求"所形成的国际保护水平或国际标准,我国的立法以及执法必须与之一致。这种"与国际接轨"是必要的。即使在个别规定上,"接轨"的可能性在我国尚不具备,也必须积极创造使之具备的条件。例如,在参加巴黎公约时,对该公约要求的服务商标保护,我国尚不完全具备条件,但我们确实积极向这种要求努力,并最终在1993年通过《商标法》的修订实现了这一"接轨"。又如,在参加伯尔尼公约后,我国对作者(尤其是音乐作品作者)的"小权利"的许可及获酬等,认真保护起来还很困难,这主要是集体管理组织的缺乏。但这些年来我国一直在积极支持和发展这种组织以及版税收转中心等,以便终有一天能够完全按伯尔尼公约的最低要求将作者的小权利也切实保护起来。

这种努力创造条件去"接轨"(及已有可能时立即去"接轨"),与上面讲的那种可以不去"接轨"的内容,属于完全不同的范围。因为在这里,公约最低要求加给我们的是国际公法上的义务。

"Pacta sunt servanda"这句古老的拉丁语,之所以被国际公认为应一致遵行的,是因为国际上不存在一个凌驾于各国之上的"最高权力"。于是,国家之间以其公约行为承诺的最低要求,承诺者就必须自觉遵守。这一条在国际公法广泛领域的"条约必须遵守"

的原则，在知识产权国际保护中，正是指知识产权公约各成员国的国内保护，必须与"国际"公约的最低要求"接轨"。

还有一种含义的"与国际接轨"并不像"条约必须遵守"那样成为国际法上公认的原则，从而在我国国内必然仍有争论，这也不足为怪，但我认为我们应当有正确的选择。这就是那些国际上大多数国家较一致采用的原则和做法，并且已经被实践证明对保护知识产权是有益的。

例如，绝大多数国家已经采用的在商标申请受理上的"先申请"原则。虽然过去尚有一些国家，采用美国式的"先使用"原则，但实践证明了在审查中"先使用"事实难以认定，于是绝大多数国家奉行的另一原则，在国际社会一再要求美国"与国际接轨"呼声中，美国也不得不在 20 世纪 80 年代开始考虑改变其传统制度的可能性。但是，迄今为止，并没有哪个知识产权国际公约明文把"先申请"原则作为最低要求加以规定。在我国，商标立法时，在这一点上一开始就与大多数国家是一致的。

再如，在侵害他人知识产权时，如果侵害者并不知他人享有某种知识产权，自己的行为也没有其他过失，应当怎样认定其责任？对这个问题，大多数国家或在明文立法中、或在司法实践中，均采取了"无过错责任"的原则。就是说，在认定某种行为是否构成对知识产权的"侵权"，并且是否应制止这种行为继续下去的问题上，只看造成侵害的事实，不问侵害者有无主观过错。而在确定是否侵害者应负赔偿责任（在有些国家，确定是否减轻赔偿责任）时，则要看侵害者是否有过错。只有后一种情况，才适用"过错责任"原则。这也是一条（在 TRIPS 协议之前）从未写入过任何知识产权公约的却又是各国通行的做法。因为这样做，既可以防止侵害知识产权行为的扩展及蔓延，又不使"无辜侵权人"承担不合理的赔偿。这对保护知识产权及维护社会公正是有益的。

而我国由于在制定《民法通则》时，在其第 106 条中，要求只有特别法明文规定"无过错责任"之后，方能适用这一原则，而知识产权特别法又都不涉及这一问题，所以，实际上，我国无论在确认侵权上，还是确认侵权赔偿上，均不加分析地一概适用"过错责任"。在执法实践中，证明他人有主观过错之难与证明无主观过错之易，使相当一部分有意侵权者逃避了侵权责任，也使一部分原系无辜侵权的侵权活动"依法"得以扩大和蔓延。现在确实到了需要认真考虑是否与国际上通行做法"接轨"的时候了。

3. 国际条约的发展与我国的差距

在"与国际接轨"的问题上，还有一部分是属于我国尚未参加，但正力争参加的国际公约中的最低要求，以及属于我国尚未参加，也还准备很快参加的国际公约中的最低要求。

第一种情况主要是指 TRIPS 协议（世界贸易组织的《与贸易有关的知识产权协议》）。对这种国际公约，我们目前已有必要积极创造条件去弥补国内法与最低要求之间的差距。知识产权国际保护与国际贸易多边制裁挂钩的这种新发展趋势，如果我们不重视、不研究、不认真对待，甚至无视这一趋势，则我国的改革开放必将面临严重的挑战。

第二种情况主要是指 WIPO 90 年代新缔结的《商标法条约》及较近的将来可能缔结的涉及域名、涉及驰名商标保护的国际条约。对它们，虽然并不像与 TRIPS 协议的最低要求接轨那么紧迫，但也不能毫不重视。自 1996 年年初以来，因电子信件产生的诉讼、因使用电子数据产生的诉讼、因域名问题在企业中产生的惊慌等，已经告诉我们：有关新公约中的许多内容离我们不是很远了。如果我们不利用好其生效前这段有利时间，在理论上、立法上、执法上做好充分准备，而是无视国际公约这种新发展，我们在不久的将来（三五年，最多也不会超过十年）肯定会面临难以应付的局面。

4. 知识产权保护——国际法与国内法

按照本国的国内法保护本国权利人与外国权利人的知识产权，与按照国际公约的最低要求调整国内的知识产权保护制度（国内的知识产权保护制度"接轨"），将涉及国际法与国内法两个不同领域的问题。

如果说知识产权的国际保护在一百多年前主要是通过互惠，乃至通过单方承担保护义务去实现的，那么从19世纪末至今，这已主要是通过国际双边与多边条约来实现了。有些只研究国际政治学的人，在遇到实际问题时，往往只把涉及国家间政治关系的国际条约看成国际法。其实，即使那些国际经济领域、冲突法域的国际条约，一旦成为国家间或政府间的条约，也就进入了国际公法领域；在教学与研究中，也即成为国际公法这个总学科下的研究对象。原因很简单，它们作为国际条约，已是国家间、政府间的有约束力的法律文件，而不是民间的合同，不可能被排斥在"国际公法"之外。无论保护工业产权巴黎公约还是TRIPS协议及《商标法条约》或是其他工业产权领域或邻接权、相关权领域的公约，都已经处于国际公法之内，又都构成知识产权国际保护的支柱。

有的人分不清"知识产权国际保护"与"知识产权涉外保护"的区别，当提到将"国际保护"列入国际公法范围时，他们认为这是错误地混淆了"公权"与"私权"，认为一国在保护外国人的知识产权时，只能依本国民法（私法）。事实上，这里讲属于国际公法范围的，指的是一国怎样依照它加入的公约的要求以"国家"的地位调整其国内法，使之符合公约，从而在其以国内法从事涉外（及不涉外）的保护时，不致违反国际公约，这是国家间的"公"行为，是无法纳入私法（民法）领域的，这与以国内法进行"涉外保护"（这确系民法领域的问题）是完全不同的两回事。

二、TRIPS 协议与中国商标法的修订

在中国商标法的第二次修订过程中，TRIPS 协议是主要的参照。

1. 注册条件

TRIPS 协议的商标一节，开宗明义就对注册条件作出了规定。因为，在今天的国际保护中，以及在大多数国家的国内商标制度中，"获得注册"是取得商标权的唯一途径，就是说，商标权一般不能自动产生，而需要向一定的行政主管部门提出注册申请，经审查、批准之后才可产生。如果一个申请中的商标标识不符合注册条件，就会在审查中或在审查之后被驳回或在注册后被撤销。

TRIPS 协议第 15 条第（1）项，把"视觉能够识别"作为可以获得注册的条件之一。这样就把"音响商标"（例如有的银行把硬币被倒出的声音作为自己的服务商标）。"气味商标"（例如有的厂家把某种特殊香味作为自己产品的商标）排除在可以注册的对象之外了。但是第 15 条的这项要求，显然没有把"立体商标"排除在外。不过第 15 条的这一要求不是强制性的，因为第 15 条在规定这一要求时使用了"可以（may）"，而没有用"必须（shall）"。

但对于另一项注册条件的要求，则是强制性的了。这就是：能够注册的标识必须具有"识别性"，即能够把一个企业的商品或服务与其他企业的商品或服务区分开。如果一个企业使用"自行车"作为自己的自行车商品的商标，显然无法通过它把该企业的商品与其他企业的自行车商品区分开。这个标识就属于不具有识别性的标识。但是如果一个经营服装的企业使用"自行车"作为其商品的商标，则可以通过该商标与其他企业的服装商品相区别。所以，是否具有

识别性，并不在于有关标记本身采用了什么样的文字或图形，而要看有关文字或图形是否与它所标示的商品的通用名称、主要功能、主要原料等相重合，一般来讲，如果重合了，该标识就不具有识别性。

我国在商标行政管理实践中，曾拒绝为"立体商标"提供注册。这种做法是否会违反第 15 条第（1）项呢？不会的。因为第 15 条第（2）项只补充规定到：只要不背离巴黎公约，则成员国或成员地区仍就可以依据知识产权协议没有列出的其他理由，拒绝给某些商标以注册保护。

请注意，我国商标法没有特别规定什么样的标识不能获得注册，倒是在第 8 条中更广地规定了什么样的标识根本就不能作为商标使用（当然更谈不上注册了）。

第 8 条中的第（1）~（4）项，与巴黎公约的要求是相同的。第（5）（6）（8）项，与国际惯例是相符的；第（7）（9）项则结合了我国的具体情况，这些要求，均不能说是与巴黎公约相背离，因而也符合知识产权协议的原则。

此外，我国《商标法》第 7 条明文规定；"识别性"这项条件，也不限于注册商标，同样广而及于一切商标（不论是否注册）。这点也比知识产权协议的要求更高。

有些标识，形式上似乎不具有"识别性"，但实质上则在使用中已经产生"识别性"。这就是协议第 15 条第 1 款中提到的，产生"第二含义"的标识。

"第二含义"，指的是有些本来不可以取得注册的文字或图形，因为它们反映的是商品的通用名称、一般功能、主要原料或产地等。但如果这些文字或图形在使用过程中，已经不给市场上的商品购买者提示商品名称、功能、原料等，而是使人直接与该商品的特别来源相联系，则可以获得注册，从而获得商标权。例如："五粮液"，本意指该酒的主要原料，但消费者见到这一标记，联想的多不是原料，而是该酒的特有的牌子、联想该酒产自四川五粮液酒厂。这就是对消费者产生了"第二含义"。再如"青岛"牌啤酒，也是另一角度"第二含义"的实例。

《知识产权协议》还在第 16 条第（1）项中，把"不得损害已有的在先权"，作为获得注册乃至使用商标的条件之一。

可对抗注册商标的"在先权"，在协议中也没有明确包括哪些权利。但在巴黎公约的修订过程中，在一些非政府间工业产权国际组织的讨论中，比较一致的意见，认为至少应包括下面这些权利：

（1）已经受保护的厂商名称权（亦称"商号权"）；

（2）已经受保护的工业品外观设计专有权；

（3）版权；

（4）已受到保护的原产地地理名称权；

（5）姓名权；

（6）肖像权。

我国《商标法实施细则》在 1998 年修订之后，已经把"在先权"这一概念引入了该细则第 25 条之中，商标行政管理机关对这一概念进行解释，也至少将包括上面列出的 6 项，可能还会解释出更多的项目。

2. 使用要求

在绝大多数国家，注册是获得商标权的唯一途径。但的确有少数国家依照自己的传统，把"贸易活动中实际使用商标"，作为取得商标权的途径，而"注册"反倒仅仅是对业已存在的商标权给以行政确认。虽然这类国家已经越来越少，但毕竟存在，而且有的还举足轻重（如美国）。所以，《知识产权协议》第 15 条第（3）项照顾了这种现存的事实。它从正面允许美国一类国家"使用商标"

作为行政机关判定可以批准注册的一条根据。但协议又有允许从反面把"未使用"作为驳回注册的唯一理由。

但是，一般讲到对于注册商标的"使用要求"，则是指的另一个意思。这就是《知识产权协议》第 19 条所涉及的内容，即注册商标如果连续 3 年无正当理由不使用，则行政管理机关可以撤销其注册。在我国，以及在许多国家商标法对"使用"的解释是比较宽的。例如，仅仅在广告中使用了某个注册商标或仅仅在展览会使用了某个注册商标，或虽然自己没有使用但许可他人使用了某人注册商标，都被认为符合"使用要求"。《知识产权协议》第 19 条第（2）项，仅仅明文规定了"在商标注册人控制的他人使用"（主要指被许可人的使用），符合"使用要求"。这就是说，还有其他什么样的活动也符合"使用要求"，可以由各成员国自己去依法确定。但是，如果某个成员的政府在 3 年中不允许进口某种商品，它的商标行政管理机关就无权因该商品上商标不合"使用要求"而撤销其注册。此外，其他因成员的政府行为而使某注册商标在一定时期不可能使用的，也均应被认为是"有正当理由"而没有使用，故不能因此被撤销。因为，在这些场合，都不是注册商标权人自己不用，而是政府的特殊行为阻止了他们正常使用。

3. "相同与近似"——商标权的行使范围

TRIPS 协议第 16 条第 1 项在讲到商标权人的可行使的权利时，突出强调了他有权制止其他人使用与其注册商标相同成近似的标记，去标示相同或类似的商品或服务。在这点上，我国商标法以及大多数国家商标法也都作了规定。经常遇见有人问：按照上面这种规定，商标权人难道不应当有权自己使用与自己的注册商标"近似"的标识，或把自己的商标用到"类似"的商品上吗？这是不行的。如果注册人不使用被批谁注册的商标，而且使用了与该注册商标"近似"的其他标志，他的行为就属于"自行改变注册商标的文字、图形或其组合"，依照我国《商标法》第 30 条，商标局将会给予处理，甚至会撤销其注册。擅自把注册商标使用到注册时并未指定的其他商品上（即使是"类似"商品上），后果也会招致处理或撤销。于是又有人曾经问道："照这样说，难道商标权人享有的正、反两方面的权利"即"自己使用"与"禁止他人使用"范围是不统一的？确实如此。这就是商标权的特点之一，也是确认商标侵权的难点之一。

在为"防御商标"和"联合商标"提供注册保护的国家大都不是不加区别地允许一切注册商标所有人取得这两种特殊商标的注册的。一般来说，也只有驰名商标的权利人才会获准注册这种商标。近年，为减少"注而不用"的商标，一些国家取消了"联合商标"制度，只保留"防御商标"的注册。而在法律或行政法规中明文保护驰名商标，正是中国商标制度所缺少的。

此外，在侵权认定时，如果原告是驰名商标的所有人，则行政或司法机关判定被告与其商标"近似"的可能性就大一些。在德国，甚至曾判定日本的"三菱"商标与德国"奔驰"商标相近似，主要因为"奔驰"是驰名商标。这是对驰名商标的一种特殊保护。

最后，在极少数场合，如果驰名商标并没有注册，其所有人仍旧有权阻止其他人以同样的标记抢先在同类商品或服务上取得注册。

什么是驰名商标，要由行政主管机关根据一个商标在本国市场、在国外市场被消费者知晓的程度、商标开始使用的时间及连续使用的年限、国内外同行业的评价、其广告宣传覆盖范围等多种因素，加以确定。那种只由部分消费者"投票"，甚至只由部分"评委"评选，或组成"驰名商标联合会"加以自我认定的方法是既不科学的，也是不符合国际惯例的。

4. "服务商标"

巴黎公约直至 1967 年文本形成的时候，尚未规定一定要给服务商标以注册保护。该公约只是要求参加它的国家都要保护服务商标。至于怎样保护，则不同国家可根据自己的情况自由选择不同的方式。例如，判例法国家如果只依据普通法而不以成文法，不以注册途径保护它，也被认为是合乎要求的。

所以，《巴黎公约》第 6 条之 2 的规定，在行文上本来均是针对驰名商品商标的，并没有指服务商标。该条规定：

（1）对驰名商标应给予特殊保护，与其相同或部分相同的标识应当被排斥在注册之外。

（2）驰名商标自注册之日 5 年内，其他人可提出撤销其注册的要求。亦即 5 年之后，驰名商标的注册就不会再因为第三者的争议而被撤销，也就是成为"无争议商标"了。

（3）但是，如果有关的驰名商标的注册是以非善意方式取得的，则争议时不受 5 年限制。

（4）也就是说，《巴黎公约》第 6 条之 2 原来是仅对商品商标中驰名的那一部分给予的特殊保护。现在，TRIPS 协议第 16 条第（2）项要求这些规定原则上也应适用于驰名的服务商标。

我国《商标法》在 1993 年修订之后的第 4 条最后一段中，增加了一项规定，即"本法有关商品商标的规定适用于服务"。有了这条总的原则，就像知识产权协议一样，许多条文就无须再把"服务商标"与商品商标的有关规定并列地加以重复，这样法律条文显得比较简练。但是，我国《商标法》即使在 1993 年修订之后，也没有任何条项对驰名商标应获得的特殊保护给予明文规定。虽然我国商标管理机关在管理实践中，曾给驰名商标以特殊保护，但是司法机关在判案时，就很难以行政机关的实践作为法律依据了。所以，曾有人认为司法机关在保护驰名商标的问题上，可以直接引用《巴黎公约》第 6 条之 2。因为，巴黎公约是我国参加的公约之一。

虽然我国商标法规定了对商品商标适用的条项，均适用于服务商标，但是反过来却不行。就是说，适用于服务商标的规定，有些未必适用于商品商标，它们可能是在 1993 年之后专门为服务商标作出的规定。例如，1993 年修订后的《商标法实施细则》第 48 条规定：

"连续使用至 1993 年 7 月 1 日的服务商标，与他人在相同或者类似的服务上已注册的服务商标（公众熟知的服务商标除外）相同或者近似的，可以依照国家工商行政管理局有关规定继续使用。"

这就是对服务商标专门作出的规定。只是在这条规定里才有对驰名服务商标给予特殊保护的暗示。因为驰名服务商标显然包含在"公众熟知的服务商标"之中。按照这条规定，非公众熟知的服务商标，可能发生两个相同注册标识在我国"同时使用"的情况。这种情况会部分打破注册商标的"专有"权。例如，可以在上海有个"锦江"饭店的服务商标获准注册，在新疆也有一个"锦江"获得了注册。这种"同时使用"，商标局将注意把握以不至于在公众中引起混淆为前提。①

这种"同时使用"，与"共同使用"不是一回事。"同时使用"并不被知识产权协议所禁止。在有些国家，商品商标多年来就存在"同时使用"，只不过其中一个或（两个都在内）只许在自己原使用的地区内使用，不允许发生交叉或重合，以免在公众中引起混淆。

---

① 编者注：1993 年引入服务商标的注册以及 2013 年引入的在先使用商标可以继续使用的规定应该都是为了解决只给一家注册以后，他人已经使用的商标可以在原有的范围继续使用。

5. 对许可与转让的要求

在版权一节或专利一节，协议都没有针对许可与转让提出太具体的要求。在版权领域，这种具体要求是很难提的。因为不同国家版权法差距太大。例如，在有些国家，版权可以部分转让，也可以全部转让，甚至可以转让尚未创作出来的作品的"将来版权"。而在另一些国家，版权只能通过合同许可他人利用，版权转让则根本不允许。还有一些国家，允许部分转让，而不许全部转让或允许转让现有的版权但不许转让"将来版权"。在专利领域，强制许可制度在不同国家差别很大，而自愿许可制度或专利权转让，一般只受反不正当竞争的限制。这后一方面内容，协议第二部分第8节有专门规定。

至于商标的许可与转让，就确有不少内容应予以规范了。例如，在许多英联邦国家，不仅商标转让一定要登记（也称"注册"），即使是商标的使用许可证合同，也需要登记，要在被许可人被行政主管机关认定为"注册使用人"之后，其使用才是合法的。这种要求从一方面讲，有利控制产品质量不致下滑、保护消费者利益；从另一方面讲，也有可能给经营者带来额外负担，不利于搞活经济。例如在我国一涉外合资企业的建立合同中，如果包含合资的一方许可整个合资企业（或许可合资中的另一方）使用其商标的条项，那么，该合同是否要在主管审批合资企业合同的机关（经贸委）批准之前（或同时），由商标主管部门对商标许可再进行登记审查呢？如果后者延误或未批准登记申请，是否整个合资企业合同即无效呢？幸亏在我国，商标法规定："许可"合同，可采取"先斩后奏"的方式，即事后在管理机关备案，没有要求经批准程序。

对于商标许可证合同问题，协议允许各成员自定条件。这正是照顾到各国立法中原有的差异，但对于转让中曾见于一部分国家的一项特殊要求("连同企业的经营一道转让"),协议则作了部分禁止,即无论连同或不连同经营一道转让,成员国或地区的立法都应当允许。我国台湾地区原有"商标法"就曾规定商标只有连同经营一道,方可转让。1994 年该地区修改"商标法"时,已经按照关贸总协定改了过来。我国商标法原有规定,在这点已符合关贸规定,故无须修改。

对商标权,不允许搞"强制许可"。这不仅是知识产权协议的规定,而且是绝大多数国家原有商标法所一致同意的。在 TRIPS 协议缔结而尚未生效时,WIPO 主持缔结的《商标法条约》也强调了对商标转让的"不干涉原则"。

三、2000 年之后,中国商标制度中仍须研究的问题

1. 电子商务中的知识产权保护问题,包括商标保护问题

电子商务影响到的绝不仅仅是知识产权法。

它首先影响了各国的合同法及商法,1995 年,美国最先考虑修改其《统一商法典》,随后提出了《统一电子贸易法》的议案,以适应电子商务的需要。1996 年,联合国贸易法委员会发布了《电子商务示范法》、国际商会起草了《电子商务指南》,进一步解释该示范法。此后,不少国家及地区(如欧盟)纷纷开始了相关立法或修法。在发展中国家里,至少新加坡已于 1998 年颁布了它的《电子贸易法》、我国立法机关在《合同法》草案中也加进了电子合同的原则性规定。但正像 WIPO 的两个新条约只是解决问题的开始一样,电子商务中的合同法及商法问题的全面解决,仍要留给下一世纪。

有人把电子商务分为"直接电子商务"与"间接电子商务"两类。"间接电子商务"即网络上谈判、签合同、订购商品,但商品本身

仍需通过有形方式邮寄或送达。"直接电子商务"则是签合同及最终取得商品，均在网络上完成。可以想见，"直接电子商务"会涉及更多的知识产权问题。

网络传输中即已涉及版权产品的无形销售，就必然产生版权保护的新问题。而更值得重视的是，它还必将产生（而且已经产生）在网上的商标及其他商业标识保护、商誉保护、商品化形象保护，乃至商业秘密保护等方面诸多与传统保护有所不同或根本不同的问题。

例如，我国《商标法》将可受保护标识界定为"文字、图案或其组合"，它只能是"静态"的。而目前已出现把某一动态过程（如小鸡从蛋中破壳而出）作为商标，而且在网上有发展为"时髦"的趋势。这就不仅在版权法领域对于"版权不保护过程"的结论有了明显的反证（说明至少一部分"过程"不应被排除在保护之外），而且改变了传统对商标的认识。可能只有在这种网络上的商业活动，才能使人们感到 TRIPS 协议中使用"视觉可感知"去界定标识比起中国商标法用"文字、图形去界定商标更能适合下一世纪商业活动的发展。当然这类纯属形式方面的问题可能还不是最重要的。

正当国内有人断言"域名决不会被纳入知识产权保护范围"时，域名已实际上成为商誉、乃至商号的一部分受到了保护，甚至已经作为无形财产被实际交易着。这是无须到下一世纪再去弄清的问题。但域名与在先商标权、在先商号权的冲突如何真正妥善解决，则可能要留给下一世纪了。这一确实存在的而不是臆想的权利冲突，在驰名商标范围内，本世纪已大致解决。一些国家的"反淡化法"及 WIPO 准备缔结的国际条约，均立下了这方面的示范。但对于非驰名商标及商号，其与域名冲突的问题，仍无令人满意的答案。这里矛盾的焦点之一倒是在权利产生的程序上。商标权多经官方行政批准注册产生；域名专用权则多经非官方组织登记产生；商号权（按巴黎公约的要求）却仅仅依实际使用产生。下一世纪如果在技术上仍找不到解决冲突的出路，那么法学者的研究成果在这方面仍旧将发挥作用。

2. 侵害知识产权、包括侵害商标的归责原则

中国在 20 世纪 80 年代制定的《民法通则》，从原则上已将包括侵害知识产权在内的绝大多数侵权行为，归入"过错责任"。如果只以解释《民法通则》为限，这个问题是无可讨论的。不过，如果把眼界放开一些，就可以看到：绝大多数已经保护知识产权的国家的立法，均要求侵害知识产权的直接侵权人，负"无过错责任"。凡在国际上被认可的知识产权直接侵权的认定，只看客观结果，不看主观有无过错。这就需要我们在研究中，不能拘泥于通则的原则。同时，国内知识产权执法的实践，也要求我们重新认识这个问题。

其实，在法理上，侵害知识产权的归责原则，与侵害知识产权的诉讼时效，是非常近似的两个问题。由于知识产权保护的客体可以同时被相互独立的不同主体所利用（注意：这是有形财产保护的客体所不具备的特点），侵权行为一旦延续超过二年（我国《民法通则》规定的时效），这"二年"期限将只约束侵害赔偿之诉，不应约束知识产权的财产所有权之诉。而一般侵权诉讼中，这二诉是并存的。对此，我国最高人民法院已在 20 世纪内作了恰当的结论。因此时效问题即使在 21 世纪仍有争议，可能只是余音而已。

对直接侵权人的归责问题也是如此。只有支持被侵权人的权利归属及其范围之诉，亦即认定客观上的侵入他人产权范围（"in""fringe"）的事实并加以禁止才有助于避免侵权物进入流通领域或已进入流通领域后进一步扩散（而这正是《与贸易有关的知识产权协议》所要求的）。至于支持被侵权人的损害赔偿之诉，

则确应视侵害者有无主观过错而定了。拿日本学者中岛敏先生的话说，即侵害知识产权的物权之诉只以客观为据，而其债权之诉则应辅之以主观要件。当然，在这点上，国外也并非例外。例如，依照美国法律，直接侵权人即使无过错，有时也须负侵权赔偿责任。美国的这种少见的规定，经过其乌拉圭回合谈判的讨价还价，还居然反映在世界贸易组织的协议中。

3. 知识产权的权利冲突问题，尤其是商标权与版权的权利冲突

不应一般地否认知识产权的权利冲突的存在。无论中外，两个或两个以上分别享有相同或不同知识产权的权利人，在行使权利中发生冲突的事，并不罕见。许多已有的及拟议中的立法及国际条约，正是为了解决这类冲突。

问题在于，在我国，在 20 世纪末，一批被炒得沸沸扬扬的"权利冲突"知识产权案例，实际并非真正意义上的权利冲突，而是地地道道的权利人与侵权人的冲突。这些冲突，依照原有的我国知识产权法，本来是可以顺理成章地解决的。而且，有关法院的判决，行政机关的裁决，也大都合理合法，或基本合理合法地解决了。只是理论界反倒觉得浑浑然，觉得似乎有关的侵权人实际只是法律不健全、从而产生出的权利冲突的牺牲品。因此，在 21 世纪修改原有知识产权法时，就会面临这样的问题了：是把已有的原本合理的规定改掉，还是保留原本合理的规定，进而去解决真正的（包括尚未在我国出现的）权利冲突。

例如，"先用权"性质的并无排他性的"在先权"，与具有排他性的在先权的根本区别。以未曾向社会扩散方式先发明、先使用某一他人专利保护客体之人，在"注册"制国家，未注册但已在先使用某一商标多年之人，等等，方享有相应的、在其后获行政批准而握有专利权、商标权的"在后权"权利人。这在大多数国家均是

明明白白的（确有部分国家不承认在先使用商标而未注册者有"先用权"——这里另当别论）。而发生在我国的许多议论，则是未经许可而使用了他人已经受知识产权（或其他民事权利，如姓名权、肖像权）保护的内容，是应当判为仅仅侵权，还是应当认为通过侵权便产生了"在后权"的问题。

WTO 中商标和地理标志保护 *

商标保护

就商品贸易而言，一切来自合法渠道的商品，都有自身商标的保护问题。商品的包装、装潢设计、促销商品的广告（包括广告画、广告词、广告影视等）都有版权保护问题。销售渠道畅通的新商品，一般都有专利或商业秘密的含量作支撑。来自非法渠道的商品则大都有假冒商标及盗版等问题。在服务贸易中，服务商标的保护及为提供服务所做广告的版权问题，与商品贸易是相同的。不同的是：在跨境服务中，特别是在网络服务中，一个企业在本国做广告，可能侵害外国企业在外国享有的商标权。因为网络的特点是无国界传输，商标权的特点却是地域性。这种特别的侵权纠纷，在有形货物买卖中是不可能出现的。

在过去，中国已有的各知识产权单行法，与世界贸易组织的差距最大的应属商标法。这一问题已经随"入世"前的商标法修订而解决。

---

* 编者注：此文原载于《WTO 法律知识 100 问》第 108 页第 56 问，文中地理标志部分的顺序有调整。

对于可以获得注册从而享有商标权的标识,法律要求其具有"识别性"。如果用"牛奶"作为袋装奶商品的商标,消费者就无法把这种袋装奶与其他厂家生产的其他袋装奶区分开,这就叫没有识别性。而只有用"三元""蒙牛""帕玛拉特"等这些具有识别性的标识,才能把来自不同厂家的相同商品区分开,这正是商标的主要功能。

在我国颁布了几部知识产权法之后的相当长时间里,许多人对商标的重视程度,远远低于其他知识产权。在理论上,有的人认为商标只有标示性作用,似乎不是什么知识产权。在实践中,有的人认为创名牌,只是高新技术产业的事,初级产品(诸如矿砂、粮食等)的经营根本用不着商标。实际上,一个商标,从权利人选择标识起就不断有创作性的智力劳动投入。其后商标信誉的不断提高,也主要靠经营者的营销方法及为提高质量与更新产品而投入的技术含量等,这些都是创作性劳动成果。发达国家的初级产品,几乎无例外地都带有商标在市场上出现。因为他们都明白:在经营着有形货物的同时自己的无形财产——商标权也会不断增值。一旦自己的有形货物全部丧失(如遇到海损、遇到天灾等不可抗力、遇到金融危机等商业风险),至少自己的商标仍有价值。世界贸易组织的《知识产权协议》第 21 条规定商标可以离开企业的经营做有价转让,正是国际条约对商标离开"标识"功能仍旧有价值的肯定。有人曾认为,如果一个企业倒闭了,它的商标就会一钱不值。实际上,企业倒闭后,商标还相当值钱的例子很多。

世界贸易组织的《与贸易有关的知识产权协议》的"商标"一节,重点在对"驰名商标"保护的加强。

早在我国 1985 年参加的《巴黎公约》中,已经要求成员国对驰名商标给予特殊保护。世界贸易组织的知识产权协议,则把这种特殊保护从商品扩大到服务,从相同或类似的商品与服务,扩大到不相同、不类似的商品与服务。

在侵权认定时，如果原告是驰名商标的所有人，则行政执法或司法机关判定被告与其商标"近似"的可能性就大一些。在德国，甚至曾判定日本的"三菱"商标与德国的"奔驰"商标相近似。主要因为"奔驰"是驰名商标。这是对驰名商标的一种特殊保护。在欧洲法院 20 世纪 90 年代中后期裁决的"佳能"（Canon）"彪马"（Puma）等案件中，也都是首先认定有关商标是否驰名，然后再来看争议商标标识本身是否近似或所涉商品是否类似。

我国过去行政规章中，确有对驰名商标的特殊保护，但没有提高到法律、法规的层次，所以在遇到须首先认定商标是否驰名的侵权纠纷中，往往使法院无所适从。现在法律不仅规定了对驰名商标的特殊保护，而且列出了一部分国外已通行多年的认定时应予考虑的因素。这样，不仅更加有助于行政机关"依法行政"，而且有助于法院对驰名商标的司法保护，从而有助于鼓励我国企业的"名牌战略"。

世界贸易组织的《与贸易有关的知识产权协议》的"商标"一节还体现了对"在先权"保护的突出。在第 16 条第（1）项中，把"不得损害已有的在先权"，作为获得注册乃至使用商标的条件之一。但协议没有明确包括哪些权利可以对抗注册商标的"在先权"。但在《巴黎公约》的修订过程中，在一些非政府间工业产权国际组织的讨论中以及在 WIPO 的示范法中，比较一致的意见认为至少应包括下面这些权利：

（1）已经受保护的厂商名称权（亦称"商号权"）；

（2）已经受保护的工业品外观设计专有权；

（3）版权；

（4）已受保护的地理标志权；

（5）姓名权；

（6）肖像权；

（7）商品化权。

中国《商标法实施细则》在 1993 年修改之后，已经把"在先权"这一概念引入了当时该细则第 25 条之中，但（除了应当细化之外）与 TRIPS 协议的差距主要在于中国的商标法及实施细则均强调了行为人的"主观状态"。如果行为人不是"以欺骗手段或其他不正当手段取得注册的"，那么任何在先权人就都无能为力了。实际上，至少对于版权、外观设计权、肖像权等在先权来讲，不应强调在后者的主观状态。《与贸易有关的知识产权协议》并没有把在后申请者的主观状态作为保护在先权的前提或要件。

在 2001 年的《商标法》我国修正案中，有两处分别规定了对在先权的保护，同时删除了把行为人的主观条件作为认定是否侵害在先权的前提。这与 2000 年同属工业产权领域《专利法》修正案中对在先权的保护相对应了，同时也符合了世界贸易组织的要求。

地理标志保护

与我国《商标法》修正案相联系，世界贸易组织的《与贸易有关的知识产权协议》中，地理标志保护与商标保护可以放在一起来了解和认识。

"地理标志"是世界贸易组织的知识产权协议中提出应予保护的一种商业标记，它又称"原产地标志"。原产地问题，倒不是乌拉圭回合才提出的。因为它标示的是产品，所以在仅仅调整国际商品贸易的关贸总协定一产生时，就应当涉及原产地问题。

世界贸易组织协议中讲的原产地标志，是从它含有的无形产权的意义上讲的。尤其对于酒类产品，原产地标志有着重要的经济意义，因此有时表现出一种实在的"财产权"。设想黑龙江某厂产的啤酒，如果加注"青岛啤酒"的标签，将会给该厂带来多大的本不应得到的利润！协议总的讲是禁止使用原产地名称作商标使用的。但如果在使用中产生了"第二含义"并已经善意取得了这种标记的商标的注册，又不会在公众中引起误解的，则可以不撤销其注册，不禁止其使用。我国的"茅台"酒、"泸州"老窖，等等，均属于这种善意而又不至于引起混淆的"原产地名称"型商标。1991 年，瑞士最高法院也确认过瑞士的"瓦尔司"（瑞士地名）牌矿泉水的商标可以合法地继续使用。

世界贸易组织的《知识产权协议》在第 22 条中，讲明了什么是"地理标志"。它可能包含国名（例如"法国白葡萄酒"），也可能包含一国之内的地区名（例如"新疆库尔勒香梨"），还可能包含一地区内的更小的地方名（例如"景德镇瓷器"）。只要有关商品或服务与该地（无论大小）这个"来源"，在质量、声誉或特征上密切相关，这种地理名称就构成了应予保护的"地理标志"，这种标志与一般的商品"制造国"落项（有人称为产地标志或者货源标志）有所不同。制造国落项一般与商品特性或质量并无关系。日本索尼公司的集成电路板，如果是其在新加坡的予公司造的，可能落上"新加坡制造"字样。这并不是应予保护的"地理标志"过去我国有的行政部门曾在其部门规章中，把这二者弄混了，把"Made in China"当作了"地理标志"当然，也并不是说，凡是国名就统统只可能是制造国落项（产地标志）的组成部分。《知识产权协议》第 22 条放在首位的正是以国名构成的地理标志。"地理标志"有时可以涵盖制造国标记，但反过来用货源标记涵盖地理标志却不行。

2001 年，我国《商标法》修正案在第 3 条及其后一些条项中，增加了对地理标志的保护。不过，该法第 3 条使用了"原产地"标志，随后的条文中却使用了"地理标志"，虽说这二者可视为同义语，但极少有在立法中不加说明而同时使用两个术语云指同一个内容的（注意：《著作权法》对于"版权"与"著作权"系同义语，则是有明文指出的）。由于增加了这一保护客体本身是意义重大的，所以立法技术上本来可以避免的缺憾，就可不去深究了。

在美国等一大批国家，地理标志是通过"证明商标"或（和）集体商标的形式去保护的。我国目前对此仅采用了证明商标形式。

地理标志有可能成为我国知识产权中的"长项"之一，而不像专利、驰名商标等，在很长时间内将一直是我们的"短项"。所以如何更好地利用对地理标志的保护在国际竞争中"扬长避短"，是有关企业可以研究的一个问题。

"家住钱塘东复东"

——评 2001 年商标法 *

    《商标法》经 2001 年二次修正，在增加驰名商标保护的规定，增加地理标志保护的规定，增加禁止"反向假冒"，制止"即发侵权"等方面，进一步走向现代化，并与有关国际条约的要求相一致。2002 年在二次修正基础上出台的《商标法实施条例》又弥补了修正案中缺少"权利限制"的不足，明确了申请进程中的商标可转让等细节，使我国商标法律制度更趋完善。加上到 2002 年年末为止出台的几次司法解释，应当说我国商标保护制度已取得了空前的进步。

    相比之下，《商标法》领域的理论研究（至少与专利及版权两个领域相比），则仍旧处于比较落后的状态。商标权（或商标专有权）与商标专用权的这一最基本的区别始终没有弄清，一直阻碍着我国《商标法》基本概念的变化。商标注册的作用与性质是什么，不少人

---

  * 编者注：该文首次发表于《中国工商报》2003 年 3 月 13 日第 3 版，"家住钱塘东复东"是唐朝李贺的一句诗，其意是离目的地还很远很远。

至今仍茫然不知。乃至"获奖"论文中，竟有称商标注册不是确认商标所有权，而是确认占有或难占有。这类问题，在专利及版权领域虽然也存在，但不及商标领域这么多。我国商标制度的进步已经是空前的，却并不是完美的。

立法若要再向前走，要"臻于至制"，需要首先在理论上有所突破，改变研究滞后的现状。要有一大批（而不是目前的少数）从事商标立法、司法、管理及代理实践的人投入商标理论研究并推出相应的成果。具体讲，我感到我国商标制度至少还在以下方面有待进一步改进：

第一，2001 年修改《商标法》，增加了对"地理标志"的注册保护。这本来是一件好事，保护到了我国企业在知识产权领域为数不多的长项。但由于 2001 年明文确立这项保护之前，我国的质检部门也已开始了类似的登记程度，并从另一角度着手保护。新《商标法》实施后，一批企业就面临国家工商总局与国家质检总局对同一受保护客体的两种登记程序与要求。其结果虽有可能使相关企业受双重保护，但在更多的场合则是加重了企业的申请、待审批等负担，在两个行政单位对某一问题认识不一致时，企业则无所适从。这一问题，应尽早由国务院予以协调，以便使更多企业积极利用起知识产权保护下的这一长项。

第二，2001 年《商标法》修改后，将商标"确权"的最终权力交给了法院。一是符合了世界贸易组织的要求；二是使我国行政裁决进一步受到司法监督。不过，我感到，商标评审委员会所作的大部分"确权"裁决，实质上属于对商标权人与"异议"人（或撤销注册请求人）之间的纠纷所作的"公断"，即类似法院一审的判决，而不是一般的行政诉讼法中可诉的"具体行政行为"。当事人不服商标评审委员会的裁决，再诉到法院时，依旧是商标权人关心自己的商标注册能否保证，撤销请求人关心对方的商标注册能否被撤销等，并没有人把商标评审委员会真正当成诉讼的对象。法律却断然决定了在法院诉讼中，商标评审委员会与原先的一方当事人共同成为"当事人"，比商标评审委员会与注册的撤留关系更密切的原另一方当事人，却成了"第三方"。这样显得既不符合事实，又极为不妥。故建议将商标评审委员会从法院诉讼中摘出，或将它作为"第三方"，以便在商标评审委员会程序中对诉的双方，在法院程序中仍延续下来，使这类案件在法院依旧属于民事诉讼案，而不是行政诉讼案。这样更加符合事实，也更符合当事人的利益。这需要在再次修改《商标法》时，以法律条文加以明确。

第三，《商标法》第 41 条，将"恶意注册"不受 5 年限制的特权仅仅给"驰名商标所有人"，是不妥的。根据立法原意，不论注册人是否恶意，商标所有人 5 年后均无异议或撤销请求权，原是对未注册商标所有人的一项限制，亦即对第 31 条后半句所涉之人的限制。但第 31 条前半部分涉及"在先权"的权利人如果也受这一限制，就极端不公平了。设想某人以明显的恶意使用他人肖像注册商标，难道 5 年之后该肖像权（在先权）人来维护自己肖像权的请求权都不存在了？所以，第 41 条第（2）项应改为："对恶意注册的、驰名商标所有人及其他在先权利的所有人不受 5 年时间限制"。诸如此类的遗漏，在 2001 年商标法修正案中还有一些，均应考虑在再次修改《商标法》时一并研究。

《商标法》的发展及其在我国民法理论上的贡献 *

　　在首次将商标权作为"可投资财产"对待的 1979 年《中外合资企业法》颁布时，中国市场之外的人真正看到了这片土地上"改革开放"的曙光。当时，关心中国发展的一些外商及外国法学家，兴奋的心情甚至超过了国内许多人。国内普遍对知识产权的重视，实际是 1991 年及 1995 年两次闹得举世瞩目的中美知识产权谈判之后。而且，至今仍有中国学者不认为商标权为私权，或虽勉强承认其为私权，但认为地位尚不及债权、远非"专有权"，至多是"专用权"。

　　1982 年中国改革后首部知识产权法颁布时，国内外对其评价的反差也与此前 3 年差不多。同一年颁布的民诉法（试行）更受国人重视。而在国外，我为 EIPR 写了一篇英文的中国商标法评论，居然使该杂志当期多售了以往的数倍，以至我的导师 Cornish 与 Sweet Maxwell 的老总一定要请我去牛津一叙。可见当时发达国家对知识产权在中国的发展多么留心。

　　*　编者注：此文原载于《中华商标》2003 年第 1 期。

2001 年中国"入世"前《商标法》的再次修正，则不再仅仅使外国人重视，中国人也开始真正重视了。国内有人称赞这次修正为代表了"民事立法的方向"，确实不过分。那么，它在我国民法理论上到底有哪些贡献（成"方向"性的优点）呢？至少有下列几点：

第一，2001 年法第 9 条突出对"在先权"的保护，却没有任何条项强调对侵权活动产生的"在后权"也应精心呵护，为今后民事立法确立了一个方向。

第二，2001 年法第 10 条、第 11 条将原《商标法》第 8 条作了合理拆分，更接近了国际惯例及我国已有实践，也在立法技术上为今后民事立法确立了方向。

第三，2001 年法第 51 条从全面保护"权利物权"高度认定了商标权作为全面对世权的两个方面（禁止假冒与禁止反向假冒），告诉人们不可把商标权（及其他知识产权）仍旧视为不是专有权、不及债权的"二等公民"，这表明了与"知识经济"适应的民事立法方向，即知识产权法应受重视，而非歧视。

第四，第 56 条、第 57 条有关无过错不负"赔偿责任"，以及"即发"而未发的侵权仍旧要负侵权责任的规定，更改了民法学界多年来有关认定侵权须有"四要件"的通说，亦即否定了"无过错不负侵权责任""对权利人造成实际损害方能认定侵权"等。确实，人们一谈第 57 条自然会想到："即发"的行为，给权利人造成什么"实际损害"了？这种更改对民事侵权法将有重大影响，当然也可以说"代表了方向"。

2001 年法未解决的理论问题也还有。例如，"商标权"与"商标专用权"，哪一个概念更符合权利人的权利状况，更有利于保护知识产权？还是可以继续研究的。

至于《商标法》中未纳入"商标合同规范"，则是原法及一次修正时原样如此，世界上极少有在商标法中找得到这种规范的。我国合同法总则，已经能够覆盖这种规范，故无论在合同法分则或商标法本身中，都不再有另定规范的必要。至于对专利及商业秘密合同的规范，则实实在在存在于合同法"技术合同分则"中。这倒是与多数国家不同的。而著作权合同，在《著作权法》修正时已补充扩大，它不可能存在于民法合同篇或合同法中，这在国际上也是通例。特别是我们有的民法学者特别推崇的德国，在2002年以专家修正著作权法的方式，再度扩充著作权法中的"著作权合同"一章，而不是把它纳入"合同法"或民法合同篇。从这点上看，我国《著作权法》在著作权合同上增订扩大的做法，完全符合国际上民事立法的方向。而在实事求是，不搞"一刀切"这点上，也可以说代表了我国民事立法的方向。

《商标法》第二次修改解决的问题和存在的不足 *

  《商标法》是我国知识产权领域第一部单行法,它颁布于1982年,于1993年、2001年两次修正。根据我国商标法的规定:经过商标注册申请而获批准后,商标权方才产生。所以,在我国可以成为商标权主体的,首先是有资格申请商标注册的人。我国《商标法》第4条、第9条及实施细则第2条规定,在我国,商标注册申请人,必须是依法登记、并能够独立承担民事责任的企业、个体工商户或具有法人资格的事业单位,以及作为《巴黎公约》成员国或与我国有商标保护协定的其他国家的外国人或外国企业。此外,由于我国商标法允许商标专有权的转让,因此商标权的主体。除有权申请并获得商标注册的人,还可能是商标权转让活动的受让人。我国商标保护采取"注册在先"及"注册保护"的原则"是与世界上大多数国家的制度一致的。目前,全世界只有美国商标保护中采取"使用在先"原则,即商标权在使用中获得,而不必通过注册获得。在申

---

* 编者注:此文原载于郑成思著:《知识产权法新世纪初的若干研究重点》,法律出版社2004年版,第18~21页,标题为编者所加。

请注册发生冲突而决定取舍时，也不是以谁先申请为标准，而是以谁先使用为标准。

1993 年《商标法》修正后，仍欠缺的主要是两个方面。从实体条项部分看，缺少对"驰名商标"的明文保护。而这是我国已经参加的《巴黎公约》及世界贸易组织均要求加以特别保护的。从程序条项部分看，我国商标法一方面给工商行政管理机关处理假冒等违法活动的权力过窄，造成行政执法难以有力地打击假冒活动。另一方面在确认商标权方面又给了工商行政管理机关以"终局裁决权"，对裁决不满的当事人，无权再诉诸法院。这又不符合多数国家的做法，也不符合世界贸易组织的要求。不过经过 2001 年的再次修正，这些欠缺都已经不存在了。

当然，由于 2001 年修改《商标法》，着眼点主要在于与世界贸易组织的差距上，故除此之外的问题，人们则关心得不多，也研究得不多。例如，除中国（包括台湾地区）的商标法仅仅保护到"商标专用权"，其他国家或地区性国际组织的商标法，均是保护到"商标权"或"排他权"。我国（及台湾地区）的商标法正式英译本中，均是"Exclusive Right to Use"（专用权），其他国家则是"Trademark Right"或"Exclusive Right"。无论作为完整权利的商标权，还是作为对世权同义语的"排他权"，都更接近完整的财产权或我国民法学者常用的"物权"，亦即所有权、用益权、质押权等的总和。在使用英文的国际经济、法律交流的场合，将明显反映出只有我国在商标领域赋予注册人的权利是不完整的。而实际上，我国的商标注册人，也应享有这种更完整的财产权，才更接近"知识产权"（"知识财产权"）的实质。不过，从这次修改商标法的过程看，我国从"商标专用权"到"商标权"，至少还有很长一段理论与实践上的路要走。

最后，无论在我国的市场经济实践中，还是在一些外国今天的商标法中，都能明显看到信息网络化的影响，例如实体法中商标与域名的协调及反协调，程序法中的无纸化申请之类。[①] 而这些在这次的修正案中均无踪迹；相反，历史的痕迹却仍旧不鲜。与同一次会上修改的《著作权法》相比，它在这方面也是略显逊色的。

---

① 编者注：2013 年《商标法》开始允许电子申请商标。

知名品牌终于有了中国制造 *

　　今天，在世界 100 个知名品牌中，终于能找到我们中国的一个了，它是"海尔"。这虽然一方面说明中国的驰名商标还太少，另一方面却也说明中国企业在国际市场上跻身驰名商标之林，已经迈出了可喜的一步。改革开放之前，中国企业之不以商标为重，十分典型。商品包装上突出装潢、突出商品名称，就是不突出商标，许多商品甚至根本没有商标。那时喝茅台酒的人不少，但有几个人能说出它的商标是什么？这种情况在发达国家很少见。我国企业不重视商标，主要原因之一是当时虽然有"商标法规"，但却没有"商标保护"，即不把商标作为一种财产（知识产权）来保护。

　　改革开放后中国出现的第一部知识产权单行法是 1982 年的《中华人民共和国商标法》。当时我正在伦敦学习。我把商标法译成英文并附加了以英文撰写的解说，在牛津大学出版的《欧洲知识产权评论》上发表，竟然使那一期出现前所未有的脱销。全世界惊喜地关注着中国改革开放后向知识产权制度迈出的第一步。在那之后，中

　　* 编者注：该文发表于《经济日报》2004 年 9 月 29 日。

国又相继颁布了专利法、著作权法、反不正当竞争法等，知识产权制度逐步走向完善。我在讲商标的重要性时，经常有"学者"反诘："你到商店里是买商品还是买商标？"他们不了解自己在买名牌商品时实际已经支付了比商品本身成本高出许多的"商标附加值"。这种人不仅作为消费者的"学者"中有，作为生产者的"企业家"中也有，就是那些曾甘愿一辈子为外国人"定牌加工"而永不创自主品牌的"企业家"。他们甚至不理解我国商标法禁止"反向假冒"的规定正是为阻碍外国大企业变相或强制性搞定牌加工，正是为企业创名牌铺路的。现在懂得商标重要性的企业越来越多了。

海尔的老总张瑞敏说过，海尔集团所有的财产中，商标是最值钱的。如果仅仅把商标当作一般的"认知标记"，而不是当作企业建立市场信誉的标志，当作吸引消费者重复购买的向导，那么这种企业肯定在竞争中站不住、做不大，难以生存。今年7月在清华大学遇上了我在国际知识产权协会中的老朋友美国教授韩德森，他十分赞叹地讲起"海尔"这个品牌在美国家庭中的信誉。中小型冰箱的美国市场几乎一半都被海尔占领了。同一天我又读到了报上的一则消息：在纽约的一个广场上，海尔集团销售家电产品，竟使美国顾客排起了长队。这在美国已是多年未见过的了。"海尔"可以算是中国企业重视知识产权的代表，它的成长也代表了中国企业的知识产权之路。如果有一大批企业能像"海尔"这样借助知识产权制度开拓市场，而不是总被别人以"知识产权"为棍子追打，那么中国使世界又一次吃惊的程度，必将超过它的第一部知识产权法律出台的当年。

创自己的牌子　做市场的主人 *

　　国际上认可的"名牌"，我国只有"海尔"一个。在我国颁布了几部知识产权法之后的相当长时间里，许多人对商标的重视程度，远远低于其他知识产权。在理论上，有的人认为商标只有标示性作用，似乎不是什么知识产权。在实践中，有的人认为创名牌，只是高新技术产业的事，初级产品（如矿砂、粮食等）的经营根本用不着商标。实际上，一个商标，从权利人选择标识起，就不断有创作性的智力劳动投入。其后商标信誉的不断提高，也主要靠经营者的营销方法，为提高质量及更新产品而投入的技术含量等，这些都是创作性劳动成果。发达国家的初级产品，几乎无例外地都带有商标在市场上出现。因为他们都明白：在经营着有形货物的同时，自己的无形财产——商标也会不断增值。一旦自己的有形货物全部丧失（如遇到海损、遇到天灾等不可抗力、遇到金融危机等商业风险），至少自己的商标仍有价值。"可口可乐"公司的老板曾说，一旦本公司在全球的厂房、货物全部失于火灾，自己第二天就能用"可口可乐"这一商标作质押，贷出资金来恢复生产。因为每年"金融世界"都

---

　　*　编者注：该文发表于《上海科技报》2004 年 10 月 20 日。

把"可口可乐"的价值评估到数亿美元。我们曾有的理论家告诉人们：如果一个企业倒闭了，它的商标就会一钱不值。实际上，企业倒闭后，商标还相当值钱的例子很多。例如 1998 年 3 月，广州照相机厂倒闭，评估公司给该厂的"珠江"商标估了 4000 元人民币，许多人还认为估高了。而在当月的拍卖会上，这一商标卖出了 39.5 万元！很明显，企业多年靠智力劳动投入到商标中的信誉，绝不会因一时经营失误（或因其他未可预料的事故）企业倒闭而立即完全丧失。可见，提高我国经营者（尤其是大量初级产品的经营者）的商标意识，对发展我国经济是非常重要的。此外，不创自己的牌子，只图省事去仿冒别人的牌子，除了会遭侵权诉讼外，永远只能给别人做宣传，或者给别人打工。

创新者成大业 [*]

今年 7 月国务院总理温家宝在山东考察时说，21 世纪企业的竞争就是知识产权的竞争。为什么讲就是知识产权的竞争呢？最近有几个美国朋友到中国来，说他们家用的小冰箱、空调统统是海尔的，把美国商品、日本商品都挤出了市场。我问他海尔估计占领美国多少市场？他说最少是 40%，有可能是一半。张瑞敏说了一句话，我在全世界的厂房都是无足轻重的，这个品牌是最值钱的。他跟我们有的学者的说法形成鲜明对照。咱们有的学者在 3 个学术杂志上发表文章，说中国老说品牌重要，品牌有什么重要的？你究竟是卖商品还是卖商标？后来我跟这个学者讲，你到商店是买什么？一半钱是买了商标了。要不你脚上穿的那个"耐克"比"双星"好在哪儿？如果它们的质量不相上下、成本不相上下的话，你多花的 200 多元钱甚至 1000 多元钱，买的就是商标。这是第一。第二，是什么东西指引你到商店里去的？是那个"牌子"，你是冲着那个"牌子"去买的。所以，你究竟买的是商品还是商标，这个问题应当很明确。你买了商品也买了商标，但首先买的是个商标，只是你自己看不见。

---

　　*　编者注：该文发表于《中国工商报》2004 年 11 月 11 日。

你穿在脚上只觉得是双鞋，那个商标你没法穿，可你是花了钱的。

知识产权制度的建立主要是为了鼓励创新。这种激励机制对企业、对品牌究竟是怎么一个含义？激励我去搞创作，创作更多的作品好去拿更多稿费；激励我去搞发明，这都好讲。激励这个企业创品牌，这怎么理解？世界知识产权组织今年4月搞了一个宣传品，虽然是简单的介绍，但讲透了这个道理。它说激励是什么，主要是企业尊重自己的信誉，稳定的信誉是由商标体现出来的。不注重信誉会有什么结果？我给大家举个例子。1986年的时候，上海出了一个"荣华鸡"，要跟肯德基叫阵，说为什么我们中国的土地上都是外国快餐占领市场，我们就是要把它挤下去。1986年正是《著作权法》立法紧锣密鼓的时候，立法小组二十几个人商量好了工作餐就吃"荣华鸡"，吃了不到一个星期，有位老先生就吃出一块臭的来，从此再不敢吃了。结果主持起草的人没办法了，只好回头去买肯德基。现在大家基本上听不到"荣华鸡"这个牌子了，它搞了几年以后就下去了。为什么？它没有恒定的质量。我们讲名牌它并不一定是高质量的，但它必须有稳定的质量。我们国内有很多名牌是被自己的假冒伪劣给挤倒了，就是李白的那句诗"玉山自倒非人推"，不是人家推的，是你自个儿倒的。知识产权制度保护牌子、保护名牌，它激励企业尊重信誉，保持自己产品稳定的质量，是一种激励机制。

当然，讲到创新又不仅限于品牌。过去我讲品牌爱举可口可乐的例子。可口可乐也把我们国内不少可乐给挤倒了。它这个牌子每年价值评估都在首位，600亿元、700亿元，一个劲儿地往上涨，一个重要原因就是它是一种综合的知识产权保护。企业要搞知识产权保护，就要有综合的知识产权战略。可口可乐至少还有一个秘方，和它的品牌互相补充作为保护。我去年10月在上海讲课时，世界知识产权组织副总干事也去听了，下来后他对我讲，可口可乐还有些东西你可能不太熟悉，除了它的品牌、它的商业秘密以外，它每年都有有效专利 100 件以上，它不是个空牌子，这样才使它的品牌价值不断上升。云南省有个很穷的县，叫漾濞县。这两个字只有在字典上才能查到，而且没有别的意思。这个县非常穷，公路还有 15 公里没连上，我到那里是步行去的。可是在这个县里可口可乐也卖起来了，它完全是无孔不入的。咱们很多企业创品牌就懒得往这些地方打，他可能会想，这么穷的地方谁喝可口可乐？其实不是。小孩子就愿意喝。可口可乐打开市场的不仅是它的营销方式，也有创新制度，还有专利和商业秘密。

商标的创新体现在什么地方？有的同志以为把商标放到知识产权中是阴差阳错，商标只是个认知标志，就像我们开会指路的牌子，不是知识产权。我说这就错了，那个牌子不能当知识产权保护它。商标则除了认知之外，还有价值，它是创新的成果，是知识产权成果。首先是你选择商标的时候要有创新。加拿大最高法院 2000 年年底的时候有一个判例：一个商标要作为驰名商标保护，法官要看这个商标在选择上有没有独创性。法官为什么这么判决？当时有个卖衣服的，他的商标是 ASO，被别人冒充了，但他还没有来得及注册。他觉得我已经是驰名商标了，虽然没来得及注册，也得保护我。但法官驳回了他的申请，法官认为 ASO 不是独创的，国际标准组织也用 ASO 的缩写，你用它做衣服商标不具有独创性。这就告诉我们在选择商标时，千万不要一窝蜂。有个老总说，创牌子的关键是人无我有，人有我新。蒙牛的老板说过一句话，是引用齐白石的，那就是"学我者生，似我者死，创新者成大业"。因此从选择品牌的第一步起，就需要创新。

反不正当竞争

——国际法与国内法 [*]

1992 年，当我国国内法学界有人把争论集中在"不正当竞争"与"不公平竞争"^①有何区别时，当有的实际部门把注意力集中在禁止拿回扣、打破地方封锁等"反不正当竞争"措施时，当立法部门及法学界的一些同志还在议论反不正当竞争与保护知识产权究竟有没有关系时，两个与我国有关（或即将有关）的国际法领域的文件摆在了我们面前。一个是《中美政府关于保护知识产权的谅解备忘录》，其中第 4 条提到"为确保根据《巴黎公约》第 10 条之 2 的规定有效地防止不正当竞争"，中国政府将向立法机关提交反不正当竞争法议案。另一个是关贸总协定的"知识产权分协议"（邓克尔文本）^②。这个文本很难说已是对我国有约束力的国际法的组成部分。

---

* 编者注：此文收自郑成思著：《知识产权与国际贸易》，人民出版社 1995 年版，第 468~477 页，"第六节 反不正当竞争——国际法与国内法"。

① 国内不同人对同一个英文词组"Unfair Competition"的两种译法。

② 该文本于 1991 年年底形成，但我国多数人只是在 1992 年才见到。

该文本尚未生效；我国也尚未"复关"。不过，该文本几乎用与上述文件完全相同的语言申明了《巴黎公约》第 10 条之 2 的反不正当竞争原则。

无论人们对上述两个文件的评论是肯定的还是否定的，这两个文件对我国起草反不正当竞争法进程的影响则是积极的。它们至少把理论界一些无谓的争论推到了一边，把反不正当竞争的重点——保护知识产权——强调了出来。

一、历史与现状

"反不正当竞争"的概念，起源于 19 世纪 50 年代的法国。它的立法来源是《法兰西民法典》第 1382 条。而这一条又同时是法国商标法（现代注册商标制度）的来源。当然，这一条也是大陆法系"侵权法"的来源①。所以，从来源上，我们至少可以看到：反不正当竞争与商标的保护，是"同源"的。

在我国参加的第一个保护知识产权的国际公约——《建立世界知识产权组织公约》②第 2 条第（8）项中，明文规定："对反不正当竞争活动给予保护"是"知识产权"的一项内容。我国参加的第二个保护知识产权的国际公约，即巴黎公约③，更是在其第 10 条之 2 中，进一步划出了反不正当竞争的范围。

除此之外，一些民间国际组织，也多次指出反不正当竞争，应主要立足于对知识产权的保护。例如，"国际保护工业产权协会"（AIPPI）1992 年东京大会的文件中指出：知识产权分为"创作成果

---

① 作为专项的单独立法，第一部反不正当竞争法应推德国 1909 年《反不正当竞争法》。至于英美法系"侵权法"，则来源于判例。

② 我国 1980 年参加该公约。

③ 我国 1985 年参加《保护工业产权巴黎公约》。

权"与"识别性标示权"。前一类中包括专利、Know-How、版权等；后一类则包括商标、商号、反不正当竞争。其中，该文件列为可作为反不正当竞争而得到保护的标示至少有徽记（包括国徽、国旗、区徽、民间团体徽记）、口号、书名、杂志名等。从这里，我们也不难看到反不正当竞争与商标保护及版权保护之间的某种微妙又密切的联系。

当然，近年来一些通过专门立法制止不正当竞争的目的，把"不正当竞争"的范围越划越广了，已广而及于许多同知识产权毫无关系的领域。在今天，如果仍想把反不正当竞争仅仅局限在知识产权领域，确实会脱离实际。不过，如果在反不正当竞争的立法中不把握保护知识产权这个重点，同样会脱离实际。反不正当竞争立法较新的匈牙利，在其 1990 年《禁止不正当市场行为法》的第一章中，仍旧是把传统的（巴黎公约中的）禁止假冒他人商品放在首位。而这种保护在英美法系始终看作是受保护人的"普通法知识产权。"

巴黎公约在当年纳入斯德哥尔摩文本的第 10 条之 2 时，着眼点主要在假冒商品及其他与商标有关、但商标法又管辖不到的问题上。而近年来，保护商业秘密，尤其是其中的技术秘密，又成为反不正当竞争的另一个热点。这是传统知识产权法中的专利法的管辖不到的、与发明创造成果的保护有关的又一个侧面。本文开始时提到的两个文件，恰恰强调的是当年未作为重点的这个侧面。

正是这个侧面，在我国尚未引起人们的注意。

我国"反不正当竞争"的概念，在新中国成立后的法规中，首次出现是在 1985 年的《广告管理暂行条例》第 4 条中。① 其后在《民

---

① 该条例于 1987 年改为正式条例，但仍在第 4 条重申了：不得利用广告从事不正当竞争活动。

法通则》第 4 条、第 5 条、第 7 条（主要是第 4 条）中，反映出反不正当竞争的原则（却并未出现反不正当竞争的概念）。1990 年，山东临沂中级人民法院及山东省高级法院，依照《民法通则》上述条项对一起假冒他人酒类商品的案件作出了判决，保护了当事人的知识产权。1991 年 5 月，北京海淀区人民法院依照同样的反不正当竞争原则，处理了《轱辘·女人·井》录音磁带侵权案。这后一案被国内外多数人误解为"中国著作权法出台后第一个版权纠纷案"。实际上，当时出台的中国著作权法尚未实施；如果依照当时有效的行政规章，被发现的非法复制甚至可以被视为"合法"。而依照反不正当竞争，则有效地保护了当事人的知识产权。在这两个案子处理之后很长时间，国内外仍有不了解中国实际的人声称我国的"人民法院也从没有依《民法通则》的原则性条文对不正当竞争加以制止"。①

此外，我国的武汉、江西、上海在 20 世纪 80 年代中后期，也都出现了地方反不正当竞争的规章。

二、可以列入"不正当竞争"的行为

世界知识产权组织在其 1993 年 2 月草拟的"对反不正当竞争的保护"这份大型综合性文件中把不正当竞争行为分为两大类。一类是巴黎公约中已涉及的（只占少数），另一类是巴黎公约中未涉及的（占大多数）。总体包括：

（1）混淆商品或服务的来源②；

（2）以夸大等方式进行欺骗，使人对所提供的商品或服务产生误解；

（3）贬毁竞争对手；

---

① 参看《知识产权》1992 年第 4 期。
② "来源"在这里主要不是指原产地，而是指生产厂家。

（4）侵犯商业秘密；

（5）不合理地利用他人的已被消费者承认的成果；

（6）以对比方式作广告；

（7）有奖销售等其他行为。

在关贸总协定的知识产权分协议中，至少还增列了下面一项：

（8）滥用知识产权专有权的行为。

我国理论界及实际部门，又至少增列了下面这几项[①]：

（9）倾销；

（10）回扣等"贿赂推销"方式；

（11）强买强卖、欺行霸市，或以其他威胁强迫等手段从事交易；

（12）串通投标等非法联合方式；

（13）投机倒把、囤积居奇；

（14）地区封锁，地方保护主义；

（15）各种形式的妨碍竞争的垄断；

（16）其他不真实并损害经营者、消费者利益的行为。

在世界知识产权组织列出的 7 项中，前 6 项均与保护知识产权直接或间接有关，或本身就属于对知识产权的保护。而"有奖销售"，则在相当一部分国家中，并不被列为不正当竞争行为，或不一般性地被列为正当竞争行为。

关贸总协定增列的第 8 项，主要针对滥用专利、Know–How 等技术成果专有权，它指的是国际技术转让合同中的"限制性贸易条项"（我国《技术引进合同管理条例》中禁止使用的 9 种合同条项）。它也是直接与知识产权有关，但出发点是限制这种专有权。在专利法（乃至技术合同法）中引入了"强制许可"制度的国家，如果同

---

① 参看《中国法学》1990 年、1991 年各期及我国《反不正当竞争法》1993 年 5 月前各草案。

时在其他法规中规定了对限制性贸易条项的禁用，则这个问题也不再是该国反不正当竞争法管辖的内容了。

至于我国依照我国情况增列的多数不正当竞争行为，均已有或应有其他法律去管辖。例如，回扣如果构成贿赂，则应由刑法中行贿、受贿的有关规定去管。① 投机倒把、囤积居奇在今后是否违法，或在什么情况下才违法，尚在争论中。但无论如何，把它列为"不正当竞争"，似乎欠妥。强买强卖、欺行霸市等，似乎现在就可依已有的其他法规禁止；而且对这些行为只提到"不正当竞争"程度，似乎太低了些。"倾销"在物价总的讲还较低的我国，暂时不成为一个问题；将来若真的成了问题，又绝不是靠反不正当竞争法能制止的。而必须有美、日、西欧那样制裁极为具体的专项"反倾销法"。至于串通投标，它在有的国家确实被列为反不正当竞争管辖对象。但在我国的特殊环境里，它又仅仅是各种"关系学"或"走后门"及贿赂等不正之风中的一种，而且可能还不是最突出的一种。如果把它列入，跟着可能提出的问题将是：各种基金的资助立项中，企业改革、国家机构改革中，乃至更细一些的职称评定、学科设立、机构与项目审批中，如何"反不正当竞争"。这些，如同地方封锁及其他形式的地方保护主义一样，不管不行，却又绝不是一部"反不正当竞争法"能管得了的。反不正当竞争必然涉及保护消费者利益，正如保护商标专有权也涉及保护消费者利益。同样，商标法并未把"保护消费者利益"作为其重点，反不正当竞争法也不能以此为重点。因为（至少在我国）还另有单独的《消费者权益保护法》。至于垄断，它诚然是不正当竞争的一种形式，但其情况较复杂。有些以国家出面的"垄断"（如烟草专卖）可能是必要的；有些由个人或法人出面的垄断，

---

① 现有《刑法》第 185 条显然远远不够，应加以修订以适应市场经济的需要。

恰恰又是传统知识产权的组成部分（如专利）。所以，如果把"垄断"作为反不正当竞争法的管辖对象之一，就同时要划出"垄断的例外"（不构成："不正当竞争"的合法垄断）。波兰在前几年走了一段弯路之后，得出结论：必须把反垄断与反不正当竞争分成两部法去制定，而不能合在一起。反垄断立法起步最早的美国，反垄断法与反不正当竞争法也基本分为两个领域，只在个别法规上有交叉。美国的联邦反垄断法由《谢尔曼法》《克莱顿法》及《贸易委员会法》构成；而其联邦反不正当竞争法则由《兰哈姆法》（个别章节）《统一欺骗性贸易活动法》《统一商业秘密法》《统一消费者购物活动法》（这三部法有"示范法"性质）以及《贸易委员会法》构成。

三、对我国的立法选择的分析

从上文论述中可以看到：在现有的、我国参加或缔结的国际条约中凡涉及反不正当竞争，均是把它放在保护知识产权的框架中的。我们还可以看到：有些不正当竞争行为，即使反不正当竞争法不管它，也有其他法（可能更有效地）去管。而与保护知识产权有关的一些活动，如果反不正当竞争法不去管，就找不到其他法去管了。有人曾形象地把传统知识产权的三项主要法律（专利法、商标法、版权法）比作三座浮在海面的冰山，而把反不正当竞争法比作在下面托着这三座山的水。的确，专利法管不到的商业秘密、商标法管不到的假冒商品活动、版权法管不到的利用相同书名、刊名制造混乱，如果反不正当竞争法也不管，受侵害人真要"赴诉无门"了。用版权法一概规定书名、刊名或其他享有版权的作品的名称也享有版权，是不合理的。例如，《渴望》译成英文用的是"Great Expectation"，这与狄更斯的小说拍成的现代电影《孤星血泪》的英文名称"Great Expectation"完全相同，但并不会产生任何混淆。

而 1989 年，国外有人采用"人民日报（海外版）"名称出中文报纸，这显然会在该地读者中造成混淆，因而也可以依当地的反不正当竞争法去制止。在上海，带有虎猫形象的"阿咪"商标奶糖很受欢迎。如果另一厂家使用"虎猫"二字作为商标（既不用虎猫形象，也不用"阿咪"二字），显然是商标法所管不了的，但其使用后果必然使消费者对商品来源产生误解，因而也应可以依照反不正当竞争法去制止。否则，"阿咪"奶糖厂家的知识产权将得不到真正的保护。

我国的反不正当竞争法，在起草中几经修改后，注意了与我国参加及缔结的国际条约接轨，摘除了反垄断的大部分内容，突出了保护知识产权这个重点。所以，这部法的起草基本是成功的。至于仍有些内容可增、仍有些内容可摘除，则是可以继续研究和讨论的，也是多数法律的第一个文本出台时不可避免的。但这属于枝节问题。

反不正当竞争法肯定与已有的传统知识产权法（专利法、商标法、版权法）有很大不同。其不同之外，并不像有的人所想象的那样，是因为反不正当竞争法没有赋予当事人一种积极的权利，不是因为"只有当事人的权益受到他人不正当竞争行为侵害时，才能提起诉讼加以制止"是这种法的特色。事实上，传统知识产权都有这种特色。例如版权，只有在版权人的权益受到他人违反版权法行为的侵害时，版权人才能在提起诉讼加以制止的过程中显示出自己的"权利人"地位。也正因为如此，英美法系的法律辞典中，才把版权称为"诉讼中的准物权"。它们之间的不同，也不在于反不正当竞争有更多的行政干预。实际上，版权保护中的行政干预少些，这点与反不正当竞争及专利、商标保护都不同；而版权并不依行政批准而产生，这点与专利权、商标权不同，却又与对 Know–How 的保护及商标之外的反假冒保护相近了。在这些方面寻找反不正当竞争法与传统知识产权法之间的异同，是不会有什么结果的。

反不正当竞争这种保护与传统知识产权保护的主要不同在于：有权对不正当竞争行为提出制止主张的权利人，其权利比专利权、商标权与版权更不确定。在传统知识产权中，专利权人的"专利申请书"划出了专利所及范围，他人进入这一范围即构成侵权。这种权利的专有性（排他性）是最确定的。商标法在确认侵权时有了"相同或近似"这种模糊标准，已出现了一定程度的不确定性。版权因依法自动产生而更加不确定；但毕竟有版权法把各种精神及经济权利、权利的限制等都加以明确规定，使不确定性得到一定弥补。而反不正当竞争法尚未发展到版权法那么完备，其中的不确定性很少得到弥补。这给行政与司法机关在执法上带来较大困难；也给正当的竞争者维护自己的权利带来较大困难。其次，传统知识产权均有地域性特点。而有权禁止不正当竞争的 Know-How 或其他商业秘密所有人，则靠保密享有的实际专有权，往往不受地域限制。再有，通过反不正当竞争来维护的知识产权，都不受"时间性"的限制。专利保护期 20 年，版权 50 年或更长一些。商业秘密的保护期可能只有很短时间（如果泄了密）；也可能是永久的（如果永远保密）。反假冒一般也没有"保护期"的问题。专利、商标、版权都具有"公开性"，它们都与某种公开的信息相关联。专利与公布的发明说明书相关联。商标是商品与服务来源的公开标志。版权保护的对象则是各类信息的表达形式，除未发表的作品外，均是公开的东西；而侵犯未发表的作品的唯一途径，即未经许可将其发表了，所以这时被要求保护的客体，也已经公开了。当然，在版权法中不列"发表权"的一些国家（如英国），未发表之作品所受到的禁止他人发表的保护，正是通过商业秘密法（反不正当竞争法的组成部分）去实施的。反不正当竞争法所保护的对象中，有一大部分是不公开的；即使公开的那部分，也在相当大的程度上并不像专利、商标、版权那样与某种明星的公开信息相联系。例如，"不正当地利用他人的已被消费者承认的成果"，其中就有些"成果"是仅仅感觉得到，却看不见摸不着的。像某特定厂家的某种商品的特有"功能"，就属于这一类。1986 年，当美国法院认为一公司的软件与另一公司的软件在（已被消费者承认的）功能上相同而构成侵犯版权时，使用了人们对二者"观感"相同的鉴定方法。我在第二年出版的《计算机软件与数据的法律保护》一书中即指出，这种通过感觉而认定功能相同，进而认定侵权，至多应是反不正当竞争法管辖（而不是版权管辖）的问题。

最后，反不正当竞争法中的这些"更不确定"性，还反映在前面提到的（世界知识产权组织 1993 年 2 月起草的）"对反不正当竞争的保护"这份综合性文件的"结论"部分，至今仍旧空缺着。

对国际上有了多年立法和国际保护经验而尚未下结论的反不正当竞争领域，不可能要求我们刚刚起步的国内法是无懈可击的。我们只能要求这部法草案的修改是朝正确方向越改越好，要求它与我们参加及缔结的国际条约不相冲突。而这些，则已经做到了。这主要反映在我国的这部国内法，虽没有把反不正当竞争局限于对知识产权的保护内，却又确实把这种保护当作了该法的重点（或核心）。

商品化权刍议 *

    1995 年，中国商标权或商业广告使用权与版权交叉的纠纷，开始大幅度上升了。随着"逢人处处说汉斯"这句商业广告语的作者诉汉斯啤酒厂家侵犯版权案在西安提交法院，"美菱"商标的设计人诉安徽美菱集团侵犯版权案在合肥提交法院、"乐百氏"字体及人物形象创作人诉广东今日集团侵犯版权案在北京提交法院等，商品化权或"商业形象权"的保护问题，在我国已经提到日程上来了。

    "形象权"是个新的、未定型的概念。在一般民法的人身权与版权之间，以及在商标权、商号权、商誉（Goodwill）权与版权之间，存在着一个边缘领域。正像把工业版权领域的问题无论放到工业产权领域还是版权领域解决，都不尽合理一样，把这一边缘领域的问题无论单放到人身权（或商标权等）领域还是单放到版权领域解决，也都难得出令人满意的答案。国外已出现"公开权"（ Right of Publicity ）、"商品化权"（ Merchandising Right ）等术语来说明这一领域中的一部分问题。本文作者则把这一领域的权利归纳为"形象权"。所谓"形象"，包括真人的形象（例如，在世人的肖像）、虚

---

  *   编者注：该文原发表于《中华商标》1996 年 4 月 15 日。

构人的形象、创作出的人及动物形象、人体形象等。这些形象被付诸商业性使用的权利,我把它统称"形象权"。

真人形象权指的是真人的姓名或(和)肖像被付诸商业性使用的权利。这项权利与民法一般人身权中的姓名权及肖像权有何不同呢?如果说,以自然人为主体的姓名权及肖像权在人死后即随之失灭的话,与版权相邻的形象权却在该形象所反映的主体死后犹存很长时间,因为它主要是一种经济权利,这可以说是二者的主要不同。

强调人身权在人死时即逝的人们大都吃惊地发现:不少国家的版权法中规定了一个人死后若干年,其肖像权由谁行使的问题。例如,《苏俄民法典》第 514 条规定,肖像的被制作人死后,其肖像的发表、复制或发行其作品前,均须征得肖像被制作人的子女同意。这至少说明,这些版权法条项所指的"肖像权",已经不同于一般民法人身权中的肖像权了;它们是可以脱离原主体而存在的。

在前文中曾讲到,有些国家的版权法把"冒他人之名发表自己的作品"视为侵犯版权,而不是侵犯一般民法中的姓名权。在这些场合,姓名权也是被作为与版权相邻的形象权,而不是作为人身权来对待的。

有些国家认为,真人的形象权只有名人才具有;一个人成为"名人"后,就部分丧失了他的民法中的肖像权与隐私权,而获得了形象权。

1982 年,奥地利最高法院在一个判例里,曾清楚地区分了版权、肖像权与形象权。一个自认为较有名气的运动员被一名摄影师拍了照片,后来他的照片未经他许可被一家体育用品商店连同其他许多运动员的照片一起使用在商品广告上,该运动员向法院诉商店侵犯其版权与肖像权,并要求按每件商品销售价的一定比例提成来作为侵权赔偿。最高法院认为,该照片版权依奥地利版权法属摄影人所有；商店对运动员不存在侵犯版权问题。该运动员的肖像被商业性使用，确实应视为侵犯肖像权。但至于应按什么标准赔偿，或应当不应当赔偿，要看商店在实际销售中，该运动员的肖像究竟起了多大作用，如果从消费者那里抽样取证的结果表明：顾客购物时根本没有注意到广告中该特定运动员的肖像，那就说明该运动员的名气尚不足以使他具有形象权，即不具有利用该肖像在商业中获得的实际权利。于是就可能不存在赔偿问题。商店可能只需要声明道歉并停止继续使用而已。

扮演者的形象权与版权

这里要讲的，实际上是我国许多报刊讨论过的"剧照的肖像权"问题，但民法对人身权中一般的肖像权的规定，显然远不能解决这一边缘领域的问题。许多争论最后没有令人满意的结局，从反面说明了必须引入"形象权"这一新概念。

扮演者的"剧照"不能一概而论，它至少包含以下几种不同情况：（1）观众不认识的（不知名的）演员扮演虚构人物；（2）观众不认识的演员表演真实人物；（3）观众认识的（知名的）演员扮演虚构人物；（4）观众认识的演员扮演真实人物。

在第（1）种情况下，未经许可而商业性利用剧照（指单独镜头）不存在侵犯演员形象问题。只存在侵犯作品版权；在保护水平高的国家还可能存在侵犯表演者权问题。

在第（2）种情况下，不存在侵犯演员形象权问题。但如果演员与真实人物极其相似，以致观众多数在离开影、剧的场合无从区分，则存在侵犯该真实人物形象权问题；如果该真实人物系在世人，则还可能侵犯该人物民法人身权中的肖像权，同时，这种商业性使用肯定也侵犯了作品的版权或表演者权。

在第（3）种情况下的多数场合，会有侵犯演员形象权问题。例如电影演员杨再葆，不论他再扮演什么虚构人物，他的剧照一旦单独拿出来，人们也都会认为，这是杨再葆。其他一些多次获奖的名演员都会有类似的形象权。就是说，人们看到从影、剧中抽出，付诸商业使用的有关单独剧照后将不再把它与有关作品故事情节相联系，而是直接与演员本人相联系。当然，这时也会同时存在侵犯作品版权或表演者权问题。

第（4）种情况，名人表演者所扮的真实人物，也存在一个知名度问题。邓世昌可以算"名人"，表演他的李默然也是名演员。但邓世昌的知名度是有限的。不学历史的人可能并不知道他，而他们可能认识李默然。这时李可能享有有限的形象权。另外，名演员扮演知名度极高的名人（如领袖人物）越逼真，他在事业上就越成功，他就越可能不享有剧照形象权，而他在剧照形象权上的"所失"，换来的是他在文艺界的更高知名度和其他相应权利。始终保留着自己的形象权去扮演名人的演员，则可能说明他在扮演时总与其应有的角色相差很大距离。这种"形象权的保留"对他并非好事，他可能最终因此不得不离开文艺界，从名人变为非名人，从而完全丧失其形象被商业利用的可能性，即丧失其形象权。

人体形象与版权

1988 年年底，北京中国美术馆的"油画人体艺术大展"及与大展同时发行的人体艺术画册，曾引起了模特儿的诉讼，而随后不到一个月的另一次，在同样地点的人体画展（《陈皖山人体油画展》），却没有引起什么风波（至少没有立即引起诉讼）。其中可能有前者委托作画的合同（无论书面还是口头合同）不及后者完善；更可能是前者的商业性使用成分大大高于后者。

人体画像的版权肯定就属于绘画人吗？不一定。有的国家规定其版权属于被画人；有的国家规定由绘画人与被画人的合同商定；也有的国家规定属于绘画人。多数国家即使用规定了第一种或第三方案，也都允许在第二种答案中选择。可见，不能简单地认为这种情况下，作品的版权必然归作者。

人体模特儿也不事实上享有形象权（虽然他（她）们肯定享有肖像权）。在出版人体画册之外可能付诸商业使用的人体形象并不多见。但是，一旦某个绘画艺术家的较高创作水平使某个模特儿因其人体画而出名，付诸其他商业使用的可能就产生了。

不过，我国发生在 1988~1989 年有关纠纷，实际是中国特殊国情的产物，第一，是一方可能扩大了对原有（口头或书面）合同的理解，以违约方式扩大了有关作品的使用范围。第二，也是更重要的，在多数发达国家主要是肖像权问题的人体画，在我国则主要是隐私权问题。因为，我国毕竟不像西方从古代罗马、古代希腊起，就把人体美充分地表现在绘画、雕塑等作品中。总之，该纠纷本身的产生是因形象权引起的。

作者创作之形象的形象权与版权

上面三种形象权的权利主体与客体（肖像、剧照、人体画）之间都存在着同一性。现在来谈主体与客体不存在同一性的形象权。

作者在绘画或其他造型艺术中创作的形象，它们作为作品。享有版权是无疑的。这些形象并不是全部可以在其创作目的之外付诸商业使用的。例如鲁迅写《阿Q正传》后，有不少画家都创出他们心目中"阿Q"的画像。这些作为绘画作品享有版权的形象，很难在其他商品的装潢、广告或厂商招幌上使用，以便获利。但张乐平创作的"三毛"形象，除了出版画册、拍摄电影外，就可能被用作儿童用品的广告内容，或招幌内容。这样一来，"三毛"的作者除享有版权外，还可能享有某种类似的商誉权的形象权。美国沃尔特·迪士尼公司创作出的"白雪公主"形象、"七个小矮人"形象，事实上已经在享有版权的同时，获得许多国家、许多类商品的商标注册。

可享有形象权的创作形象，还远不止人物形象。许多动物形象也包括在内，人们熟悉的米老鼠和唐老鸭就是已经享有这种权利的形象。中国亚运会吉祥物的设计图，也曾成为这种形象。在动物形象中，同样也存在虚构动物与真实动物的区别。例如米老鼠那种具有人手、穿衣戴帽的动物，显然是虚构的。而珍奇动物中国大熊猫、澳大利亚树袋熊的形象，则是真实的。这后一类形象在艺术家笔下可能各式各样。但是，在确认真实动物形象的版权与形象权时，就应更慎重，以免把公有领域的东西划入专有领域。

此外，还有一大部分"商品化"权与"形象"几乎没有关系。例如，某些厂家以某些重大历史事件为基点，在销售中或服务提供中把它们"商业化"为自己的专用标志。例如，以"二战"期间盟军的"登克尔"登陆这一历史事件，或太平洋上的"珍珠港"事件为基点，都曾有厂家进行过尝试。

在1995年，澳大利亚即曾有厂商试图将"2000奥运会"（因其由澳大利亚的悉尼举办）"商品化"为自己的专用标识，受到澳大利亚政府的禁止。澳大利亚议会随后还通过了一项法案，授权仅悉尼2000奥运会组委会，有使用该历史事件于商业活动的独占权。

在同一年，中国也曾有人将"1997"香港回归之年（历史事件）独占为自己的商标，而在初审时，中国的行政机关比澳大利亚"慷

慨"得多，居然批准了注册。当然，商标评审委员会最终还是撤销
了这一注册，结果是与澳大利亚一样，未使公有领域的东西进入专
有。不过，这一反复毕竟向中国学界及行政部门表明：是到了我们
认真深入研究"商品化权"的时候了。

完善《反不正当竞争法》对知识产权的
保护制度 *

自从 1900 年《巴黎公约》通过第 10 条之 2 把反不正当竞争保护纳入知识产权保护轨道之后，世界各国不同的反不正当竞争法无论怎样向更宽的领域发展，知识产权保护始终是反不正当竞争法的一个重点，在我国也是如此。从某种意义上看，反不正当竞争法对知识产权的保护比起有影响的专门法更广，例如，我国商标法只管到了 4 种侵犯商标权的行为，《反不正当竞争法》第 5 条第（1）项则提到了几乎所有侵犯商标权的行为。

在乌拉圭回合谈判前的 80 多年里，知识产权保护在反不正当竞争的国内法及国际法中作为重点，又首先体现在对商标权的辅助保护上。以至于 WIPO 认为商标法不过是广义的反不正当竞争法的一部分；有些国家如美国国内法，则反过来把反不正当竞争作为商标法的一部分。这些都说明反不正当竞争法与商标法的密切关系。

在我国《反不正当竞争法》虽然与《商标法》是分立的，但行

---

* 编者注：该文刊载于《工商行政管理》1998 年第 12 期。

政管理都属国家工商局，也体现出二者的密切关系。（反不正当竞争法）实施 5 年来，其第 5 条、第 9 条、第 14 条等条项，对商标权的辅助保护已比较完备了。在维护社会主义市场经济的健康发展上，多年来也起到了非常积极的作用，但就其保护性质上讲，与商标专有权保护相比较虽较弱，但范围更宽，还有必要研究如何继续完善。所谓"完善"，主要指这种"宽"保护应宽到确实宽及商标法所管不到的、违背诚实信用的商业行为。欧洲法院的"美洲狮"等判例，我国法院及工商行政管理局已接触到的众多案例，都要求我们进一步研究，《反不正当竞争法》是像商标法一样只管到"混淆"为止，还是应进而广之管到"联想"。

《反不正当竞争法》第 10 条也已经为专利法保护不到的发明创造提供了更宽（但与专利权相比较弱）的辅助保护。5 年来，在我国商业秘密保护中起到了前所未有的作用。我国实际出现的案例，也要求我们进一步研究我国的商业秘密构成要件中，比世界贸易组织的协议多一项"实用性"，是否会不利于保护阶段性科研成果。

《反不正当竞争法》如何在版权法之外提供更宽但较弱的保护，有可能是我们以后要研究的重点。例如 WIPO 反不正当竞争示范法，已经把"商品化权"，即真实的或虚拟的人物或动物的形象专用权的保护，列为必要的一项。这在我国的《反不正当竞争法》中还见不到。这样，在外国可以顺理成章地处理冒用米老鼠、阿童木之类名称的不正当竞争纠纷，在我国处理起来就会有困难。因为并非真人也非法人或根本不是人的受保护对象，既不可能求助于民法通则中的姓名权、名称权，又很难求助于《反不正当竞争法》第 5 条第（3）项的禁例。

在下一世纪之初，我国的电子商务活动也会迅速发展起来。否则，我国企业就很难在广告宣传、承揽订货、促销产品等方面，与国外的对手竞争，而在电子商务中，尤其在"直接电子商务"中，正当经营者将有更多智力成果需要受《反不正当竞争法》的"宽"保护。在国际、国内的新形势下，进一步完善我国的《反不正当竞争法》，使司法部门、工商行政管理部门在维护社会主义市场经济正常秩序时，手中有更有力的武器，可能会成为我国的公众，特别是广大的正当经营者对《反不正当竞争法》下一个五周年的殷切期待。

必要与不必要的界定

——我国《反不正当竞争法》与《商标法》的交叉与重叠 *

反不正当竞争法与商标法之间，会有一定交叉或重叠，其中有些是不可避免的，甚至是必要的。但有时在立法考虑不很周到时，某些应当避免的交叉与重叠也会出现。从颁布在后的《反不正当竞争法》来看，可能与商标法发生具体（而不仅仅是原则上）交叉或重叠的条项，主要是《反不正当竞争法》第 5 条、第 9 条、第 14 条，以及与之相应的执法查、处条项（第 17 条、第 24 条、第 25 条等）。

第 5 条第（1）项，禁止"假冒他人的注册商标"，是最明显的与《商标法》的重叠。一般讲来，有了商标法全面保护注册商标，就没有必要再在反不正当竞争法中出现注册商标保护条项了。问题是我国现有《商标法》很难说已对注册商标进行了"全面"保护。所以，这一条在实践中还确曾派上了用场，而且并未显得重叠。例

---

* 　编者注：该文刊载于《国际贸易》1998 年第 7 期。

如，1998 年年初，已在中国商标局就"利乐"取得注册的瑞典利乐公司，发现有企业将"利乐"作为其企业名称使用，感到是一种有意的"假冒"，却又在《商标法》中找不到任何起诉依据，只能依《反不正当竞争法》第 5 条第（1）项起诉。可见，这一项，对注册商标权人禁止他人"离开商品"从事的假冒，有一定作用。

《反不正当竞争法》第 5 条第（2）项中所说"知名商品"，一般不会与现有（未修改的）《商标法》重叠。但如果（商标法）在修订中增加对驰名商标的明文保护规定，则其中有一部分就可能与新法发生不应有的交叉或重叠。首先，有一大批驰名商标，因其"驰名"而使有关被标识的商品或服务业一并变为"知名"。例如"张小泉剪刀""桂花陈酒"等。其中有些商品的包装、装潢，因其商标被定"驰名"而已经获得了注册保护的优惠。如果认为作为驰名商标的注册权利人，在某些方面可以受到两部法的交叉保护，以提高对驰名商标（进而对其知名商品）加大保护力度，认为驰名商标权人在遇到两法重叠时，有权自行选择其中对自己更有利的一法加以保护，也未尝不可。这样，现有的《反不正当竞争法》有关条项就可以不动。但在行政执法方面，即应明确：遇到这种情况，应属商标执法，还是一般反不正当竞争的市场管理执法。因为二者处罚力度毕竟有所不同。

与《反不正当竞争法》第 5 条第（2）项相关的，还存在一个"三不管"地段。这就是德国、西班牙等国版权法所保护的书、刊、电影、戏剧等的"名称"。目前，我国有关书、刊名称的纠纷已不少，但无论我国《商标法》《反不正当竞争法》还是我国《著作权法》，对此均无明文规定。至少，"知名"的书、刊、电影等的名称，应享有适当的保护，而且应不以事先注册为保护条件。因为，极少有专心创作的文学家或艺术家能够事先认定自己作品的名称是否会成为不正当经营者的目标、并能不失时机地去申请商标注册。

《商标法》修订中如果增加对地理标记的保护,则可能部分与《反不正当竞争法》第 5 条第（4）项重叠。产地标记与地理标记虽然不能混同,但也不应截然分开;二者有一定联系。地理标记中,有一部分同时也是产地标记,特别当"地理标记"以国名为标记时是如此。

伪造产地行为,如果正好与侵害地理标记专用权行为重合,例如,并非景德镇陶瓷而在瓷器上注以"景德镇制造",并非通化红葡萄酒而在酒上注以"产于通化"等,就既可以定为不正当竞争中的"伪造产地",又可以定为侵害地理标记专用权。因此,可以考虑两种方案。

一种是《商标法》修订时,仍旧不涉及地理标记保护,而待日后修订《反不正当竞争法》时,将在"不正当竞争"行为中明列"使用虚假地理标记"。但这样做一是不能保证"日后"真的能加到该法中;一旦加不进去,保护地理标记又有落选的危险。反不如就现在修订《商标法》之便,及时加进《商标法》中。这就是第二个方案。采用第二个方案时,在修订条文中应按照国际惯例（主要是 WIPO 有关公约的规定及 WIPO 的解释以及 TRIPS 协议的规定）,把不属于"地理标记"的"产地"名称或标记,从《商标法》保护范围内排除,写明其"依《反不正当竞争法》第 5 条第（4）项处理"。这样就做到了界线分明,使之不与"质量法"或"竞争法"的执法发生交叉。

《反不正当竞争法》第 9 条,已与该法自己的第 5 条有部分重叠。对商品或服务的质量、生产者（服务提供者）作引人误解的宣传,则可能与假冒他人注册商标的部分活动重合。如果在这一条前（乃至第 5 条有关部分前）加上"除假冒他人注册商标的活动之外",经营者也不得如何如何,可能有利避免法律的不应有重叠。

再有一个值得认真研究的问题是:未经商标权人许可而撤换他人合法附贴的商标后,再将商品投放市场（美国法所称"Reverse

Passing off"）的行为，是在《商标法》中加以禁止，还是依《反不正当竞争法》第 9 条加以禁止？法国、意大利、澳大利亚、巴西等国是明文放在商标法中；英国及大多数英联邦国家则放在商标法之外的"商业标识法"（Trade Description Act）中；德国、日本、荷兰等国则列入反不正当竞争法中。按照欧洲法院 1997 年的判例，禁止撤换他人注册商标也是放在反不正当竞争法（《欧共体（罗马）条约》第 36 条中）。

主要应倾向于把这种保护加在商标法中，以体现商标"专用"的积极与消极，"行"与"禁"的两个方面，正如法国法那样的明文。

如果决定商标法不管，而规范在《反不正当竞争法》中，那么第 9 条"生产者"后面，就应增加"合法的承揽加工者、合法经销者"之类。因为，非法撤换商标行为的受害者及被误导指认的对象，有时不止于产品的真正"生产者"。

由于反不正当竞争保护与商标保护在市场上的必然联系，要想把《反不正当竞争法》与《商标法》各自制定得泾渭分明，毫无交叉或重叠，既不可能，也无必要，这只在完全脱离实际的"法理"中才会见得到。但从《商标法》立法或修订法的角度着眼，则有两条不同的主要选择摆在各国立法者的面前。

一种是美国、德国式的"宽"商标保护模式。美国商标法既保护注册商标，也保护未注册商标，同时把凡属假冒的一大部分行为，在多数国家均由反不正当竞争法去规范的，均纳入了商标法（其中第 43 条）。德国 1996 年之后的商标法，也是既保护注册商标，也保护一部分未注册商标，此外把原属该国反不正当竞争法规范的一部分内容，转移了过来。

另一种是多数国家相对"窄"式的商标保护模式。这种模式不保护未注册商标。这里讲不保护未注册商标，并不是绝对的不保护。

第一，依照巴黎公约，对未注册的驰名商标给予一定保护；第二，未注册、未驰名，但第三者的冒用或其他显然恶意的使用构成不正当竞争的，由反不正当竞争法去保护，而不放在商标法中。

根据我国立法与司法的现状，相应地充实及调整现有《商标法》与《反不正当竞争法》，保护《商标法》现有的"窄"模式，比较可行。

按照这种"窄"模式去修订《商标法》既无须逆世界潮流（指多数国家的立法及 TRIPS 协议等国际条约），去仿美国的"先使用，然后方可注册"制度，也不必依照德国，把未注册但已有一定市场信誉的商标，都用商标法保护起来。"一定信誉"达到驰名商标水平的，在商标法中作为驰名商标特殊保护的一部分处理；未注册而又达不到驰名商标水平的，则只可在反不正当竞争法中寻找出路（未必毫无分析地统统予以保护——否则商标注册的意义何在）。

又如，目前国内法律尚未有效保护起来的"商品化权"（Merchandising Right）、书、报、杂志名称专用权之类，也均可纳入反不正当竞争法的保护范围。至于针对商标的"反向假冒"这种不正当竞争色彩极浓、却又直接涉及商标使用的行为，则可以通过进一步的研究，再确定放入哪一部法去规范更有利。

关于"报喜鸟集团有限公司"的驰名注册商标及企业名称、商品化权等遭受侵害问题的法律意见书

1. "报喜鸟集团有限公司"依法取得注册并被国家工商行政管理总局认定为驰名商标的"报喜鸟"(图形、汉字、汉语拼音)受《商标法》保护。同时,"报喜鸟"作为"报喜鸟集团有限公司"企业名称的核心,受《反不正当竞争法》及行政法规《企业名称登记管理条例》保护。该公司经有独创风格的营销、广告宣传及产品本身而在"报喜鸟"文字及图上建树起的"商品化权",受民法通则(尤其是其中第4条)保护。

2. 上述三种不同权利,有联系,有区别。其中注册商标权在我国最明确,保护力度应当最大,企业名称权稍弱,但并非没有保护,有时也并不可忽视;商品化权我国尚无明文规定,但《民法通则》中可以推出。而且,国家工商局商标评审委员会在1998年撤销江苏省"三毛集团"的"三毛"文字商标的行政裁决中,就明文保护过这项权利。

国外许多企业的这三项权利指向的客体是不相交叉或重叠的。

例如日本"松下"电器公司，使用"乐声"等注册商标，"手琢"株式会社（企业名称）的代表性商品化权的内容是"阿童木"。我国的许多企业，这三项内容则是重叠或交叉的。"报喜鸟"就是一个典型。

国外通过法律法规保护企业的这三项权利，是使企业增强竞争力，越做越大，进入世界企业"列强"的一个重要方面。我国的司法及行政执法部门在中国"入世"以后，应认真研究国外这方面的经验，真正做到在国内外竞争中，为我国的知名企业及其名牌"保驾护航"。

3. 香港地区的"报喜鸟服饰集团"等一批企业使用"报喜鸟"文字的行为，"海丰县公平兴发服装公司"以鸟的图形注册为商标又许可上述公司使用的行为，构成对"报喜鸟集团有限公司"注册商标权、企业名称权、商品化权的侵害，故不仅仅是违反了反不正当竞争法，首先是违反了商标法，同时也违反了民法通则。

随着我国市场经济逐步发展和规范市场经济的法律体系逐步形成（尚未最终形成），国内市场上侵害知名企业知识产权的活动已不像过去那么单一和直接。境外企业采取利用境外"盲区"，侵占一部分知名企业的知识产权，然后打入境内，与境内"打擦边球"的侵权企业相互许可，最后以貌似合法的形象站出来，"围剿"国内刚刚露头的知名企业，搭其便车，损其信誉，误导消费者，正是一个新的、值得注意的动向。

4. "报喜鸟服饰集团（香港）有限公司"等企业，在香港将"报喜鸟"注册为公司名称，是对"报喜鸟集团有限公司"企业名称权的侵害。依照香港与内地均受约束的《巴黎公约》的规定，"报喜鸟集团有限公司"无论是否在香港进行了企业名称注册，均有权向"报喜鸟服饰集团（香港）有限公司"主张权利。即：可以把该香港公司注册了企业名称后，在内地搭便车、损害"报喜鸟集团有限公司"

信誉、误导消费者的事实，作为其当初注册的企业名称即出于恶意的证据，请求撤销其"报喜鸟"的企业名称注册。此外，香港法律也承认在先使用，某一企业名称的使用者的"在先权"，即使它并未注册。

5. "报喜鸟服饰集团（香港）有限公司"等公司在内地多处打着"报喜鸟"的企业招牌营销的活动，侵害了"报喜鸟集团有限公司"的注册商标权，违反了《商标法》第52条第（5）项，是典型的"给他人的注册商标专用权造成其他损害"的行为。因为，这种行为落入了商标法该项的行政解释——"国家工商局工商标字〔1999〕第81号文件"第5条第（2）项指出："将与他人注册商标相同或者近似的文字登记为企业名称的字号，引起相关公众对商标注册人与企业名称所有人的误认或误解的"行为，必须予以制止。

6. "报喜鸟"文字及图形，业已成为"报喜鸟集团有限公司"的企业形象、标志。即经过该公司高质量产品的长期经销，消费者见到"报喜鸟"名称或"报喜鸟"图形，已不会再与该"鸟"相联系，而是直接与"报喜鸟集团有限公司"及公司的服装产品相联系。从这个意义上讲，"报喜鸟"这三个字，在服装产品、服装企业领域，已经被"报喜鸟集团公司""商品化"了，任何其他企业一旦在服装领域使用"报喜鸟"（不论以何种方式使用），均会使消费者将它与"报喜鸟集团有限公司"的产品及信誉相联系，从而造成对商品化权所有人的损害，而这是我国民法通则所不允许的。

7. "海丰县公平兴发服装公司"所注册的"报喜鸟"图形，看上去与"报喜鸟集团公司"所注册的图形是"很不相同"的。但这只是孤立地看，即在完全不使用"报喜鸟"三个字，仅仅看公平兴发公司的图形时，才是如此。而一旦在该图形与"报喜鸟"文字联起来时，两个图形就非常近似了，并且肯定使人误以为二者之间存

在某种联系。海丰县公平兴发服装公司将该注册图形许可给使用"报
喜鸟"文字作企业名称的香港公司的行为，已经把文字与图形联系
在一起了。司法机关与行政执法机关在处理这场纠纷时，切不可孤
立地看问题。

8. 按照国内外司法与行政执法的惯例，对于某一争议中的图形
与驰名商标的图形是否近似，经常要作"扩大解释"。这正是许多国
家在司法程序或行政程序中方才认定驰名商标的主要原因之一。例
如：德国行政机关一直认定日本的"三菱"图形与德国的"奔驰"
图形相近似。尽管从普通人看，这二者相差较大，但由于"奔驰"
在德国早已是驰名商标，因此才作出这种扩大解释。

在我国，司法与行政执法真正要为高质量（或稳定质量）产品
与服务的知名企业"保驾护航"，使更多的这种企业不被众多的侵权
人搞垮，并能走向国际市场，就很有必要研究与借鉴上述德国的做
法。当然，不同之处是"奔驰"面临的是"三菱"这样一个在日本
也知名的企业而且是正常做生意的企业。而"报喜鸟集团公司"则
面临的是搭其便车，侵其知识产权的一批企业。在这种情况下，它
就更需要司法与行政执法的支持。

9. "海丰县公平兴发服装公司"许可给纠纷中的香港公司使用
其图形商标的行为，至少已构成"协助侵权"，即协助香港公司侵害
"报喜鸟集团公司"的商标专用权，也应当可以由"报喜鸟集团有限
公司"将其作为"共同被告"，诉至法院或要求行政机关处理。因侵
权人违反的是商标法，所以对"协助侵权人"也适用商标法去确认
其侵权性质。

10. 注意："驰名商标"的扩大解释问题，是在纠纷发生时，由
司法及行政单位随时去作的。即使纠纷发生时，"报喜鸟"尚未被认
定为驰名商标，也可就个案的需要，在处理纠纷时随时认定。故"报

喜鸟"2002 年年初方被认定为驰名商标的事实，并不妨碍行政主管机关处理溯及 2002 年前即已发生的纠纷，不妨碍"报喜鸟集团有限公司"要求对 2002 年之前的侵害者的侵害行为所涉文字、图形作扩大解释。

11. 建议"报喜鸟集团公司"将图、文、拼音的合并图文，也注册为专用商标，从现有资料看，这三者均是分别注册的。这样做的目的是防患于未然。因为，目前商标侵权的方式呈多元化趋向。"报喜鸟集团有限公司"现遇到的纠纷已与以往非常不同，今后还可能出现更隐蔽、更复杂的侵权活动。故在全面的商标战略上，也应设想得更周全些。

建议"报喜鸟集团公司"调查一下"海丰县公平兴发服装公司"等境内公司与香港公司有无历史的或现实的"血脉"联系。因为许多采取此类境内外勾结侵权方式的，本来就是一家，或历史上曾是一家。找到这方面的证据（哪怕只有一两个），对撤销对方的注册商标会起关键作用。

◇左上图，为报喜鸟集团有限公司品牌经营店，其中的"报喜鸟"（汉字、图形）被国家工商总局认定为驰名商标。

◇左下图，为香港金迪休闲服饰设在东北某地"报喜鸟"专卖店。

◇右下图，为报喜鸟集团香港有限公司设在西南某地"报喜鸟"专卖店。

12. "报喜鸟集团有限公司"在目前面临的侵权纠纷中最占理的地方是：侵权人均是处在同一商品（服装）的经营领域。在同一领域对注册商标、企业名称、商品化权侵害的认定，比起在不同领域

（如对方经营食品），要容易，模糊区要少。司法及行政执法部门在
无其他干扰的情况下，应能较快作出判断，一般不会使纠纷的解决
拖得太久。

　　以上意见供参考。

意见书出具人：郑成思

2002 年 6 月 24 日

反不正当竞争法与有关国际公约的对比 *

我国《反不正当竞争法》颁布于 1993 年。这部法律中的一部分条项，是给上述三部单行法起一个"兜底"的作用。即禁止（除侵犯注册商标权之外的）市场上的假冒、误导等行为，禁止侵害除专利之外的他人发明创造成果（主要指商业秘密）等。

在国际多边公约中，除巴黎公约、世界贸易组织的有关协定从原则上涉及反不正当竞争之外，尚没当专门的公约。1996 年，世界知识产权组织颁布了一项《发展中国家反不正当竞争示范法》，其中把与知识产权有关的不正当竞争行为归纳为 5 种：

（1）假冒他人标识、形象；

（2）淡化、丑化他人标识、形象；

（3）对自己的商品或服务质量、价格、功能等进行误导：

（4）对他人的商品或服务质量、价格、功能等进行误导；

（5）侵害他人商业秘密。

* 编者注：该文原载郑成思著：《知识产权法新世纪初的若干研究重点》，法律出版社 2004 年版，第 21~22、24 页的绪论：第二节"二、我国知识产权法与有关国际公约的对比"中的（四）反不正当竞争法，序号改为"反不正当竞争法"。

对这 5 个方面，我国《反不正当竞争法》只对一部分有规范，已经规范了的部分也过于原则，尚需进一步细化。其中，在商业秘密的保护方面，我国提出了"实用性"要求，这不仅不符合示范法，甚至不符合我国已经参加的世界贸易组织的要求。因为"实用性"要求使我国大大缩小了对商业秘密的保护范围。

此外，我国法律中尚欠缺对"商品化权"的保护。而在我国市场经济实践中，则相关的纠纷已经很多。所以，在将来修订《反不正当竞争法》时，有必要认真研究世界知识产权组织的"示范法"并吸收相应的内容。

在反不正当竞争的其他方面，中国的法律与实践与外国及世界知识产权组织示范法的要求基本一致。但如前文所说，该示范法要求保护的（在日本、美国等发达国家业已保护的）"商品化权"（Right of Merchandising），中国仍在讨论之中。虽然中国司法及行政执法中，已经遇到了类似日本在 20 世纪 70 年代"手冢株式会社"（Tezuka Production co. ltd），遇到的"阿童木"的名称及形象被侵害的实例。中国有的民法学者尚不了解"商品化权"并不是普通的民法的"姓名权""肖像权"等所能保护的。便如日本的"阿童木"，中国的"黑猫警长""孔乙己"等，均不属于任何享有姓名权之人的名称。不引入"商品化权"的概念，难以有效保护企业的利益。相信中国理论界、司法及行政执法界、企业界通过进一步的研究、讨论迟早会把问题弄明白，在反不正当竞争中终会增加对这种特殊权利的保护。

1998 年 6 月 10 日，北京第一中级人民法院作为中国法庭更加"公开""透明"的首次公众可持身份证自由进入旁听的第一次审理，一审审结了长达 4 年的"枫叶"诉"百盛"及"鳄鱼"一案。法院认定了被告购入原告商品后，撕下原告商标，改换为被告商标，重新进入市场的"反向假冒"行为，构成不正当竞争，属于侵权，并判被告支付侵权赔偿额 10 万元。

这一司法判例，也对中国的立法（无论是反不正当竞争法还是商标法）产生了非常积极的影响。在 2001 年 10 月修正《商标法》的法律委员会扩大会上，正是该案的主审法官罗东川以该案为例，在说服法律委员会委员们将禁止"反向假冒"列入《商标法》方面起了重要作用。

反不正当竞争

——知识产权的附加保护*

中国的知识产权单行法，需增加反不正当竞争法的附加保护。使真正想维持市场公平的司法者及行政执法者不再冒"适用法律不当"的风险，也使真正的公平竞争者在市场上站住脚，应当是修改中国《反不正当竞争法》的主要着眼点，也是完善中国知识产权的"附加保护"制度的主要着眼点。

一、反不正当竞争与知识产权保护的关系

如果提到"对知识产权给予刑法保护"，甚至在单行知识产权法中加入刑事处罚条项，很少有人会反对或感到不理解。从历史的原因看，古代中国以刑法为主，经历了数千年。此外，中国改革开放（开始走向依法治国）之初，知识产权中的很少一部分，即已经被法律承认为某种"依刑法产生的民事权利"。最具代表性的，是中

_____

* 编者注：原文刊载于《法律适用》2004 年第 1 期。

国 1979 年《刑法》的第 127 条。在尚无民事立法确认"商标专用权"的当时，却已规定了如果侵害他人商标专用权，应负何种刑事责任。从国际原因看，世界贸易组织的知识产权协议，至少已要求对知识产权中的商标权与版权给予刑法保护，而我国已经是世界贸易组织的成员。从 1982 年之后的立法上看，中国《商标法》及《专利法》里自始就存在刑事处罚条项；中国版权法自 2001 年修正后，也增加了刑事处罚条项。

但如果提到"对知识产权给予反不正当竞争法保护"，甚至退一步，只提"给予反不正当竞争法的附加保护"，甚至再退一步，仅仅建议在知识产权单行法中增加反不正当竞争条项，均可能（并且已经）在相当一部分人中招致反对意见。反对的主要理由是：第一，知识产权单行法已经保护了知识产权，还有什么必要再以"反不正当竞争法给予保护"？第二，反不正当竞争法所规范的范围很广，远远不止知识产权保护，怎么能把反不正当竞争统统纳入知识产权保护范围呢？第三，知识产权法重在保护私权，反不正当竞争法重在界定国家在市场管理上的公行为，不应把公、私两种法相混淆。主要因为这些理由，2002 年《民法典》（专家建议稿）中"知识产权篇"的"一般规定"第 3 条及该篇第六章①，才没能被接受。出于同样的理由，至今中国任何单行的知识产权法中，也很难找到反不正当竞争条项。与此相对照，刑法在中国知识产权保护领域，比反不正当竞争法"幸运"得多。但中国的现有司法实践及行政执法实践不断告诉我们（国外的经验也不断告诉我们）：只有反不正当竞争

---

① 即涉及对知识产权在单行法之外，仍给予反不正当竞争保护的建议条项。参看中国政法大学学报《政法论坛》2003 年第 1 期第 42、48 页；中国社会科学院《环球法律评论》2002 年秋季号第 313 页，等等。并对照世界知识产权组织 1996 年《反不正当竞争示范法条》第 1 条及第 1.11 条说明。

法在中国知识产权保护领域也"幸运"起来，中国的知识产权保护
制度才有希望达到"疏而不漏"，才可能进一步完善。

刑法也属于"公法"，既然它能够"掺和"进知识产权的"私
法"中来，反不正当竞争法为何就不能呢？何况，反不正当竞争法
本身就是"公私参半"的法。它虽以界定市场管理为主，但同时也
是经营者依法享有的一大批民事权利的来源。在现代社会，将所谓
"公""私"两法一刀切地分得泾渭分明，早已被证明是行不通的了。
刑事诉讼中附带民事诉讼，许多民事法律法规规定侵权（当然主要
指的是侵害民事权利）严重者要负刑事责任，等，均早已不限于知
识产权领域。而与行政相关的"公"法，则稍一想要越公、私之界，
就立即招来诸多反对，可能是由于中国行政法理学对立法者的影响
远远落后于刑事法理学。也可能行政法理学的研究本身，也落后于
刑事法理学。

中国的知识产权单行法确实已相当完备了，但这与反不正当竞
争法的附加保护并不矛盾。而且，如果没有了后者，则完善的知识
产权单行法，离完善的知识产权保护，还会有相当长的路。例如，
受版权保护的作品，其名称单独拿出来是否也受到版权保护，在中
国现行版权法中并无规定。司法部门遇到这类纠纷后，首先要排除
不具有独创性的那部分名称。那么，有人如果故意利用他人已经十
分有名的作品名称（而该名称本身很难被确认有"独创性"）发表自
己的"拙作"，在中国就无法可管了。当初《反不正当竞争法》立法时，
有立法者说，这可以放在第 5 条中去管。他们忘记了第 5 条只规范"经
营者"，而搭人家作品名称便车者，多数并不是经营者，不受第 5 条管。
又如，搭别人"商品样式"的便车，虽然属于经营者，却又偏偏是
上述第 5 条没有列进去的。此外，诸如并无独创性的整个作品（例
如数据库作品的一大部分）等，许多可能被无权使用者做营利性使

用的,也均是中国单行的知识产权法管不了,现行《反不正当竞争法》又不管的。

知识产权单行法的保护要件（或前提），使一大部分本应受到某种保护的客体，被"漏"掉了。而仅仅靠中国极幼稚且多半是从境外不完整地引进的"民法解释学"，又很难补上这个漏洞。在这种情况下，反不正当竞争法的附加保护，就显得十分必要了。

实际上，单行的知识产权法与反不正当竞争法之间并不存在一个谁挤占了谁的位置的"关系"问题，而是后者（或后者的一部分内容）对前者如何给予补充的问题。例如，现行的专利法（要求受保护客体至少具备"三性"）、商标法（要求受保护客体至少具备"识别性"）、版权法（要求受保护客体至少具备"独创性"），是某种相对的"强保护"；但从范围上看，这些保护要件限制了客体的范围，决定了它们均属于某种"窄保护"。而反不正当竞争法则是某种弱保护；从范围上则属于"宽保护"。"强"与"弱"的对比是多方面的。例如，在诉讼法中，在专利、商标、版权领域要证明自己是权利人，一般讲拿出专利、商标注册证书，展示出作品上自己的署名就可以了。而正当竞争者要证明自己确实享有某种不受对方不正当竞争干扰的权利，在举证时就远比单行知识产权法所保护的权利人更困难。"窄"与"宽"的对比也是如此。例如，专利权人的受保护范围仅限于他们在"权利要求书"中以穷竭方式列举的技术特征，绝不能向外多走一步；而属于反不正当竞争的"商业秘密"的权利人，则没有这种自己写下的明文"权利要求书"的限制。在上文列举过的作品方面，主张"反不正当竞争"的权利人，也不受作品是否具有"独创性"的限制。

所以，正像有人说过的：如果把专利法、商标法、版权法这类知识产权单行法比作冰山，那么反不正当竞争法就如冰山下使其赖以漂浮的海洋。担心"反不正当竞争法的附加保护"会把整个反不正当竞争法划入知识产权法的范围，其实是误以为该三座冰山下的水就是全部海洋。其实，简明地讲，对知识产权给予"反不正当竞争的附加保护"，只是要求反不正当竞争法中订有足够的条项（哪怕这部分条项只占全法很小一部分）去补知识产权单行法之"漏"。至于反不正当竞争法在此之外还应当有什么其他内容，则是知识产权法不加过问，也不应过问的。

二、国际上给我们以启示的成例

西方国家在市场经济初期，仅仅强调"自由竞争"，只是在市场经济要走向发达后，才必然在一面保护自由竞争的同时，另一面要强调"公平竞争"了。从这里看到，到现代社会，私权要得到充分保护，公权力就不可能完全不介入。联系到这一历史发展，人们还应注意另一历史事实：并非巧合，被东亚及我国许多民法学者奉为经典的《德国民法典》，与世界上第一部反不正当竞争法，亦即《德国反不正当竞争法》，是在同一个国家、同一年（1896 年）出台的。而在此近百年前出台拿破仑民法典的法国，则在超过百年之后，才有了反不正当竞争法。日本的反不正当竞争法很早就开始了对知识产权的附加保护。直到 2002 年，日本仍旧觉得这种附加保护还须加强，建议在修改不正当竞争法时予以注意[①]。当然，国内民法学者较少借鉴的英美判例法，则早在 19 世纪 40 年代与 60 年代就分别有了反不正当竞争规范[②]。

而不论欧陆法系国家还是英美法系国家，在反不正当竞争规范

---

① 参看日本 2002 年 7 月颁布的《知识产权战略大纲》第 2 章之 "二"。

② 参看英国法院 1849 年的判例 Prince Albert V. Strange 及美国 1868 年的判例 Pewabody V. Norfolk。

一出现时，就包含有对专利法所保护不到的技术创造、对商标法所保护不到的商业标识的保护。20 世纪 80 年代，美国学者就曾论述过知识产权保护在反不正当竞争法中有一席之地，是不可避免的[①]。其后，大多数国家的反不正当竞争法，均把"为知识产权保护补漏"（或"兜底"，或"为知识产权提供附加保护"）作为其立法目的之一。当然，从来没有哪个国家因此就取消了反不正当竞争法的其他功能，把它全部融入单行知识产权法或综合的知识产权法典中。

1994 年缔结、1995 年生效的《与贸易有关的知识产权协议》，明文把多年来许多国家用反不正当竞争法保护的"商业秘密"，以"未曾披露过的信息"这一术语，放入知识产权的大框架中。于是，反不正当竞争法在这一部分，与知识产权法在国际公约中交叉起来，更难被人们"一刀切"地分开了。不过，这倒是给了各国一个启示：人们既可以把知识产权的反不正当竞争附加保护仍旧留在"反不正当竞争法"中，作为这种（公私两法性质兼有的）法中的一部分法条存在，也可以把这种"附加保护"（至少是"附加保护"的一部分）抽出来，列入"知识产权法"当中。这要取决于执法上是否便利，而在法理上、立法技术上均不会存在困难或障碍[②]。

早在 1883 年缔结的《巴黎公约》中，就已经把一些反不正当竞争保护的内容（例如商号保护）纳入。到了 20 世纪初，"反不正

---

① 参看哈佛大学出版社 1933 年出版的 "The Theory of Monoplistic Competition"，by E. H. Chamberlin。

② 实际上，我国自 1994 年由当时的国家经贸委开始了《商业秘密法》的起草。而对于"商号"这种大多数外国一直放在反不正当竞争中保护的客体，我国早在 1985 年和 1991 年，就以部门规章及国务院批准颁布的行政法规的形式，包含在"企业名称"中单独保护了。在这点上如果研究起来，恐怕很难得出我们"超前"的结论，反倒可能是阴差阳错的结果。主要证据是《企业名称登记管理规定》的积极作用的例子不多，却在与《商标法》的同时实施中，产生出目前我国企业名称与商标之间无穷无尽的纠纷。

当竞争"正式作为第 10 条之 2 进入公约。20 世纪 60 年代的《建立世界知识产权组织公约》，更是明文把"反不正当竞争"保护作为知识产权保护的一项，放在公约中。中国虽在改革开放初期即已加入该公约，但至今许多人仍旧未真正了解该公约的这项内容是什么意思。到了 1996 年，世界知识产权组织出台的《反不正当竞争示范法条》，应当说是对反不正当竞争法如何给知识产权以附加保护作了一个理论上和立法上的总结。这部法条（1000 字左右）由该组织主持，吸收了瑞士、荷兰、美国、日本多位专家参加起草。虽然加上"说明"部分也不过万字左右，却让这些人费时两年，真可以说是精雕细镂的结果了。

首先，它不称"示范法"而称"示范法条"①，就是明白地告诉人们：谁也没有打算用"知识产权保护（或附加保护）"这部分内容来覆盖反不正当竞争法的全部，千万不要"杞人忧天"。

其次，称其"法条"的意思还表示，它们既可以成为"反不正当竞争法"的一部分，也可以作为反不正当竞争条项被纳入"知识产权法典"或知识产权单行法。放在什么法里并不重要，重要的是这些内容在一个国家的法律体系中是不应缺少的。

该法条除了"一般规定"及商业秘密的保护规定之外，主要从正、反两方面，对搭人标识便车与搭人产品（或服务）便车的行为给予禁止。就是说，既禁止"靠"（或依中国市场用语——"傍"）他人标识的信誉营利，也禁止毁他人标识的信誉而营利；既禁止"靠"（或"傍"）他人产品本身的信誉营利，又禁止毁他人产品信誉而营利。

---

① 请注意，同年由联合国出台的《电子商务示范法》使用了"Model Law"，而这部文件则使用的是"Model Provisions"二者的区别是显而易见的。如果它的标题为"反不正当竞争示范法"，则除保护知识产权的内容外，还必须写入大量规范有奖销售、招投标之类的条文。而起草这些条文，并非世界知识产权组织的职能和专长。

这样一来，短短六条规定，基本覆盖了"以反不正当竞争给知识产权附加保护"的全部。可以说，这部法条及其说明是国际组织迄今为止，对反不正当竞争与知识产权保护之间关系的最简洁、最全面的修注。

三、对中国完善反不正当竞争法律体系的相应建议

我在这里没有讲"对《反不正当竞争法》的修改建议"，原因是：正如世界知识产权组织在"示范法条"中，以及世界贸易组织在知识产权协议（TRIPS 协议）中所明示与暗示的：我们既可以选择将知识产权的反不正当竞争保护，在修改《反不正当竞争法》时予以充实，也可以选择在制定中国的知识产权法典时，把应充实的部分，作为反不正当竞争性质的条文纳入该法典。还是那句话，放在哪里并不重要，关键是在中国的法律中不能缺了这部分的内容。具体讲，有下面几点建议。

（一）有关商业秘密的保护

在今天，搞出一项技术解决方案，不去申请专利，而靠保密享有时间更长的实际上的专有权，已经成为许多企业家或技术人员的选择。而国内通过"跳槽"或通过其他不正当手段侵害他人商业秘密的事又不断发生。现有刑法及反不正当竞争法中的规定，已远不能适应鼓励创新及保护创新成果的需要了。

（1）在《反不正当竞争法》中，权利人及侵权人均被定位为"经营者"，而相当多合法持有商业秘密的人并非经营者（侵权人则多数情况下确系经营者）。按《反不正当竞争法》第 20 条的规定，仅仅"给经营者造成损害"，方能获赔偿。这对许多非经营的科研人员可能很不公平。如果我们注意一下，不难看到：世界知识产权组织的"示范法条"虽然其他条项均与"企业"相关联，唯独商业秘密保护这

一条就不仅仅与"企业"相关了。这种具体问题具体分析的处理方式，比我们所习惯的"一刀切"要更可取。而 TRIPS 协议中所提商业秘密的"持有人"，保护范围比"经营者"会更广。这些都很值得我们研究与参考。

（2）两个国际组织的"法条"与协议中，对受保护的要件均只提到"不为公众知悉""有商业价值"及"权利人采取了合理的保密措施"三个条件。中国《反不正当竞争法》在此之外，还提出了"具有实用性"。由于有了这一项额外的条件，一切尚处于理论研究阶段的开发资料，如被人不经许可拿走是受不到中国这部法保护的。在实践中，"理论研究阶段"可能与"实际应用阶段"只有一步之遥，而前一阶段可能花的时间、精力与资金更多。专利法要求"实用性"并不过分，因为它是一种"强保护"。对于反不正当竞争法给予的"弱保护"也要求"实用性"，就过分了，就失"兜底"或"附加"保护的意义了。自 20 世纪末开始，中国法院已经遇上了只差一步就进入可应用阶段的科研资料被拿走的官司，却使法院"依法"无从判决。两个国际组织为什么只要求三个条件，我们确实应从理论上，结合我国司法实践认真研究。

（3）中国《刑法》1997 年的修订增加了知识产权保护专节。这应当说是一个进步。但这一节却不设在"侵犯财产罪"一章中，至少佐证了我当初撰文提出"国内许多人并不认为知识产权是财产""只重有形财产不重无形财产"等，并非无中生有。不过可以姑且不论这些。1997 年《刑法》第 219 条将"违反约定"而使他人商业秘密受损害，列为可以施加刑事制裁的行为之一，又似乎把"合同诈骗"一类可刑罚行为与仅仅违约这一类不可刑罚行为混淆了。至少，许多国家已参加、我国已签字的联合国《公民权利与政治权利公约》第 11 条①，与违约适用刑罚的原则是相左的。对此，我们也应再作一些研究。

（4）两个国际组织的法条与协议均要求有关主管部门按程序获得企业商业秘密者，负有保密义务；尤其禁止从主管部门那里将商业秘密流入商业渠道。中国的《反不正当竞争法》却偏偏把这一部分"漏"掉了。而在中国的诚实经营者，实际上比在有些外国更加关心主管部门是否会利用其职权从事这类（或其他类）不正当竞争。

（二）其他保护知识产权的反不正当竞争规范

（1）中国《反不正当竞争法》把"假冒他人的注册商标"列为禁止的内容之一，是无可非议的。它并不必然导致与《商标法》重复，却可以理解为《商标法》中未明文禁止的针对注册商标的"假冒"形式，均被这里收容了（起到了兜底作用）。不过中国《商标法》更需要兜底的，在于针对未注册商标的反不正当竞争保护。因为中国《商标法》实行注册商标专用权制度，故全法中仅有第 31 条对未注册、已有一定影响的商标，在他人恶意抢注的情况下给予有限保护。这种保护不应再作任何扩大，否则就改变了我国注册商标制度的性质。但除该第 31 条之外的，借他人未注册商标为自己牟利的情况由谁去管呢？应当由《反不正当竞争法》管。但这部法却没有管起来。这样，世界知识产权组织"示范法条"中有关对未注册商标保护要求的大部分，在中国法中就落空了。中国的法院（如北京高级人民法院）曾遇上多起需要保护的未注册商标的案例。其中许多"未注册"，并非因为商标所有人的"不作为"或疏忽，而是由于他们自己排除不了的其他妨碍未能注册（或暂未能注册）。有些在"未能注册"这

---

① 该公约第 11 条原文是：No one shall be imprisoned merely on the ground of inability to fulfil a contract obligation.

段时间已相当有名，被大量恶意仿、冒，商标所有人想要维权却很难去找法律依据。法院有时感到实在不公平，只好在《商标法》及《反不正当竞争法》之外找间接的原则去判案。结果又引来一些学者关于其"适用法律不当"的广泛批评。当然，这些法官更冒着被上级法院改判或发回重审的风险。反不正当竞争法中的这种"弱"的"附加保护"，有时看似乎不如知识产权单行法中的"强"保护那么重要，却也是保护诚实经营者们的创新努力所不可缺少的。

（2）中国《反不正当竞争法》基本没有兜住《著作权》（中国的版权法）的底，前文已有例子，这里就不多说了。好在两个国际组织的法条与协议，均未明文涉及反不正当竞争法对版权的兜底保护。只是从"示范法条"第1条第（1）项可以推定，这样的保护也应当纳入反不正当竞争法。

（3）与世界知识产权组织的"示范法条"相比，中国《反不正当竞争法》对于毁损他人外观设计的声誉、毁损他人产品（服务）指南或说明的声誉、毁损他人"商品化权"所涉客体的声誉，基本没有规定：对无论搭他人产品（服务）便车还是毁损他人产品（服务）声誉的行为，则完全没有规定。这几大块缺陷，在中国司法与执法中带来的不便，已经十分普遍、十分明显了。例如，《反不正当竞争法》第5条第（2）项，禁止擅自使用他人商品的特有名称、包装、装潢等，却偏偏没有写"禁止擅自使用他人商品（或服务）的样式"。而这无论在中国还是在外国，都经常是不正当竞争者不法行为的重点。仿商品的样式本身，比仿商品的包装、装潢，往往使权利人受到的损失更严重。我们的法律保护了正当经营者商品的外皮（包装）却不保护其商品的本体，给人的印象不能不是"捡了芝麻，丢了西瓜"。而在搭他人商业标识便车这一个方面，《反不正当竞争法》虽有所规定，但也显得缺漏很多。作为"商品化权"保护对象的商业标识，有时既不是"作品"，也不是"肖像"，又不是"姓名"，无论依照版权法还是一般民法，都无从保护，却可以成为不正当竞争者的"搭""靠"或"仿"的对象。它们只能由反不正当竞争法（或其他法中的反不正当竞争法）去保护。而在中国的《反不正当竞争法》中，则找不到这种保护依据。例如，虚构的人物或动物的简单名称。它们既不是真人名称（故不能享有"姓名权"），又不是相应的美术作品（故不能享有版权）。"三毛"在中国、"阿童木"在日本、"米老鼠"在美国，离开了其相应的美术作品，都遇到过这种局面。在日、美，离开了美术作品的那几个字，作为禁止他人搭便车的标识，均被法院理直气壮地判决过。在中国，在 20 世纪 90 年代商标评审委员会也曾越出《商标法》与《反不正当竞争法》明文适用的范围，撤销过并非"三毛"商品化权所有人而以"三毛"二字作为商标的注册。但这一行政裁决，一是至今还在受到一些学者的批评，二是若该裁决出在 2001 年修正的《商标法》之后，则评审委肯定要当被告，并要冒被法院改判的风险。

　　使真正想维持市场公平的司法者及行政执法者不再冒"适用法律不当"的风险，也使真正的公平竞争者在市场上站住脚，应当是修改中国《反不正当竞争法》的主要着眼点，也是完善中国知识产权的"附加保护"制度的主要着眼点。

从 Know-How 的一种译法说起 *

在商品进出口及技术转让中，常常会遇到 Know-How。这个词有人把它译为"专有技术"。"专有技术"虽然比起"技术诀窍""罗好"等一些译法读起来更顺些，也更容易被人接受，但实际上却更加不确切，更容易造成混乱。因为 Know-How 只是专有技术中的一种，而不是全部。例如，专利本身也可以是一种"专有技术"，而专利与 Know-How 在法律上的地位是完全不同的。

初步弄清 Know-How 的定义及其与其他专有技术之间的区别，是本文的目的。

（一）知识产权与秘密

一提起专有权，人们最容易联想到的并不是 Know-How，而是专利权、版权、商标权等知识产权。这几项民事权利的共同特点是专有性和公开性。一项专利的占有者要划定自己的权利范围，就必须公布专利发明的技术内容，他在待审查、待公布的专利说明书中把自己的发明陈述地越明确，在发生侵权行为时就越便于判定侵权

---

* 编者注：该部分选自郑成思著：《知识产权法若干问题》，甘肃人民出版社 1985 年版。

人的责任。所以，一般国家的专利法都规定专利说明书必须清楚地、充分地将发明加以披露。版权的公开性比较好懂，它的权利范围是以展示在人们面前的作品本身表现出来的。商标权的公开性更是不言而喻了。过去，不少国际私法或民法的教科书都仅仅提到知识产权的专有性和地域性，从不谈它的公开性，这也许不能不说是一些人至今仍对知识产权（尤其对专利权）抱有误解的原因之一吧。

不过，确实有一些可以称为"秘密"的专有权利，它们与上述公开的专有权利互相联系着。

一项发明在申请专利并被批准之前，是保密的；即使某项发明获得了专利，仍可以把实施它的某项关键的、技巧性的东西作为秘密保留下来，不在说明书中披露，保留的限度是不能影响专利权范围的划定。后面讲到的这部分保留下来的东西，就是我们所说的 Know–How，不过只是 Know–How 的一种。但是，无论不申请专利的秘密发明还是专利说明书中未披露的 Know–How，如果一旦泄露，任何人就都可以放手利用它，它的专有性从此失灭，按法律语言说，即它已进入了公有领域，不可再收回。这是靠保密维持专有权的人们要承受的最大风险。

总之，专有权从大的方面讲有两种，一种是靠立法保护的，这在民法中称为法定专有权；另一种是靠保密来维持的，称为自然专有权。前者在法定保护期内一般是一直有效的，它的确定性较强，而后者是看权利人能保密多久来决定保护期，它的确定性就差一些。

现代的西方民法课程中，专门有一种，叫作 law of confidence 可译为"附有民事权利的秘密的法律"，confidence 含义也很广（它的难译程度不亚于 Know–How）。

西方有些法学家把 confidence 分为四类：（1）技术秘密；（2）贸易记录；（3）政治情报；（4）私人关系。Know–How 是第（1）类中的一种。

（二）商业秘密与 Know-How

除专利之外，可称为"专有技术"的还不止 Know-How。前面提到的，发明在不申请专利或申请专利之前所处的权利状态，在西方法学书籍及国际贸易实践中，被称为 tradesecret。它也是一种专有技术，我们姑且按字面译为"商业秘密"。它的意思不是经商的秘密，而是可以付诸工商业使用并在商业流通中获得利益的秘密。

由于它与 Know-How 同样是秘密，它们之间的界线就更难划分。不过，它们之间的差别起码有两点是明确的。

第一，二者出现的时间长短及历史背景不同。Know-How 最初是中世纪作坊中师傅向徒弟传授绝技的统称，它作为书面用语也出现比较早，最早见于 1838 年 7 月 14 日美国的《纽约人》杂志。但作为法律用语出现在判例里，则是相当晚的，在这种意义上，它的首次使用是在 1944 年美国纽约州高级法院关于费厄查尔引擎及飞机公司诉柯克斯（Fairchild Engine & Airplane Corp.v.Cox.）一案的判例。商业秘密则是一开始就从法律意义上作为专利制度的一种补充出现的。从法院判例上看，它最早见于 1849 年英国的阿尔伯特亲王诉斯特辛格（Prince Albert V Strange）一案。这说明虽然 Know-How 作为民间俗语历史很长，但作为法律用语则比商业秘密晚得多。

第二，商业秘密是独立的、自成一体的一项完整的专有技术，它具有可取得专利的性质。而 Know-How 则是不独立的，它自己形不成一套完整的技术内容，它依附于某项专利或某项商业秘密。它不像商业秘密，不是发明人不想取得专利的另一种选择，而是作为法律对专利施行保护之外的一种补充。所以，就 Know-How 本身来讲，它不具有可取得专利的性质。

此外，在有些公司、企业的经营方法中，也有高出别人一筹的东西，也作为一种秘密保留着，以便与同行业的对手竞争。这种经营方法中的秘密有时也叫作 Know-How。不过在这种意义下使用 Know-How 不很普遍。

有时，Know-How 在它的原始意义上被使用，指企业的雇主为生产一定有竞争力的产品而向雇员透露的某种秘密技术或工艺，雇员有义务保密。有时在这种场合，Know-How 与商业秘密两个词会同时出现，前者指的是只有合同中有明确规定才可以受到保护的非独立的操做法、技巧等，后者指无论有无合同都应受到保护的一整套秘密技术。

（三）分清专利、商业秘密与 Know-How 的法律地位有什么实际意义

专利、商业秘密与 Know-How 是性质不同的专有技术，专利是公开技术，商业秘密与 Know-How 则是秘密技术。

把这三者当成同样的专有技术进行转让或开展许可证贸易，在不发生侵权、不发生相同专有技术占有人之间的权利冲突时，往往看不出有什么大的差错。但只要侵权行为或权利冲突一发生，问题就来了。

前面讲过，秘密技术与专利技术相比，受法律保护的程度差得多。欧洲共同市场国家的专利公约规定：许可证发放人可以限制许可证持有人的行为，可以禁止他在协议之外使用专利，否则按专利侵权论处；而如果在协议之外使用 Know-How，则只能要求增付使用费，不能以侵权论。这个专利公约还规定：在许可证发放人决定中止许可证的效力之后，许可证持有人仍有权在"合理时间"内继续使用协议中原列入的 Know-How。

在发生权利冲突时，商业秘密的处境比起专利来要糟得多。秘

密技术这种专有权实质上并不"专"，它可以由不同的两方、三方或更多方分别持有，各方彼此是独立的，只要各自都保着密，各自的权利就都有效。持有人中只要有一方去申请了专利，就能制止其他方继续使用同一项技术；如果持有人中有人泄了密而被外人知悉，这个"外人"去申请了专利，反过来可以制止一切原持有人（包括发明人）使用同一项技术；如果秘密泄露之后被公诸于世而没有任何人去申请专利，则这项技术就进入了公有领域，原持有人的专有权从此告终。专利权则只是一方有权占有，共同发明人也只能在达成协议后大家作为一方共有专利。所有国家的专利法及一切国际上的专利公约都排斥了"双重专利"（两方以上同时持有一项专利）的可能。这样看来，倒只有专利技术才是真正"专有"的。

所以，一般来说，较容易或有可能被别人了解去的技术，一般都很早被发明人申请了专利，只有很难被人得到的秘密技术（人们常常举可口可乐的配方为例）才一直作为商业秘密保留。不申请专利的好处是省去了申请费、审查费、专利年费，又免得被没有专利制度的国家自由利用。尚没有建立专利制度的国家不可能通过向外出售专利权或在国外申请专利来保护自己的发明，也只能把发明作为商业秘密来转让或进行许可证贸易。

前些时候，有一种不主张建立专利制度的意见，认为"我国的发明可以通过出售专有技术—— Know-How（原文专门注明了专有技术即 Know-How。——笔者注）得到保护"。建立专利制度的得失且不在这里讨论，这里只说明上述意见弄混淆了两个问题。第一，弄混了商业秘密与 Know-How。Know-How 很少有单独"出售"的，把发明作为 Know-How 出售是根本不可能的。上述意见的本意显然是说可以作为"商业秘密"出售。第二，弄混了商业秘密与专利的法律地位。如前面所说，商业秘密受到的保护很不确定，较容易受到相同权利人的挑战，靠保密来保护一项发明是要承担很大风险的。一旦我们的秘密被别人了解去并申请了专利，反倒可以排斥我们自己的产品进入国际市场。因此，不了解 Know-How 的性质，不了解不同专有技术的区别，提出上面那种意见给业务部门参考，岂不是十分有害的吗？

在日益发展的国际经济与技术交往中，用到 Know-How 的场合很多，对它确实应当有个固定的译法，以免引起不必要的混乱。Know-How 究竟怎样译合适呢？ Know-How 不止是一种专有技术，尤其是一种秘密技术，它有时指操纵要领，有时指配料秘方，有时指经营手段。对这种含义很杂的词汇，我感到还是作为外来语音译为好，不宜义译。但"罗好"这种音译法在发音上距离大了些，意思上又与原文毫无联系。想起有一种挪动号码定开关的锁，号码挪对头，就触及锁的关键，锁就开了。我以为这是 Know-How 的较理想的谐音译法："挪号"。是否恰当，还可以继续研究。

专利与技术秘密[*]

本文从概念的产生、受法律保护的内容和期限，在国际冲突中的诉讼程序三个方面，说明专利与 Know–How 及商业秘密（trade-secret）的含义及它们之间的差异。

专利（Patent）一词，来源于拉丁文"Patere"，有"公开"或"打开"的意思。这个语源很能说明专利的特点：它的内容必须是公开的。在资本主义生产方式处于上升阶段的西方国家，很早就从保护私有财产与促进科学情报交流的宗旨出发，允许先进技术的发明人在一定时期内占有其发明的专有权，但要有个交换条件，即发明人必须把他的发明内容公诸于世。这样便产生了现代含义的"专利"。有些西方法学家把这种权利解释为合同关系，即发明人与公众订立的合同：公众承认他的专有权；他把发明内容告诉公众。专利制度最早能追溯到 1624 年英国的《垄断法规》。曾有人联系起 15 世纪威尼斯的商品专营法，那是不确切的。那种专营，并不是我们现在讲的专利。最早实行那种性质的"专利制度"的国家，应当说是中国，

---

　　* 编者注：该部分选自郑成思著:《知识产权法若干问题》，甘肃人民出版社 1985 年版。

即汉代的盐铁专营，但它与将发明公开然后获得专有权的专利有本质的区别。

随着专利权，又产生了版权及商标权两种公开专有权，它们都是以法律形式承认知识私有的权利形式，所以这三者又统称为"知识产权"。

如果在专利制度产生后，有的发明人仍不想公开他的发明、不打算获得专利法所承认的专有权，而打算通过保密维持实际上的专有权，是否可以呢？可以。因为秘密权利是古已有之的，专利并没有取消秘密权利。秘密权利在英文中称为 confidence，它不仅包括未公开的发明，还包括与商业、政治等有关的其他秘密，甚至包括私人活动中的秘密。

秘密权利虽不受专利法保护，但可以受合同法及侵权法的保护。不过，Know-How 及商业秘密作为特定技术性质的秘密权利，受到法律保护，历史并不很长。英国及美国的判例法最早以法律文字肯定了这两种专有权，并把它们都归在 confidence 一类。1849 年，英国最高法院受理了阿尔伯特亲王控告一个平民企图泄露一项皇家的印刷技术发明的案件（Prince Albertv.strange），宣判结果是：皇家发明属于一种"商业秘密"，应对其保密的人如果泄露秘密，要负法律责任。这是英国法律史上一次影响很大的诉讼活动，"商业秘密"的正式使用就从这里开始了。Know-How 作为口语，在中世纪西方的作坊中已经广为使用，它的含义正如它字面上的意思，即师傅教徒弟懂得怎样操作某种特有的技巧。1838 年 7 月美国的一期《纽约人》杂志上它首次以文字形式出现。但以判例形式肯定它受普通法的保护，则要迟得多。

美国的法学著作中，一般对 Know-How 及商业秘密不加严格区分，经常交替使用。在英国则分得比较清楚：商业秘密指一项独立的技术发明，一般讲，它本身即具有可取得专利的性质，只是没有申请专利；Know-How 则不能独立存在，它要依附于一定的技术发明内容，它一般指实施发明所采取的某个具体步骤。所以，专利中可以附有 Know-How，商业秘密中也可以附有 Know-How（秘密中的秘密）。但现在有的英国法学家也认为没有必要把这二者严格区分，因为它们都是秘密性质的技术。下面为简洁起见，就只把 Know-How 作为专利的对立面进行比较，不再重复"商业秘密"一词。

专利与 Know-How 的性质不同，受法律保护的程度也不同。专利受到的保护在有效期内是绝对的：排斥一切他人无偿使用。那么，为什么有的发明人又宁可占有靠保密维持的权利而不去申请专利呢？原因是对专利的保护有个期限，一般最长都不超过 20 年，一过保护期，它所包含的技术内容就进入了公有领域，人人可以放手加以利用了。而靠保密维持的权利则可能是无限期的；只要发明人能无限期地保住密就行。但这种专有权仅是相对的。第一，它不能排斥别人独立地搞出并占有同一项发明。第二，它不能阻止别人根据原发明人投入市场的产品，重新研究出原发明人借以生产该产品的工艺流程及设计的秘密，即所谓"返回原设计"。不仅如此，如果别人独立地搞出了同一项发明然后申请了专利，反过来倒可以禁止先搞出发明而没有申请专利的人继续利用他自己的发明。而且，如果有义务替发明人保密的人把秘密泄露给了第三者，第三者就有权把它公诸于世，使发明人永远失去其专有权，而这时发明人只能对泄密人起诉，却无权去针对第三者或全体公众，诉讼的结果也只能要求泄密人赔偿损失，却不可能收回已经众所周知的秘密了。同样，独立地搞出同一项发明的其他人，或根据产品返回原设计的其他人，都有权把秘密公布于世，以使原始发明人丧失专有权。这是 Know-How 占有人要承担的最大风险。所以，在有专利制度的国家，只有那些难以从产品返回原设计的技术秘密的发明人，一般才不去申请专利。

在西方的民事诉讼中，专利被看作一种财产权，即"对物权"（right in rem）；Know-How 则不被认为是财产权，而是"对人权"（right in personom）。英美法系国家的许多判例中，不承认 Know-How 可以转让，理由是只有财产权可以从物主手中转移到他人手中；而秘密权利虽然在转让合同中可以规定已转让出去了，但只要发明人神经健全，一般是忘不掉自己的发明的，于是转让出去的东西实际还保留在自己头脑里，他仍旧掌握着事实上的专有权。最近，英国法案委员会的一份报告建议，从法律上规定秘密权利可以以特殊形式转让——虽然它不是财产权。

在技术贸易发生国际间的冲突时，对物权与对人权的诉讼程序是截然不同的。对物权的诉讼适用"物之所在地法"（lex situs）。以专利权为例，如果发明人在甲国申请并获得了专利权，他在甲国就占有一份自己的财产。这时如果甲国有人侵犯了他的专利权，他可以在甲国起诉，按照《巴黎公约》，甲国法院应对侵权人行使权力，禁止其继续使用或课以赔偿费等。而如果乙国有同样行为发生，发明人未在乙国申请专利，则无权在乙国起诉，因为诉讼的"标的物"不在乙国，发明人在乙国没有物权。Know-How 的情况则不同，它适用的是"属人法"（lex personalis）。如果甲国有人非法使用发明人的 Know-How，发明人首先要弄清的不是使用人，而是泄密人。在他对泄密人起诉之前还要弄清：（1）泄密人是不是甲国国民？（2）如果不是，他现在是否在甲国居留或是否在甲国设有主要办事或营业机构？（3）如果这两个问题都是否定的，泄密人是否自愿服从甲国司法管辖？如果这三个问题都是否定的，则发明人无权在甲国法院起诉。在这种情况下，如果泄密人是乙国国民或在乙国设有主要办事机构，那么虽然泄密发生在甲国，使用发生在甲国，发明人的权利丧失在甲国，他却必须在乙国法院起诉。

专利与 Know–How 有这么多的不同，但有一点相同，都是"专有技术"。把 Know–How 译为专有技术，有些"以偏概全"之嫌，容易使人产生误解。译为"技术秘密"，更接近原意。"技术"把它与其他政治秘密或个人秘密区分开了；"秘密"则把它与专利区分开了。至于许多国家把某些企业管理方法也称为 Know–How，这与"技术秘密"并不矛盾，我们不是也逐渐承认了管理确实是一门"技术"吗？

技术秘密及其保护方式的新发展 [*]

一、技术秘密在技术市场上数量的增加

新技术革命的直接后果之一，是使技术转让在国际贸易活动中的比例大大上升。原因很简单：实用技术的研究单位与应用单位往往不是同一个单位，后者的范围比前者要广泛得多，所以，绝大多数新技术成果的应用，都要通过技术转让去实现。即使既从事研究活动，又从事工商业活动的单位，为了使自己研制出的技术成果得到最大的补偿，除了本单位应用之外，还会千方百计在技术市场出售它，亦即向其他企业发放许可证，以收取使用费。

人们过去所理解的技术许可证交易，都指的是专利许可证，亦即专利技术的转让。但在实践中，仅仅包含专利技术而不包含其他技术（以及其他知识产权）的许可证合同（或协议），是非常少见的。这是因为：第一，一项专利在批准时或批准前，都要将其技术内容公布。凡从事科学研究的人一般只准备在科研中利用该

———————

* 编者注：该部分选自郑成思著：《信息、新型技术与知识产权》，中国人民大学出版社1986年版。

所以他完全可以不去找专利权人签订许可证合同，就能取得使用权。为非营利性的科学研究而使用专利技术，在大多数国家的专利法中都列为"合理使用"。例如我国《专利法》第 62 条第（5）项就是这样规定的。第二，在未建立专利制度的国家，或虽建立了专利制度，但未参加《巴黎公约》的国家，任何企业在营利性生产活动中使用其他国家的专利技术，只要产品不出口，也不会发生麻烦，因此也可以不必找专利权人订许可证合同。这是由专利权的"地域性"特点决定的。第三，即使在专利权人取得了专利的国家，也会有人不经许可就擅自应用其专利技术。专利权人可能始终未发现这种活动；也可能虽然发现了，但不愿为打官司而费时、费力和费钱，只好听之任之。从这三点可以看出：专利权人真正要通过转让专利技术（发放专利许可证）而取得收益，就必须设法迫使一切试图使用其专利技术的人与其签订许可证合同。

为此，近年来，大多数人在研究出有经济效益的实用技术而申请专利时，往往保留其中"最佳实施方案"，或（在不允许作这种保留时）保留某个关键性的实施步骤，不写入专利申请案中。这种保留以不妨碍申请案通过专利局的审查为最高限度。保留下来的部分，就成为某种"技术秘密"。专利权人持有这种技术秘密，主动权就大多了。如果其他人搞科研想要取得最满意的成果，搞投产想要取得最好的经济效益，那么他们无论在专利权人的本国还是在外国，都必须来找专利权人签许可证合同，以求获得技术秘密。这样，专利权人就运用保留的技术秘密，对公开的专利技术实行了一种"附加保护"。目前，几乎一切稍微复杂些的新发明，都采用了这种保护方式。

此外，有些小革新、小发明，由于达不到专利所要求的"三性"标准，有关的企业或研究单位也对它们实行保密，以便能够作为技术秘密投入技术市场。在"不公开审查"制国家，虽申请了专利但未获批准的技术，也可以被其所有人作为技术秘密投入市场。随着专利申请案在新技术革命中逐年增加，这一部分技术秘密也会增加。

最后，在尚未实行专利制度的国家，一切发明创造如果想作为商品投入本国技术市场，就必须是技术秘密。因为，从理论上讲，进入了公有领域（已被公开）的技术，即使研究出它们的有关单位，也不可能再把它们当作商品出售了。从 1979~1985 年（我国专利法生效前），我国国内技术市场从无到有并逐步扩大的事实，就可以表明技术秘密的数量确实在增多。

"量变引起质变"，回顾专利（或版权）制度产生的历史，这一哲学原理是一点不错的。在发明极少的中世纪，只可能有威尼斯式的君主钦赐专利；在资本主义较早兴起的英国，才产生出专利法；在"工业革命"的浪潮中，专利法才得以在西方国家普及。在文学艺术复制品只能靠手抄产生时，不可能出现版权法；只有随着活字印刷而大量产生这种复制品时，版权法才出现了。

现在，新技术革命给技术秘密带来的量变，也正向着质变发展。

二、对技术秘密的新认识

（一）技术秘密是否构成"产权"

在过去，大多数国家对这个问题的回答是否定的。因为，传统的财产法理论认为：可以构成财产权的物品，必须能够让公众看到它"是什么"，即看到它们的实际范围。只有如此，才有可能判断什么样的行为构成"侵权"。专利权在这方面是明确的。专利申请案中有一份"权项请求"，其中就说明了哪些技术（在一定时期内）属于专利权人的财产；通过专利说明书，专利局或法院都能较容易地划出权项的范围。权项请求与整个说明书又都是公开的。

　　但技术秘密就不同了。除它的所有人之外，别人不知道它的范围有多大；除其所有人及通过合同取得该技术的人之外，别人甚至不完全知道它"是什么"。因此，技术秘密通常不被看作是一种"产权"。在英国，发生过这样的案例：某技术秘密所有人在转让技术、收取使用费之后，没有交税，于是被人告到法院；法院却认为：技术秘密不属于一般财产权，可以不像一般财产的转让（或出售）那样交纳所得税。被告因此被部分免除了逃税的责任。[①] 日本东京高等法院也曾在一项判决中宣布：Know–How（技术秘密）虽然具有一定价值，但毕竟不属于专利那样的"法定专有权"，因此对它不发生"侵权"的问题。[②]

　　过去，在一切知识产权法律或条约中，技术秘密都严格地与知识产权区分开，以示它不属于知识产权。因为：第一，它的专有性不是依任何专门法律而产生的，而只是依保密而实际存在的；第二，它没有"地域性"特点，它的所有人可以向任何国家任何愿意得到它的人发许可证；第三，它不公开，而专利、版权、商标都是公开的；第四，它的受保护期限没有一定，如果能永久保密，则享有无限保护期；如果在一年内就泄了密，则只有一年保护期。

　　技术秘密不属于"产权"，这种传统认识已经随着技术秘密转让活动的日益发展而开始被动摇。早在 20 世纪 60 年代，国际商会（ICC）首先把技术秘密当作"工业产权"看待。随后，世界知识产权组织在其成立公约中，暗示技术秘密可以包含在知识产权之内。世界知识产权组织在其 70 年代末草拟的各种知识产权"示范法"中，

---

　　① 参见英国上诉法院判例集，1967 年第 21 卷，Boardman v. Phipps 一案。
　　② 参见《日本低级法院民法判例集》第 17 卷，第 9~10 期，第 769 页。转引自《德、日、美的 Know–How 合同》（*The Know–How Contract in Gemany, Japan and the United States*），第 225 页，注 2，荷兰，1984 年。

也把技术秘密作为一项内容列入。英国在 1981 年 10 月提交议会讨论的一份立法报告中，建议把技术秘密作为一种"特殊产权"对待。近年来，日本法学者也从《日本民法典》第 709 条推论出适于保护 Know–How 的规定，从而改变了按传统方式解释该法第 85 条得出的日本民法典不保护 Know–How 的旧结论。80 年代后，西方的许多知识产权法教科书，则已经把技术秘密与专利、版权、商标等知识产权放在一起讲授了。

（二）技术秘密对外人是否必须是绝对秘密的

过去，多数人对这个问题的回答是肯定的。人们认为：只有在技术秘密所有人以外的任何人都不知道它的内容时，该所有人才可能把它作为一种专有权来转让。也正因为如此，Know–How 这个本来不含秘密（secret）一词的术语，在最先译成中文时，才从其含义译成了"技术秘密"；在产生出 Know–How 这一概念的国家（美国），① 也才逐渐把它与确实含有秘密一词的 Trade Secret 在技术市场上等同起来。

但在技术秘密大量进入技术市场的今天，我们只要细心对各种类型的技术秘密重新加以分析时，就发现过去的答案不够确切了。实际上，"秘密"并不"密"。

可以在技术市场出售的（向他人发放使用许可证的）技术秘密，主要有以下几种情况：

（1）确实除有关的所有人之外，其他人都不知道的技术；而且，该所有人也确有可靠的保密措施。但这类技术秘密并不很多。

（2）同时有两个以上的所有人，分别地、独立地掌握同一技术

---

① Know–How 作为书面用语，第一次出现是在美国 1838 年 7 月《纽约人》杂志上。参见《牛津大词典》（三卷本），Know–How 词条。

秘密。但他们之间并未（或尚未）发生横向关系，因此自己都以为自己是该技术的唯一所有人。在一般情况下，如果他们之间及与他们签有合同的被许可人之间没有在市场上发生权利冲突，那么这类技术秘密所处的地位与第（1）种是相同的。

（3）两个以上所有人分别、独立地掌握同一技术秘密，其中一个或几个（但不是全部）人知道该技术已不是"专有"。如果其中有人在该技术尚未丧失新颖性时，抢先申请了专利，那么他就终止了其他所有人的专有权；如果其中有人将秘密公开，他就终止了包括他在内的全部所有人的专有权。

（4）两个以上所有人分别、独立地掌握同一技术秘密，但他们之间已达成协议，共同对外保密。这种状况可以使技术秘密的地位与第（1）种大致相同。

（5）在某一地区已经公开了的技术，在另一地区（一定时间内）尚未被人所知，因而前一地区的某企业可以把它作为技术秘密在后一地区的技术市场出售。

（6）将已经公开的几种新技术作简单组合，构成一种未曾构成过的新技术，拿到技术市场出售。就是说，该技术秘密的一切技术成分都是公开的；作为一个统一体，则它是秘密的。

在上述几种技术秘密中，真正有理由要求得到可靠的法律保护的，只是（1）（4）两种。对于其他几种，即使有外人未经许可而使用，在有关技术的所有人诉诸法院时，被告也有可能拿出充分证据说明该技术不是"专有"的，而是"公有"的；指出它们所以能作为"技术秘密"出售，只是因为买方的信息不通，不知其为公有，为本来可以无偿获得的东西花费了使用费。

确实，在"信息时代"，技术秘密能否保持，可以随信息的灵与不灵而变化，它在大多数情况下仅仅是相对的。

（三）是否需要专门法律来保护技术秘密

过去，多数国家的立法对这个问题作了否定的回答。

许多大陆法系国家只是在成文法中，援引某些条项，适用于保护技术秘密。例如，日本公平贸易委员会，1968 年颁布的《国际许可证合同审查标准》第二部分中就有如下规定：本文件中为专利或实用新型许可证合同规定的审查标准，也适用于技术秘密许可证合同。联邦德国 1980 年颁布的《不公平竞争法》（或叫《反卡特尔法》）第 21 条中，也有某某条项"适用于技术秘密"之类的规定。

英美法系国家一般靠普通法（判例法）保护技术秘密。偶尔在某些成文法中，也能看到零散的、关于保护某种特殊技术秘密的规定。例如《美国法典》（U.S.C.）第 18 篇第 1905 条，就是专讲政府工作人员如果泄露了属于国家所有的技术秘密，应负何种刑事责任。

除此之外，在多数国家里，技术秘密可以通过合同法或侵权法受到间接保护。

总之，在技术秘密产生之后相当长的时间里，几乎没有哪个国家认为有必要为它制定专门法。

近几年，技术贸易及技术秘密重要性的日益明显，使许多国家开始考虑为技术秘密制定专门法的问题了。前面提到的英国 1981 年《关于"保护秘密权利法"立法报告》中，绝大部分条文是对技术秘密的保护。1983 年，瑞典法律委员会也提出：应当制定专门的"商业秘密法"[①]，以改变目前靠"不公平竞争法"保护技术秘密的状态。该委员会在立法的具体建议中，重点谈了对侵犯技术秘密专有权者，应实行哪些刑事制裁，还谈到了民事赔偿的内容。该报告的总目的，

---

① 商业秘密（Trade Secret）目前在一些国家的技术转让中使用时，与技术秘密是一个意思；在通常使用时，也主要包含技术秘密在内。在瑞典及下面提到的加拿大，均是如此。

是使技术秘密获得比目前更可靠的法律保护。[①] 1984 年，设在埃德蒙顿（Edmonton）的加拿大"法学研究与改革会"，也提出制定专门的"商业秘密法"的建议，并为起草这样一部法律提出了十分具体的方案。[②] 1984 年 7 月颁布（1985 年 1 月生效）的欧洲经济共同体《专利许可证条例》，已不再援引适用技术秘密的条文，而是专门对技术秘密的许可人与被许可人的权利与义务作了明确规定。它实际上应当叫作《专利—技术秘密许可证条例》。日本的刑法典中，过去并没有涉及技术秘密的规定，在最近一次修订文本中，也于第 322 条增加了相应的内容。日本、联邦德国的法学研究机关，也都在近年提出过与瑞典、加拿大类似的建议。

可以预料，保护技术秘密的专门法律，不久将会在一些国家出现。

---

① 参见英国国际法学会出版的《立法动态公报》（*Legal Development Bulletin*），1984（5），"瑞典"部分。

② 同上，1984（9），"加拿大"部分。

Know–How 概论 *

在国际技术贸易中，Know–How 的法律地位成为越来越引人注目的一个问题。几年前，我国刚刚实行对外开放时，曾有人把 Know–How 与专利混为一谈。后来，为了区别二者，又把 Know–How 改译为"专有技术"。实际上，这仍旧没有把二者区分开。因为，专利本身也正是一种专有技术。Know–How 与包括专利在内的一切其他专有技术是既有区别，又有联系的。为不致混淆，本文中我暂用 Know–How 的音译——"挪号"。

一、专利与专有技术、知识产权与秘密权利

所谓专有技术，应归入专有权的范畴。而提起专有权，人们最容易联想到的往往是专利权、商标权、版权等知识产权。迄今为止，国内的国际私法与民法的教科书，由于只注意强调了知识产权的专有性和地域性，以致使人忽视了它的另一特征，即大多数知识产权的已公开性。这不能不说是一些人至今弄不清知识产权与秘密权利的区别的原因之一。拿专利来讲，"Patent"这个词本身就是"公开"

*　编者注：本部分选自郑成思著：《知识产权与国际贸易》，人民出版社 1995 年版。

的意思。用它来表示发明专利证书与发明专利制度，是一语双关的。"世界知识产权组织"干事长鲍格晋曾建议我国不要把 Patent 译成"专利"，最好也找一个既有"公开"含义，又有"专利"含义的双关语，以免群众误解。但既然百年来我们一直沿用着"专利"这个译法，现在就只有靠多作解释来消除误解了。在资本主义处于开始和上升阶段的西方，从保护私有财产及促进科技情报交流的宗旨出发，以法律形式授予先进技术的发明人在一定时期内独占其技术的专有权。但要有个交换条件，即他必须把技术内容公诸于世。这样便产生了现代含义的 Patent。英美法系的学者甚至把专利解释为一种合同关系：发明人与公众为合同的双方：公众承认发明人的专有权；发明人把技术内容告诉公众。

不过，确实存在着另一类未公诸于世的秘密的专有权，它早在封建社会或更早的奴隶社会就产生了。"祖传秘方""家传绝技"之类的历史，都要早于专利制度。但专利的产生并不排除这些"古已有之"的东西，如果发明人不想公开他的发明，他仍可以采取保密方式享有实际上的专有权。而且，一项发明在准备申请专利、但尚未申请之时，或一项虽然已在进行申请专利、但尚未被专利局"早期公开"的发明，也都是秘密的。即使已获得专利的发明，其中也可能有一些关键性的技巧、一些可以取得最大经济效益的实施方案，并未在专利说明书中予以披露，它们被作为秘密保留了下来。这种保留，一般以不妨碍通过专利审查为限。而这样保留下来的秘密，就正是我们通常讲到的"挪号"中的一种。

但是，无论未申请专利的发明，还是申请了专利的发明中所作的保留，只要它们一旦泄露，公众中的任何人就都有权自由利用它们了。它们靠保密所维护的专有权从此失掉。用法律语言讲，就是它们"进入了公有领域"。在西方国家的民事诉讼中，专利被认为是一种"对物权";一切秘密技术则是"对人权"。"对物权"靠专门的单行法保护（如专利法、商标法、版权法），它是一种"法定专有权"；"对人权"则又靠侵权法或合同法的一般规则保护，它是一种自然专有权。法定专有权在保护期内始终有效；自然专有权则依权利人能够保密多久来决定保护期和效力。许多国家的法律只承认"挪号"可以许可给别人使用，但不承认它可以转让。理由是：只有一般知识产权可以从一人手中转移到另一人手中，而秘密权利虽然能在合同中写明"已转让"，但只要发明人神经健全，就忘不掉自己的秘密，在纸上已"转让"的秘密，实际上仍留在他脑子里。为了适应贸易活动的需要，英国下议院法律委员会在 1981 年 11 月的一份报告中，建议从法律上允许秘密权利以"特殊形式"转让，以示区别于一般知识产权的转让。在其他国家的法律中，也准备增加保护秘密权利的内容。如日本《刑法》修改草案第 322 条，增加了对泄露商业秘密实行惩罚的规定，这将使秘密权利在日本成为一种靠刑法来维护的民事权利。同时日本法学界还提出了订立保护秘密权利的单行法律的意见。[①]

二、"挪号"与商业秘密

可称为专有技术的技术，包括专利技术与秘密技术两种。而秘密技术中，除挪号之外，在国际贸易中还经常可以见到 Trade Secret。它也是专有技术，按字面可以把它译为商业秘密。但它的意思绝不仅仅是（而且主要不是）指经营商业的秘密，而是指可以付诸工、商业应用并在商业流通中获利的秘密技术。目前，许多国

---

① 1991 年，日本在修订其反不正当竞争法时，已明文规定了对商业秘密的保护。值得一提的是：我国有些并未在知识产权领域进行深入研究的法学者，直到 1993 年，仍片面从版权与 Know-How 一样无须批准而产生，即把版权与之画等号，说成一种"自然专有权"。这是一种误解。

家已经把"挪号"与商业秘密混在一起使用了。美国、日本等一些国家的法学著作及外贸指南中，对这二者一般不严格区分。但另一些国家则仍把二者区分得较严格，如英国。

把"挪号"与商业秘密区别对待的国家，认为这两种秘密权利有如下不同之处：

第一，它们出现的时间及历史背景不同。"挪号"最初是人们对中世纪作坊中师傅向徒弟传授的技艺的统称。作为书面语言，它最早见于 1838 年 7 月 14 日美国的《纽约人》杂志。但作为法律语言使用，尤其是在贸易实践中使用，它就迟得多了。它最早出现于 20 世纪前期美国法院的普通法判例里。而商业秘密作为一种法律用语，就出现的要早约一百年。它最早见之于英国法院的普通法判例中。当然，语源上的差异，还是次要的，主要差异还在第二点。

第二，商业秘密一般指独成一体的或一套完整的专有技术。即使未拿它去申请专利，它本身也可能具有可获得专利的性质。而"挪号"一般不是独立的技术，它必须依附于某项专利或某项商业秘密，作为实施它们的一种经验性技巧而存在。商业秘密是发明人不想取得专利时的另一种选择；"挪号"则是在专利法保护专利之外，对专利的一种补充保护，从它自身来讲，它不具有可获得专利的性质。说"挪号"是专利的补充保护，理由是：专利技术公开后，虽然法律禁止第三者未经许可而仿制、利用，但无法禁止法律不能延及的地域的人们去仿制、利用它。而申请专利时保留下来的"挪号"，第三者却无从了解。这样，他在仿制、利用时，就达不到最理想的效果；而如果他确想利用这项专利，仍不得不找专利权人签合同、交使用费，以便能获得保留下的"挪号"。

此外，有些企业的经营方法中，也有高出别人一筹的东西，也可以作为秘密保留下来，以便击败竞争者。这种方法有时也称为"挪号"。不过在这种意义下使用"挪号"不很普遍。还有时,"挪号"在其原始意义下使用,指一个企业的主人向其雇员透露的、生产某种有竞争力的产品的秘密技巧。在这种情况下,"挪号"可能与商业秘密同时出现。前者指那些必须在雇用合同(或劳动合同)中有明确规定,方能受到保护的,非独成一体的操作方法或技巧;后者则指无论合同中是否有规定,都将受到保护的,该企业的成套秘密技术。

我国在过去的技术进出口合同中,都从未把"挪号"与商业秘密相区分,而是用"挪号"来代替除专利之外的一切专有技术,即用"挪号"包括了商业秘密。因为目前多数技术出口国也接受这种用法,所以我们不妨继续用下去。上面我只就其本来的区别作一些解释。而这种区别,比起专利与"挪号"的区别来,简直是无关紧要的了。

三、不同的专有技术在国际贸易中的不同法律地位

专利与"挪号"(这里指包括商业秘密在内的一切秘密技术)是法律地位截然不同的两种"专有技术"。把它们不加区别地作为"专有技术"对待,在贸易活动中进行转让或许可,如果不发生侵权,不发生相同技术的几个占有人之间的权利冲突,往往还看不出什么漏洞。但只要侵权或冲突一发生,问题就来了。

"挪号"与专利相比,在法律上受保护的程度差得多。例如,欧洲经济共同体 1984 年的《许可证合同条例》规定:专利许可证的许可人有权限制被许可人的活动,有权禁止被许可人超出合同范围利用专利;如果超出了,则按侵权论处。但同一个法案却规定:如果被许可人超出合同范围利用了许可证中包含的"挪号",则只须增付使用费,而不能以侵权论处。这个法案还规定:许可证中的专利

仅在合同有效期内可以利用；而许可证中的"挪号"则在合同中止（或终止）后的一段"合理时间"内，仍可继续利用。

在发生权利冲突时，"挪号"的处境就更糟了。一项"挪号"可能由不同的两方、三方或更多的人分别占有着，只要他们彼此独立，互相保密，也对外保密，他们各自的专有权就都有效。但各方人中只要有一方去申请了专利（这里指持有商业秘密即可获得专利的秘密技术的情况），他就有权制止其他人继续利用它转让，也就是说，其他人可能还有权作为"在先使用人"继续自己使用该技术，但无权"利用"它，即无权发许可证了。如果占有人中有一个把秘密泄给了外人，这个"外人"申请了专利，就有可能反过来制止一切原占有人利用该技术。如果秘密泄露之后，并没有人去申请专利，那么这项"挪号"就进入了公有领域，它的专有性从此失去了。专利权则不同，它只可能由一方独占。即使是共同发明人，也只能达成协议而作为一方来"共有"一项专利，却不能分别独占它。所有国家的专利法以及一切有关的国际公约，都排斥了"双重专利"（由两方以上的人分别占有同一专利）的可能性。这说明只有专利才是名副其实的"专有技术"。

一般来说，较容易被人了解去，或被别人独立搞出的新技术，以尽快申请专利为宜；而很难为人所知或很难被别人独立搞出的新技术，则可以作为秘密保留下来。尚未建立专利制度的国家的发明人，如果未在可申请专利的外国申请专利，就不可能通过专利许可证方式利用自己的发明。他们也只能把发明作为秘密技术来发放许可证。

在技术贸易过程中发生超出一国范围的冲突时，专利与"挪号"，亦即"对物权"与"对人权"的诉讼程序也是完全不同的。"对物权"的诉讼，适用"物之所在地法"（Lex Situs）。如果发明人在甲国获得专利，甲国有人侵犯其专利权时，他就可以在甲国起诉。按照《巴黎公约》规定，甲国法院应对侵权人行使强制权力，禁止其继续侵权、科以赔偿费或罚金，等等。如果乙国也有人利用了同一项发明，而发明人未曾在乙国申请专利，则无权在乙国起诉，因为他的"物权"不在乙国。"挪号"则不同，由于它是一种"对人权"，所以它适用的是"属人法"。如果甲国有人非法使用发明人的"挪号"，则第一，发明人可诉讼的对象不是使用人，而是泄密人。第二，在对泄密人起诉前，还必须弄清：（1）泄密人是不是甲国国民？（2）如果不是，他目前是否在甲国居留、或是否在甲国有实际营业所？（3）如果没有，泄密人是否自愿服从甲国的司法管辖？如果这三个问题的答案都是否定的，那么发明人就不能在甲国起诉。在这种情况下，如果泄密人是乙国国民，或在乙国居留，或在乙国有营业所，那么，虽然使用"挪号"的行为发生在甲国，泄密行为发生在甲国，发明人的秘密权利丧失在甲国，他却只可能在乙国起诉。

四、以专门法律保护"挪号"的新趋势

在过去，几乎没有任何国家使用专门法律来保护"挪号"。相形之下，专利的待遇却要好得多——150个以上国家制定了专利法。

大陆法系国家一般只是在构成"不公平竞争法"的那些成文法中，提到某些条项适用于"挪号"。例如，日本的"公平贸易委员会"于1968年颁布的《国际许可证合同审查标准》的第二部分中有这样一条：对于专利或实用新型许可证合同的审查标准，也适用于"挪号"许可证。联邦德国的情况也大致相同，只是在它的《不公平竞争法》（或叫《反卡特尔法》）第21条中，包含有"挪号"的保护可适用哪些条项的规定。

至于英美法系国家，如前所述，主要是靠普通法来保护"挪号"。

不过，在当前席卷全球的新技术革命中，"挪号"在技术市场上的地位正在起变化。因此，对它实行保护所采用的法律也出现了变化的趋势。

新技术革命使世界上发明的数量每年都迅速增长着，因而专利申请案的数量也逐年猛增。这对"挪号"的增长产生了以下两方面的影响。

第一，由于专利技术的内容是公开的，所以从事科学研究的人不必找专利权人购买许可证，况且，他们在科研中利用某项专利技术，不会构成侵权，这属于合理使用（我国《专利法》第 62 条就有这类规定）；在专利权人未去申请专利的那些国家，任何人未经许可而使用了他的专利技术，也不构成侵权，这是由专利的"地域性"决定的；即使在专利权人确实享有专利的国家，任何人只要不使该专利权人发现，无偿使用其专利技术，专利权人既无法知晓，也无可奈何的。由于这些情况，专利权人在申请专利之时，往往要"留一手"，即把发明中最能取得经济效益的部分，或"最佳实施方案"保留下来，保留下来的这部分，将来作为"挪号"，附加在专利许可证上，目的是使那些想仅仅依靠公开的专利说明书而获得新的专利技术的人难以取得理想的经济效益，以迫使他们找专利权人来谈判，交付"挪号"使用费，然后取得最佳实施方案。由此可知，随着专利申请的增多，"挪号"的数量也必然增多。

第二，在不实行"早期公开"专利制的国家，凡申请专利而遭驳回的发明，都可以退一步作为"挪号"拿到技术市场上去。因此，这些国家中"挪号"的数量也必然随专利申请的增多而增加。

此外，在尚未实行专利制的国家，打算把发明拿到技术市场转让，都只能作为"挪号"转让。在这些国家，发明数量与"挪号"数量也是成正比增加的。

　　各国国内及国际技术贸易中，"挪号"数量快速增长的事实，使人感到没有专门的立法来保护这种技术，已显得与形势不相适应了。早在 20 世纪 70 年代末，联合国世界知识产权组织就首先在《发展中国家发明示范法》中，把"挪号"作为一个重要内容作了一系列专门规定。1981 年英国提出了要制定保护"挪号"的专门法律的问题，并公布了该法的草案纲目。1983 年，瑞典的法律委员会提议以专门的"商业秘密法"（在瑞典，商业秘密被当作技术秘密的同义词）取代以往靠不公平竞争法保护"挪号"的做法。该委员会建议在专门法中重点规定侵犯"挪号"权应负何种民事责任乃至刑事责任。1984 年，加拿大（设在埃德蒙顿 Edmonton）的"法学研究与法律改革协会"（The Institute of Law Research and Reform）也提出了订立保护"挪号"的专门法律的建议。1984 年颁布的欧洲经济共同体《许可证合同条例》，实际上是一部把专利许可证与"挪号"许可证合并作出规定的跨国法。此外，日本、联邦德国的法学研究机构，也都提出了制定专门的"挪号"法的建议。

　　可以预料，保护"挪号"的专门法律，不久将在许多国家出现。到那时，这种"专有技术"与专利那种"专有技术"的区别，就更易于被人们所了解了。

加强对商业秘密的法律保护 *

1997 年 3 月，中国颁布了新修订的《刑法典》，其中十分引人注目的，就是第三章第七节"侵犯知识产权罪"。这一节，全面加强了中国知识产权保护的力度，使尚未参加世界贸易组织的中国，在以刑法保护知识产权方面，已经完全达到了世界贸易组织《与贸易有关的知识产权协议》（TRIPS 协议）的要求。

如果细心分析这一节，人们又会看到：该节中对侵犯商标权、专利权、版权的刑事制裁条项，实际均是已有的法律条项。它们不是见诸商标法、专利法等单行法，就已见诸全国人大常委会颁布的并已实施的特别法令。唯有对商业秘密采用刑事保护的第 219 条是修订文本中最新增加的。这就是：凡违反了 1993 年《反不正当竞争法》第 10 条而侵害他人商业秘密、给商业秘密的权利人造成重大损失的，处 3 年以下有期徒刑或者拘役，并处或者单处罚金；造成特别严重后果的，处 3 年以上 7 年以下有期徒刑，并处罚金。

在 1993 年制定《反不正当竞争法》时，并未考虑对侵害商业

＊ 编者注：该文刊发于《光明日报》，2000 年 4 月 11 日。

秘密者处以刑罚。但自那时之后，从国内几起有重大影响的侵害商业秘密案件的发生及处理中，司法界与立法界均已看到：有些侵害给商业秘密权利人造成上千万元、乃至上亿元的经济损失，给掌握有商业秘密从而有极大潜在经济效益的企业造成不稳定。这显然不利于市场经济的发展。1994~1995 年由广东省佛山市中级人民法院处理的著名的"佛陶"商业秘密纠纷案，就是一个典型（该案详细情况参看《中华人民共和国最高法院公告》1995 年第 4 期）。

所以，可以说对商业秘密的刑事保护，是中国技术发展的需要，也是众多企业维护自身利益并求得进一步发展的需要。

中国现有对商业秘密的保护，与 TRIPS 协议是基本符合的，与世界知识产权组织 1996 年年底制定的《发展中国家反不正当竞争保护示范法》也是基本符合的。从中国 1997 年《刑法》第 127 条首次以刑事条项保护商标权重点放在禁止市场上的商标假冒，发展到 1997 年以《刑法》保护商业秘密这一历史过程，与国际上的《巴黎公约》中反不正当竞争条项重点在于禁止假冒，发展到世界贸易组织的 TRIPS 协议将反不正当竞争重点放在保护商业秘密上，也是完全相同的历史发展过程。

加强商业秘密保护对于鼓励技术创新、提高经营管理水平和促进对外开放，都具有非常重要的意义。随着市场竞争的日趋激烈，近年来侵犯商业秘密的现象越来越多，并且出现了"跳槽"带走商业秘密、通过"工业间谍"侵犯商业秘密等典型案例。最近由几家媒体报道的江苏牧羊集团技术秘密被"经济间谍"侵犯案，就是一起手段特殊、后果严重的案件。

这说明我国保护商业秘密的任务非常艰巨，意义非常重大。因此，无论执法和司法，都应该充分体现和贯彻立法对商业秘密加强保护的意图，对此类违法犯罪行为要严惩不贷，决不姑息。

商业秘密保护 [*]

一、商业秘密的构成条件与商业秘密法

在《巴黎公约》1967 年文本中，反不正当竞争只涉及假冒商品及其他违背诚实、信用原则的商业行为，而世界贸易组织的知识产权协议则主要强调保护商业秘密。协议并没有提"商业秘密"这个术语，只是提到"未披露过的信息"。但从协议给"未披露过的信息"下的定义来看，它主要就是指商业秘密，而不指仅与个人的"隐私权"等有关的秘密信息。

协议所指的商业秘密，必须符合下列全部条件：（1）它们必须是秘密的、没有被公开过；（2）它们必须因为被保密才具有商业上的价值；（3）合法控制它们的人已经为保密而采取了措施。这种商业秘密的权利人，有权制止其他人未经许可而披露、获得或使用有关信息。就是说，与传统的知识产权（专利权、商标权、版权）相比，商业秘密的权利人多了两项权利：制止他人披露，制止他人获得有关信息。如果说专利、商标、版权所覆盖的是公开信息的话，那么

---

　*　编者注：该部分选自郑成思著：《知识产权法》，法律出版社 2003 年版。

商业秘密所覆盖的则是保密信息。

我国 1993 年 9 月颁布的《反不正当竞争法》第 10 条也作了类似的规定：

经营者不得采用下列手段侵犯商业秘密：

（一）以盗窃、利诱、胁迫或者其他不正当手段获取权利人的商业秘密；

（二）披露、使用或者允许他人使用以前项手段获取的权利人的商业秘密；

（三）违反约定或者违反权利人有关保守商业秘密的要求，披露、使用或者允许他人使用其所掌握的商业秘密。

第三人明知或者应知前项所列违法行为，获取、使用或者披露他人的商业秘密，视为侵犯商业秘密。

本条所称的商业秘密，是指不为公众所知悉、能为权利人带来经济利益、具有实用性并经权利人采取保密措施的技术信息和经济信息。

我国法律中保护商业秘密的缺陷是：没有强调如何保护向政府主管部门提供的商业秘密。而这一点在协议中作了专门规定，尤其突出了有关化工产品秘密数据的保护。因为，有一些采用新化学成分的药品或农业上使用的化工品，如果想在政府主管部门获得进入市场的许可证，就必须把有关秘密数据提供给政府主管部门。反过来，如果政府主管部门不担负替他们保密的义务，则开发出这些新产品的人的智力成果就可能从专有领域不合理地流入公有领域了。

对商业秘密，TRIPS 协议在第一部分中讲明了其"财产权"的属性。虽然到目前为止，理论界与司法界仍旧在争论"商业秘密究竟能否被当作一种财产权来对待"，该争论至少对世界贸易组织的成员没有多大意义了。

对商业秘密作出规定的，只是 TRIPS 协议中的第 39 条。其中对权利限制没有作具体规定。但该条暗示：如果出于保护公众的需要，则可以对这种权利实行某些限制。

第 39 条也没有谈到商业秘密权的保护期问题。在协议列出的 7 种知识产权中，只还有"地理标志"不存在保护期问题。地理标志的特殊性在于：它虽然受到保护，但很难被少数企业所专有。不过，地理标志一节的结尾实际上讲出了这种客体的不确定的保护期。这就是：如果标志的来源国不再保护它、停止保护它或已经不再使用它，则可以说，对该标志的保护就到期了。而在第 39 条中，连这种可以推断的保护期都没有任何规定。这也是很自然的。商业秘密的专有权是靠保密去维持的。权利人若能永久保密，则其专有权的保护期就是无限的；如果只能保密 1 个月或 1 年，则其保护期也只能有 1 个月或 1 年。这是人们的常识所了解的，没有必要当作条文写在协议中。

根据世界知识产权组织 1996 年的统计，当时世界上仅瑞典及加拿大有单行的商业秘密法；美国等国有相当于"示范法"性质的统一商业秘密法；大多数国家对商业秘密的保护，均纳入反不正当竞争法的轨道。

二、几则典型判例

1992 年，以色列的特拉维夫法院就一起商业秘密案所作的判决有一定代表性。案中的被告原非以色列国民，他多年在苏联政权的高级职位上从事国际贸易活动。原告则是一家长期在以色列从事国际贸易，特别是从事对苏贸易的公司，后来被告迁居以色列并办了移民证。原告即雇用了被告作其雇员，并利用被告原职位的优势，令其在公司中负责主要与苏联的各共和国进行贸易往来。在从事这项工作 1 年之后，被告向原告辞职，自己开办了一家独立的公司，从事包括与苏联各共和国在内的国际贸易。原告即向法院起诉，告该前雇员的独立公司侵犯了原告的国际贸易渠道（包括与原告有贸易往来的苏联公司名单、档案等）。

法院判决被告在离开原告公司的 1 年之内，不得利用他所掌握的任何属于原告的商业秘密，其中包括原告先已建立起来的与苏联公司的联系，以及靠被告在雇期间的协助而后建立起的与苏联一些公司的联系。法院认为：虽然被禁用的商业秘密中，有一部分是唯有借助被告的作用方能产生的财产权，但其又须是在被告受雇期间产生的，均应属原告公司所有。法院之所以只判"1 年内禁用"，即是已经考虑到被告为这些商业秘密的产生所作的贡献。另外，商业秘密的保护，有时还会与其他知识产权的保护相重叠。在许多技术转让合同中，都既包含专利技术，又包含称为 Know–How 的商业秘密。

在计算机软件，尤其是"用户软件"的保护中，往往在以版权保护为主的同时，还辅之以商业秘密保护。在 1992 年美国有名的"国际软件公司诉阿尔泰"一案中，虽然联邦巡回法院判定侵犯版权不能成立，但原告后来又依其普通法的商业秘密专有权起诉，则终成为胜诉方。在以色列及美国的这几个案例中，商业秘密有的是在雇员与原雇主已不存在合同关系的情况下，有的是在纠纷双方从来就不存在合同关系的情况下，受到保护的。因此，它并不是作为"合同中产生的权利"受到保护的。

有时，针对同一侵权活动，法院也可能作出被告既侵犯了版权、又侵犯了商业秘密权的判决。下面这个发生在 20 世纪 80 年代中后期的印度判例就是个典型。

约翰·布莱迪是一位美国籍人，他发明了一种饲料制作机。该机的主要功能是不论外界气候条件如何，它都能制出牲畜喜爱吃的饲料。布莱迪已经将这项发明在 18 个国家申请并获得了专利（在印度虽已申请，但尚未获得专利）。这项发明中有一部分细节及机器的操作指南，主要是以机械设计图及说明书的形式体现的；这一部分并没有申请专利，而是被布莱迪作为 Know-How 保留下来，未曾公开过。与这部分设计图相应的，还有一些文字说明，也是布莱迪保留下的 Know-How。这部分设计图与文字以及整个制作机的设计与说明书，都是布莱迪自己绘制及写作的，并非抄自任何其他人的作品。

在印度申请专利之后，布莱迪着手在印度建立一个合资企业，以期制造和经销饲料制作机。布莱迪请印度化工设备公司替他加工饲料制作机的热控制板及其他一些部件。为使加工合格，他将饲料制作机的设计与说明书，以及未申请专利的那部分 Know-How 设计及操作指导全部交付给了化工设备公司；交付之前，化工设备公司向他口头承担了对有关 Know-How 保密的义务，但由于后来布莱迪未能应化工设备公司的要求提供有关加工的原料，该公司与布莱迪之间始终未签订加工部件的书面合同。

印度化工设备公司得到布莱迪饲料制作机的全部资料后，开始自己生产一种与之类似的饲料制作机并投放市场。为此，布莱迪于 1987 年年初向印度德里高等法院起诉，请求法院对化工设备公司的生产经营活动下达禁令，并要求该公司把销售其饲料制作机的全部利润转付给原告，以作为侵权赔偿。布莱迪认为：化工设备公司制造和销售与其技术设计图及说明书相同的机器，违反了该公司关于不泄漏原告 Know-How 的承诺，侵犯了原告的商业秘密权；化工设备公司按设计图制出产品的行为，是一种将平面作品以立体形式非法复制的行为，侵犯了原告的版权。[①] 由于布莱迪在印度的专利申请案尚未"早期公开"[②]，故原告未依照印度专利法起诉。但印度化工设备公司则认为：（1）世界上许多年前已有人根据溶液培养学理论制造过饲料制作机，布莱迪的设计图也是依照同样原理设计的，化工设备公司制作的机器可以说同样是依照了原已存在的这一原理，所以并不侵犯布莱迪的什么专有权。（2）原告与被告之间并没有签订任何书面合同；即使被告承担的保密义务，也并未形成合同。（3）被告造出的饲料制作机，并不完全与原告设计图相同，其中有一些重大区别。所以，被告否认其行为构成侵权。

1987年7月，德里高等法院作出判决：（1）下达禁令禁止化工设备公司继续制造和销售饲料制作机；（2）化工设备公司的行为侵犯了布莱迪的商业秘密权与版权。判决中并未要求被告向原告支付赔偿费（判例报告中未说明原因，可能因被告的产、销活动尚未取得任何利润）。

法院在判决中写道：虽然原、被告之间就保守技术秘密问题未形成过任何书面合同，但按照印度衡平法原则对商业秘密权给予的保护，可以认定被告以取得原告的 Know-How 作为跳板，自行进入应属于原告的饲料制作机市场，侵害了原告的利益。按照《印度版权法》第44条、第45条的规定，在司法诉讼中，确认版权人的初步依据是原告主张享有版权的作品是否在印度版权局登记。但根据印度所参加的伯尔尼公约及世界版权公约，这条登记要求不能适用于公约其他成员国的国民。美国当时已是世界版权公约成员国，

[①] 印度版权制度及大多数英联邦国家的版权制度，都认为以立体形式复制平面作品也属于版权法所禁止的"复制"行为。

[②] 印度专利制度也实行"早期公开"，即专利局在申请后第18个月主动公布专利申请案，自公布之日起申请人即可以根据专利法，对未经许可而实施其申请案中技术的人提起侵权诉讼。

故布莱迪的设计图在印度自动享有版权保护。按照印度《版权法》，对于某一立体物（作品或产品）是否侵犯了另一平面作品的版权，可以由并不熟悉该技术领域的第三者验证。如果在这位第三者看来，立体物是平面物的复制品，则可以认定侵权。虽然化工设备公司认为自己造出的机器与布莱迪的设计图有重大区别，但经第三者验证认为二者是相同的。同时，被告举不出证据说明其制造饲料机所用的资料不是来自布莱迪原准备委托其制造部件的资料，故可以认定被告是非法复制了原告的设计图。至于被告举出不受专有权保护的科学原理的公有性为自己辩护，则是完全站不住脚的。①

在英美法系国家，有不少侵犯商业秘密权的案例与版权紧密联系着。只要有关秘密技术的设计图有自己独创性的造型，它被实施而形成产品后就可能构成这些国家版权法中所禁止的复制。在一些英美法系国家的版权法尚不保护作者的精神权利（或虽保护精神权利，但不保护所谓"发表权"）时，未经许可而发表他人不打算发表或尚未发表的作品，也可能被法院判为侵犯了作者的商业秘密权与版权，例如英国 1848 年的著名判例"阿尔伯特亲王诉施特辛格"即是如此。英国 1988 年颁布、1989 年实施的新版权法中虽然增加了保护精神权利的条项，但其中并不包括对发表权的保护。而且，依照该法，仅仅侵犯了作者的精神权利，未必负民事赔偿责任。所以，今后有人要依英国法保护自己的发表权，尤其是打算获得侵权赔偿，恐怕仍旧要借助商业秘密法。

在那些版权法不认为将平面转换为立体属于复制的国家，对上述印度判例可能就会有另一种完全不同的结论了。1984 年 3 月，联

① 案例载英文《亚洲知识产权》杂志（IPASIA）1987 年 10 月 20 日刊，第 22 页（John Brady case）。

邦德国最高法院受理了一起诉讼案。一项输油管道的设计人诉联邦德国政府未经许可按其设计图施工，因而侵犯了其设计图的版权。法院则认为"实施图纸"构不成侵犯版权；如是该设计获得了专利，则原告最多可以依照工业产权法起诉。[①]

我国某省的版权管理机关也曾遇到过类似的纠纷：某人在出版自己的专著时，把他人研究出的中药配方也收入其中，作为自己作品的一部分（并且未注明配方的原写作者或研制者）。而原配方所有人一直把该配方作为自己的"秘方"保存着。在这种场合，未经许可的出书人也可能在侵犯他人版权的同时，还侵犯了他人的商业秘密权（如果秘方所有人确实采取了保密措施）。

三、TRIPS 协议中未回答与已回答的问题

TRIPS 协议第 39 条第（2）项对构成商业秘密的条件，虽然已作出了以往任何国际条约均未作出的具体规定，但仍旧存在一系列有待各国立法乃至各国司法进一步回答的问题。

TRIPS 协议第 39 条规定：属于商业秘密的，必须是"并非通常从事有关信息工作之领域的人所普遍了解或容易获得的"未披露过的信息。那么，如果在一个成员国尚未披露过，在另一成员国却已有所披露，应如何对待？如果在一个成员国不是有关人员普遍了解的，而在另一成员国却已是有关人员普遍了解的，又如何对待？在我国，确实发生过这样的纠纷：甲企业从乙企业获得了一项国人尚不知的"商业秘密"的实施权并订立了保密 5 年、支付使用费 5 年的合同。后在出国考察中却发现在某一外国，该技术已经被"有关领域之人普遍了解"，在该另一国已不是商业秘密，于是回国后要

---

① 参见联邦德国最高法院判决（Bundesgerichtshof），1984 年 3 月 29 日，Case No. 1. ZR327。

求宣布合同无效。

在第 39 条的注 10 中，将"因严重过失而不知"，列为"违背诚实商业行为"。何谓"严重"，在这里又有个幅度要各国去自己解释了。不过，第 39 条至少回答了一个多年来国内外的技术转让活动的供方所关心的重大问题。

TRIPS 协议第 39 条明确规定了，在任何情况下（根本无合同的情况下或合同到期后的情况下），商业秘密所有人均有权防止他人未经许可而以违背诚实商业行为的方式去披露、获得或使用处于其控制下的秘密。

中国 2001 年进入世界贸易组织并受 TRIPS 协议约束，则技术秘密的受方，在合同届满后，仍无权随便泄露秘密的所有人依商业秘密法（而不是依合同）享有的专有技术。

1996 年，WIPO 起草了一份《反不正当竞争示范法》，其中第 6 条对 TRIPS 协议作了进一步的归纳。它把商业秘密所有人有权禁止和（或）获得损害赔偿的行为列举如下：（1）工商业间谍行为；（2）违约；（3）泄密；（4）诱使他人从事（1）至（3）的任何行为；（5）通过第三方获得秘密，而该第三方已知或因严重疏忽不知获得该秘密系违背诚实商业行为。

在 TRIPS 协议最后文本已被马尔加什会议认可之后，国际上仍旧对 TRIPS 协议中有关商业秘密的定义有不同看法，也对 TRIPS 协议第 39 条中未回答的问题作过进一步探讨。其中较有影响的，是"国际工业产权保护协会"（AIPPI）执委会的 1994 年哥本哈根会议与 1995 年蒙特利尔会议对该问题所作的一些决议与探讨。

在哥本哈根决议中，AIPPI 认为 TRIPS 协议第 39 条有关商业秘密必须具有"商业价值"这个条件应予取消。如果取消这一条件，则个人隐私、个人档案、数据等，均可以作为商业秘密加以保护。

    TRIPS 协议第 39 条仅仅提到了凡"以违背诚实商业行为的方式"获得他人商业秘密的，商业秘密权利人有权禁止其使用。那么，如果不是以违背诚实商业行为的方式、而是善意获取了他人的商业秘密，是否权利人还有权禁止获取人使用呢？

    AIPPI 会议的大多数代表均认为，商业秘密的权利人对善意获取者不能行使其"禁"权。只有匈牙利代表认为：在对善意获取者进行了经济补偿的情况下，可以禁止其继续使用。斯洛伐克与南斯拉夫代表则认为：商业秘密权利人对一切未经许可而获取其秘密者，都有权禁止其使用，不论这种获取是善意的还是恶意的。

商业秘密评估 [*]

　　商业秘密在时间性与专有性上的不确定，以及其不公开性，又使它的评估比商标、商誉、专利乃至其他知识产权都困难。不过，早在 1967 年，日本就已有专著全面论述其中的"技术秘密"的评估，中国也有中译本。^① 由于这里重点讨论的是传统知识产权，故不把其作为详论的题目了。总的来讲，商业秘密评估中，不仅必须与一定企业及企业的商誉相联系，而且必须看到它可能是一个易走极端的"变量"。这个变量的变动幅度之大，是其他知识产权的评估中见不到的。它往往是不披露则无价（指它可能是"无价之宝"，即价值可评得无限高）；一旦披露也无价（指它可能变得一文不值了）。

　　在中国近年的法院判例中，1995 年佛山市中级法院的一则判决是较典型的，可供侵害商业秘密赔偿额的确认参考。

　　该案系原告广东佛陶集团股份有限公司陶瓷研究所（以下简称佛陶所）因与被告广东南海市金昌陶瓷辊棒厂（以下简称金昌厂）

---

　　*　编者注：该部分选自《知识产权论》（中国社会科学院文库·法学社会学系列研究），社会科学文献出版社 2007 年版。

　　①　参见松永芳雄著：《技术秘密评估与估算》，专利文献出版社 1983 年版，中译本。

发生非专利技术秘密侵权纠纷,向广东省佛山市中级人民法院提起诉讼。

原告诉称:"冷等静压精细陶瓷辊棒"生产技术,是广东省科学技术委员会(以下简称广东省科委)于 1984 年下达给我所的科研项目,我所经数年奋斗,终于研制成功。此项技术经广东省科委和国家科委组织专家鉴定,被评为国家秘密级技术,从 1987 年 12 月 29 日开始,保密期 15 年。后来我所虽然将其中部分技术申请了专利,但专利申请文件未涉及的内容和专利申请日以前的专利技术,仍属技术秘密,任何人不得侵犯。1992 年年初,我所得知被告金昌厂用与我所相同的机械设备和基本相同的工艺流程生产辊棒,其原因是被告利用了原在我所工作的区、吴向他们泄露的我所技术秘密。请求判令金昌厂立即停止侵权行为,赔偿经济损失,并赔礼道歉。

被告辩称:"冷等静压精细陶瓷辊棒"生产技术,已由作者何公开披露于 1990 年 10 月 15 日出版的第 5 期《陶瓷》杂志上。我厂于 1991 年年底开始创办,投入了大量人力、物力、财力,从大量的公开技术资料中找到此技术方案,又经我厂技术人员进行消化、摸索,最后掌握了该项技术。我厂的技术来源正当合法,没有侵权。原告佛陶所仅以我厂厂长原是该所职工,就推理我厂的技术是侵权所得,却不能提供出我厂具体采用了哪些不正当手段获得其技术秘密的证据,其诉讼理由不能成立。

广东省佛山市中级人民法院经不公开审理查明:1984 年广东省科委将"冷等静压精细陶瓷辊棒"的生产技术作为重点攻关项目下达给佛陶所,并拨给科研经费 24 万元。佛陶所接受科研任务后,即成立以何为首的课题小组,先后投入了 1300 多万元用于该项目的研究、开发、中间性试验和生产工艺设备的改进。经过 8 年多的研制。终于取得了成功。经国家科委和广东省科委组织进行技术鉴定,

"冷等静压精细陶瓷辊棒"的项目被列为全国火炬计划项目。鉴定结果认为：其技术指标和使用性能达到国际先进水平，属于国内首创。1988~1993年曾11次获国家级、省、市级的科学技术进步奖、技术成果奖、高新技术奖、国家级新产品奖、北京国际发明展览会金奖等。该产品面市后，代替了进口辊棒，节约了外汇，在国内外市场具有一定的竞争力。仅1994年佛陶所的年产值就达8000万元，实现利税2000万元。为了保护这一科技成果，佛陶所采取了各种保密措施，成立了保密领导小组，制定了保密细则，明确了辊棒车间、窑炉设备性能、原料配方、成型工艺、设备图纸等均属保密内容，如有故意或过失泄露、偷窃技术资料者，要依法追究法律责任。1992年3月10日，佛陶所向广东省科委和国家科委申报了国家秘密级技术，经广东省科委和国家科委通过法定程序组织专家进行鉴定，于1993年8月18日确定该项目为国家级秘密技术，保密期15年，从1987年12月29日开始计算。其保密内容5大范围：①陶瓷辊棒的配方及原料加工处理（具体内容略，以下相同）；②冷等静压设备和生产工艺技术；③冷等静压成型和预制成型工艺以及成型模具；④陶瓷辊棒煅烧技术和吊顶窑炉；⑤陶瓷辊棒的精加工设备和工艺。1995年3月11日，国家科委又一次组织专家对佛陶所的"冷等静压精细陶瓷辊棒"的项目进行技术评定和审查，该技术仍被确认为国家秘密级技术，保密期由原来的15年改为8年，从1995年3月3日起计算，对其继续进行国家秘密级保护和管理。1992年6月6日、8月17日、8月22日，1993年4月28日，佛陶所分别向国家专利局申请了4项专利。国家专利局于1993年2月21日、4月23日、1994年6月1日授予佛陶所两项实用新型和一项方法发明专利，专利号为9233136.6、92231110.2、93104966.0、92104473.9（待批号）。国家专利局于1995年5月11日证实上述4项专利的申报内容自申

请公开之日起均属公知专利技术（专利技术内容略）。1995 年 5 月
10 日，国家科委和广东省科委对佛陶所的专利技术和技术秘密进行
了界定，认为：佛陶所被批准备案的技术秘密共有五大范围，其中
第 3 题目的技术内容已于专利申请公开日起为公知的专利技术，尚
有 4 个大题目的内容仍属技术秘密尚未解密。

被告金昌厂厂长区，原系佛陶所的窑炉技术工人。1982 年 9 月
到佛陶所从事窑炉吊烧工作，1989 年年底即开始参与筹建金昌厂，
1990 年 6 月自动辞职离开佛陶所到金昌厂办厂，并负责生产技术。
1992 年 3 月 7 日金昌厂领取工商执照，同年 12 月正式投产，1993
年 2 月产品开始进入市场销售。由于该厂的技术不过关，产品质量
达不到标准，区便找到了原在佛陶所工作的吴。吴是 1985 年 6 月到
佛陶所工作，从事过辊棒注浆、等静压、出管定型、辊棒配料四个
工序的组成技术工作。区以每月 700 元，年底付 5 万元奖金的优厚
待遇聘请了吴。吴于 1993 年 2 月因合同期满离开佛陶所到金昌厂
负责技术管理。金昌厂购买机械设备、模具、原料时均到佛陶所定做、
制造的厂家去订购。烟台、四川、湛江、珠海等地有关单位均证明：
金昌厂购买设备、原料、模具时，对各厂家提出按佛陶所提出的技
术质量要求、规格大小、机械性能定做购买。1995 年 5 月 2 日，广
东省华粤会计师事务所查账结果：1993 年 2 月 20 日到 1994 年 8 月
金昌厂共销售 35443 支辊棒，销售收入为 4479796.53 元，佛陶所
每支辊棒平均利润为 74.49 元。

对被告金昌厂提供的公知技术资料，包括美国文献、1990 年
第 5 期《陶瓷》杂志以及原告佛陶所申报的 4 项专利内容等材料进
行分析和认定：①关于配方及原料加工处理方面，专利申请只公布
了配方一个范围，而最优配方尚未公布。原料的产地、加工混合方
法，有别过去传统方法的特定造粒工艺均未公布。成型生产工艺方

面，专利中只公布挤出定型机中的机咀部分，而混合搅拌机、造粒机、挤出定型机的生产厂家、型号规格尚未公布。等静压设备及预制成型方面，专利中只公布了一种陶瓷辊棒成型方法以及成型模具，而等静压设备及内外模具的生产厂家、产地、规格、型号及技术参数均未公布。窑炉及耐火材料、烧成方法方面的内容均未公布。精加工设备方面，陶瓷辊棒烧成后的精加工方法、设备均未公布。另外，佛陶所4项专利申请中，专利说明书及申请说明书未涉及的内容仍属于技术秘密。②对"冷等静压精细陶瓷辊棒"的公知技术、佛陶所的技术以及金昌厂生产技术进行对比的结果是：佛陶所采用的技术，从坯料配方、造粒和成型方法，到主要工艺设备等10个方面的关键技术，均与公知技术有本质区别，且处于秘密状态，而金昌厂使用的技术却与佛陶所一样。

另外，佛陶所何于1990年在《陶瓷》杂志第5期发表的文章，主要内容涉及陶瓷辊棒的生产工艺、成型工艺产品主要规格与技术性能等。

以上事实有工商执照、原告研制、试产、检验结果等原始资料、获奖证书、专利技术内容、技术秘密内容、国家科委和广东省科委的鉴定书、厂家证明、审计报告、照片以及当事人陈述等证据证实。

佛山市中级人民法院认为，原告佛陶所的"冷等静压精细陶瓷辊棒"项目具有实用价值和竞争优势，并能带来巨大的经济效益。佛陶所对其采取了相应的保密措施，制定了保密细则，国家科委又确认为国家秘密级技术，对此，佛陶所的"冷等静压精细陶瓷辊棒"项目的生产技术应属法律保护的技术秘密，任何单位和个人未经权益人许可不得非法获取、披露、知悉和使用。被告金昌厂明知该项目属佛陶所研制和所有，却以优厚报酬聘请原在佛陶所工作多年的区、吴二人，擅自使用佛陶所冷等静压预制成型工艺技术。区、吴无论是在佛陶所工作期间还是调离该所后，均应对佛陶所的技术负有保密义务。区、吴未经佛陶所同意，将原在佛陶所工作期间掌握的技术秘密和经营信息泄露给了金昌厂，为金昌厂侵权行为提供了关键性技术。金昌厂辩称其使用的技术来源于"公知杂志和有关的国际文献，又经自己消化、摸索获得的"理由，据查，"冷等静压精细陶瓷辊棒"的生产基本原理和工艺名词虽在公开的刊物上有过部分报道，如《陶瓷》1990 年第 5 期，但从专业技术方面来看，只是粗略地提及或只描述一个大概范围，未公开佛陶所的技术秘密的具体内容。1990 年《陶瓷》第 5 期的报道与佛陶所的技术秘密根本不同。上述对比证明，佛陶所的技术秘密并未因公知技术的存在而解密。在通常的科研中，即使找到相同的文献和专利方面的资料，要想借鉴和参考已有资料，获得与其实质性相同的科技成果，必须经过反复的试验和摸索，况且"冷等静压精细陶瓷辊棒"项目是高难尖端、国内外首创的工艺技术，更需付出艰苦的努力。佛陶所提供的大量的研制记录和试产报告等原始资料，证实了该技术是佛陶所数十名科技人员在良好的科研设备条件下，经过不懈的努力获得的。金昌厂在诉讼中，对自己使用的冷等静压预制成型工艺技术，既然提出是将公知技术经自己消化、摸索而获得的抗辩理由，依照《中华人民共和国民事诉讼法》第 64 条第（1）项的规定，就应当负有证实其技术来源于对公知资料进行消化摸索，研制试产后取得的，因此是合法和善意取得的举证义务。金昌厂只提供公知技术资料，没有提供依据哪些已知技术进行了哪些研制、配比以及具体研制的时间、地点、仪器等证据，不能证实其技术的真实来源。金昌厂对自己的主张不能举证，应负败诉责任，其抗辩自己不侵权的理由不成立，不予支持。金昌厂侵犯了佛陶所的技术秘密，依照《中华人民共和国反不正当竞争法》第 10 条规定，是不正当竞争的行为。依照《反不正当竞争法》第 20 条、《中华人民共和国民法通则》第 118 条的规定，金昌厂应立即停止侵权，赔偿损失，赔礼道歉，承担本案的诉讼费用。根据广东华粤会计师事务所查账报告，赔偿数额应以金昌厂所销售辊棒的数量乘以佛陶所每支辊棒的平均利润予以确定。佛陶所的诉讼请求合法有理，应予支持。据此，佛山市中级人民法院于 1995 年 7 月 13 日判决如下：

"（1）被告金昌陶瓷辊棒厂在本判决发生法律效力后，立即停止使用原告广东佛陶集团股份有限公司陶瓷研究所拥有的"冷等静压精细陶瓷辊棒"的技术秘密进行陶瓷辊棒的生产和销售。

（2）金昌陶瓷辊棒厂应在本判决发生法律效力后 10 天内，赔偿给广东佛陶集团股份有限公司陶瓷研究所经济损失 2640149 元，逾期按商业银行同期贷项利率加倍支付迟延履行金。

（3）金昌陶瓷辊棒厂在本判决书发生法律效力后 10 天内，向广东佛陶集团股份有限公司陶瓷研究所登报赔礼道歉。"

这一判决最后并未完全执行，而是根据中国的实际，由原告"兼并"了被告企业而终结。但该案本身，作为审判中对商业秘密进行评估的典型，仍旧是比较成功的。

学术索引